新编公共行政与公共管理学系列教材

Case Studies in Public Administration

行政管理案例分析

陈 潭 /主编　周凌霄　李小军 /副主编

北京大学出版社
PEKING UNIVERSITY PRESS

国家新文科教育改革与实践项目教材
行政管理国家级一流专业建设教材
国家级一流本科课程建设特色教材

总　　序

公共管理源远流长。伴随着国家的产生，以政府为主体的公共管理实践即开始了波澜壮阔的发展历程，与此同时，公共管理教育的理论探索也走上自己的发展道路。

仅以中国为例，古代的先贤们从不同角度提出的关于公共管理的理论主张，形成了中国公共管理教育的宝贵历史资源：从周公"明德慎罚、敬天保民"的政府管理理念到儒家的"德治主张""仁政学说"和"礼治主张"，从道家的"无为而治"思想到墨家"兼爱、尚贤、尚同、非攻、节用"的主张，从法家"法术势相结合"的理论观点到秦始皇的"中央集权"思想，从汉武帝的"杂霸之术"到唐太宗的"以法为治"，从"宋明理学"到晚清地主阶级改革派的"转型思想"。这些思想观点和理论主张不仅成为中国古代政府管理实践的重要行动指南，而且开启了一扇又一扇公共管理教育的理论之窗。

但是，中国现代大学规范的公共管理教育，从其诞生至今，仅有不足百年的历史。时至今日，面对全球化、大数据、新型工业化、新型城镇化的现实挑战，面对西方公共管理教育的日渐成熟和完善，中国的公共管理教育必须明确回答时代提出的课题，必须义无反顾地肩负起自己的历史使命。

首先，我们的公共管理教育必须具有历史的担当。文化传承是现代大学的基本使命，同样，大学公共管理教育也承担着传承中国古代深邃的政府管理思想、政府管理文化的责任。在公共管理教育中挖掘历史资源、传递思想薪火，是我们的责任所在。

其次,我们的公共管理教育必须深深扎根于中国的现实。尽管西方公共管理教育理论为我们提供了丰富的借鉴,但是,西方国情下产生的教育理论很难不加消化地直接用于指导新型工业化、新型城镇化进程中的中国公共管理教育实践。借鉴西方公共管理教育的有益经验,最终形成具有中国特色的公共管理教育理论体系和方法体系,是当代中国公共管理教育必须着力探索的问题。

再次,我们的公共管理教育必须具有全球视野。在一个国家的政府公共管理越来越受到世界其他国家或地区影响的今天,一国的公共管理教育必须具有广阔的全球视野,必须建立起面向世界的开放、对话、沟通、合作与资源共享的公共管理教育模式。

最后,我们的公共管理教育必须适应大数据时代的要求。在这样一个大数据浪潮惊涛拍岸的时代,信息领域的深刻变革推进着传统政府结构、政府职能、政府行为的变迁,如何在数据开放与政府有效监管之间找到新的平衡点,是当代公共管理教育必须关注的重要节点。

总之,在新的时间和空间所构筑的坐标系中,当代中国的公共管理教育必须在回望历史、扎根现实、放眼世界、回应时代的行动中,开拓出一条具有中国特色的发展之路。

有鉴于此,我欣喜地看到广州大学公共管理学院编撰的"公共管理教育综合改革教程"系列教材的面世,由衷地希望这套教材的出版,能够为当代中国公共管理教育的发展,做出值得期待的贡献。

2014 年 9 月

前　言

　　我们要善于通过历史看现实、透过现象看本质，把握好全局和局部、当前和长远、宏观和微观、主要矛盾和次要矛盾、特殊和一般的关系，不断提高战略思维、历史思维、辩证思维、系统思维、创新思维、法治思维、底线思维能力。

——习近平

　　党的二十大报告指出，问题是时代的声音，回答并指导解决问题是理论的根本任务。今天我们所面临问题的复杂程度、解决问题的艰巨程度明显加大，给理论创新提出了全新要求。我们要增强问题意识，聚焦实践遇到的新问题、改革发展稳定存在的深层次问题、人民群众急难愁盼问题、国际变局中的重大问题、党的建设面临的突出问题，不断提出真正解决问题的新理念新思路新办法。习近平总书记强调，"坚持和发展中国特色社会主义，需要不断在实践和理论上进行探索、用发展着的理论指导发展着的实践"，"坚定文化自信的首要任务，就是立足中华民族伟大历史实践和当代实践，用中国道理总结好中国经验，把中国经验提升为中国理论"。众所周知，案例研究作为重要的研究方法，从现实中寻找问题、从问题中创造理论、以创新理论推动和指导实践进一步发展，是推动哲学社会科学研究范式改革的重要力量。从伟大社会变革实践的富矿中，挖掘能够滋养现有理论、发展现有理论、催生新理论的经典案例，不断提升中国特色原创性案例研究能力和水平，不断提升中国案例的影响力和传播力，用中国概念讲好中国故事，意义非凡、使命重大。

行政管理案例分析

中国伟大的变革实践需要挖掘中国案例、总结中国经验、发展中国理论、传播中国声音。在此过程中,公共管理教育责任重大。立足时代、面向前沿、服务国家,公共管理教育务必遵循高等教育教学规律和专业教育特点,注重目标导向、前沿导向、实践导向、能力导向,坚持国家所需与专业所能、学术前沿与实践前沿、学科优势与专业特色相结合,严格规范教学过程和人才培养工作,提升教学过程质量和教学质量管理水平,让学习者在掌握公共管理学前沿理论和专门知识的基础上,提升战略规划能力、沟通协调能力、调查写作能力、案例分析能力、信息处理能力,尤其需要不断提高解决复杂问题的能力。同时,公共管理教育需要引入情景教学、案例教学、Seminar教学、实验教学、实践教学,积极开展教学方式方法改革,推进人才培养质量工程建设上层次、上水平。在案例课堂和案例教学中,遴选具有时代性、前沿性、典型性的案例开展教学能够提高公共管理学习者和实践者的理论素养、知识水平、业务本领和管理能力。然而,在实际课堂教学中,目前还存在着案例资源匮乏、案例研究能力不足、案例教学方法有待提高等方面的问题。为此,加强高质量公共管理案例库建设、加强师资队伍培训、优化 MPA 案例教学、培养学生分析问题能力是很有必要的。

我们知道,作为典型事例的案例,是人们在生产生活中所经历的典型的富有多种意义事件的陈述,是人们对已经发生过的典型事件的记述,是内含问题或疑难情境的真实发生的实例。案例类似于故事,但又不是一般故事。案例研究和案例分析的目标不是讲故事,而是产出知识。但是,案例需要故事,案例故事需要陈述,而案例陈述需要遵循包括情境(situation)、任务(task)、行动(action)、结果(result)等要素在内的 STAR 法则。其中,情境主要描述事件是在什么样的背景下发生的,是案例陈述的动机和背景呈现;任务主要描述需要完成怎样的目标和任务;行动是采取什么样的措施和行动;结果描述的是有哪些方面的经验教训或基本启示,需要回答通过案例收获了什么的问题。

案例教学法是一种运用典型案例,将真实生活引入学习之中,"模仿真实生活中的职业情境",创作"剧情说明书"用来做详细的检查、分析和理解,帮助学习者像从业人员那样思考和行动的教学方法。案例教学需要实际的、可操作的、典型的教学案例。哈佛大学商学院教授克里斯滕森(C. R. Christensen)认为:"案例就是一个执行官或其他管理人士曾面临的情景的一个部分的、历史的、亲历的研究。它运用叙述式的表达方式,来鼓励学生的参与,并为可替代方案的构建和为认识现实世界的复杂性和模糊性提供资料——实证的和过程的材料——

这是对于一个特殊情景的分析所必需的。"案例教学法就是一种培养学习者初步具备职业技能的教学模式和教学方法,是沟通理论与实践、融合认知性和感受性学习方式的一种教学方法。与传统教学模式相比,案例教学法具有如下几个方面的特点:

第一,情景性。案例教学法是对实际行动中的行政管理人员和管理者群体面临的情景所进行的部分的、历史的、诊断性的分析。这种分析以叙事形式出现,并鼓励学生参与进来,它提供对于分析特定情景至关重要的——实质的和过程的——数据,以此来设计替代行动方案,从而实现认清现实世界复杂性和模糊性的目的。通过案例这种方式可以将真实生活引入教学过程和学习过程当中。有西方学者认为,"案例就是经验学习中的控制的练习","是对引起决策问题的陈述"。

第二,自主性。在案例教学中,学生是关注的中心,在论题选择和讨论方式上,教师与学生共享控制权,而且教师经常作为辅助人员或者资源提供者居于次要的地位。教师比学生知道得多,但教师的知识并不是权威性的,学生也要对自己的学识负责。知识和思想在教师与学生之间双向流动,并在学生中互相交流。通过这种方式,学习者由消极被动状态转变为积极主动状态,学习热情被大大激发,求知欲望也变得越来越强烈。

第三,目的性。案例教学法总的目标是深化学生对理论知识的理解及应用,提高和培养学生的评论性、分析性、推理性的思维和概括能力、辩论能力以及说服力,使其认知经验、共享经验,扩大社会认知面,增强解决社会问题的愿望和能力。此外,案例教学也能够促进学生发展自学能力和自主性思维,为进入社会构建理想的、富有操作性的职业角色。

案例教学法最有效的工作就是开展案例收集、案例遴选、案例研究、案例分析和案例课堂。其中,案例收集和遴选是基础和前提,要从报纸、杂志、广播、电视、网络以及社会调查中获取众多的案例素材,然后从中选取具有时代性、经典性、前沿性和契合性的案例。案例研究是在所提供的案例"现象"或"问题"中挖掘案例背后的"元素",追寻案例彰显出来的学术逻辑和实践经验。案例教学中案例分析是先提供一段背景资料,然后提出问题,在问题中要求学生阅读分析给定的资料,依据一定的理论知识,或做出决策,或给出评价,或提出具体的解决问题的方法或意见。同时,案例教学要充分运用案例课堂,充分调动学生的求知欲和想象力,扩展案例的内涵和外延,以学生为教学中心,让学生以参与者姿态积极开展案例讨论，记录和保存案例讨论的不同观点，教师和学生都可以成为案例讨论的评论者。从一定程度上来说，案例分析可以为案例课堂教学提供"教学指导"或"参考性意见"。

基于此，我们教学团队从2002年以来就尝试性地开展了一些具体工作，研究生学术自组织潇湘"斯为盛学社"和岭南"回归线学堂"经常性地开展案例讨论并持续性地收集国内外公共管理案例前沿素材，将Seminar教学法和案例教学法融为一体并引入课堂教学。教学团队与《行政论坛》《电子政务》《决策》等杂志合作开展案例研究并发表案例分析文章，在《南方治理评论》连续性辑刊设立案例分析类栏目并陆续发表多篇案例分析论文。20余年来，教学团队先后在湖南师范大学、中南大学、广州大学开展案例分析课堂教学和技能训练，积累了丰富的案例课堂、案例研究、案例评论、案例实践的工作经验。从2003年起，教学团队在北京大学出版社、社会科学文献出版社、中山大学出版社、湖南师范大学出版社出版了《行政管理案例分析》《公共政策案例分析》《城市管理案例分析》《公共管理案例分析》等多部案例分析教材，受到从事公共管理学理论与实践的学习者、研究者和从业者的好评，全国各地多所高等院校和省市党校（行政学院）将其列为专业学习的重要参考教材。

《行政管理案例分析》系教育部首批新文科教育改革与实践项目"面向新文科教育的《新技术＋治理》课程体系和教材体系建设"（2021070060）的阶段性成果，是行政管理专业国家级一流本科专业建设点、国家级一流本科课程建设的参考教程。本书是从600余个已有的公共管理案例中遴选出40个典型案例，其中绝大部分是中国本土案例素材。按照"案例—解读—启示"的案例分析模式，突出"分析"的主旨。同时，为了便于公共管理类专业学生和对公共管理具有浓厚兴趣的读者阅读理解，在"案例分析"之前增加了"理论概要"作为知识铺垫。需要说明的是，本书由教育部首批新文科教育改革与实践项目首席专家陈潭教授负责框架设计、稿件统筹、修改定稿工作，项目团队骨干成员周凌霄、李小军担任副主编并承担了改稿和统稿工作，项目团队成员和部分研究生参与了编写工作，在此一并致谢！然而，由于教学的急切性、时间的紧迫性以及作者水平的局限性，本书难免存在不尽如人意的地方，敬请读者批评指正。

陈 潭
2015年3月28日初用稿于桂花岗
2024年1月18日修改稿于小谷围

目 录

第一章 行政环境 / 1

 理论概要 / 2

 案例分析 / 8

  案例1-1 2003年美国攻打伊拉克 / 8

  案例1-2 美国政府应对2008年金融危机 / 11

  案例1-3 十堰市政府对环境的利用与改造 / 14

  案例1-4 "贪官七兄弟":一个县城的官场江湖 / 17

第二章 行政职能 / 24

 理论概要 / 25

 案例分析 / 32

  案例2-1 校车事故突显我国社会公共服务缺失 / 32

  案例2-2 "三鹿"奶粉事件暴露职能交叉弊端 / 35

  案例2-3 "炫富女"郭美美引起慈善界地震 / 39

  案例2-4 唐福珍事件:强制拆迁中的公共利益界定 / 43

  案例2-5 高铁悲剧能否撞开改革门 / 46

第三章 行政体制 / 51

 理论概要 / 53

案例分析 / 59
  案例 3-1 深圳再度试水"行政三分制" / 59
  案例 3-2 广东顺德大部制改革"五部曲" / 63
  案例 3-3 92 项行政权下放 重庆探索高效行政管理体制改革 / 66
  案例 3-4 深水区探路 天津滨海新区行政体制改革加速推进 / 70
  案例 3-5 省管县：浙江模式遇阻行政体制改革 / 74

第四章 行政伦理 / 78

理论概要 / 80

案例分析 / 87
  案例 4-1 孙中界：断指之殇 / 87
  案例 4-2 孟连事件 / 90
  案例 4-3 株洲农民为抗强拆自焚事件 / 94
  案例 4-4 河南省打响治理煤炭领域的腐败战役 / 97
  案例 4-5 58 岁交警查处人货混装车 被民工打倒在地仍敬礼 / 101

第五章 人事行政 / 105

理论概要 / 106

案例分析 / 113
  案例 5-1 福建屏南"萝卜招聘"，两名局长被免职 / 113
  案例 5-2 丹阳：用绩效考核考评公务员 / 117
  案例 5-3 深圳启动公务员改革 近七成公务员将实行聘任制 / 120
  案例 5-4 "佛山最牛的局" / 123

第六章 财务行政 / 127

理论概要 / 129

案例分析 / 135
  案例 6-1 湖北省地图院财务决算说明 / 135
  案例 6-2 浙江省：审计行政处罚诉讼案件 / 139
  案例 6-3 重庆市在全国率先实行预算追加听证会制度 / 142
  案例 6-4 江苏省昆山市交通局：
      对财务结算中心做好票证管理工作的探索 / 145
  案例 6-5 三公消费背后的真问题 / 148

第七章 机关行政 / 153

理论概要 / 154

案例分析 / 163

　　案例 7-1　机关人事档案管理中的公开化问题 / 163

　　案例 7-2　机关安全问题管理 / 167

　　案例 7-3　机关印章管理 / 170

　　案例 7-4　涉案物品管理 / 173

　　案例 7-5　违反机关工作纪律案例 / 176

第八章 电子政务 / 180

理论概要 / 181

案例分析 / 188

　　案例 8-1　"晋城在线"网站建设 / 188

　　案例 8-2　广东省佛山市南海区电子政务应用 / 192

　　案例 8-3　广州电子政务建设 / 195

　　案例 8-4　西安高新区电子政务系统应用 / 198

　　案例 8-5　成都市网上政务大厅 / 201

第九章 涉外行政 / 205

理论概要 / 206

案例分析 / 213

　　案例 9-1　海关对"无证进出口"行为的处理 / 213

　　案例 9-2　六名打工妹轻信中介交巨款　南洋淘金梦未圆 / 216

　　案例 9-3　六名中国公民在荷兰登机被拒未获赔偿 / 220

　　案例 9-4　日本下关——青岛首个友好城市 / 223

　　案例 9-5　中国国际友好城市联合会：传递友谊和传承文明 / 228

第十章 行政决策 / 233

理论概要 / 234

案例分析 / 243

　　案例 10-1　取消"免费公交"引发的思考 / 243

　　案例 10-2　决策失误谁买单？ / 246

　　案例 10-3　佛山"放松版"限购令 / 250

案例10-4　广州市番禺垃圾焚烧场选址事件　/253

案例10-5　云南绥江水库移民围堵县城事件　/256

第十一章　行政执行　/261

理论概要　/262

案例分析　/271

案例11-1　阜阳地区政府落实《决定》的措施　/271

案例11-2　湖南嘉禾拆迁事件　/274

案例11-3　广州泥头车又酿惨案　/278

案例11-4　广元市一起学校食堂卫生行政处罚案例　/282

案例11-5　贵州瓮安"6·28"事件　/285

第十二章　行政监督　/290

理论概要　/291

案例分析　/296

案例12-1　江西地沟油第一案　/296

案例12-2　离任审计牵出腐败窝案　/301

案例12-3　郭美美撬动的中国红十字危机　/305

案例12-4　从上访者被精神病窥公民监督　/309

案例12-5　听证会将变"听涨会"　/313

第十三章　行政效益　/318

理论概要　/319

案例分析　/326

案例13-1　广州市百项政府服务网上办理工程　/326

案例13-2　深圳机场正确选址成就较高效益　/329

案例13-3　茅台高管反诘记者：三公消费不喝茅台喝什么？　/332

案例13-4　龙岩市政府副秘书长超过一个"班"　/336

案例13-5　机构精简三成　行政效率更高　/339

第一章 行政环境

【学习要求】

通过对行政环境相关理论知识的学习,掌握行政环境的构成要素,理解行政系统与外部环境的互动关系以及行政环境各要素对行政管理的影响。

【导入案例】

基尼系数是国际上常用的一种收入差距的测量指标,其数值在 0—1 之间。数值越高,收入分配的不均等程度越高。按照国际通常标准,基尼系数在 0.3 以下为最佳的平均状态,在 0.3—0.4 之间为正常状态,超过 0.4 为警戒状态,达到 0.6 则属于危险状态。改革开放以来,我国在经济增长的同时,贫富差距逐步拉大,综合各类居民收入,基尼系数越过警戒线已是不争的事实。来自国家统计局的数据显示,1978 年我国基尼系数为 0.317,但从 2000 年开始基尼系数已越过 0.4 的警戒线并逐年上升,2006 年已升至 0.496。这一情况表明,我国的贫富差距正在不断恶化,这不能不引起我们足够的警惕。

我国总人口中 20% 的最低收入人口占收入的份额仅为 4.7%,而总人口中 20% 的最高收入人口占总收入的份额高达 50%。这突出表现在:收入份额差距和城乡居民收入差距进一步拉大,东、中、西部地区居民收入差距过大,高、低收入群体差距悬殊等方面。仅以 2006 年为例,城镇居民中 20% 最高收入组(25410.8 元)

是20%最低收入组(4567.1元)的5.6倍;农村居民中20%最高收入组(8474.8元)是20%最低收入组(1182.5元)的7.2倍。

我国基尼系数不断攀升,已大大超过了国际公认的警戒线,若不采取相关措施,贫富差距继续恶化是必然的。如果任其发展,会导致社会心理失衡,激化社会矛盾。近年来,中央已重视这一问题,并已经采取和正在采取措施着力解决,其中"让全体人民共享改革成果"就体现了"共同富裕"的理念。

(案例来源:http://www.dahe.cn/xwzx/txsy/jjpl/t20090525_1562532.htm,引用时有删减调整。)

阅读提示

1. 在社会转型时期,我国的行政环境出现了哪些新的特点?面临哪些新的挑战?

2. 行政管理为何要适应行政环境的变化?如何适应行政环境的变化?

3. 运用行政环境的相关理论,分析我国面对基尼系数不断攀升和贫富差距日益扩大的现实,行政管理应如何回应这种现实?

理论概要

一、行政环境问题的提出及行政生态学的兴起

行政环境是行政学的前提、依据和施加影响的对象,行政环境与行政管理的有机统一,是行政生态学的基本要求,是应用生态学的理论和方法研究行政管理学提出的新课题。

公共行政组织是一个与各种环境因素密切联系的开放性社会系统,它适应环境的需要而产生;在与环境的相互作用中,发挥着自己的特殊功能,保持着自己的和谐运行。公共行政必须与生态环境保持经常性和大体上的平衡。20世纪50年代后,由于人口剧增、环境污染、食物短缺、能源紧张和资源破坏等环境危机的加深,唤起人们对生态环境问题的普遍关注和高度重视。

对行政环境的研究形成了一门新学科——行政生态学。美国哈佛大学教授高斯最先提出对行政环境问题进行研究。1936年他发表了《美国社会与公共行

政》，提出了行政与行政环境之间的关系问题。1947年他发表了《政府生态学》，更加强调行政环境对公共管理的作用。但是，作为一门新学科并没有形成。

第二次世界大战以后，美国狂热地推销其价值观、社会制度和行政模式。他们乐观而盲目地认为发展中国家只要采取美国政府体制就能够管理好国家。但事实并非如此，这引起了美国一些学者的反省和深思。他们看到了行政环境对行政的制约作用。1957年哈佛大学教授里格斯发表了《比较公共行政模式》，1961年又发表了《公共行政生态学》，这是行政生态学的代表作，开以生态学方法研究行政的风气之先河。里格斯以经济要素、社会要素、沟通网、符号系统和政治架构这些因素将行政分为三种模式：

一是融合型行政模式（Fused Model），是农业社会的行政模式，它的主要特点是行政是建立在自给自足经济基础上的家长制，任人唯亲，实行等级森严的世卿世禄制度，经济基础是农业生产力；行政活动以地域为基础，土地的分配和管理是政府的重要事务；官僚的职位重于行政政策本身；行政风范带有浓重的亲族主义色彩；流行世卿世禄的行政制度；政治与行政合一，行政官吏在政治和经济上自成特殊的阶级；政府与民众沟通较少；行政的主要问题是维持行政的一致和统一。

二是衍射型行政模式（Diffracted Model），是工业社会的行政模式，它的主要特点是建立在大工业生产方式基础上的民主行政，官员依法任命，依法行政；经济基础是美国式的自由经济或苏联式的管制经济；民众有影响政府决策的渠道，政府与民众关系密切；行政风范体现平等主义、成就导向和对事不对人原则；沟通渠道发达；社会高度专业化，行政的主要问题是谋求专业化基础上的协调和统一。

三是棱柱型行政模式（Prismatic Model），是从农业社会向工业社会过渡的行政模式，它既有农业社会的行政的某些特点，也有工业社会行政的某些特点，是两者混合体；政府的制度、法规不能实际起到约束和规范作用，传统社会的行政特性仍具有很大影响力；传统结构与现代结构重叠存在。

二、行政环境的概念、特点及作用

（一）行政环境的概念

行政环境是指直接或间接地作用或影响公共组织、行政心理、行政行为和管理方法与技术的行政系统内部和外部的各种要素的总和。它是行政系统赖以存在和发展的外部条件的总和。一般的环境不能称之为行政环境,只有那些直接或间接地影响和作用公共行政系统和行政行为的环境,才能称之为行政环境。对行政环境有不同的分类方法,这里将行政环境分为一般行政环境和具体行政环境。一般行政环境是指行政系统外部的宏观环境;具体行政环境是指组织内部的环境。一般行政环境包括自然地理环境、政治环境、经济环境和文化环境;具体行政环境包括组织文化和管理对象等。

(二)行政环境的特点

1. 复杂性

行政环境是多种多样的,是多层次、多结构的,是非常复杂的。同时,这些公共行政环境要素不是孤立的,它们往往互相交织在一起,互为因果,政治的、经济的、文化的和各种环境要素交织在一起,有时很难把这些环境看成是单一的要素,甚至也很难分清公共行政环境的类型。如果把公共行政环境的多结构性和多层次性加上人为的因素,就使公共行政环境变得更加复杂,更加难以确定。认识了行政环境的复杂性特点,才能认识行政管理的复杂性和艰巨性。

2. 约束性

行政只能在行政环境所提供的空间和各种条件下进行,不能超越它所提供的各种限制条件,必然受到行政环境的约束。行政环境有历史性的限制条件,意识形态提供的价值和行为的约束条件,传统文化所提供的约束条件等,它们共同对行政产生影响。公共管理不能超越历史和现实所能够提供的各种条件。

3. 特殊性

行政环境的特殊性首先表现在各种行政环境之间的差异性上。其次,这种多特殊性还表现在一个国家的不同地区的行政环境的差别。

4. 不稳定性

如果行政环境的变化幅度比较小,是渐变的,比较稳定的,可以称之为稳态环境;如果行政环境的变化幅度比较大,可以称之为动态环境。动态环境的特点就是它的不确定性。一般来讲行政环境是比较稳定的。但是,行政环境有时也是不稳定的。行政环境的不稳定性可以分解为两个维度:复杂程度和变化程度以及不可预测的突变性特点。

(三) 行政环境的作用

行政环境作用主要表现在它与行政之间的相互的关系上。它们之间的关系是互相适应、互相作用的关系，是输出与输入的关系。行政环境决定、限制和制约行政，行政必须适应行政环境。同时，行政对行政环境也有能动作用，它可以影响和改造行政环境。行政环境对行政的作用有的是直接的，如政治环境的作用；有的是间接的，如传统文化的影响。行政环境作用并影响行政组织、行政心理、行政行为和管理方法与技术。这种作用和影响不仅仅来自行政系统的外部环境，同时也来自行政系统的内部环境。

行政环境决定、限制与制约行政。行政环境是行政产生、存在和发展的宏观形态，是行政产生、生存和发展的土壤和行动的空间。有什么样的行政环境就有什么样的行政。行政必须适应行政环境。如果行政不适应行政环境，也就是政府没有适应环境的能力，那么就无法进行有效的行政管理。行政环境的发展变化必然导致行政的发展变化。行政对行政环境也有反作用。行政的能动作用是研究行政环境的重要原因之一。行政可以利用行政环境提供的实际条件和要求，选择切合实际的行政目标，确立科学的行政关系。通过达成行政目标而达到改善行政环境的目的。

三、行政环境的类型

行政环境是行政系统赖以存在和发展的外部条件的总和。凡是作用于行政系统，并为行政系统反作用所影响的条件和因素，都可能属于行政环境的范畴。从地域上可以分为国内环境与国际环境；按环境内容可以分为社会环境与自然环境；从社会结构环境上可以分为物质经济环境、政治法律环境和精神文化环境；从影响范畴可以分为宏观环境、微观环境与中观环境。其中宏观行政环境是指对公共行政活动影响范围最广、规模最大、层次最高，以直接或间接的方式影响公共行政的总体活动和方向，它包括国际的社会和自然环境以及国内的社会和自然环境。它是行政环境的基础，对行政活动有决定性的作用。中观行政环境是指行政系统的组织结构和运行情况，包括结构是否合理、职权划分是否明确、沟通是否顺畅、制度是否健全等，它对行政活动有比较直接的影响。微观行政环境是一般指行政组织所处的工作环境，指一个行政机构内部甚至一个行政领导班子内部的具体情况,它对行政活动的影响是最直接的。

四、行政环境诸要素与行政管理的关系

（一）行政管理与行政环境的辩证统一关系

行政管理是由环境的需要而产生的,行政管理必须适应环境,行政环境的发展变化必然导致行政管理的发展变化,行政管理也不是被动的,对行政环境有能动作用。行政环境对整个行政活动具有很强的制约性。良性行政环境可以为行政活动提供有利的条件,恶性的行政环境则会对行政管理起阻碍和抑制作用。行政管理在适应行政环境的同时,又积极地利用和改造行政环境。

（二）自然地理环境与行政管理

自然地理环境是指一个国家所处的地理位置和自然状况。自然状况包括地形、土壤、山林、水系、气候、矿物、动植物分布及所能够提供的各种资源。在不同的自然地理条件下,不仅产生了不同种族,而且产生了不同的语言文化,不同的宗教信仰,不同的政治体制,不同的生活方式和不同的风俗习惯等。

自然地理环境不仅对民族的形成和对政府的塑造有重要影响,而且能为行政管理提供物资资源,对确立行政目标和进行行政决策有很大的影响,有时甚至有决定性的影响。同时,行政也能够破坏自然环境。一个国家的经济发展政策决定了一个国家对国家自然资源的利用。如果采取可持续发展政策,科学合理地开发和利用自然资源,那么,既可以保护生态平衡,又可以充分地开发和利用自然资源发展经济。现代行政必须注入绿色行政理念。

（三）社会环境与行政管理

1. 政治环境与行政管理

一个国家的政治制度、政党制度、阶级状况、法律制度、政治文化等构成了这个国家行政的政治环境。政治环境决定并制约行政。政治体制决定行政体制,决定政治与行政两者的关系,决定权力的制衡关系,决定行政权力的划分与运行方式。

一个国家是专制制度还是民主制度,决定了行政在这个国家所处的地位和所起的作用。在专制制度下,行政、法律制度、司法制度都没有独立性。行政往往会成为政治寡头实现个人野心或小集团利益的工具。在民主制度下,公民参政议政,监督政府行为。行政有独立的地位和作用,以实现公共利益为目标。

政党制度是政治体制的重要组成部分。政党是阶级的政党,是代表不同社会集团利益的政党。因此,政党制度对行政有巨大的影响。不同的政党制度对行政的影响也不同。

法律制度比较完备并且有法律传统的国家,一般能够做到依法行政。行政是非人格化的法治行政;而那些人治传统十分悠久的国家,即使制定了法律,也要经过比较漫长的时间,才能变人治为法治。

如果一个国家的政治法律制度不健全、不完善,那么行政体制、行政目标、行政决策、行政运行方式等都不可能有规范、有秩序地进行,往往有人为的色彩,它势必危及政府的合法性。

2. 经济环境与行政管理

经济环境对行政有决定性的影响。经济基础决定上层建筑,作为上层建筑重要组成部分的政府必然由经济基础决定,从而决定了行政的性质、目标和原则。无论什么性质的国家,经济环境决定行政体制、行政目标、行政行为、行政方法和手段。行政不可能超越经济环境所提出的要求和所提供的各种条件,尤其是政府职能的确定和行政目标的选择,更是如此。

3. 文化环境与行政管理

文化环境是意识形态、道德伦理、价值观念、社会心理、教育、科学、文学艺术等要素的总和。文化因素渗透到社会系统的各个领域,对行政体制、政府职能、行政行为、行政心理等影响不仅是广泛的,而且是深远的。文化环境为行政提供智力支持和精神动力,提供行政价值观和行为规范。有什么样的文化环境就塑造出什么样的行政。

以科学民主为核心的现代文化是现代行政的重要内容。它为行政提供了新的环境和新的基础,注入了新的理念和新的方法,使行政向科学行政、民主行政、绿色行政和电子政府的方向转变。

(四) 国际环境与行政

国际环境是指一个国家同世界各国、各地区之间的政治、经济、文化和自然地理等方面的关系。现在行政向地区化和全球化方向发展,所以,国家关系对行政就显得更为重要。尽管全球治理理论已经崛起,但是,目前民族国家仍然是各个国家的管理主体。国家关系仍然构成行政的外部环境,即国际环境。国际环境对行政的影响有时也是决定性的。

[本理论概要主要参考:夏书章主编:《行政管理学》(第三版),中山大学出版社2003年版;竺乾威主编:《公共行政学》(第二版),复旦大学出版社2000年版。]

案例分析

案例1-1　2003年美国攻打伊拉克

2002年夏,美国防部向布什总统和国会提交的《国防报告》中,将中东列入美国重点保护的关键地区之一。"9·11"事件后,美国把铲除中东的原教旨主义温床、遏制恐怖主义威胁作为自己在中东追求的又一战略目标。随着布什政府以维护美国"唯一超级大国"地位为核心的国际安全战略的确立,中东地区在美对外战略中的地位进一步上升。伊拉克是地区大国,处于中东的中心地带,石油储量居世界第二,在中东的地缘政治经济中占据重要地位。在这个极具地缘政治经济意义的区域,铲除一大强烈反美的地区性强国,对美来说具有长远的战略利益,当然不会错过机会。美国有官员曾公开声称:伊拉克是美国在中东建立军事基地的最佳位置。从20世纪70年代以后,美国基本上失去了控制世界石油市场供应的主动权。西方国家主要通过国际能源组织和节能技术消极地应对世界石油市场的波动,反制石油输出国组织(OPEC)配额生产机制。而此次"倒萨"战争的胜利使美国在一定程度上重新控制了世界石油市场主动权。伊拉克石油资源储量仅次于沙特阿拉伯,位于世界第二,是世界石油市场举足轻重的供应者。

20世纪60年代末(1968年7月革命后)至70年代初,伊拉克对该国石油资源进行国有化,西方石油公司基本上退出了对伊拉克的石油资源的控制与开发。伊拉克在此后积极参与"制造"了阿拉伯国家"石油武器",多次通过对石油的限产、提价和禁运企图实现政治目的。直至2002年还通过"停止石油出口一个月"声援巴勒斯坦人反对以色列的斗争。此次美国"倒萨"战争的胜利无疑使伊拉克的石油资源重新回到西方(特别是美国)的控制之下。掌握伊拉克的石油权必将对控制整个海湾地区的石油供应、甚至对OPEC成员国的石油政策也将产生重要抑制作用。

2002年下半年，美国以伊拉克支持恐怖主义作为理由，研发大规模杀伤性武器，对美在中东的利益构成了"潜在威胁"，称美国掌握了伊拥有大规模杀伤性武器的确凿证据，对伊政权一再隐瞒事实、欺骗国际社会的行为已经失去了耐心，公开表示将以武力推翻萨达姆政权，鼓吹建立自由民主的伊拉克，并随之大量陈兵海湾。2003年3月20日上午，北京时间10：35，美英以伊拉克拥有大规模杀伤性武器为由开始侵略伊拉克，4月9日，美军入侵巴格达，萨达姆政权垮台。战后的伊拉克满目疮痍，暴力袭击事件不断，安全局势动荡不安。

（案例来源：http://baike.baidu.com/view/7324.htm，引用时有删减调整。）

【解　读】

冷战过后世界格局发生了新的变化，与第二次世界大战结束后的鼎盛时期相比，美国的经济地位有所下降。20世纪50年代，美国的工业总产值占世界60%，但到了2001年美国的国内生产总值仅占世界的28%。20世纪90年代初，美国同其主要竞争对手的经济实力差距正在缩小。日本和德国的经济增长率长期高于美国，1989年日德两国的经济增长率分别为4.7%和3.9%，美国仅为2.5%；1990年日德增长率分别为6.1%和4.2%，而美国仅为1%。[①] 尽管如此，美国的自我修复能力和自我发展能力仍然不可小觑。自1991年3月以来，美国经济已经实现70多个月的持续增长，远远超出了战后平均连续增长50个月的界限。美国再次在世界市场上夺回汽车、半导体等产量的桂冠。美国从1994年开始连续三年得到国际竞争力的世界冠军称号。根据世界银行的发展指标，2008年美国的GDP占世界总值的23.4%，其他发达国家中，日本占8.1%，德国占6%，法国占4.7%，英国占4.4%，意大利占3.9%，加拿大占2.3%。就GDP增长速度而言，从1980年到2008年的28年中，美国的年均增长速度略高于其他主要发达国家。就反映富裕程度的人均国民总收入（GNI per capita）来说，2008年美国是46360美元，以此为基数，日本相当其83%，德、法均为92%，英国89%，加拿大91%，意大利76%。

基于自身强大的经济实力，以及苏联解体导致最大外部制约力量消失，多极

[①] 数字引自周纪荣：《世界格局变化的趋势》，《现代国际关系》1991年第4期，第5页。

化发展进程受阻,美国的"一超"地位得以巩固和强化。为维护和加强其在国际事务中的主导地位和决定作用,克林顿政府明确提出其战略目标是建立美国在世界上的领导地位,推动"北约东扩",推进民主制度输出,推行世界"美国化"战略。小布什政府就任后,推行"单边主义",其"先发制人"的军事战略具有明显的进攻性和冒险性,在国际社会尤其表现得唯我独尊,傲慢无礼。新政府上台伊始就坚定不移地大力推行 NMD 计划,对伊拉克实施军事打击,发动阿富汗反恐战争,强化对朝鲜的立场,大规模驱逐俄国外交官,继而拒不执行有关全球变暖的《京都议定书》等。奥巴马政府上台后,推行"强实力外交",主张软硬兼施,将"软实力"和"硬实力"巧妙结合,从而达到维护美国"一超独霸"的战略目标。

案例材料显示,美国在"9.11"恐怖袭击发生后,将军事方面的"单边主义"与全球反恐战略结合起来,绕开联合国,以伊拉克支持恐怖主义和研发大规模杀伤性武器为借口,对伊拉克发动军事打击,最后将萨达姆政府推翻,并绞死萨达姆,建立了符合美国利益的新政权。但直至战争宣布结束,美国始终没有发现伊拉克拥有大规模杀伤性武器的相关证据。由此可见,美国政府之所以实行咄咄逼人的"单边主义"战略,绕开多边机制对怀疑国肆意进行军事打击,是美国对国际社会缺乏有效制约力量、多变机制软弱的政策反应,国际社会存在美国实现"一超独霸"战略目标的现实土壤。可以预见,随着国际社会多极化力量的增强和国际民主化的发展,一定会逐渐压缩美国"一超独霸"的战略优势,国际社会一定会在多极力量平衡的基础上,实现和谐世界的发展目标。

【启 示】

当今世界局势异常复杂多样,区域间利益纷争不断,国际环境处在一个不断变化的过程中。国际政治环境是影响一国稳定与发展的重要因素之一,面对纷繁复杂的国际政治环境,我国政府的行政管理一定要适应国际行政环境的变化,特别是在我国崛起的过程中,周边冲突、领土纠纷、贸易摩擦等问题会日益增多,我国政府更要正视和解决这些问题。面对我国在崛起过程中难以回避的国际矛盾与冲突,应主动出击,注重加强外交战略、途径和手段的探索,在坚持独立自主的外交政策的基础上,灵活变通、主动出击、迎难而上,勇于和敢于维护国家利益,从而为我国的社会经济的发展创造良好的外部环境。

虽然我国正处在崛起的进程中,对国际重大议题的"设定"尚缺乏影响力,但只要我国政府冷静分析所处的国际行政环境,坚持四项基本原则,坚持我国独立自主的外交政策,坚持改革开放,坚持发展,在重要国际事务中敢于表态、敢于维护自己的利益和友好国家的利益,敢于动用否决权,会让一切国际正义的力量"信得过"、"靠得住",让那些非正义的力量不敢轻易欺负我们,从而将国家尊严和国际影响力不断推向新水平。

案例思考

1. 结合案例试分析当今世界局势的变化对我国当前行政管理的挑战体现在哪些方面?
2. 结合案例试分析我国应当如何应对国际政治环境的变化?

(撰写者:陈大江)

案例 1-2 美国政府应对 2008 年金融危机

美国启动金融监管大变革拟设金融"消协"

据《上海证券报》报道,2008 年金融危机的爆发大大加速了美国金融监管改革的步伐。2009 年 6 月 17 日,奥巴马政府正式发布一项全面的金融监管改革方案,标志着美国自 20 世纪 30 年代以来力度最大的金融改革就此启动。

根据事前充分曝光的内容,上述方案将主要包括几方面的重要内容:一是设立一个新的消费者金融机构,旨在保护消费者在与金融机构的对手交易中不"上当受骗";二是授权美联储和财政部掌管的一个新委员会共同监控金融"系统风险",对一些"大到不能倒"的金融机构,政府有权接管;还有一个重要内容是精简部分监管机构,同时加强对衍生品、对冲基金等的监管。

新计划中的一项重要内容,就是设立一个消费者金融保护署(CFPA),它将分担美联储现有的部分监管权限,在信用卡、储蓄、房贷等银行交易中保护消费者利益。据美国媒体披露的文件草案,CFPA 将有权制止那些"不公平的条款和交易",并有权对相关违规公司实施处罚。此外,新机构还有权改革美国的抵押房贷法律,确保消费者获得清晰全面的信息,并了解各种抵押贷款产品的风险和收益状况。

在次贷危机和金融海啸爆发后,不少美国议员都对美联储提出"失职"的指

| 行政管理案例分析 |

责,认为后者没有起到禁止消费信贷活动中"不公平和欺骗性行为"的作用。为此,美联储已重新修改了有关法规,强化在信用卡和抵押贷款领域的消费者保护。按照新的改革计划,将赋予美联储更多权力,主要体现在对"大到不能倒"的金融机构的监管方面,以及与财政部掌管的另一个委员会进行协作,负责监控经济和金融体系中的"系统风险"。在极端情况下,特别是如果该公司的倒闭会威胁到整个金融体系,政府还将有权获取对某家银行、保险或其他大型金融机构的掌控权。政府希望,通过授权美联储监控系统性风险,可以确保类似美国国际集团等大公司的倒闭,不致造成整体经济动荡。过去16个月中,奥巴马政府已向数家被认为"大到不能倒"的公司伸出援手,包括贝尔斯登、"两房"、AIG、花旗和美国银行等。另外一家事后被认为是"大到不能倒"的公司——雷曼兄弟,因为政府拒绝施救,最终加剧了危机的全面爆发。

在银行业监管方面,奥巴马政府的新方案计划撤销储蓄管理局(OTS),同时创立一个新的监管机构监督全国性的特许金融机构,取代货币监理局(OCC)。新方案的重要考虑是通过作出相关的精简及整合计划,提高监管效率,防止有"钻空子"的情况发生;此外,要加强对衍生品监管、高管薪酬以及抵押支持证券监管,以及对对冲基金和私人股权投资公司进行更严厉的监管。政府还寻求对证券化债券和场外交易衍生品交易加以限制,并加强对货币市场共同基金、信贷评级机构和对冲基金的监管。新方案还将敦促对公司治理进行改革,赋予股东更多权力,限制高层薪资。

(案例来源:http://life.dayoo.com/service/200906/18/60456_8112020.htm,引用时有删减调整。)

【解　读】

行政系统与外部环境密切关联,相互影响、相互依赖。行政系统适应外部环境的需要而产生,又能动地选择与塑造外部环境。

2008年的金融危机迅速蔓延全球,美国作为全球最大的经济体和在危机经济中损失最大的国家之一,迅速采取自救措施。为避免金融市场的大幅动荡,美国财政部采取一系列紧急注资计划:向美国两大住房抵押贷款公司房利美(Fannie Mac)和房地美(Freddie Mac)提供多达2000亿美元的资金,并提高其信贷额度;美联储向陷入困境的AIG提供850亿美元紧急救助;财政部与9家主要银行签订协议,陆续注资1250亿美元等。为振兴实体经济,美国行政当局通过财政部问题资产救助计划,向在困境中挣扎的美国汽车制造商提供174亿美元紧急贷款,首批贷款总额为134亿美元,第二批40亿美元,其中通用汽车和克莱斯勒两大巨头首先获得了贷款。为稳定房地产市场,美国政府公布一整套耗资将高达2750亿美元的住房救援计划:通过降低房贷月供、允许再融资,使400—500万户陷入困境的房主缓解房贷压力;通过设立750亿美元的房主稳定基金,帮助约300—400万户房贷严重违约者保住即将失去的住房。

经济环境是决定国家行政管理的物质基础,是开展行政管理活动的重要物质保障。经济环境的变化,会直接影响行政管理活动的有效进行。一国的行政管理活动不会超脱于外部环境而孤立存在,必须要能动地适应和回应外部环境的变化。美国一贯奉行"自由市场决定一切"的观念,主张市场自由竞争,反对政府干预。但在遭遇2008年特大金融危机的紧要关口,美国政府不得不诉诸非自由市场的超常规手段,用"有形之手"大规模干预市场。

2008年金融危机的影响波及全球,包括中国在内的许多发展中国家也不同程度地受到了影响。作为中国最大外部需求的欧美市场疲弱的情况下,为应对经济下滑和解决就业问题,中国由中央政府主导,启动了4万亿的大规模经济刺激计划,就是中国政府面临外部经济环境作出的能动反应。这种政府管理活动,虽然产生了若干负面效应,但对稳定经济,解决就业,确保社会稳定,还是发挥了重要作用。

【启 示】

从2008年金融危机中美国政府对市场的干预可以看出,为确保经济的健康发展,政府的适度干预不但是必要的,而且是必需的。行政系统与外部环境之间相互联系,相互影响。在当前全球化和国际一体化的背景下,各国都处在相互依存,相互联系的统一国际环境系统中,任何一国的发展都会受到其他国家的影响,一国的行政管理早已突破了国家界限而具有了国际化的特征。

从经济环境的角度来说,国际经济环境的变化会对整个行政环境系统的变化产生重要影响。当金融危机波及本国经济发展,导致通货膨胀加剧,社会失业率上升,影响社会稳定,并进而影响到政治稳定时,政府就要对经济和市场进行适度的干预,通过综合运用行政、财政、金融、货币等手段,让经济发展和市场竞争回归到正常的发展轨道。由此可见,随着外部经济环境的变化,为确保社会经济的健康发展,政府的适度干预不但是必要的,而且是必需的。

案例思考

1. 行政管理与行政环境之间的辩证关系是什么?
2. 一国行政管理要灵活适应国际经济环境的变化,需要具备哪些特质?
3. 美国政府应对2008年金融危机的行政行为,对我国政府应对复杂的国际经济环境提供了哪些有益的启示?

(撰写者:陈大江)

案例1-3　十堰市政府对环境的利用与改造

地处鄂西北的十堰市,长期以来,"边远、贫困、落后"像三块大石头,压得这里的干部群众抬不起头,挺不直腰。这样的穷山恶水,到了20世纪90年代后期,经过广大干部群众解放思想,努力奋斗,竟成了优势。

十堰市有"八大资源":国土资源,全市国土面积23658平方公里,占全省1/8强,人口密度仅为全省1/3;山林资源2472万亩,人均7亩,活立木蓄积量人均6立方米;药材资源,计1360余种,且多系名贵产品;水域资源145万亩,星罗棋布的库、塘可发展淡水养殖;有草山草坡1400多万亩,理论载畜量达80万个牛单位;水能资源,水电理论蕴藏量500万千瓦,利于梯级开发;矿产资源,已探明的矿藏有50多种、70大类,矿产储量潜在价值达4000亿元以上;旅游资源,更是得天独厚,以道教圣地武当山为主的名山、以丹江口水库为代表的秀水及6大类25处各具特色的景点遍及全市。同时十堰又是一座新兴的现代工业城市,市政建设在全国中等城市中堪称一流,东风汽车公司就其经济实力、科技开发能力和技术装备水平在全国也是数一数二的;在精神文明建设中,竹山县十星级文明农户创建活动在全国率先扛旗。

十堰处在中西部的结合部位,同时也是鄂豫陕渝交汇地区的中心城市。随着火车提速、(武)汉——十(堰)一级汽车专用公路的修筑,南水北调中线工程上马,资源开发和经济发展的条件将会越来越好。市领导认为,只要全市上下统一思想,共图发展,全面振兴十堰的愿望就一定能变成现实。1997年,十堰市的干部群众坚持难中求进,紧中求活,抢抓机遇,加快发展,大打农村扶贫攻坚、农业产业化经营、工商企业改革、文明城市创建四个硬仗。农业产业化取得明显成效,烟草、黄姜、魔芋、食用菌等十二大龙头产业初具雏形;加快推进一人一亩当家田地、一人一亩高效经济林、每户年均出栏一头牲畜、一户向二三产业转移一名劳动力、为每户培养一个科学种田明白人的"五个一"工程建设,动员4.8万多名干部帮扶贫困户,全年搬迁贫困人口2.7万人,又有15万贫困人口解决了温饱;采取大动作,实施"一二三四五工程"整体推进企业改制,即市、县党政一把手挂帅,抽调2000名工作人员,用三四个月时间实施500家企业改制。在改制中坚持思想认识、组织领导、改制形式、股金募集、法人代表、社会保障、优惠政策、依法建制"八个到位",实现了改革的大突破。在城市建设中,办了10件实事,实施了10项整治,市政设施进一步完善,市容市貌有了较大改观。

(案例来源:http://course.cug.edu.cn/cugFourth/xzhglx/kcnr/right_anli.htm,引用时有删减调整。)

【解　读】

　　行政的自然环境是指人类生存于其中的自然界,但并非自然界的事物都构成行政环境,这里所谓的行政自然环境是指对行政有直接影响的自然因素,主要包括土地面积、天然资源、地势、地形、气候、海洋、海岸、港湾等。诸自然要素间相互联系、相互制约、相互渗透,共同构成人类生存空间,是开展行政活动的前提和条件。

　　由地形、气候、资源等组成的地区状况,在自然环境诸因素中最具稳定性。地区条件诸要素不会在短期内发生变化,它们对行政经济目标的确定与实现具有深刻影响。在当今社会,随着科学技术的飞速发展,人们可以在更大程度上认识自然、改造自然,改变区域状况,但这种改变只是局部,甚至是微不足道的。在行政环境诸要素中,地区状况所具有的这种超常稳定性,是行政活动过程所必须充分考虑的。我们应认真研究行政活动对地区状况的适应程度,因地制宜地适应环境、利用环境、改造环境。因此,行政环境与行政管理之间存在着相互制约、相互作用的辩证关系。这种关系从行政方面表现为适应环境、改造环境;从环境方面表现为制约行政、推动行政。

　　行政环境对行政活动的制约、影响和推动作用主要体现在:(1)环境是行政系统生存的空间,其中自然环境直接构成行政系统生存的空间和行政活动的前提条件。(2)环境制约和影响行政功能。一方面,环境的多样性导致了行政功能的多样性。环境因素纷繁复杂,既有自然因素,又有政治、经济、文化等诸多因素,这决定了行政功能必然涉及国家的政治、经济、文化、教育、公安、司法、外交等多方面的内容。另一方面,环境的变动,也制约和影响着行政功能的变化。行政环境大多处在变化发展之中,这就决定了行政功能将随着环境的变化而不断地调整、变动着。例如在我国革命和建设史上,行政功能总是随着社会政治、经济环境的变化而变化。在新中国成立初期,行政功能的重心在于镇压被推翻的敌对阶级的反抗,尽快恢复国民经济,巩固新生的政权。当社会主义改造基本完成以后,行政功能的重心则是集中力量发展社会生产力,以经济建设为中心,不断满足人民日益的物质、文化需求。党的十一届三中全会以后,党和国家的工作重心转向社会主义现代化建设。行政功能的重心也随之转变。案例中十堰市政府对自然环境的利用与改造也是在新的形势下,顺应时代发展,适时作出调整,以适应时代的需要。

长期以来,"边远、贫困、落后"是压在十堰市人民身上的三大巨石,但十堰市政府在对环境进行利用与改造的过程中充分地利用了当地的优势资源,将行政管理与环境相结合,将当地的发展短板与劣势,转化为脱贫致富的长处和优势,从而促进了经济社会的全面发展。十堰市拥有国土、山林、水域、水能、矿产、旅游、工业基础、精神文明八大发展资源。随着交通的改善和南水北调工程的上马,资源利用的条件日益改善。当地政府通过打农村扶贫攻坚、农业产业化经营、工商企业改革、文明城市创建四个硬仗,农业产业化取得明显成效;通过帮扶和搬迁,解决了相当多群众的温饱问题;通过企业改制,恢复了企业活力;通过城市整治,改变了城市面貌。十堰市的实践充分表明了行政环境与行政管理之间相互制约、相互作用的辩证关系。在当地的自然环境对政府行政形成制约时,政府不是消极应付,而是发挥主观能动性,因势利导,通过适应和改造环境,使十堰市的发展取得了巨大成就。

【启　示】

行政对环境具有积极的影响和巨大的反作用。行政的一个重要特征在于它的积极能动性,能对外部环境具有较大的引导性和影响力。这种反作用体现在行政主体要根据自身的需要对环境输入的各方面信息进行一番加工,进而调整、确定行政目标及目标实现的方案,从而实现行政对环境的利用和改造,最终实现行政的目标。

十堰市在行政管理过程中充分地认识到了行政与环境之间的能动关系,结合实际,改造利用环境,最终达到较为良好的状态。由此可见,行政管理必须充分考虑并结合行政环境,同时,行政环境也会制约和影响行政管理的顺利开展。环境与行政的关系是十分密切的,环境制约、影响行政;同时,行政也通过自身的活动,积极主动地适应、改造环境。只有正确认识和把握好二者之间的关系,才能充分地利用环境、改造环境,从而提高行政效率,实现行政目标。

十堰市在实施行政管理的过程中,充分地利用了当地的优势资源,不失时机地抓住了国家工程建设的机会,因此经济社会得到迅速发展。这也说明,地区环境虽然千差万别,但只要善于从环境中发现有用资源,不失时机地对其加以开发利用,就能收到较为理想的管理成效。行政的自然环境是行政外部环境的基本要素,行政管理必须要尊重自然环境,重视对自然环境的开发利用和保护。

案例思考

1. 结合案例分析行政环境对行政管理有着什么样的影响?
2. 行政管理应如何灵活地适应和改造行政环境?
3. 十堰市的发展实践给我们提供了什么样的启示?

(撰写者:陈大江)

案例1-4 "贪官七兄弟":一个县城的官场江湖

福建连城县地处闽、粤、赣三省结合点,是革命老区和贫困县。2016年,该县四套班子中,有三套班子的一把手落马。此外,财政、公安等多部门主要负责人也相继落马。涉案人员16人,涉案金额3000余万元。这起被龙岩市委定性为"连城前所未有,全市、全省也不多见的塌方式腐败窝案",因注入了太多江湖色彩,备受舆论关注。连城有"全国武术之乡"美誉,连城官场也上演了一幕名副其实的"连城诀":县公安局政委与县政协主席和其他五名官员结拜成"七兄弟",组成攻守同盟,定期聚会;有的官员升迁受挫,牢骚满腹,说"信组织不如信朋友";有人打听到"兄弟"可能被调查,便积极扮演"内鬼",去通风报信,并认真传授对抗组织的经验……龙岩市纪委一名办案人员称,"江湖习气"严重污染了连城的政治生态。

"葫芦娃组合"

据连城县一位乡镇党委书记披露,前两年,该镇要打造特色农产品种植基地,连城县财政局原局长黄兆灯向省财政争取了30万元补贴资金。不久,黄兆灯就打来电话称,跑项目需要开销,有几万元的发票要在补贴资金里报销。"我们赶紧帮忙处理了,乡镇需要上级财政扶持的地方很多,谁敢得罪他?"据龙岩市纪委相关人士透露,黄兆灯大肆收受贿赂,很多按规定不能开支的费用,他也在财政拨款里报销,涉嫌违法违纪金额300余万元。为了个人升迁,黄兆灯不但逢年过节送钱送物去打点他的"贵人"——连城县人大常委会党组书记、主任林庆祯等人,还利用单位财务资金为林庆祯等报销一些私人开支。

在连城的官场腐败窝案中,最引人注意的要数一个组合——"贪官七兄弟"。林负功在担任县公安局政委期间,与连城县政协主席林家龙及个别县领导、科级干部结拜为"七兄弟",形成相互包庇的命运共同体。一位当地知情者透露,这些人原本是八兄弟,其中有一个去世了,就成了七兄弟,他们被坊间戏称为"葫芦娃组合",林家龙是"大哥",林负功是"二哥"。上述知情者告诉《中国新闻周刊》,这些情况与连城的本土文化有关。"连城人都是清一色的客家人,比较注重亲情友情,很多连城本地官员都有或远或近的宗族关系。"该知情者透露,林庆祯是福建省长汀县人,林负功和林家龙都是连城林坊乡人,他们有点宗族关系。"在林坊,很多人也有江湖习气,曾发生过几次多人拿着锄头去打群架的事情。还有些人依仗县里有林氏官员撑腰,就在当地耀武扬威。"

龙岩市纪委曾透露,林庆祯、林家龙、林负功等人积极帮助企业主"打通关节",直接插手工程建设,在企业投资入股,在官员升迁、工作调动上帮忙"协调",收取好处费。

"匪警"林负功

在连城塌方式腐败案中,公安系统窝案尤为突出。连城县公安局原局长雷松、原政委林负功、原副局长邓梅花、原纪委书记罗传炎等纷纷落马。林负功在连城公安系统工作近30年,除了结盟的"七兄弟"外,还和一些刑满释放人员、黑社会老大等称兄道弟。

连城县公安局某科室负责人说:"只要林负功打个电话给办案人员,有些被刑拘的犯罪嫌疑人,原本不符合取保候审条件,也得立刻办手续放人。"有些社会上的不良人员甚至涉黑人员,跟林负功私交不错,以兄弟相称。其中最出名的一个就是连城黑社会老大童文庚。童文庚还在林负功庇护下,当上了连城县揭乐乡揭乐村村主任、县人大代表。揭乐村一位村民告诉《中国新闻周刊》,小学文化的童文庚,大字不识几个。他组成数十人的黑社会团伙,依靠非法买卖土地、非法采矿、诈骗、开设赌场等牟利。揭乐村一些村民自2012年开始,多次联名向县委、县公安局等部门反映童文庚的问题。2013年2月7日,童文庚被依法刑事拘留。但在林负功的压力下,警方最终以村民举报童文庚的证据不足为由,将童文庚释放。

村民刘金平告诉《中国新闻周刊》,2011年12月,童文庚等人邀她丈夫王维州到林伯矿业燕子地采区挖矿投资。当时,童文庚隐瞒了排水井不能作为生产井进行采矿的事实,骗取王维州签订了合同。刘金平称,2014年10月19日上午,王维州到连城县林伯矿业讨要保押金、工资款百余万,遭到暴打。当晚,绝望的王维州在矿区喝下农药死亡。矿方拒绝赔偿,连城县公安局经侦队也称此事不归自己管。2014年12月29日,因涉嫌严重违纪违法,"匪警"林负功接受组织调查。2015年5月27日,林负功被龙岩市纪委移送司法机关依法处理。林负功等人落马后,童文庚案也有了新的进展。2015年12月31日,连城县检察院官方微信公众号披露,童文庚涉嫌行贿罪,非法转让、倒卖土地使用权罪,赌博罪等,被司法机关立案侦查并采取强制措施。

"兄弟情谊"

林庆祯在剖析自己走向腐败的原因时说:"提拔县长仕途受挫后,我觉得组织是靠不住的,还是要靠自己、靠朋友。"由此,林庆祯从追求政治上的进步转向一切向"钱"看,和他认为"靠得住"的一些科局、乡镇领导和企业老板混在一起,涉嫌违法违纪金额上千万元。在连城腐败窝案中,曾经上演过因江湖情谊而出手相助的事情。

2015年12月22日,龙岩市纪委对外通报两起严重干扰、妨碍纪律审查问题,连城县公安局党委原委员、副局长林仁辉及福建天衡联合(龙岩)律师事务所合伙人、执业律师罗奎金受到查处。相关知情者向《中国新闻周刊》透露,在龙岩市纪委调查林负功等人严重违纪案件过程中,林仁辉"颇有预见性"地联想到时任连城县人大常委会主任林庆祯可能涉案,便及时向林庆祯提供案件调查信息,四处打听相关证人情况,帮助林庆祯与证人约时间见面,商谈串供,妨碍案件调查。2015年11月4日,经龙岩市纪委常委会提议、市监察局局长办公会议研究决定,给予林仁辉撤销连城县公安局党委委员、副局长职务处分,并建议连城县委将其调离公安队伍。

龙岩市纪委通报称,罗奎金身为共产党员、执业律师,还是福建省人民检察院、省司法厅选任的人民监督员,在得知时任龙岩市国资委党委副书记、政治部主任赖玉民可能涉嫌违纪问题将被组织审查时,就凭借自己曾任市纪委纪检监察室主任的经历,自诩有对抗组织审查的经验,多次通过面谈和电话交谈等方式,向赖玉民传授对抗、阻挠、干扰纪律审查的方法,导致赖玉民在接受组织调查时公然对抗组织审查。此外,罗奎金还以其在市纪委有人可以帮忙"捞人"为幌子,涉嫌诈骗当事人家属30万元巨额钱财。2015年9月8日,龙岩市纪委对罗奎金进行立案审查;9月9日,市公安局新罗分局对其予以立案侦查;9月24日,新罗区人民检察院决定对罗奎金批准逮捕。

(案例来源:http://news.youth.cn/gn/201601/t20160129_7586305.htm,引用时有删减调整。)

【解　读】

　　新中国成立70多年来,尤其是改革开放40余年来,政治改革与经济转型带来了经济高速发展,但也伴生了大量的腐败现象。鉴于此,党和政府采取了一系列反腐倡廉措施,有效遏制了腐败的蔓延势头。中共十八大后启动了新一轮反腐行动,一批"老虎""苍蝇"应声落马,我国反腐败斗争取得阶段性成果。国际社会高度评价中国反腐取得的成效,中国治理腐败的理念和实践成为很多国家主动学习的榜样。2016年,联合国审议我国履行《联合国反腐败公约》情况时,高度赞扬我国反腐败的决心、措施和成果,指出"中国的领导层更加重视反腐工作,展现出持续的、坚定不移的决心"。越共十二大借鉴"八项规定"等中国反腐经验,提出"抓大鱼"反腐理念。柬埔寨人民党则将"照镜子、除除尘、洗洗澡、治治病"写入工作报告,提出"大鱼小鱼一起抓"。在西班牙,执政党人民党决定设立类似中央纪委的党内监督机构"人民监督办公室"。

　　腐败是一个历史性问题,同样也是当今世界一个现实性问题,是与恐怖主义、气候变暖同等级别的"全球性威胁"。世界各国对腐败问题极度重视,疲于应付而不得不出台多重反腐败政策。俄罗斯总统普京第三次入主克里姆林宫,掀起了强劲的"反腐浪潮"。2012 年俄享有权力地位包括执法机构的官员被提起刑事诉讼者超过 800 人。随着反腐立法的逐渐完善，俄罗斯正从"权力反腐"走向"制度反腐"。巴西也将贪污罪归入"极度重罪"，在 2013 年新修订的刑法中，贪污罪被细分为主动贪污、被动贪污、窃取财物、敲诈勒索和以贪污为目的的横征暴敛，其量刑从以前的 2—12 年监禁提高到 4—12 年监禁并处罚金，同时失去保释、假释和赦免的权利。与此同时，越南 130 名知识界人士联名向越南领导层和媒体提交一份公开声明，要求政府进行大幅度改革，重视贪腐和滥用权力、贫富差距拉大等社会问题。南非总统祖马公布了自 2005—2013 年九年间抓捕的 2600 多名贪官。在有着全球最清廉国家之称的新西兰，1000 新西兰元就将一位多年致力于住房改革、把房价长年维持在太平洋地区最低水平、饱受赞誉的部长拉下马。芬兰注重对公职人员全面监督，议会和政府设有专职监督人员，同时也欢迎公众举报和媒体监督。新加坡在反腐机制上建立了公务员的终身财产申报制，而挪威鼓励"私车公用"，瑞士严控"三公"消费。

为何世界各国反腐败斗争如此激烈，但腐败行为却依旧屡禁不止？从上述地方腐败的案例中或许可得到部分答案。该事件集中反映了社会环境对行政管理的复杂影响，使得官员腐败成为结构性难题。一个地方的社会环境是该区域政治、经济和文化的映照性生态反射。首先，在政治向度上，权力与监督是政治的一体两面。由于权力的特点和人性的弱点决定了权力必须受约束。"权力导致腐败，绝对的权力绝对地导致腐败"，权力质变来自权力失控。在这起事件中，林庆祯、林负功等人结成攻守同盟，形成利益共同体，造成集体独裁局面，公然对抗组织审查。其次，在经济向度上，新市场经济体制下有着大量的权力寻租空间，行政力量配置资源的能力和手段不断强化，使得"一把手"们的寻租活动基础扩大，腐败活动日益猖獗。在本案中，林负功等人正是利用自己手中的权力积极帮助企业主"打通关节"，直接插手工程建设等，并从中得到好处。区域性腐败和领域性腐败交织，腐败的复杂化程度加大，并且逐渐凸显出对全面深化改革的巨大阻力。最后，在文化向度上，熟人社会的人际交往关系网络和日常生活中的礼俗异化也是造成系统性、大规模和持续化腐败的重要原因。"葫芦娃组合"和"匪警林负功"将圈子内成员认定为"自己人"，将圈子外成员视作外人，不断排挤、打压。此时公权力就变成了小团伙的私权力，将其如同礼品一般用于交换。于是拉帮结派、包庇和任人唯亲也就成寻常事，一旦亲缘、地缘和业缘关系凌驾于组织和集体规则之上，权力的空间也就会越界，权力的监督出现真空。

【启　示】

在行政环境理论下,行政行为和行政现象并不是由单一要素产生的。因此,认识行政环境应综合考虑社会各方面普遍的和特殊的情况,避免单一性、片面性和机械性的分析视角。而系统化、组织化形态的塌方式腐败更是一系列社会政治、经济和文化的多样态集合。所以,预防和治理系统性腐败同时也需要整体而全面的应对策略。

首先,应继续强化党中央权威,在纪委、组织、宣传、行政和司法等系统中展开,将监督与执法权进一步集中。由于地方组织任命权掌握于党委常委会,在体制监督失灵的情况下,班子成员尤其是党委书记容易卖官鬻爵,打造私人的权力网络。另外,当初下放权力是改革的需要,现在改革进入攻坚克难期,打破深层的结构性障碍更需要集中权力。因此,为了改革的推进与预防地方系统性腐败就得回收干部的任用权,即将下管一级重新回到下管两级。

其次,应立足于权力内生态和外生态系统相结合的高度营造良好的反腐败斗争环境,形成全民反腐的统战意识。近年来,反腐败的力度不断加强,手段更加灵活,个体腐败往往不容易达到目的,这就促使腐败个体采用合谋手段进行集体贪腐来谋求私利,为了掩盖贪腐行为结成攻守同盟。对付"腐败同盟"的有效方法是建立"反腐同盟":在权力的内部生态中,权力运行要公开化、透明化,重大决策必须由民众参与;在权力的外部生态中,扩大民众的话语权,让权力取之于民、选之于民和用之于民。

再次,应推进以先进理念为引领、先进技术为依托和先进制度为保障的反腐败系列工程建设。在理念方面,以循环监察的韧性方式预防腐败现象,以生态系统的视角审视腐败事件,以关系网络的社会追踪打碎腐败链条。在技术方面,利用大数据分析可疑点,使用区块链全程溯源,让权力勾结无处遁形,对潜在的贪腐群体构成技术威慑力,打破隐性贪腐"生产线"。在制度方面,设计奖惩措施以打破攻守同盟,开通反腐败检举"绿色通道",同时加大对集体贪腐合作案件相关行政人员的惩处力度,精准扼住腐败"生命线"。

最后,应通过权力制衡约束政治性腐败,以市场机制阻断经济性腐败和以思想道德围困文化性腐败。公共权力的私人化封闭运作、权力约束与监督的制度功能障碍是塌方式集体腐败的内在根源,所以权力必须关在笼子里。而转型时期市场机制的不完善是权力寻租的"温床",经济体制转轨之时,地方官员作为生产者和消费者、收税人和开销者的角色急剧扩张。此时不受约束的权力和恶性市场的失序并存,贪腐就失控了。传统礼俗习惯和人情政治是旧习、陋习和恶习,组织关系的"宗法化""江湖化"作为非正式潜规则有深厚的文化根源,必须以新时代思想道德取代旧社会思想道德、以新文化取代旧文化。

案例思考

1. 在行政环境方面,反腐败斗争面临哪些突出问题需要解决?该如何解决?
2. 行政管理的社会环境对反腐败斗争有哪些特殊性影响?
3. 塌方式集体腐败为什么常常发生在地方,是否和当地的社会环境有关?

(撰写者:廖令剑)

第二章 行政职能

【学习要求】

通过对行政职能相关知识的学习,理解行政职能的概念和特征,掌握行政职能的基本体系,了解行政职能的转变。并逐步学会用行政职能的相关理论分析相关案例,提高案例分析能力和技巧。

【导入案例】

两岁女童连遭两车碾压　十八名路人见死不救

2011年10月13日下午5时30分许,一出惨剧发生在佛山南海黄岐广佛五金城:年仅两岁的女童小悦悦走在巷子里,被一辆面包车两次碾压,几分钟后又被一小型货柜车碾过。而让人难以理解的是,七分钟内在女童身边经过的十八个路人,竟然对此不闻不问。最后,一位捡垃圾的阿姨陈贤妹把小悦悦抱到路边并找到她的妈妈。现在小悦悦在广州军区陆军总医院重症监护室,脑干反射消失,已接近脑死亡。

事件发生后第5天,广东省委相关领导到医院看望小悦悦,并认为"小悦悦事件"折射出一些深层次的社会问题,社会各界要深刻反思如何在社会建设中注重重塑道德规范等问题。

第二章　行政职能

此后,广东省相关部门围绕"小悦悦事件",组织召开"谴责见死不救行为,倡导见义勇为精神"为主题的系列座谈会,邀请社会各界人士、群团组织代表和法律工作者,抨击和谴责见死不救、人心冷漠的可耻行为,大力弘扬见义勇为、扶助弱者的社会风尚,托举向善的力量,让社会变得温暖,让人心不再冷漠,让中华民族传统美德和社会主义核心价值观熠熠生辉。

(案例来源:《羊城晚报》2011 年 10 月 16 日,引用时有删减调整。)

 阅读提示

1. 政府的基本职能有哪些?在推进社会经济发展的新的历史时期,政府职能有哪些新的变化?

2. "小悦悦事件"凸显了政府哪种基本职能介入的重要性?政府应如何强化这种职能?

3. 经济的发展等于社会的发展吗?政府在推进社会发展和社会进步中承担什么样的独特作用?

理论概要

行政职能是对行政管理活动的内容、活动方向和活动关系的反映,表明政府在整个国家和社会结构中所扮演的角色和发挥的功用。

一、行政职能概述

(一)行政职能的含义

行政职能,是国家行政机关根据社会环境和社会发展的需要,依法对国家政治经济和社会事务进行管理时应承担的职责和功能。主要涉及政府做什么,怎么做的问题。政府职能反映着公共行政的基本内容和活动方向。

(二)行政职能的特点

执行性。从古德诺的政治与行政二分法来看,政治是国家意志的表达,行政是国家意志的执行。行政是对国家的法律法规、政策决策的贯彻落实,是以国家强制力为后盾的,与其他非国家活动的管理相比,它具有明显的代表国家意志的权威性。

多样性。行政管理的范围涉及国家和社会生活的各个方面,因此,行政职能也具有多样性。它从性质上可分为政治统治职能和社会管理职能;从范围上可分为对外职能和对内职能;从具体领域上可分为政治、经济、文化社会服务等基本职能;从管理层次上又有高、中、低行政职能之区别。

动态性。行政职能随着国家经济、文化等社会环境的变化而不断变化。因为国家经济、文化、外交等既是行政机关管理的内容又是行政机关活动的外部环境,必须保持整个行政系统的平衡才能获得持续发展。

二、行政职能的体系

(一) 行政管理的基本职能

从行政管理的管理领域来看,行政管理的基本职能可分为政治职能、经济职能、文化职能、社会职能。

1. 政治职能

这是维护国家政治统治的一项基本职能。其核心在于维护和巩固国家政权。具体包括专政职能和民主职能。

专政职能表现为国家行政机关必须运用职能机关,防范和打击敌对势力和反社会分子,保障现代化建设事业的顺利进行,防御外来敌人的侵略的颠覆,保卫国家的独立和主权,保卫公民的合法权益和生命安全,同时承担应有的国际义务,保卫世界和平,打击和惩治各种违法犯罪分子,维护正常的政治秩序、经济秩序等。民主政治表现为政府必须进一步完善各种民主制度,建立健全民主监督程序,提高政府活动的公开性、民主性,不断扩大政府同群众联系的渠道,提高公民的参政意识,完善公民参政议政的机制等。

2. 经济职能

所谓政府的经济职能,总体而言就是政府对国民经济进行调节、管制、监控的职能,是为了让国家社会经济发展达到预期的目标和要求而进行的有效调控。具体内容是政府运用经济手段、法律手段和必要的行政手段管理国民经济;制定和执行宏观调控政策,搞好基础设施建设,创造良好的经济发展环境。同时,要培育市场体系、监督市场运行和维护公平竞争、调节社会分配和组织社会保障。

3. 文化职能

文化职能是指国家行政机关对社会的教育、科学、文化、卫生、体育、新闻出版、文学艺术等事业实施领导、指导和管理的活动。政府的文化职能外延应当包括以下几个方面：制订科学文化教育发展总体战略、规划和计划，制定和颁布重大的科学文化教育的政策和法规，指导、监督、协调科研部门和教学单位有效地贯彻国家科学文化教育发展规划，有领导有秩序地逐步开着科技、文化、教育的改革。

4. 社会职能

社会职能有广义和狭义之分。广义社会职能是与政治职能相对立的概念，它包括经济职能和文化职能在内。这里指狭义的社会职能，主要指为社会提供各种服务和搞好社会保障，搞好诸如环境保护、医疗卫生、城市规划、旅游娱乐以及建立健全养老保险制度、医疗制度、失业保险制度，逐步完善社会保障体系等。

（二）行政管理的运行职能

上述行政管理的基本职能，只有通过各个管理环节才能实现，因此，从动态上看，行政职能又包括一系列的运行职能。主要包括以下四个环节：

1. 决策职能

决策职能是行政管理过程的首要职能，包括目标和计划在内。行政机关进行管理活动，首先必须根据客观实际资料，确定行政目标和任务，并具体设计出实现目标的方案、步骤、方法等。为了实现行政决策的科学化、民主化，必须建立健全民主决策程序和制度，重视行政信息行政咨询系统作用，加强行政决策体制的建设。

2. 组织职能

为了有效地实现既定的行政管理目标和任务,通过建立行政组织机构,确定职位、职责和职权,协调相互关系,从而将组织内部的各个要素联结成一个有机的整体,使人、财、物得到最合理的使用,这就是组织职能。任何管理目标和任务都要通过一定的组织机构和具体的指挥活动才能完成。

3. 协调职能

协调职能,是指组织领导者从实现组织的总体目标出发,依据正确的政策、原则和工作计划,运用恰当的方式方法,及时排除各种障碍,理顺各方面关系,促进组织机构正常运转和工作平衡发展的一种管理职能。

4. 控制职能

控制职能是与计划职能紧密相关的,它包括制定各种控制标准;检查工作是否按计划进行,是否符合既定的标准;若工作发生偏差要及时发现,然后分析偏差产生的原因,纠正偏差或制订新的计划,以确保实现组织目标。

三、行政职能转变

(一) 西方国家资本主义时期的行政职能

纵观西方国家的行政实践,在进入资本主义时期,其政府职能的发展演变大致经历了四个阶段:

1. 自由资本主义时期的行政职能

这一阶段主要是在20世纪30年代以前,政府职能理论受古典经济自由主义理论的支配,把政府的作用限定在狭小的范围内,提出政府最好的决策是自由放任。因此,这一时期政府采取自由主义的管理方法,以保障资产阶级的自由、平等、民主权利为目的,奉行"政府管得越少越好"的信条,主要依靠市场这只"无形的手"来调节和引导社会经济及其他各项事业的发展。

2. 垄断资本主义时期的行政职能

20世纪30年代至70年代,政府职能理论受凯恩斯主义理论的影响,这一时期,政府对社会经济的调节和干预,垄断替代了自由竞争,垄断资本和国家政权紧密结合,政府的经济职能和社会职能都扩大和加强了。1929—1933年世界性大危机,使资本主义国家的经济纷纷走到崩溃的边缘。当时美国总统罗斯福全面推行了以凯恩斯理论为基础的国家干预理念,通过两个"百日新政",进行了一系列改革,拉开了整个资本主义国家政府干预的序幕。

3. 当代资本主义的行政职能

20世纪70年代,石油危机触发了经济滞胀和高失业率,凯恩斯主义理论一时难以解决,自由主义思想卷土重来。新自由主义发起了对凯恩斯主义"干预"学说的批判。新自由主义经济学派包括现代货币学、理性预期学派、供给学派、公共选择学派等。英国撒切尔首相在20世纪80年代采用新自由主义理论搞公共事业的私有化、自由化,通过引入私人投资,以降低政府的投资和财政赤字。同一时期,里根总统尽可能减少政府干预,让企业自由经营,在石油天然气行业搞私有化、自由化,降低社会福利水平,并用减税来刺激社会投资。

4. 现代资本主义的行政职能

20世纪80年代的新自由主义理论的失误,导致90年代西方经济持续衰退,一些新自由主义经济学派的学者转向凯恩斯主义,提出了政府必须对经济进行"适度"干预,加强社会责任的伦理。这一时期的具有代表性的理论有新公共管理理论和新制度学派理论。这一时期,英国首相布莱尔提出的"第三条道路"和克林顿政府提出的公众参与决策制度,都是新型政府的"适度干预"体制。

(二) 我国行政职能转变的基本内容

改革开放以来,为适应经济体制改革的需要,我国各级政府职能转变,基本内容如下:

1. 职能重心的转变

1956年我国在社会主义改造任务基本完成之后,党和国家的工作重心本应转移到以经济建设为中心的轨道上来,但由于受"左"的思想影响,在新中国成立后长达20多年的时间里一直是重政治统治职能,轻社会管理职能;重阶级斗争,轻经济建设,并形成一条"以阶级斗争为纲"的错误路线,进而发生了"文化大革命",使我国国民经济濒于崩溃的边缘。对此,党的十一届三中全会明确作出把党和国家的工作重点转移到以经济建设上来的号召。此后,各级政府坚持以经济建设为中心,实现了政府职能重心的根本转变,开创了我国行政管理的新局面。

2. 职能方式的转变

由微观管理、直接管理为主,转向宏观管理、间接管理为主。

微观管理和直接干预是计划经济体制时期政府管理经济活动的唯一方式,审批与管制成为政府管理的基本手段。严重抑制了企业和劳动者的积极性、创造性,妨害了经济发展。十一届三中全会以来,政府通过向企业下放自主权,完善国有资产管理体制,建立现代企业制度等改革措施,促进企业逐步向自主经营、自负盈亏、自我发展的方向发展。在弱化直接干预企业的微观管理职能的同时,政府强化了宏观管理职能,精简和削弱了专业部门,强化监督和宏观调控部门。

由重计划、排斥市场转向以市场为主,计划与市场相结合。

过去认为计划经济是社会主义经济基本特征,市场经济是资本主义特有的东西。由此我国形成了高度集中的计划经济体制,市场经济则长期被排除在社会主义大门之外,社会生产力得不到相应的发展。邓小平在总结社会主义国家只搞计划而排斥市场的教训时,提出"只搞计划经济会束缚生产力的发展,把计划经济和市场经济结合起来,就更能解放生产力,加速经济发展"。在此方针指导下,党的十四大明确提出我国经济体制改革的目标是建立社会主义市场经济体制,标志着我国进入了从计划经济体制向市场经济体制过渡,建立和发展社会主义市场经济的新的历史时期。

3. 职能关系的转变

职能关系问题是指不同的管理职能由谁来行使以及管理主体之间职责权限如何划分。分清职能、理顺关系、明确不同管理主体之间的职责权限,是实现政府职能转变的关键环节。

第一,理顺中央政府与地方政府、上级地方政府与下级地方政府之间的职能关系。

理顺中央与地方关系,必须在合理划分事权、财权的基础上,明确中央与地方的职能关系,并用法律形式固定下来。中央政府承担着整个国家的宏观管理职能,提供全国性的公共物品,同时承担着对地方政府的监督职能和服务职能。地方政府承担着中央宏观政策的执行职能和对本地区公共事务的管理职能,提供地区性的公共物品。理顺中央和地方、上级和下级的职能关系,在指导原则上要坚持有利于发挥中央和地方两个积极性,改变过去中央和上级过度集权的问题,实行中央与地方各级政府适度分权,做到责权利相一致,形成中央政府与地方政府之间合理协调分工的合作关系。

第二,理顺政企关系。

建立社会主义市场经济体制,要求理顺政府与企业的关系,确立企业的自主权,使企业成为相对独立的微观经济主体,改变过去与政府的依附关系。理顺政企关系的基本原则是政企分开,权力下放:所有权和经营权相对分开、政府公共管理职能和国有资产出资人职能分开,实行国有资产分级管理体制。通过理顺政企关系,最终建立起政府以经济、法律、行政等综合手段规范管理市场,市场引导企业的宏观调控体制。

第三,理顺政府与市场的关系。

在市场经济体制下,政府与市场关系的总原则是,市场机制能够解决的,就让市场去解决,政府只管市场做不好和做不了的事,把市场对社会经济运行和资源配置的基础性作用与政府宏观调控的指导性作用有机地结合起来。政府引导市场,市场调节企业。

一方面,市场机制的正常运转是需要一系列基本条件的,而我国目前在许多方面尚不具备或不完全具备这些市场机制正常运转所需的基本条件,而发展市场经济的客观形势又不允许我们仅仅依靠市场的力量去自发形成这些条件。因此政府对市场经济的运行进行宏观指导和调控,不仅是必要的,而且也是必然的。另一方面,承认政府对市场的宏观调控对市场经济正常运转具有不可缺少的指导作用,并不否定市场机制在社会资源配置中的基础性作用。这就是说,政府对市场经济的宏观调控是以市场为基础的。

第四,理顺政府与社会的关系。

社会主义市场经济体制为调整政府与社会的关系提出了新的要求。管理好社会公共事务,改变计划体制下由政府包办一切的状况。为此,政府的社会管理要实现三大转变:在管理范围上改变原来由政府包办一切社会事务的做法,加强对"公共物品"供给的管理,向社会提供公共服务;在管理模式上,向"小政府、大社会"转变,把社会事务大部分还给社会,政府对社会的干预以市场运行的需要为前提;在管理方法上,从传统的以行政方法为主转变为间接的以法律方法为主,具体措施包括政府要大力培养社会的自治能力,培育社会中介组织,加快社会保障制度改革,建立起与市场经济体制相适应的社会保障体系,确立政府与社会的良性互动关系等。

第五,理顺政府内部各职能部门的关系。

一是对政府各部门进行职能分解和职能分析,明确分工,划清职责;二是加强制度建设,明确各部门的地位、作用及与相关部门之间的联系协调方式,使各部门行为有章可行,完善行政运行机制;三是完善协调机制,由于现实中各部门管理对象的复杂性,即使最明确合理的职责分工,也不可能完全避免职责交叉,为此需建立部门之间工作协调机制,解决矛盾和纠纷。通过多次改革和政府职能的转变,我国政府初步形成了"经济调节、市场监管、社会管理和公共服务"的职能体系。

[本理论概要主要参考:夏书章主编:《行政管理学》(第三版),中山大学出版社2003年版。]

| 行政管理案例分析 |

案例分析

案例2-1　校车事故突显我国社会公共服务缺失

"11·16"甘肃正宁县特大交通事故

2011年11月16日上午9时15分,正宁县榆林子镇小博士民办幼儿园校车由司机杨海军驾驶,搭载幼儿及教师63人(车辆限载9人),由西向东行驶至正宁县正(宁)周(家)公路榆林子镇下沟村一组砖厂门前路段时,与向西行驶的东风牌自卸货车迎面相撞,造成交通事故,造成21人死亡(其中幼儿19人)、43人受伤。

庆阳市政府部门说,曾经三次要求小博士幼儿园超载的校车整改。而幼儿园负责善后的却表示七年里只遇到过交警罚款,并不要求超载的孩子下车。庆阳市委市政府20日决定,在未来三年内投入6.8亿元,新建155所公办幼儿园,希望能够解决民办幼儿园的教学和安全问题。

(案例来源:《"11·16"甘肃正宁县特大交通事故》,http://baike.baidu.com/view/6896050.htm,引用时有删减调整。)

《校车安全管理条例(草案)》的通过

国务院总理温家宝2012年3月28日主持召开国务院常务会议,审议并原则通过《校车安全管理条例(草案)》。草案按照确保安全、切合实际的总体思路,规定了保障校车安全的基本制度。一是要求地方政府依法保障学生就近入学或在寄宿制学校入学,减少学生交通风险。对确实难以保障就近入学且公共交通不能满足需要的农村地区,要采取措施保障学生获得校车服务。二是明确了政府及有关部门的校车安全管理职责。县级以上地方政府对本行政区域的校车安全管理工作负总责。国务院有关部门对校车安全管理履行统一指导、督促等职责。三是规定了学校和校车服务提供者保障校车安全的义务和责任。建立健全校车安全管理制度,配备安全管理人员,指派照管人员随车照管学生。四是设定了校车使用许可。对校车安全技术条件和校车驾驶人资格条件规定了比一般客车更为严格的要求。五是赋予校车通行优先权,对校车最高时速和严禁超载作了明确规定。六是明确法律责任。对违法使用车辆或提供校车服务、不履行安全管理责任等,分别规定了法律责任,包括依法追究刑事责任。

(案例来源:《华夏时报》2012年4月7日,引用时有删减调整。)

【解　读】

原因解析

近年来,我国校车安全问题一直呈愈演愈烈之势,甘肃校车特大交通事故再次凸显了解决该问题的紧迫性。追本溯源,我国校车安全事故频发的主要原因在于存在"四大缺失":

其一,安全校车的缺失。我国校车存在数量严重不足的问题,尤其是在农村地区,超载现象无处不在。甘肃校车事故发生后,各级政府在对当地校车质量和安全隐患进行排查时,发现多数校车都是由拼装车、报废车、农用车、货运车等改装而成,存在非常大的安全隐患。在具体的运营过程中,校车的超载现象特别突出,而多数校车事故恰好是由超载造成的。在甘肃的本次校车事故中,车辆原限载9人,实际却搭乘64人,属严重违章超载。加之当前大量校车是社会车辆,归私人拥有,为节约成本,大量招聘不合格司机,这些司机在运营中往往不顾孩子的安全,违章驾驶、缺乏责任意识等现象非常突出,从而进一步提高了校车安全事故发生的概率。

其二,学校的责任缺失。多数学校基于教育经费的捉襟见肘,无法给远离学校的非寄宿生提供足够的安全校车,但为保证学生能按时到校上学,就在市场上去租赁或购买不合格的运营客车,甚至三轮车、马车等作为运载学生的交通工具。这种现象在自负盈亏的民办学校表现最为突出。在以追求升学率为导向的教育管理中,学校对学生的安全教育不够重视,很多学生都缺乏安全自救的技能,在碰到交通事故时往往束手无策,这也是导致死伤率高的主要原因之一。

其三,相关部门的职责缺失。面对校车的超速、超载等现象,许多地方的交通和交警等执法部门司空见惯,要么循例查查,轻微罚款,要么纯粹视而不见,没有对这些交通违法行为采取强有力的制裁措施,从而降低了校车交通安全事故的违法成本,最后酿成了血的教训。

其四,在我国大多数乡村地区,基于中小学生源不足的现实,在"集中优质办学资源、提高办学质量"方针指导下,许多村校被撤并或取消,将学生都集中在中心小学上学。这本是一件好事,但对于距离中心小学特别遥远的学生来说,按时上学就成了大问题。但学校囿于资源局限,无法提供足够的宿舍,更不能提供具有安全保障的校车。特别在广大农村偏远地区,本地财政不足,上级转移支付不够,导致城乡公共服务严重失衡,校车安全问题显得更为突出。

对策分析

解决校车安全问题,依靠市场手段注定失败,政府作为公共服务的提供者,在治理校车安全中应发挥主导角色,提供政策和经费支持,特别要下决心制定校车安全标准,以及校车司机的特别管理标准。北京将校车安全问题写入2012年的政府工作报告,2012年3月28日,国务院常务会议审议并原则通过《校车安全管理条例(草案)》,表明政府在治理校车安全问题上迈出了关键步伐。

首先,要制定适合我国国情的校车安全技术标准,让各地的校车配置和使用有标准可依,从而为校车安全保障兜底。政府相关职能部门要对现有的校车使用状况和安全状况进行全面评估,根据实际情况作出统筹安排。财政部门要对配备校车和校车的正常运营提供必要的资金保障。政府要对校车司机的招聘和使用提供全程监控,要对校车司机进行专门的技能培训,树立安全与责任意识。交通部门和公安部门要对车辆载客情况、道路状况、交通运行环境进行常态监督,对违法、违章、超载、超速等必须给予严格的处罚,保障校车有安全的行车环境。

其次,要将校车安全纳入政府公共服务范畴,履行提供校车安全的公共服务职能。虽然校车质量不合格、达不到安全要求、严重超载、驾驶技术差、路况复杂以及安全行驶意识淡薄等等,是造成校车安全的直接原因,但从更深层次看,公共服务缺失才是造成校车安全事故频发的重要根源。因为教育在本质上是非排他性的公共产品,校车安全也是教育服务职能的一部分,是代表公共利益的政府必须履行的职责之一。

最后,学校作为校车的直接使用者,要确保校车专项资金的高效合理使用。要注意吸取家长和学生的意见,保持与司机的及时沟通,对他们提出的意见和问题要及时回复和解决。同时,联合家长加强对孩子的安全教育,加强安全演练,让学生学会辨识危险,掌握在危难中自救的技能。

【启 示】

我国三十多年来坚持"效率优先"的发展理念,在解决发展取得巨大成就的同时,社会服务与管理方面却严重欠账。当前,亟须强化政府在教育发展和教育管理方面的公共职能,这是解决愈演愈烈校车安全事故的根本路径。

在 20 世纪 90 年代,"撤点并校"改革,重新调整学校规模与布局,使有限的教育资源得以集约高效利用,的确改变了过去"遍地散花"的教育布局和资源浪费现象。但这种"一刀切"的改革,并没有考虑边远和偏远地区孩子上学难、寄宿难的问题。学校为解决学生按时上学问题,只能采取应变办法,于是不合格的各种交通工具开始进入校车行列。这种学校无奈、家长默认、监管缺位的格局,最终导致将改革的成本转移到学生身上,从而付出了血的代价。

教育特别是基础教育,是政府必须为社会提供的公共服务产品。按照方便较低年龄学生就近入学的原则合理规划和设置学校或教学点,这本来就是政府的责任,也是优化教育资源配置的基本要求。对因学校撤并而使上学路途明显变远的学生来说,接送上学的校车也应该纳入最基本的公共服务产品范畴。同时,也应促进教育这一公共服务的均等化,统筹城乡之间的教育资源,教育资源向偏远地区、贫穷地区倾斜,让资源在最需要的地方发挥更大的作用,让孩子享受均等的教育资源,共同赢在起跑线上,共同进步。以这样的思路来调整学校布局,或许可以减少校车事故频发的悲剧。

案例思考

1. 校车事故频发的根源和深刻教训是什么?
2. 政府对治理校车事故做了哪些补救和努力?给予我们什么样的启示?

(撰写者:吕嘉欣)

案例 2-2 "三鹿"奶粉事件暴露职能交叉弊端

"三鹿奶粉"事件回放

2008 年 9 月 11 日,卫生部通报,近期甘肃等地报告多例婴幼儿泌尿系统结石病例,调查发现患儿多有食用三鹿牌婴幼儿配方奶粉的历史。截至 17 日,各地共报告临床诊断患儿 6244 名,其中,4917 名症状轻微,正在进行院外随访治疗或已经治愈,现仍留院观察治疗患儿 1327 名。经调查初步认定,石家庄三鹿集团股份有限公司所生产的婴幼儿"问题奶粉"是不法分子在原奶收购过程中添加了三聚氰胺所致。三聚氰胺是一种化工原料,作为添加剂,可以使原奶在掺入清水后,仍然符合收购标准,所以被不法分子用来增加交奶量以获利。

"三鹿"奶粉事件治理模式:"多头监管""九龙治水"

党中央、国务院对此高度重视,启动了国家重大食品安全事故Ⅰ级响应机制,成立应急处置领导小组,共同做好三鹿牌婴幼儿配方奶粉重大安全事故处置工作。

中国卫生部要求各地立即统计辖区内医疗机构接诊的患病婴幼儿有关情况,尽快掌握患儿的发病及救治情况,及时、有效地开展诊疗工作。国家工商行政管理总局要求各地采取措施,进一步加强奶粉市场监管执法,严厉打击销售假冒伪劣奶粉的违法行为,净化奶粉市场环境。国家质检总局深入整治,要求各地质检部门和机构彻底检查所有乳制品企业和所有乳制品,重点检验三聚氰胺等卫生安全指标。农业部要求各地农牧部门迅速成立生鲜牛奶质量专项检查工作小组,确保专项检查任务按时完成,杜绝在饲料中添加违禁药物和有害化学物质,杜绝不合格生鲜牛奶流入市场。商务部制定应急预案,加强市场监测,保障市场供应。国家发展改革委要求各地加强价格监管,必要时,依法采取价格干预措施,稳定婴幼儿奶粉价格。河北省公安厅已经依法对26名犯罪嫌疑人采取了强制措施,其中逮捕4人,刑事拘留22人。河北省人民政府已经作出决定,对三鹿集团立即停产整顿,对流入市场的婴幼儿配方奶粉全部召回,停止销售,并对奶牛饲料、原料奶、乳品原料、奶料加工等各个环节进行严格审查,对不法分子和相关工作人员依法、依纪作出严肃处理。

(案例来源:新华网《三鹿牌婴幼儿奶粉事件滚动报道》,2008年9月12日,引用时有删减调整。)

【解 读】

我国接连出现食品安全问题,不断侵蚀和透支消费者对食品安全的信任度。据调查,我国消费者对任何一类食品安全性的信任度均低于50%。三鹿毒奶粉事件,成为压垮消费者对食品安全信任的最后一根稻草,消费者的信心跌到了谷底。

首先,消费者对我国的食品企业表现出极大的不信任。如果没有诚信,就不可能有安全的食品。在当前"微利时代"、食品安全监管存漏洞、信息不对称的背景下,"劣币驱逐良币",一些不法企业为实现利益的最大化,向奶制品添加违禁的三聚氰胺,以达到降低成本的目的。一些合法企业,在市场竞争的巨大压力下,也开始放弃立场,加入了不法添加的行列。三鹿集团在收集鲜奶时,借着"免检产品"的称号,明知故犯,肆意向奶粉添加三聚氰胺,最终诚信尽失,名誉扫地,害人害己。

其次,消费者对我国当前的食品安全监管体制表现出了极大的不信任。长期以来,我国的食品安全监管采取的是分段监管和多头监管的模式。"从田间到饭桌"即从食品的生产、流通、销售到餐饮业都存在监管;监管的部门更是众多,农业部、卫生部、食品药品监督管理局、质检总局、工商总局、商务部、海关总署、公安部等十多个部门都参与监管。这一中国特色的监管体制,看似严密有效,实则问题多多:监管容易出现重叠、模糊和真空地带,出现"九龙治水""多头监管"现象。但在实际的操作中,责任边界确定困难,导致有利无责或者利大于责时,各部门就争着监管和负责;当有责无利或者责大于利时,各部门就"踢皮球",相互推诿。

有鉴于此,要在政府主导下,对我国的食品安全进行综合治理。

首先,政府、科学家、食品生产经营者和媒体等应该广泛传播诚信的生产经营理念,营造良好的舆论环境,共同铸造食品安全诚信的社会基石。企业作为食品生产的第一人,是食品安全保障的第一道防线,也是最直接和信息最完整的自我监管者。企业树立社会责任意识,以保障食品安全为第一责任,在产品的原材料采购、生产、销售等环节自我把关,自我检测,自我约束,自我纠正,可以在源头上保障食品的安全。当然,市场的自我监管力量的内在激励在利益面前是微小的,更需要政府的外在激励。

其次,政府要承担起规范市场行为,维持市场秩序的公共职责。当务之急,是要完善我国的食品安全监管机制,因为建立统一协调、权责明晰的食品安全监管体制,是有效监管的前提条件。但2009年6月出台的《食品安全法》,只是对我国的食品安全监管体制做了"微调",没有对食品监管体制作根本性的改革。针对三鹿事件,国务院成立了"食品安全委员会",这就需要进一步理顺各监管主体的职责,以提高监管效能。要明确和加强食品安全委员会的法律地位,突出食品安全委员会在食品安全问题上的主导地位,更好地协调食品安全各个环节的监管工作,同时起到对监管者进行监管的作用。在此基础上,必须进一步完善监管责任追究制度,在明确赋予食品监管主体执法主体地位和执法职责权限的同时,必须明确监管主体的行政责任,保障权责利的相统一。

最后，要充分发挥第三部门的监管作用。非政府组织和消费者也应纳入食品安全事件监管体制中。因为相对政府而言，第三部门对食品安全事件有着更为敏锐的洞察力，在危机潜伏时期，通过大量搜集信息，对危机的预警发出信号，防患于未然。为此，需要不断提高非政府组织和消费者等外部监督的话语权，兼顾均衡不同利益集团在社会中的利益分配，使它们能够在整个社会的食品安全信息系统中更加灵敏自由地发挥作用。

【启 示】

在我国食品安全事故频发和消费者对食品安全信心降到谷底的大背景下，从为国民健康和社会发展的长远之计出发，下决心改革和理顺包括食品安全监管体制在内的传统行政管理体制。因为混沌模糊的管理体制，已难以适应当前日益精细化的社会分工，这也是导致政府失灵的原因之一。政府职能交叉和职责不清晰，其直接的危害是提高了政府管理成本，降低了政府管理效率，最终将会动摇政府的合法性基础。

从阜阳劣质奶粉事件到苏丹红、多宝鱼、瘦肉精、毒豆芽、染色馒头等食品安全事故，充分暴露了我国政府职能交叉的弊端。我国食品生产经营的各个环节虽有农业、质监、工商、卫生等部门的多头监管，但在具体的监管实践中，分段监管的体制又凸显出了部门间责任不清，有利就抢着管，无利就让着管的现象。同时各部门间内耗严重，问题出现后相互推诿、扯皮，导致失去最佳监管时机。因此，监管体制如不能实现彻底改革，食品安全事故也将会继续上演。

因此，解决食品安全监管不力的重点，是要下决心解决政府职能交叉的问题。最有效的办法就是实现政府职能转变，把政府职能定位于"经济调控、市场监管、社会管理、公共服务"上来。同时对政府职能进行分类，授予相应的权力，让各个部门明确自己的责权利。另外，解决当前部门林立，条块分割的状况，在现有监管机构间建立有效的沟通协调机制，促进监管机构间的合作。2009年颁布和实施的《食品安全法》设立"食品安全委员会"，强化对监管难点和空白点的协调与指导，就是一种很好的探索。

案例思考

1. 食品安全事件频发的原因有哪些？政府在食品安全监管中承担什么样

的职责?

2. 政府职能交叉给食品安全监管带来哪些弊端?应如何克服这些弊端?

(撰写者:吕嘉欣)

案例2-3 "炫富女"郭美美引起慈善界地震

"炫富女"郭美美引起慈善界地震

2011年6月20日,微博上一个名叫"郭美美baby"的女孩引起了众人瞩目。她在微博上经常展示自己的生活照,开玛莎拉蒂跑车、在别墅开生日会,皮包、手机、手表都是昂贵的奢侈品。而她微博认证的身份是"红十字会商业总经理",正是这一点,引发了公众的强烈质疑:一个年仅二十岁的女孩就当上了总经理,并拥有名包豪车,财产来源是否和"红十字会"有关?一时之间,网友们展开了"人肉搜索"。

首先被怀疑的是中国红十字会副会长郭长江,和郭美美有着父女关系。因为在郭美美的微博上,网友发现了一个为"郭长江CR"的ID(未经实名认证)。后来他再度被网友质疑为是郭美美的"贵人"。

而同时,事件的另一方——郭美美最初发表的一条回应微博,对整个事件的发展产生了重要影响。这条微博解释说:"我所在的公司是与红十字会有合作关系,简称红十字商会,我们负责与人身保险或医疗器械等签广告合约,将广告放在红十字会免费为老百姓服务的医疗车上。"正是郭美美说的这种合作模式,让公众的疑问进一步升级。

红商会背后的利益链

经过搜索,人们发现,虽然没有红十字商会这一机构,但中国红十字总会的下级单位中,有一家中国商业系统红十字会,人们猜测它会不会就是郭美美说的"红十字商会"呢?继而,网上出现了一条来历不明的"爆料"更加剧了人们的这种猜测。"爆料"说:郭美美,曾用名郭美玲,以前家境一般,2008年南下深圳在演艺界发展时认识了天略集团董事长丘振良,两人关系不明,而丘振良认识红十字会副会长郭长江,郭美美因此结识了郭长江,和红十字会产生关联。

最近,又有网友搜索发现,中国商业系统红十字会在网上留的联系邮箱,是商业系统红十字会副秘书长李庆一的手机号码登记的。而天略集团下属的北京

| 行政管理案例分析 |

天略盛世拍卖公司,在一次拍卖会的网页上所留的也是这个邮箱,此外,还有两家公司的联系方式都曾经使用过这个邮箱。一家叫北京中谋智国广告公司、另一家叫北京王鼎市场咨询公司。这些公司为什么都使用同一个和商业系统红十字会有关的邮箱呢?

"郭美美事件"就像一部剧情越来越复杂、不断有新人物出场的连续剧。而近两天,又有一家名叫"中红博爱资产管理公司"的企业被卷了进来。有记者查阅工商资料发现,中红博爱资产管理公司的股东之一就是王鼎市场咨询公司,而后者在2007年到2008年,就已经在一些社区开展过"红十字博爱服务站"项目。服务站是和保险公司合作,为社区居民免费提供急救、义诊、体检服务,同时提供人寿、财产等保险咨询。而"博爱服务站"的外形就是一辆厢式无动力车。这些细节和郭美美说的"人身保险""医疗器械""车体广告"高度近似。

至此,跟商业红十字会相关的关联公司,一个个被挖了出来。王鼎、中红博爱、中谋智国三家公司彼此关联。与商业系统红十字会同一年成立的王鼎市场咨询公司几乎涉及商业红十字会所有项目;中谋智国广告公司与王鼎市场咨询公司是同一个老板,即王树民的女儿王彦达;而中红博爱的股东之一就是王鼎市场咨询公司。

中红博爱公司和郭美美到底有没有关联?公益事业和郭美美的财产来源究竟有没有关联?到底是郭美美"虚构事实、扰乱公共秩序",还是背后另有隐情?中国商业系统红十字会,在它运作的多个项目中,多家商业公司参与其中,这些项目到底是公益项目还是商业项目?公众的众多疑问归结起来,核心问题其实只有一个,那就是:我们是否能将自己的捐款,放心地交到公益机构的手里?

根据中民慈善信息中心此前公布的监测数据显示,自"郭美美事件"发生后,全国2011年7月份社会捐款数为5亿元,环比下降50%,慈善组织6月到8月的捐赠额降幅则达到86.6%。

(案例来源:《郭美美事件始末,风暴眼中的郭美美》,http://news.shangdu.com/401/20110913/13_434527.shtml,引用时有删减调整。)

【解 读】

郭美美微博炫富事件,引发公众对中国红十字会所获善款流向的质疑,并进而引发中国红十字会的公信力危机。公众对该事件的质疑不断发酵和演化:郭美美的财富来源——商业红十字会的性质和运转——与商红会合作的其他商业机构——社会捐款的去向等。因为中国红十字会是从事人道主义工作的社会救助团体,是非营利性组织,其运转固然离不开巨额经费的支撑,而其经费的主要来源是社会捐助,如果这些经费用于公益事业本无可厚非,但如果用于个人享乐和福利,公众无疑有权利质疑社会捐款的去向,并进而质疑红十字会的公信力。当然,公众对红十字会的质疑,由该事件引发,但也存在深刻的根源。

第一,红十字会"半官半民"的双重属性。红十字会虽然划分为"第三部门",是有别于政府的非营利组织,但事实上,在我国现阶段非营利组织受到登记管理机关和业务主管单位的双重管理。红十字会的业务主管部门是民政部,其领导和工作人员都是党员或者在编的公务员。由此,红十字会在向社会募款时,呈现为社会组织面貌;在使用善款时,则又遵循行政运作机制;在决策时不独立、在问责时无责任人。这在很大程度上模糊了公益组织的责信机制,甚至使其成为政府聚敛社会资源的途径,而不是公益组织应扮演的"散财之道"。因此,民众所希望的"透明"存在现实障碍。

第二,红十字会等公益组织缺乏对捐赠人知情权的尊重。过去20多年,中国公益慈善组织主要专注于对受益人需求的满足,对捐赠人的需求、动机、内心感受没有给予足够的关注。慈善机构在本质上是一个中介机构,作为代理人受捐赠人的委托,把捐赠物品用在有需要的人身上。代理人应该尊重委托人的知情权,公开信息,接受监督。但捐赠人常常被忽略,知情权、监督权被剥夺。善款的使用情况,大部分捐赠人无从知晓。因为善款流向及慈善机构本身行政支出不透明,导致很多人对捐款的信心不大。"郭美美的事情没搞清,没有心思给红会捐款"的民众感慨,也是对信息公开的渴望。保障捐赠人的知情权是他们继续捐赠的最大激励。究其根源,都与非营利组织的非独立性特征直接相关,无法自动接受社会监督,一切按照政府规则运转,出现这种现象就不足为奇了。

第三,政府对公益组织没有尽到监管职责,导致部分公益组织打着公益旗号谋取不法之财。由于疏于监管,红十字品牌的使用存在泛滥和偏差情况。公众关注郭美美炫富事件,重点不在于"炫富",而在于其"中国红十字会商业总经理"的头衔,在于商业红十字会及部分负责人利用其双重身份,在项目运作中与多家商业公司存在的关联交易现象,从而亵渎了"红十字会"的社会声誉。

【启　示】

在我国实行市场化改革后，我国的经济发展取得了举世瞩目的伟大成就。当下我国又提出了社会管理创新的伟大历史任务，其重点就是要转变政府职能，积极培育社会力量，承接从政府转移出来的部分公共事务职能。要实现这一任务，关键要抓好对社会团体的"放"与"管"。

所谓"放"，就是要真正实现政社分开。即按照政社分开、管办分离的原则，加快推进各类社会组织与行政主管部门在机构、人员、资产、财务等方面的彻底分开，逐步实现自我管理、自主发展。根据《社会团体登记管理条例》，慈善组织在管理上实行由登记部门和业务主管部门共同管理的双重管理体制。这里的社团管理机关是指民政部门，业务主管机关是指各级政府职能工作部门和党的工作部门。慈善组织的行政化色彩浓厚，缺乏作为社会团体所必需的独立性，导致其在接受捐款时呈现社会组织的面貌，使用捐赠物时却根据行政官员意志，运用行政手段行事。这种双重运转模式导致社会团体容易染上行政系统的恶习，难以尊重和体现社会性，民众自治能力无法有效发挥。政府职能也难以实现真正意义上的转移。

"管"就是加强对社会团体的监管。我国非营利组织的发展整体还处于起步阶段，亟须标准和规范的规制。在此阶段，政府要充分发挥自己的扶持和监管职能，通过制定相应的法律法规，为社会团体的良性发展创造一个良好的社会环境。与此同时，赋予公众更多的知情权和更大的监督权，特别是对红十字会这样有影响力的慈善组织，更应及时公开信息和主动接受社会监督，尊重捐赠人的爱心和意愿，保证捐赠物取之于民，用之于民，更好地发挥其沟通捐赠人和受赠人的中介作用。

案例思考

1. 社会团体在我国的公共事务管理中扮演什么角色？
2. 政府应如何监管社会团体？如何建立政府与社会团体之间的良性互动关系？

（撰写者：吕嘉欣）

案例 2-4 唐福珍事件：强制拆迁中的公共利益界定

唐福珍事件始末

2007年8月，成都市要在此地规划建设一项污水处理厂的配套工程，唐福珍家正好位于规划红线内。这幢建筑面积1000多平方米的房子政府按1996年建房标准赔付117万元，而唐福珍一家希望赔偿800万元。

两年的协调，双方始终未达成一致。今年4月10日，强拆开始了，但在唐福珍的楼前，拆迁队遭到了激烈抵抗。时隔半年多的精心准备后，拆迁队伍卷土重来，这次他们集结了更庞大的队伍。11月13日天未亮，力量悬殊的拆迁大战打响，唐福珍的亲属们继续用石块、燃烧瓶阻止拆迁，唐福珍则在天台，她提前备好了汽油。执法人员持械冲入唐家，唐家人仰马翻。10分钟后，唐福珍点燃了身上的汽油，她变成一团火。但她的自焚并没有阻止房子被拆，当天房子就变成了一片废墟。11月29日晚，唐福珍因伤势过重，经抢救无效死亡。

背后的地方利益诉求

近期频发的暴力拆迁引起了中国社会的极大关注，也引起了世界的广泛关注，日本《产经新闻》就此评论认为，中国市民维权意识增强，"一方面是地方不顾形象的蛮横做法，另一方面是市民保护私有财产的维权意识逐渐提高，这种官民冲突的事件很可能越来越多"。

与以往中国式拆迁不同，本轮强拆行为中，有不少涉及地方政府的公共建设，在涉及公共项目和基建项目建设时，地方政府打着公共利益的牌子进行拆迁，如果有合理的赔偿，想必唐福珍和潘蓉不会以死抗争，但是，拆迁行为往往被利益集团和开发商利用，成为一种掠夺。

"地方政府出现罕见的拆迁冲动，是因为巨大的利益诱惑"，学者袁剑这样分析。他认为，地方政府将土地从居民那里拿来之后，要么亲自拍卖，要么通过地方政府拥有的地产公司转手出让，一方面拼命压低买地价格，另一方面又拼命抬高卖地价格。这种具有经纪性商人的身份让地方政府成为交易中的一方。

（案例来源：http://news.sohu.com/20091127/n268510313_1.shtml，引用时有删减调整。）

【解　读】

近年来,在我国迅速推进的城市化进程中,因拆迁或征地引发的官民冲突事件愈演愈烈。成都的唐福珍以生命为代价来对抗拆迁,捍卫自己的利益,但在强大的公权力面前,往往不堪一击。《物权法》无法对抗《城市房屋拆迁管理条例》的强势地位,从而增加了社会不稳定的因素。

在城市拆迁中,公民与政府的对立和对抗,根本上是由政府的职能错位造成的。政府本来是公共利益的维护者和公共服务的提供者,但在传统的GDP挂帅的政治考核和土地财政利益的多重作用下,政府的公共角色逐渐丧失,逐渐蜕变为与民争利的行为主体。为谋取更大利益,地方政府打着"公共利益"的幌子,以公权力为后盾,将土地从居民那里征收、征购之后,高价转让,从中赚取土地增值收益。在公益性征地中,地方政府的土地收益层层分配,再根据不合时宜的分配标准,到达业主手中的只占极少部分;对于经营性的征地,政府为了完成招商引资任务,政府偏向开发商,为开发商圈地,并没有给业主和开发商一个公平博弈的平台;在土地收购储备后,要么通过招拍挂或者协议方式亲自拍卖,要么通过地方政府拥有的地产公司转手土地,一方面拼命压低买地价格,另一方面又拼命抬高卖地价格。这种具有经纪性商人的身份让地方政府成为交易中的一方,如果政府角色定位不明,公权力的利剑就伤了业主这一利益博弈中的困难群体。

"为了公共利益的需要,国家可以征收国有土地上单位和个人的房屋","公共利益"成了土地合法征收的前提,问题是何谓公共利益? 征收征用时,是否需要对公共利益进行具体界定? 由谁来界定,按照什么程序确定公共利益? 这些关键的问题在人们期待的《物权法》中都没有给予明确答复。政府作为《城市房屋拆迁管理条例》中"公共利益"的制定者,同时也垄断"公共利益"的解释权。征地拆迁的过程,也是大量资金在流动,局部利益被重新配置。而政府作为国家土地的所有者或者管理者,占据征地拆迁的主导地位,在权力可以介入的地方,在权力可以为自身带来利益的环节,政府就发挥自身的"优势",利用"公共利益"的解释权,在城市规划中,就"适度"扩大拆迁范围,甚至为开发商"圈地"。法律法规界定的漏洞,为政府既当裁判员又当运动员提供契机,双重角色定位为自己的强制拆迁奠定了合法基础,又可以为拆迁对抗导致的暴力冲突错误行为的开脱找到借口。

在拆迁的动员工作中，我国一些地方政府内部"暗箱操作"、封闭决策，把做好的规划和方案，接着自上而下地作出宣传，让公众被动式地接受，而且只是对拆迁范围、利益分配结果、未来愿景等"恩赐式"地公告，公众几乎没有发表意见的机会。即使是开发商征地，也是政府替代公众做表决，政府作为决策者，没有给双方一个公平协商的平台，公众的意见和利益诉求无法上传。在最关乎自身的关键环节——利益如何分配、比例如何协调等方面，公众几乎没有话语权。这种象征性的参与无疑是导致唐福珍、陶姓人家等钉子户产生的因素之一。

【启　示】

当前我国政府的很多职能都是在计划经济体制下形成的，其应对社会主义市场经济的多元社会需求时，显得有些力不从心。当下的政府管了很多不该管、管不好、管不了的事，出现"越位、错位和缺位"现象，从而扭曲了市场配置资源的基础性作用，影响了政府职能的正常发挥。最直接的危害是将政府直接置于利益冲突的旋涡，将政府有限的资源用于应付冲突，从而提升了政府的行政成本。最终将动摇政府的合法性基础，减弱民众对政府的信任，冲击政府的公信力。

追根溯源，政府在利益面前逐渐淡化自身公共职能的角色是当前官民冲突的根源之一。布坎南的公共选择理论认为，政府在促进公共福祉的同时也在追求自身利益。由此，利益就成为公权力运用方向的指标。当外部压力足够强而迫使政府追求公共利益时，公权力就显示出公共性的一面；当政府追求自身利益的成本低于追求公共利益的成本时，公权力首先会考虑寻求政府部门或者官员的自身利益。行政权力常常受其内在的二重矛盾之困，即所谓的"诺斯悖论"。"诺斯悖论"是诺斯在制度经济学中提出的一个二律背反定律，即政府部门本来应该向社会提供公共产品，但由于种种原因最后提供的却是"公共祸害"。

而作为政府追求利益重要工具的公权力，其运用方向和力度刚好也检验了政府履行职责的正确与否、到位与否，因为政府履行职责的过程也是追求利益的过程。当公权力异化为追求政府私利，那么职能的履行的过程就是行政成本外溢的过程，把过多的成本转嫁给政府系统外的民众，当这个外溢的成本负担超过民众的承受限度时，这就不难理解上述的强制拆迁的冲突，以及政府合法性指数的下降。

近年来,我国不断地进行行政体制改革,塑造服务型政府。而政府职能转变的关键点和突破口,首要的就是坚持政府职能的"公共性",明确政府职能的界限,实现政企分开、政社分开、政党分开等。说到底,就是让政府职能向"公共性"回归,在做好管理者角色的同时也要提供必要的公共服务。

案例思考

1. 如何正确界定《城市房屋拆迁管理条例》中的"公共利益"?如何在"公共利益"与"私人利益"之间取得平衡?

2. 政府权力与公民权利之间是一种怎样的辩证关系?政府如何避免或减少拆迁中的官民冲突?

(撰写者:吕嘉欣)

案例2-5　高铁悲剧能否撞开改革门

高铁事故盘点

温州动车追尾事故发生24小时后,铁道部党组书记、铁道部部长盛光祖宣布要发起一场持续两个月的第二次安全生产大检查。但并未取得预期的效果。

这条仅耗时两年多即告建成的高铁,开通后便故障不断。据媒体公开报道,从7月10日到14日,四天发生四次故障,其中近三起事故系雷电导致供电系统失效,据不完全统计,从开通至今,京沪高铁已经累计发生五次大的行车故障。

早在2008年胶济铁路4·28事故发生的次月,铁道部就开展了安全大反思、大检查活动;仅一个月之后,广西柳州再度发生列车脱轨事故,导致4人死亡,此时,铁道部的安全大检查仍未结束;2009年,湖南郴州发生的"6·29"列车相撞事故后,铁道部同样开展了类似的内部整改。

从2008年到2011年,几乎每年铁道系统内部都要进行安全大检查,但温州动车追尾事故还是发生了。

悲剧能否撞开改革门

中国铁路的特殊性最早形成于1949年前后。当时,政府一改铁路分路线分地区的分散管理方式,仿效苏联,建立了全国统一的调度指挥系统,并沿用至今。

在此过程中,铁路系统也发展成为政企合一的计划经济单位,实行半军事化管理,拥有独立的司法、教育、医疗系统,在国内交通格局中,占据了铁老大的优势地位。

20世纪80年代,随着公路和航空的兴起,铁路的改革压力也日渐增大。但此后的改革目标,大都围绕着铁道部对下级铁路局放权让利的内部管理机制上。

中国铁路改革最早也是始于20世纪80年代,时任铁道部部长丁关根最早提出了"以路建路、以路养路"的"大包干"承包制改革思路。后来,由于铁道部不掌握铁路客货运票价的决定权,无法自负盈亏,再加上1988年丁关根在"1·24"特大铁路安全事故后引咎辞职,这场试图市场化试验才戛然而止。

自1999年起,国内的14个铁路局全面实行资产经营责任制,打破了大锅饭核算体制。随后,又提出了"网运分离"的改革思路,把具有自然垄断属性的国家铁路路网基础设施,与具有市场竞争性的铁路客货运输分离,组建国家铁路路网公司和若干家客、货运公司,并以此为基础形成了《铁路体制改革方案》(讨论稿)。"网运分离"的改革思路,某种程度上借鉴了当时国内电力、通信行业的改革经验。这份讨论稿虽前后历经20多次修改,终未获得国务院批准。铁路改革栽在了"最后一公里"。

2003年,铁路改革开始让位于"跨越式发展"。至此,国内铁路改革经历了从20世纪80年代开始的全路经济承包制、资产经营责任制、路网分离,铁路改革再次经历阶段性停顿。

2008年大部制改革曾被认为是铁路改革的最佳时机。但当时的铁道部领导认为铁路投资的长期滞后使得铁路运能严重不足,铁路仍处在大规模建设的阶段,避谈改革。"铁路建设的工程任务很重,铁道部直接管理使得工程进度和质量有保障。"从企业发展来看,铁路改革错过了一个好的时机。当时的建议是,等到铁道部完成政企分离的改革之后,再并入新成立的大交通部。

但2008年以来中国铁路系统所发生的行车事故,以及铁道部高官的重大违纪违法行为,显示出改革政企合一的运作模式的迫切性。"如果发展不考虑改革,可能风险更大。"北方交通大学经济学教授赵坚说,铁道部政企不分是中国铁路各种问题的症结所在。尤其在"7·23"动车事故发生后,铁路体制改革再次引发社会关注。

(案例来源:《法制日报》2011年12月28日,引用时有删减调整。)

【解　读】

铁道部管理实现政企分开,将运输企业培育成为市场主体,需要做大量工作。铁道部2011年6月份制定的《关于加快转变铁路发展方式确立国家铁路运输企业市场主体地位的改革推进方案》,就提出转变铁道部职能,解决政企不分、权力集中、企业市场主体地位缺失的问题,构建以运输企业为市场主体的管理体制和运行机制。

为此,就需要对铁道部管理方式进行创新,部机关要由过去事无巨细、包揽企业事务向搞好规范、监督、协调和指导转变,要综合运用好指令性管理、规范性管理、经济杠杆调节等多种管理方式。要把铁道部应该承担的政府监管、国有资产出资人代表和行业管理职能具体化,要把属于铁路运输企业的权责放下去。政企分开后,铁道部的主要职能包括:履行政府监管职能,对铁路全行业实行安全监管、路网性运输组织和建设管理;履行国有资产出资人代表职能,维护国家投入铁路资本的权益,确保国有资产保值增值;履行行业管理职能,统一路网规划建设、统一运输调度指挥等。

铁路改革的最大难点,在于对不同利益主体权益的平衡和协调。清算手段的难度是次要的,清算结果的均衡难度才比较大。即使清算数据清楚,如何进行利益分配,这种平衡性也是不好把握的。"市场、资源配置的不均衡,是造成这种状况的根本原因。"因此,未来要实现政企分开,运输企业作为市场运营的主体,必然要求从市场独立取得作为经营成果的营运收入,合理补偿其经营过程的耗费。从短期看,需要冲破既得利益的阻碍,打破铁路改革的桎梏,进行铁路管理体制改革。从长远来看,政企分开必不可免,管理体制改革势在必行。

因此,铁路改革的关键还是监管政策改革,特别是引入清算政策,这是国外铁路改革经验所证明了的。清算是监管的一个重要的部分。改革方案确定后,政府今后的工作重点主要是监管。现在监管体系改革的基本思路是,首先政企分开,然后政监分开,最终建立一个独立的监管机构,很多行业走出了改革的第一步,但第二步改革还没有开始,但铁路行业第一步都还没有开始。政企分开以后开始引入竞争,政监分开实际上解决监管独立性的问题,但我们还没有做到。

【启　示】

政企不分是计划经济时代的产物。然而,随着经济发展和改革的不断深入,这种模式的弊端日渐显现出来,其在市场经济发展进程中所带来的深层次问题也逐渐突出。这些问题是过去长达几十年的传统计划经济体制的遗产,与习惯于权力集中、行政命令、条块分割的行政管理体制有着直接的关系。

政企不分首先表现为政府凭借手中的经济管理权力代替企业做决策,根据自身设定的发展目标来设定企业发展方案而不是根据市场规律来决策,结果导致企业的运行和经营违背市场原则,损害企业利益,干扰正常的市场竞争秩序。其次是机构臃肿,部门林立,条块分割,效率低下。在经济管理权力不断下放的条件下,政企不分进一步导致市场分割,行政权力不是为地方经济发展服务,而是成为市场机制作用发挥的障碍,从而阻碍了资源的优化配置和统一市场的形成。最后是权力过于集中,又缺乏有效的监督和制约机制,使政府部门和政府官员以权谋私和贪污腐败等权力异化现象难以遏制。

我国铁路系统长期保留政企不分的运行模式,从而导致运营效益低下,安全监管不力。铁路运输资源配置的主导形式是指令性计划和行政贯彻体系,政企关系表现为政府指挥企业,帮助企业做决策,定计划,管价格,企业依附于政府,依靠政府投资融资,不用负责盈亏。不具备法人资格的政府职能部门,实际掌管铁路运输生产、经营、分配等大权,是事实上的铁路运输企业的"总法人"。但真正具备法人资格的铁路局和分局两级运输企业,却没有完整的生产经营自主权,不能根据市场需求信息灵活地组织生产经营,在微观经济活动中几乎所有的企业生产行为都只能被动地执行上级指令。这种格局造成了铁路运力资源配置效率低下,运输企业没有生机和活力。由此,政企分开是铁路运输系统改革的攻坚所在。铁路运输管理体制与市场经济接轨,铁路发展中各种突出矛盾的解决,都有赖于从根本上抓住政企分开这个环节,才能取得突破性进展。

案例思考

(1) 我国政治体制改革步履维艰的根源是什么?如何实现突破?

(2) 为什么说政企分开是当前我国铁路行政管理体制改革的重点?如何真正实现铁路管理中的政企分开?

(撰写者:吕嘉欣)

参考文献

齐桂珍:《国内外政府职能转变及其理论研究综述》,《中国特色社会主义研究》2007年第5期,第87—88页。

夏书章:《行政管理学》(第三版),中山大学出版社2003年版,第40—51页。

董志静、邵铭:《城市拆迁过程中政府角色问题的思考——以"重庆钉子户"为例》,《法制与社会》2007年第7期,第234页。

赵泽洪、何世春:《行政权力的本质回归与政府能力的提升——重庆"最牛钉子户"拆迁案透视》,《四川行政学院学报》2007年第5期,第29—31页。

第三章 行政体制

【学习要求】

通过本章学习,了解行政体制的基本内涵、主要内容、影响因素,理解行政体制改革的必要性,掌握我国行政体制改革的历史进程及其发展趋势。

【导入案例】

广东推广顺德经验　各地将公布行政体制改革方案

2011年3月底之前,推广顺德经验的25个广东试点地区都要出台各自的行政管理体制改革方案。这意味着,行政管理体制改革的"风暴"将从富裕发达的珠三角刮向广东全省各地。

3月23日,地处粤东的广东汕头濠江区率先公布行政管理体制改革方案,并在当天揭开落实方案的第一步——将全区22个政府部门合并为14个,精简力度超过三分之一。

复制顺德,还是超越顺德?

2010年12月初,广东省委办公厅、省政府办公厅印发《关于推广顺德经验在全省部分县(市、区)深化行政管理体制改革的指导意见》,除不辖县的东莞、中山以外,广东所有地级以上市共25个县(市、区)成为深化行政管理体制改革的试点。

郡县治则天下安,县域改革成败直接关系全局。然而,这是不是在广东全省各地都要复制出一个新"顺德"?

考虑到经济和社会发展水平的差距,行政管理体制改革的新试点也不可能全盘复制顺德经验,濠江等欠发达地区的改革也因此更具难度。

欠发达地区能否承担改革的重任?而且,既然当地领导对改革难度心知肚明,那么一个改革优势并不明显的地区为何会出台这样一个十分超前的改革方案?

前途光明,还是阻力重重?

"这是我看过的众多行政管理体制改革方案里面最好的一个。"中国经济体制改革研究会副会长黄挺说。

然而,即便是态度乐观的黄挺,也对改革的前景表示出一定的担心。毕竟,行政管理体制改革处于攻坚克难的阶段,一旦涉及不同阶层和利益团体的利益和权力划分,改革必然会遇到阻力。

濠江区区长邓夏思坦言:"改革最大的问题,就是自己革自己的命。"

"除了吸收顺德经验,濠江应放眼全国,县级改革的地方和成果很多,"汪玉凯举例说,"比如江苏睢宁如何让权力运行在阳光下,浙江富阳如何进行财政预算变革,陕西神木如何通过全民免费医疗改善民生,都值得学习。"

(案例来源:http://news.sohu.com/20110328/n280019213.shtml,引用时有删减调整。)

阅读提示

1. 在当前我国改革步入攻坚阶段的大背景下,对行政体制改革的必要性和紧迫性提出了哪些特殊要求?

2. 广东顺德在政府行政体制改革中做了哪些探索?这些做法产生了什么样的效果?

3. 结合案例材料,分析行政体制改革推进的主要阻力和影响因素是什么?行政体制改革的前景如何?

第三章 行政体制

 理论概要

一、行政体制内涵的界定

关于行政体制的界定,不同的学者有不同的见解。有的学者认为,行政体制即行政管理体制,是指一个国家或地区的行政机关实施行政管理的过程,通过具体执行法律规范来行使行政权力、调整权利义务、处理社会关系、达到行政目标的基本模式。有的学者把行政体制作广义和狭义之分,认为狭义上的行政体制指政府体制,广义上的行政体制包括执政党在内的一切国家机关的体制。对行政体制是什么的这些论述,各有千秋,都从不同的视角揭示了行政体制的内涵,对深入研究很有参考意义。

行政体制是国家推行行政事务所建立的管理体制,是一个宏观的但又有着具体和深刻内容的概念。综上,我们认为,行政体制的概念可以从狭义和广义两方面来进行界定。狭义上的行政体制是指为了确保国家目的的实现而确立的,关于政府的职能定位、权力配置、运行规则和法律保障等一系列制度的总称。广义上的行政体制除了狭义的界定之外,还包括为顺利实现这些制度所确立的目标的配套制度——公务员制度、社会自治组织制度、公共财政制度等——的总和。本书中将主要讨论狭义上的行政体制。当然,也不排除从广义上作一些探讨。

二、行政体制的主要内容

从概念出发,可以进一步认识行政体制的具体内容。狭义行政体制的内容包括职能定位、权力配置、运行规则和法律保障等四个方面。

(一) 职能定位

行政职能或者说政府职能体现了公共行政的本质要求,是公共行政的核心内容,是建立行政机构的根本依据,反映了政府活动的基本方向、根本任务和主要作用。

行政职能的定位是根据某个时期内整个国家的政治、文化、经济、社会等方面的发展状况和形势,确定各级政府、政府各部门所应履行的职责和功能。行政职能是确定各级政府权力范围和任务的基础。一个政府机关的活动内容和任务如果不根据已经确定的职能来开展和进行，极易导致政府职能的越位、缺位和错位。有效地避免政府职能在实践中的越位、缺位和错位的一个很重要的手段，就是科学合理地设定政府职能。

（二）权力配置

行政权力和行政职能是两个关系极其密切的范畴，两者之间实际上是手段与目的关系。职能的设定确定了工作的任务方向和价值目标，行政权力则为完成这些任务创造条件和途径。具体说来，行政权力的配置主要包括以下几个方面：一是在中央与地方各级政府之间的配置，二是在同级政府之间的配置，三是在同一级政府内各部门之间的配置，四是在具体某个部门内各机构之间的配置。与权力配置有直接关联的是政府的机构设置。政府机构是行政权力的具体承担者，一级政府内部究竟应设哪些机构、多少机构，赋予各类机构何种地位和权限，都主要由各机构的权力配置来决定。

（三）运行规则

运行规则是指行政权力的运行所要遵行的基本原则。在物理学上，运行指物体运动和行进的过程，强调物体的一种运动状态。简单来讲行政权力的运行是行政权力在行政系统内部的运作过程，强调行政权力在上下级、同级政府之间以及本级政府内部各部门间的运动和行进。行政权力的运行贯穿于行政权力行使的全部环节。

像体育比赛需要规范参赛选手的比赛规则一样，行政机关在行使行政权力时也需要一套规则的引导、规范和制约。行政权力的运行规则是引导、规范和制约行政权力运行的基本轨迹及以此为基础的制度体系。对于规则的内容，不同的人可能会有不同的理解。在笔者看来，行政权力的运行规则应当是一套公开、明确，能够确保行政权力行使规范和科学的规则体系，应当主要是以一系列法律制度为基础。在市场经济深入发展的今天，传统的那种主要以命令和服从为基础的权力运行规则在逐渐解体，而新的权力运行规则尚未完全建立，导致许多违背法治精神的"潜规则"的出现，如"官出数字、数字出官"等。大量"潜规则"的存在往往使行政权力的运行偏离正常的运行轨道，背离行政权力设置的初衷。

(四) 法律保障

法律规范也是行政体制框架内的重要内容。这里的法律指广义上的概念,不仅包括法律、地方性法规、行政法规、政府规章、单行条例和自治条例,也包括法律精神和法律原则。

以行政法学观点看来,行政法治是以法律作为政府行政的基本依据,法律规则一旦制定出来,不能以政策修正或改变,更不能以行政命令变更法律规则。政策或行政首长的命令与法律规则出现抵触情况时,执法机关应执行法律规则。如果我们背离了"职能法定"原则,政府部门就很容易出现职能交叉;如果我们缺乏对权力配置与运行的法律规范,"潜规则"等制度性腐败就会盛行,原有的执政理念也很可能成为空谈。因此,行政体制不能也不可能回避法律的价值和作用。

三、影响因素

影响行政体制的因素主要有:

(一) 经济的影响

行政体制要与社会经济发展相适应。经济环境是行政环境的一种,经济环境指对公共行政有着重要影响的物质技术水平和经济制度,具体而言是一个国家和地区的国民收入、科技实力、资源的分配等。经济基础决定上层建筑,有什么样的经济环境就有什么样的公共行政。目前经济的发展和经济体制的变化要求行政体制进行改革,促使行政体制转变管理职能、方式和手段。

(二) 政治的影响

政治中对公共行政影响最直接的主要是政治文化的影响。政治文化是指一个国家或者一个地区在特定历史时期内人们所普遍持有的一种政治信仰、政治态度和政治价值观念。每个国家、每个民族都有自己的政治文化。在历史上,公共行政是源于政治的,是为统治阶级服务的,所以政治对公共行政的影响是最直接的。行政体制是基本政治制度的组成部分,两者之间既密切相关,又相互独立。基本政治制度决定着行政体制的性质以及行政体制运行的基本方向;同时,行政体制又必须与基本政治制度相协调,并随着基本政治制度的变化发展而相应地实施变革。

(三)文化传统的影响

文化包括了一个国家或地区的科学文化情况以及人们的思想价值观念。文化对于行政管理有着极其深刻的影响。文化传统对各自国家的行政体制有着潜在和深远的影响。在传统的精神文化环境下,极易产生封闭、强权的政府。在一个拥有现代价值观念的社会则必然会产生一个高效、有创新活力的政府。如美国的行政体制就深受崇尚个人主义和自由主义等民族文化传统的影响;德国的行政体制受信守国家至上与中央集权等民族文化传统的影响。

四、行政体制改革

(一)行政体制改革的必然性

1. 行政体制改革是上层建筑必须与经济基础相适应的社会发展规律的要求

在社会主义发展进程中,生产力与生产关系、上层建筑与经济基础之间的矛盾始终存在着,作为上层建筑最重要的组成部分,国家的政府机构必然会出现一些与始终变化着的经济基础不相适应的现象,因此,必须不断地调整政府机构使其与经济基础的发展水平相适应。

2. 行政体制改革是实现行政管理科学化和现代化的需要

实现行政管理的科学化现代化,是各国政府行政管理活动的基本目标。实现行政管理科学化和现代化,需要政府职能的科学配置,人事制度、领导制度的不断完善,行政管理方式方法等方面的不断改善。而这些都需要通过行政体制的改革才能完成。因此,行政体制改革是实现行政管理科学化和现代化的基本途径。

3. 行政体制改革是行政环境发展变化的必然要求

行政环境是指存在于行政系统之外并直接或间接作用和影响行政管理活动的所有外在客观因素的总和,主要是指足以影响行政系统及其管理活动的各种环境因素,如自然环境、社会环境、文化环境和国际环境等。行政环境是行政管理活动赖以存在的基础,行政环境的状况决定行政管理的内容和管理的方法。全球一体化的发展要求各国政府不断转换政府职能,同时又促进政府引进新的行政技术建立新的行政机制。行政体制改革已经成为时代发展的要求。

(二) 中国行政体制改革的历史沿革与发展

1. 1982 年的改革

从 1977 年,国务院开始恢复部门管理体制,机构持续增设,到 1981 年机构总数高达 100 个。出现了机构林立、职责不清、人浮于事,而且导致了官僚主义的严重滋生。在这种背景下,党和政府下决心进行行政体制改革。改革后,机构总数减到了 61 个,这次改革在一定程度上为以后的行政改革提供了理论基础。但是,由于未能充分结合社会主义初级阶段的发展特征,改革出现了精简——膨胀——再精简——再膨胀的怪圈。

2. 1988 年的改革

1988 年的改革按照转变政府职能的方向和原则推进政企分开,使政府对企业的管理由直接管理向间接管理转化。同时,对国务院机构进行调整、精简人员,经过调整,国务院工作部门由 72 个减至 68 个。此次改革取得了一定的成效,但是,诸如政企分开问题、加强宏观调控问题等都远未得到根本的解决。

3. 1993 年的改革

1993 年,经全国人民代表大会批准,国务院进行了第三次行政体制改革。改革的重点是转变政府职能,按照社会主义市场经济体制的要求,加强宏观调控,强化社会管理职能部门的作用,调整机构设置,精简各部门人员。此次改革在转变政府职能、精兵简政方面取得了显著进步。但是,由于诸多条件的限制,政府行政体制存在的诸多问题仍然没有得到根本解决。

4. 1998 年的改革

1998 年 3 月召开的九届人大一次会议通过了《国务院机构改革方案》。这次改革是在我国经济体制改革进入重要阶段、社会经济发展关键时期进行的,改革力度之大前所未有。但是,行政体制改革具有复杂性、艰巨性和渐进性的特点,此次改革虽取得了较大进步,然而,随着我国经济体制改革的深入和加入世贸组织,原有的行政体制仍有不适应的地方,还需进一步改革。

5. 2003年的改革

2003年启动了改革开放以来的第五次行政改革。改革的重点是完善宏观调控体系,继续推进流通管理体制改革,深化国有资产管理体制改革,加强食品安全监管体制建设。国务院改革以后,各级地方政府也结合本地实际,积极探索符合本地特性的改革之路。

6. 2008年的改革

十一届全国人大一次会议第五次全体会议通过了国务院机构改革方案,国务院按照十七大提出的"大部制"改革的思路将现有机构进行了调整。这次改革着力加强和改善宏观调控,加强社会管理和公共服务,整合职能相近的部门,理顺部门职责关系。此次改革着力解决一些长期存在的突出矛盾和问题,为以后的改革奠定了坚实的基础。

(三) 行政体制改革过程中应注意的问题

1. 传统行政文化对我国行政体制的影响

我国是一个有着两千多年封建历史的国家,行政权力至上观念下的行政文化对行政体制的影响极其深远。它深深影响着政府及其工作人员与社会公众的关系,从而制约着整个行政体制的运行和发展。虽然近年来我国各级政府开始逐渐重视对行政文化的建设,也采取了一些积极措施,但我们也必须意识到,克服传统文化的影响是一个长期的过程。我们要不断建立健全相关制度,引导行政文化朝着科学民主的方向发展。

2. 改革、发展、稳定三者之间的关系

发展是改革的动力,改革是实现发展的必然选择和途径,稳定是改革和发展的基础,也是它们的终极目标。在三者中,稳定是最重要的。没有稳定,改革将难以推进,也谈不上什么发展。因此,在行政体制改革过程中,应该立足于现状,深入研究目前存在的问题,在考虑到整个社会承受能力的情况下,使改革有所突破。

3. 国外行政体制改革经验的学习借鉴

20世纪70年代以来,一些西方国家开始了大规模的行政体制改革,这种浪潮很快席卷了整个世界。由于国情不同,各国在行政体制改革方面都有自己的

侧重点,但也有许多共同点。比如,在大部制改革的推行方面,许多国家已达成了共识。在行政体制改革中,国外的一些好的经验和做法我们应该以开放的胸怀去学习和借鉴。但是,由于我国行政体制改革的历史背景、时代意义、具体途径、主要内容等方面都与西方国家有所不同,所以借鉴的同时,我们不能照搬国外的做法,而是应该立足于我国的具体国情,以真正推进经济社会的快速发展。

[本理论概要主要参考:青锋:《行政管理体制改革新思维》,法律出版社 2008 年版;薛刚凌主编:《行政体制改革研究》,北京大学出版社 2006 年版;安仲文、高丹主编:《行政管理学》,东北财经大学出版社 2009 年版;夏书章主编:《行政管理学》(第三版),中山大学出版社 2003 年版。]

案例分析

案例 3-1　深圳再度试水"行政三分制"

2009 年 5 月底,《深圳市综合配套改革总体方案》对外发布。深圳这个中国最早的经济特区,如愿加冕"新特区"。

与浦东和滨海有所区别的是,深圳的综合配套改革突破口,侧重行政管理体制改革。联系 6 年前中编办在此搞的"行政三分制"试点,中央对于这个屡创神奇的年轻城市,显然有着更多期待。

寻　源

追溯起来,有关"行政三分制"这一政策的实质探讨,可以回到 2001 年。当年 12 月,中国经历 15 年艰苦谈判后加入世贸组织。而政府如何"入世",成为当年中编办选择深圳进行行政管理体制改革试点的直接动因。

作为彼时改革方案的主要设计、参与者,深圳大学管理学院教授马敬仁首倡"行政三分制"。

设　计

2001 年,马敬仁接受深圳市委市政府委托,以他和深圳市委党校教授卞苏薇为首,成立了一个课题小组。

按照马敬仁的设想,决策部门按大行业、大系统进行设置,数量较少但管的面较宽。每个决策部门对应若干个执行部门,执行部门规模较小,职责则相对专业和独立。

2003年1月,广东省十届人大一次会议召开,时任深圳市市长的于幼军在会上宣布,深圳即将成为中国唯一进行"行政三分制"试点的城市。

困　局

在马敬仁和卞苏薇牵头的专家小组之外,深圳市政府当年还从政策研究室、发改局等单位抽调人手,成立了一个课题小组。作为学者,他们提供的是一个比较理想的方案。但当这个方案交到政府部门的课题小组进行讨论时,开始遇到种种困难。

首先是国家体制环境存在诸多掣肘,政府机构改革需要上级授权,地方政府作为空间不大,大部门大到什么程度？机构如何撤并？都不是深圳自己说了算的。

此外,按照马敬仁的设计,很多政府执行部门的职能应该剥离出去,交给企业、社会组织和社区去做。但是社会组织发展滞后,社区自治能力不强,很多公共事务无法剥离。

而在主观方面,因为改革势必导致众多政府机构调整、撤并,人事安排方面需要面对巨大阻力。

曙　光

讨论的结果与最初的设计方案渐行渐远,改革动议就此陷入6年沉寂。不过马敬仁称有关"行政三分制"的探索,一直未曾停止。

2002年11月,党的十六大报告提及,要"按照决策、执行、监督相协调的要求,继续推进政府机构改革"。

2007年10月,党的十七大报告指出,要加快行政管理体制改革,建设服务型政府。

2008年2月,党的十七届二中全会在京召开,审议通过《关于深化行政管理体制改革的意见》。

虽然这几个文件均未使用"行政三分制"这一概念,但马敬仁认为,自己当年的改革思路,与文件精神是一致的。

获　批

一个月成稿,上报国务院两个多月即获批复,《深圳市综合配套改革总体方案》创造的"深圳速度"再次令人称奇,这似乎也从一个侧面证明,该方案涉及的种种改革举措,已经到了水到渠成的地步。

"对政府的改革,要有耐心。"马敬仁强调。

(案例来源:http://epaper.jinghua.cn/html,2009 年 6 月 22 日,引用时有删减调整。)

【解　读】

自 1982 年以来,我国进行了多次机构改革。但历次改革始终没有走出"权力一收就死,一放就乱"的怪圈,机构改革也陷入了精简、膨胀、再精简、再膨胀的恶性循环。作为我国经济特区的深圳,也一直在探索行政体制改革。2009 年,《深圳市综合配套改革总体方案》获批,明确提出要"建立健全决策、执行、监督既相互制约又相互协调的权力结构和运行机制"的改革目标,这就是深圳所谓"行政三分制"的改革,引起了媒体和公众的强烈关注。行政三分制的主要内容,是将行政管理职能分为决策、执行、监督三部分,三者之间相辅相成、相互制约、相互协调。行政三分制是二战后各国对"大政府"进行改革过程中形成的一种普适性管理模式,已为大多数发达国家所采用。

与前几次行政体制改革相比,深圳此次推出的"行政三分制",从政府管理的结构、功能、运行机制等方面进行重新设计,意味着深圳将在全国率先探索全新的政府架构,来扭转传统体制下政府部门集决策、执行、监督为一体,自定规则、自己执行、自我监督的行政权力运作模式,意义非凡。本次改革的政治环境也较为优越,国务院积极支持深圳市开展有关专项改革,先行试验一些重大的改革开放措施,对于有条件、有基础、有能力做好的改革事项,要优先考虑放在深圳先行先试。同时广东省政府也明确表态,全力支持深圳探索形成三权既相互制约又相互协调的政府架构。而且从改革的条件来看,深圳在大部制改革方面较早进行了探索,积累了一些相关的经验和教训,为深圳重启改革奠定了良好的基础。

当然,政府机构改革是一项系统工程,改革的道路也并非平坦。改革中的阻力仍然存在,主要表现为部门之间的利益平衡难度大,机构调整仍要涉及人员的重新安排,这些都是令改革者头痛的问题。因此,改革要满怀信心地推进,但也一定要有足够的耐心,任何改革都不可能一蹴而就。

【启　示】

中国改革开放以来,已基本实现了从传统的计划经济体制向社会主义市场经济体制的转变,但是政治体制改革仍然相对滞后。我国传统的行政管理体制的特点是集决策、执行、监督为一体,这种权力集中的模式弊端越来越多。深圳推行的"行政三分制"改革,宗旨在于创新政府的组织结构和运行方式,打破政府权力垄断,重新定位政府职能,变"传统利益型政府"为"公共服务型政府"。深圳的"行政三分制"改革,对我国深化行政体制改革有着重要的意义。

第一,任何行政体制改革的推进,首要任务是要突破制度环境的制约。我国传统的行政管理体制,是特定历史时期的产物,拥有现实法律制度的支撑,有其存在的必要性与合法性。我国政府的机构设置和职能划分在法律上有明文规定,行政体制改革就是要打破这些条条框框,重新调整组织结构,重新组合政府职能和配置行政职权。为此,就需要大胆突破现有制度环境的制约,以渐进方式推进行政体制创新。

第二,任何行政体制改革的推进,都要高度重视利益格局的调整问题。深圳2003年的改革之所以没有取得预期效果,其中重要的原因在于触动部分人的利益,遭到强大阻力而宣告失败。深圳推行的"行政三分制"改革,需要重新调整和分配权力与资源,打破原有的利益格局,这不可避免地涉及政府部门与人员的裁减问题,难免会有利益受损者抵制和阻挠变革。

第三,建立有效的监督机制是改革成败的关键。没有法律保障的监督机制,其运营极易受到行政权力的干扰,从而影响行政监督的有效性和权威性。从民主政治的发展进程来看,仅靠内部监督对政府权力进行约束是远远不够的,需要强化外部监督机制。

案例思考

1. 深圳"行政三分制"改革的进程凸显了我国行政体制改革的哪些特点?

2. 深圳"行政三分制"改革为全国行政体制改革作出了哪些有益的探索和尝试?

3. 深圳"行政三分制"改革与西方"三权分立"有何本质区别?

(撰写者:樊洋洋)

第三章　行政体制

案例 3-2　广东顺德大部制改革"五部曲"

在全国 2862 个县级行政区中,广东省佛山市顺德区政府行政中心,恐怕是最为特别的一栋办公大楼了。

在这座铺着大理石地板的建筑物里,如果你想去妇联办事儿,则需走进一个挂着"社会工作部"门牌的办公室。这个部门囊括了工青妇、残联、民族宗教和民政等多个机构的职能。区委副书记周志坤笑称,这里管理着一个"小政府",范围"从老到幼、从男到女、从健全人到残障者、从天(宗教)到地、从党内到党外、从国内到国外(侨务)"。

这源于 2009 年顺德启动的大部门制度改革,将原有的 41 个党政机构压缩成 16 个部局,几乎减少了 2/3。

基　因

早在 20 世纪 70 年代后期,当中国其他地区还在为国家分配的食用油供应不足而苦恼时,顺德县委、县政府"冒险"种下 15000 亩花生,有效解决了这一难题。

对于顺德人来说,改革已成为一种惯例。借用佛山市委常委、顺德区委书记梁维东的话说,"顺德人血液里都流淌着改革的基因"。

1992 年 5 月 5 日,在国务院批准顺德撤县建市后不久,一场被称为"搬神折庙"的综合配套改革开始启动。

这也是中国大部制改革的萌芽。一位亲历者的工作笔记上,记录着"大商贸局""大教育局"和"大文化局"等字样。

动　力

在 2008 年召开的广东省经济特区工作会议上,汪洋 4 次点了顺德的名,并确定顺德和深圳一道,承担行政体制改革试点的任务。

这意味着,时隔多年,顺德这个"体制创新的摇篮",再次站在了破冰船头。对此,汪洋用"三个最"进行了概括:"传统的发展模式遇到的挑战,在顺德最早;破解发展难题的能力,顺德最强;实现科学发展的影响,顺德最大。"

换　装

"你说,这个行业是归农业部门管好,还是归工业部门、科技部门管好,遇到问题三个部门都推脱责任怎么办？"曾经担任顺德区副区长、区经济促进局局长的苏伟波发问。

而在大部制改革之后，"小政府"面临"大社会"的问题逐渐得到了解决。国土城建和水利局局长杨小晶表示，通过整合分类，国土城建和水利局的工作量优化率高达42.5%，平均办证工作日也由20天降低为10天。

放　权

"从理论上讲，凡市场可以做的事，政府都应放手让市场去做。现实却是，地方政府肩负着许多社会责任。"广东省社科院的学者丁力，多次呼吁地方政府要舍得放权。如今，这番呼吁在顺德区容桂（镇）街道办事处正推行的一场名为"简政强镇"的改革中得到了呼应。

据街道办事处党工委书记列海坚介绍，容桂街道拥有50万常住人口、330亿元的GDP和超千亿元的工业产值，但同时容桂街道办事处却是中国最基层的管理单位，只有90个公务员的编制，没有相应的审批权和执法权，却要应付纷繁复杂的社会管理任务，可以说是"市一级的经济总量、县一级的人口规模和科一级的管理权限"。

当2009年8月广东省委、省政府将地级市的管理权限赋予顺德区后，11月顺德便授予容桂街道县级管理权限。在顺德区提出大部制改革后，容桂街道也提出了自己的"大科制"改革，将原有的28个机构精简为11个。

一方面给镇放权，一方面要求镇向社会放权——这种"放减并举"的双向放权，一下把体制改革的瓶颈打通了。

限　权

如果说1992年行政体制改革涉及的多是官员的"乌纱帽"、1993年的产权制度改革关系的多是人们的"荷包"，那么最新的这场大部制改革，可以说普遍"革"了官员权力的"命"。

"革命"的武器起源于作为1992年改革成果的一本"职能天书"（《顺德市委市政府各部门职能汇编》）。其中，每个部门的职能是什么，谁管什么，做什么，清清楚楚。

如今，如果你想办理某个证件，可以到顺德区行政服务大厅，领取一份《办事指南》，里面详尽地标明各类证件的办事期限和流程等。

顺德，这个在普通地图上需要用放大镜才能看得到的地方，延续了30多年来一直为改革开放"先行先试"的使命,正在为中国趟出一个未来之路。

(案例来源:http://www.sznews.com,2011年6月9日,引用时有删减调整。)

【解　读】

自改革开放以来,顺德一直是广东省乃至全国行政体制改革的"先行先试"点。在1992年的机构改革中,顺德将全市56个党政机构精简为28个,该项改革被顺德当地官员戏称为"拆庙搬神",实则是大部制改革的开始。2008年,顺德又开启了新一轮大部制改革。本次改革的最大亮点是党政联动,是一种党政机构的改革,而非单纯的政府机构改革。本次改革表面上看是机构的合并,实质上是党政组织结构的深刻变革,探索在新的历史时期,如何建立高效、廉洁的服务型政府,是政府职能的重大转变。

顺德是全国唯一进行了党政统合改革的县,在我国行政体制的改革中是一次重大突破。顺德改革的优点显而易见:服务政府的理念体现了时代发展的趋势;机构模块化设置初步体现了"大部制"的改革要求;统一高效的行政运作机制体现了现代政府的导向。

顺德大部制改革是社会主义政治制度的自我完善和发展,是党和国家为了适应社会发展而作出的改革,表明了我国政府开始意识到要关注公共事务管理,进行顺应社会历史发展的公共管理改革。顺德将大规划、大建设、大文化、大监管、大保障归于一体,有利于彻底改观服务不足、效能低下的行政局面。大部制改革事关顺德未来发展,关系广东乃至全国科学发展的探索。当然,改革不可能一蹴而就,改革难免碰上这样那样的问题,对于改革磨合期可能产生的振荡,还是要有清醒的认识。

【启　示】

顺德的党政机构改革是一次对公共管理新模式的探索与尝试,是当前大部制改革的一个缩影,对我们以后推进全局的行政体制改革具有重要的参考价值。

其一,政府职能的转变应在行政体制改革中应一以贯之。

政府职能的转变是政府管理体制改革的核心问题,也是当今世界各国政府共同面临的课题。政府职能转变困难,原因主要有两个方面:从主观方面来看,是"不愿转",因为职能的转变会对部门和官员的本位利益造成损害;从客观方面来说，是"不能转"，在缺乏承接政府职能转变后相关事务能力的情况下，仓促转变，会造成政府工作的混乱。政府职能要真正实现转变，就必须一以贯之地坚守权力边界：凡是企业能做好的事情，政府绝不插手；凡是市场能够解决的问题，交给市场去解决；凡是应该由政府办的事情，政府则需切实负起责任。

其二，行政体制改革的推进不能脱离当地实际。

不同的地区，其经济发展程度、政府机构设置、文化环境等都存在一定差异。体制改革的推进，必须要从当地社会经济发展的需要和实际情况，具体考虑需要设立什么部门，部门内需要设立哪些机构，不可盲目攀比和复制。顺德之所以能率先启动大部制改革，就在于其体制改革的历史条件、思想解放、锐意改革传统、经济发达、社会进步等条件的支撑。

其三，顺利推进改革必须要建立起有效监督体系。

大部制改革使政府部门减少，同时意味着整合后的部门权力更加集中。因此，当诸多分散的利益汇集到一个集中统一的超级部门，如何落实有效监督确实是大部制改革后面临的一大挑战。为此，首先要完善监督管理体制，确保行政权力严格依法实行。其次，强化行政监督和效能检查制度，保障政府工作的廉洁高效。再者，加大社会监督，多渠道拓宽信息的传播，利用现代媒体手段扩大群众参与，通过多维的监督机制，切实提高政府的行政效率和依法行政能力，以实现大部制改革的可持续进行。

案例思考

1. 顺德大部制改革主要触及了我国传统体制中的哪些弊端？有何成效？
2. 顺德推进大部制改革的条件和动力是什么？对全国行政体制改革有何借鉴意义？

（撰写者：樊洋洋）

案例3-3 92项行政权下放 重庆探索高效行政管理体制改革

2007年，重庆市运管局宣布，从2月始，向万州、江津、涪陵等6区（县级市）下放包括新增出租汽车运力指标在内的7项交通自主审批权，在此之前，这些权力均归由市级部门。

第三章 行政体制

与此同时，重庆市商委也出台文件，将液化石油气储配站和瓶装供应站（点）的建设审批和经营许可权全部下放给区县（自治县）。

它们只是重庆今年开始推行的，以期对全市三级政府的整体运行做系统变革的"三级改革试点"的初演。接下来，更多的行政体制探索将在重庆拉开大幕。

6个区域性中心城市扩权

"三级改革试点"试图在不减少机构，不调整行政体制的情况下，对市、区县、乡镇三级政府运行系统进行机制性改良。

这场改革的主体框架是三个纲领性文件，它们统一于2007年1月1日起实施。

"三级改革试点"中最受关注的是区县扩权改革，即向重庆市着力培育的万州、涪陵、黔江、江津、合川、永川等六大区域性中心城市进行"特别放权"——将市级行政机关的92项行政权赋予这6个区行使，涉及许可审批权、处罚强制权、税费征收权和人事编制权等。

"三级改革试点"除了"区县放权"外，还包括"市级联动"和"乡镇转型"。"市级联动"旨在解决市政府各部门职能交叉、扯皮推诿、效率低下等问题，把集中开展专项整治的执法事项、共同处理突发事件涉及的执法事项等，纳入综合执法的范畴，实行资源共享。

"乡镇转型"则主要促使乡镇政府转型，其将乡镇政府职能缩小为公共安全监管、市场秩序监管、人口资源环境监管三个领域，同时，取消了过去相当重要的招商引资职能。

行政体制改革进入微观层面

重庆市一些行政管理学者认为，三级改革是一个信号——重庆直辖近10年的行政体制改革，开始从宏观层面进入到中观和微观层面。

重庆直辖后，经过不断的调整，在一个中等省规模的基础上，形成了市直管区县、区县直管乡镇的行政管理体制。这种以减少管理环节、降低成本、提高效率为目的的管理体制。在运行中，原属于地级市的行政管理权大部分集中于市级政府各部门，形成了倒金字塔形的权力结构。

与此相对应，重庆是大城市带大农村格局，各区县发展极不平衡，这决定了行政管理不能"一竿子插到底"。

当地政府部门去年10月开展的一项专题调研显示,区县要求市级部门简政放权的呼声很高,统计达525项,主要涉及发展改革、经济贸易、国土、交通、财税、规划、建设、环保、农林水等。这份调研报告称:"市级部门只同意下放282项,矛盾仍然比较突出。"

另一个推动重庆进行行政改革的内因是经济发展的需要。直辖10年以来,重庆经济虽然增长迅速,但与沿海发达地区差距仍然明显。

这样的战略,促使重庆10年间不断地规范其行政管理体制,"三级改革试点"便是迄今为止最为系统全面的政府规章。

照重庆市的部署,全市三级政府相关部门正在进行实施细则的起草以及部门之间对接工作,2月底以前,相关职责界定及实施方案将会呈交市政府。

重庆市政府亦未止步于此。据消息人士透露,由重庆市编办牵头的一项"探索完善高效行政管理研究"正在紧锣密鼓地进行。其中将会从减少管理层次和区划调整、合理界定和加快政府职能转变、提高行政效能等方面进行突破。

(案例来源:http://business.sohu.com,2007年2月11日,引用时有删减调整。)

【解　读】

1950年7月颁布的《西南军政委员会组织条例》将重庆定为直辖市。1954年6月19日,中央决定重庆为四川省辖市。1954—1958年,国家将重庆设为计划单列市。改革开放以来,重庆的行政体制不断变革。1983年2月,重庆被批准为国家首批经济体制改革试点市和计划单列市,拥有省级经济管理权限,并辟为外贸口岸。1997年3月,经第八届全国人民代表大会第五次会议审议批准,撤销四川省重庆市,设立重庆直辖市。直辖、中等省规模这一特殊的市情,使重庆的行政管理既无法照搬其他省份,也不能简单套用京津沪的现有模式,唯一的出路是建立起适应自身发展的模式。

直辖之初,重庆有万县市、涪陵市和黔江地区三个地级管理层次。1997年,按照中央要求,撤销涪陵市,所辖四县由市直管;撤销黔江地区,设立黔江开发区,代管原黔江地区五县。2000年7月,撤销万州、黔江代管体制,实现了全市所有的区县由市直接管理,对行政区划体制进行了进一步调整。2001年,将12个区县的107个区公所予以全部撤销。2005年,将万州所辖的天城、五桥、龙宝三个开发区予以撤销。至此,重庆市实现了市对所有区县、区县对乡镇的直接管理,直辖市行政体制趋于规范。直辖市成立后,重庆在行政管理体制方面也在不断进行探索。2006年,重庆市出台《关于创新行政管理培育六大区域性中心城市的决定》,将92项许可审批权、处罚强制权、税费征收权和人事编制权赋予万州等6个区域性中心城市。

这种权力的下放和下移,不但使县一级有了更多的因地制宜发展经济的灵活性,而且通过减少审批环节,对促进当地社会经济的发展提供了更好的条件。但在具体的运作过程中,也面临一些新的问题:在权力高度集中的情况下,如何保证县级依法正确行使权力,如何建立起有效的权力约束机制等。为此,重庆首提"行政首长问责制",规定对政府部门行政首长不履行或不正确履行法定职责的行为要追究责任。

重庆直辖以来的机构编制管理创新,为重庆的行政管理体制改革奠定了坚实基础,同时也为改革的顺利推进提供了制度保障。行政管理体制改革的核心和关键是转变政府职能,这也是重庆市深化行政管理体制改革的首要任务。通过调整完善发展改革、财政等部门的职能配置,强化综合经济管理部门和工商、地税等执法监管部门的职能,重庆市初步建立了以间接手段为主的区域经济调节体系,促进了统一、开放、竞争、有序的市场体系的形成和完善。

【启　示】

重庆直辖市调整行政区划、减少行政层级的行政体制改革检验,给我们提供给了很多新的启示。

首先,在我国省级行政体制改革中,重庆直辖市的建立是一个成功的探索。重庆原属于四川管辖,导致四川省管辖面积过大,人口众多,行政单元数量过多。为实现四川社会经济的快速稳定发展,必须适当减少管理幅度。为此,重庆从四川分离出来,将原属四川的万县市、涪陵市和黔江地区被划出由重庆管理,从而为如何缩小省规模的改革进行了初步探索。重庆和四川的发展实践证明,这种探索和改革是成功的,其改革的方式其他省份可以学习和借鉴。

其次,在我国的地级行政层级调整中,重庆成为省直管县的成功范例。重庆虽然名为市,但实际是一个省的规模,承担着省的公共职能。重庆直辖市设立以后,下决心精简纵向行政层级,减少中间层级,为省直管县创造了成功的经验。通过改革,重庆基本建立了较为规范、高效的直辖市行政体制。这一实践经验具有全国普遍意义。

最后,去地级行政层级既要积极又要稳妥。当今社会交通通信设施已得到极大的改善、信息化建设的加快以及公务员行政能力的显著提高,使各地取消地级行政层级的条件已经成熟。尽管如此,去地级行政层级、实行省县直辖仍然应该像重庆一样,既要积极又要稳妥。对于行政体制改革的探索始终要注意分步实施,注重其他改革措施的配套实施,注重改革的协调性以及科学性。

案例思考

1. 我国现有的权力架构下,如何在确保中央权威和权力下放之间取得平衡?行政体制改革顺利推进需要具备哪些条件?

2. 与传统的行政体制相比,重庆的行政体制改革探索有哪些新的突破?是否具有全国推广的意义?

(撰写者:樊洋洋)

案例3-4 深水区探路 天津滨海新区行政体制改革加速推进

在2011年天津滨海新区第一届人大第二次会议上,滨海新区区长宗国英指出,深化行政管理体制改革,进一步理顺区政府、各管委会、各街镇之间的权责关系,建立责权到位、分工明确的管理体制,实现新区的事在新区办;深化行政审批制度改革,简化审批环节,加快建设街镇行政服务中心,形成"一级政府、分类服务"的运行机制。

专家认为,行政管理体制改革快速推进的滨海新区,有望摆脱多年的体制束缚,释放巨大的体制潜能。

饱受行政管理体制困扰

位于天津东部沿海的滨海新区,在2006年正式纳入国家整体发展战略,成为中国继深圳特区和上海浦东新区之后重点开发开放区域。

但是,滨海新区一直饱受行政管理体制困扰。深圳与浦东的体制相对"单纯",滨海新区行政管理体制更具复杂性。

在滨海新区2270平方公里的范围内,有塘沽区、汉沽区、大港区3个行政区和天津经济技术开发区、天津港保税区等9个功能区。可谓"大区"套"小区"，"区"中有"区"。

随着滨海新区开发开放的逐步推进，行政体制与现实发展之间产生了诸多矛盾和问题。矛盾主要表现在滨海新区内部行政效率低，规划缺乏统一协调；功能区和行政区相对独立，各自为政，在一定程度上存在重复建设和无序竞争；资源不能得到合理有效配置，土地、资金、人才流动不畅。

体制改革快速有序推进

2009年10月21日，国务院批复了天津市报送的《关于调整天津市部分行政区划的请示》，同意撤销天津市塘沽区、汉沽区、大港区三个行政区，设立天津市滨海新区。滨海新区行政管理体制改革拉开帷幕。从2009年12月27日到2010年1月10日，滨海新区相继召开了党代会、政协会议、人代会，四大领导班子全部选举产生。

行政审批制度改革，是滨海新区体制机制创新的重要组成部分。天津市向滨海新区首批下放市级行政审批事项和扩大滨海新区行政审批实施权限事项共110项，涉及20余个市级部门，实现了"新区的事新区办"。各部门认真贯彻落实市委九届七次全会关于赋予滨海新区更大自主发展权、自主改革权、自主创新权，做到新区的事新区办的部署要求，不仅亲自到新区指导调研，还对新区相关部门审批人员进行业务培训，做好衔接。同时对新区的行政审批制度改革提出宝贵意见，新区根据这些意见进行了及时的修改和调整。

市级权限下放

伴随着首批市级权限下放到滨海新区，滨海新区制定了一系列提高审批效率的措施。记者从区审批办了解到，在"调结构、增活力、上水平"活动启动后，区行政审批办启动项目审批畅通工程，充分发挥各部门的审批职能作用，形成提高审批服务水平的整体合力，进一步营造良好的投资发展环境，为企业落户和项目落地提供又好又快的审批服务。目前，新区审批事项共230项，减少了261项，审批工作各项指标均位居天津第一。

行政体制改革为滨海再添新动力

滨海新区大力推行限期审批、现场审批、联合审批等工作模式，优化审批流程，使审批事项减少比例达46.7%，申请材料减少比例达31.1%，办结时限提速达27%，现场审批率达95%以上；对重大项目的联合审批实行跟踪服务，将单个项目的联合审批时间控制在30个工作日之内。

滨海新区行政管理体制改革的快速有序推进,使滨海新区开发开放再获新动力。到2020年将可能全面实现中央对滨海新区的目标定位,围绕总体目标,滨海新区将加快推进"十大战役",到"十二五"末,全面完成核心城区、东疆保税港区、北塘经济区、西部区域和中心渔港等五个区域的开发建设任务,基本完成南港区域、临港经济区、中心商务区、滨海旅游区和中新天津生态城等五个区域的主要开发建设任务;加快推进"十大改革",更好地发挥滨海新区在全国改革开放中先行先试的作用。

(案例来源:http://www.chinadaily.com.cn,2011年8月12日,引用时有删减调整。)

【解　读】

天津滨海新区的行政管理体制先后经历了滨海新区领导小组、滨海新区工委管委会和滨海新区区委区政府三个不同的阶段,总的趋势是不断发展和完善的。1994年,天津市决定按照"统一规划、分区实施"的原则开发滨海新区并设立滨海新区领导小组;1995年,天津市成立了滨海新区领导小组专职办公室;2000年,天津市决定成立滨海新区工委管委会。2009年,国务院公布了《关于同意天津市调整部分行政区划的批复》,同意设立天津市滨海新区,组建滨海新区政府。此后,滨海新区的行政管理体制进行了如下完善:第一,建立统一的行政架构;第二,构建精简高效的管理机构;第三,组建两类区委、区政府的派出机构;第四,形成新区的事情在新区办的运行机制。

行政体制改革快速有序推进,提升了滨海新区公共部门的运转效率,有力地促进了滨海新区的开放开发。调整滨海新区行政区划,把天津滨海新区正式升级为一级政府,是实施国家发展战略、推动滨海新区管理体制改革的重大战略部署,对于进一步加快滨海新区发展有极其重要的意义。

【启　示】

当前,天津滨海新区的综合配套改革正在稳步推进当中,行政管理体制改革也处于逐步探索和完善阶段。由于滨海新区地域范围大、经济关系复杂、行政主体多元化,同时滨海新区又是在原有的若干行政区和功能区的基础上形成的,因此其行政管理体制改革具有一定的特殊性。根据对滨海新区行政管理体制改革的经验分析，警示我们在以后的体制改革道路上要注意如下问题：

第一，改革的推进要严格把握好改革的基本原则。首先，要注意保持改革当地的稳定与完整，保证体制的改革不会影响到当地的稳定性。其次，要尊重当地的相对独立性与独特性，要根据当地的实际情况，制定与当地特点相适应的改革模式，应避免一概而论。再次，体制改革要与当地经济发展的形势以及综合配套改革的进度相适应，既不能超越，更不能阻碍社会经济的发展步伐。最后，新的体制既要符合科学管理的基本规律，又要具有实践的现实条件和相关法律政策的支持。

第二，改革过程中要注意到大部门体制的重要性。大部门体制就是将职能相同或者相近的部门整合起来，形成一个较大的部门。大部门体制减少了各部门之间的职能交叉、多头管理现象，提高了行政效率。各地行政体制改革都应当借鉴大部制改革的模式，构建一个精简高效务实的管理体制。

第三，改革要以建立完善的人员分流与利益补偿机制为基础。体制改革要贯彻落实精简高效的原则就难免要出现机关调整已经人员分流问题。如果没能及时建立好人员分流渠道，没能给他们提供合理的利益补偿，那么他们很可能会成为改革的阻力。为了改革的顺利进行，建立健全人员分流和利益补偿机制十分重要。

第四，改革要有完善的政策法规的支持。行政体制改革与相关的政策法规是分不开的，政策法规引导行政体制改革的推进，行政体制改革取得的成绩，也往往推动相关政策法规的完善。行政体制的改革与完善需要相关政策法规的支持。

目前，天津滨海新区行政管理体制处于一个初步探索阶段，还有待于更加深入的探索，在以后的改革道路上应该有更加具体可行的措施和操作性更强的方案，以更好地推动天津滨海新区全面改革的进一步发展，进而推动整个国家的改革发展。

案例思考

1. 天津滨海新区传统行政管理体制面临哪些挑战和困扰？天津的行政体制改革取得了哪些突破？有何成效？

2. 天津滨海新区行政体制改革的进程给我们提供了什么样的启示？

（撰写者：樊洋洋）

| 行政管理案例分析 |

案例3-5　省管县：浙江模式遇阻行政体制改革

2009年8月11日,浙江省发改委主任厉志海通过官方渠道公布,2009年上半年,浙江全省投资额为4000亿元,其中中央财政划拨42亿元。

数据一公布,质疑随之而来,巨额投资资金如何监管？审批权限如何划分？

"浙江的重大项目计划,实际上是一个指导性的计划,充分运用市场机制配置资源；更何况,产业项目实际上的实施主体是企业。"厉志海的一番解释,涉及的正是浙江正在进行的"省管县"行政体制改革。

率先起步的浙江行政体制改革,目前还仅停留在财政领域,涉及行政体制时远远输于深圳；在宁波试行另辟蹊径的改革时,却获得了意想不到的效果。

浙江先行

2009年8月1日,我国首部推进"扩权强县"的省级政府规章——《浙江省加强县级人民政府行政管理职能若干规定》正式实施。

当初,由于仅仅在经济管理上放权,浙江模式还不是完全意义上的"省管县",特别是在社会管理和公共服务等方面,仍然是"市管县"。

而今,浙江财政领域改革逐步深化之后,部分地区已经开始深化到"扩权强镇"这一阶段。浙江省决定在"强县扩权"的基础上再推"强镇扩权",将选择200个中心镇,按照"依法下放、能放就放"的原则给强镇适当扩权。

"省管县"在浙江的试点是义乌；而扩权强镇,浙江把重心放在了绍兴。

跑输深圳

浙江尽管在"省管县"的模式上先行一步,但其攻坚战却仅停留在综合配套改革上。

在行政体制改革上,深圳市更进一步。2009年5月,《深圳市综合配套改革总体方案》获国务院批准。深圳大学当代政治研究所所长黄卫平当时对媒体说："深圳在全国率先开始了法治政府建设探索。"

"杭州还没有到按照深圳做法施行的有利时机。一是意识,二是时机,这两者,杭州没法和深圳相比较。"杭州一位公务员说。

另辟蹊径

而在浙江的另一城市宁波,行政体制改革则开辟了另一个景象。

1999年8月27日《宁波日报》刊登了一则报道：一个房产公司开发一个住

宅小区项目,从1998年9月起历时10个月,跑了33个部门,盖了86枚图章。

其后,宁波市委、市政府就开始"简政放权"。

到2007年,宁波开始推行以"审批与监管相分离"为核心的行政审批职能归并改革,建立权力分解和制约体制。

2008年6月底,宁波市所属的11个县市、区政府有行政审批职能的部门已全部设置行政审批科,市级43个部门也全部设置行政审批处。

宁波市发改委将全部事项分为决策性事项与操作性事项两类,操作性事项由审批处直接办理,决策性事项由审批处受理,牵头组织相关处室或专家会商,综合各方意见后由审批处提出意见报委领导决策。

根据2009年3月的数据,所有行政审批事项办理的平均法定办理时限为19天/件,而宁波的平均承诺办理时限达到9.5天/件,平均实际办理时限达到3.5天/件。

在浙江发改委官员的眼里,"这是不同方式的做法"。

(案例来源:http://money.163.com/09/0828/21/5HR6D64F00253B0H.html,2009年8月28日,引用时有删减调整。)

【解　读】

党的十七大报告指出要"减少管理层级,在有条件的地区推进省直管县、乡财县管等管理方式"的改革。从原有的"市管县"到"省管县",彰显了中央减少管理层级、减少行政成本、壮大县域经济的意图,势必引起财政体制和行政体制的变革。当前全国各地试行的"省管县"改革最引人注目的是注重财政体制突破的"浙江模式"。该模式就是在财政收支划分、专项拨款、预算资金调度、财政年终结算等方面,由省直接分配下达到除计划单列市宁波市及其所辖县(市)外的63个县、市。

从1992年到2006年,浙江省先后四次出台政策措施,开展"强县扩权"改革。2008年年底,宣布启动第五轮县域扩权改革。与此前不同的,这一次则是其他县(市)同步扩权、分步到位。在浙江的县域经济发展史上,义乌市是个突出的样本。如今,义乌市一些县域范围投资审批、规划等事项,基本上都可以在法定范围内实现自主管理,大大提高了当地掌控和优化配置资源的能力和效率。

在省管县改革中,浙江模式是不少地方借鉴的蓝本。在省管县改革中大都遵循这样的路径:从经济管理切入,向县级政府下放经济管理权,强县扩权。中央一号文件也提及:"鼓励有条件的省份率先减少行政层次,依法探索省直接管理县(市)的体制。"但要实现完全意义上的"省管县",在进行财政体制改革的基础上还应该尽快地向行政体制改革迈进。"首先实行财政省管县,最后达到行政省管县",这也是在省管县改革的问题上许多专家学者都支持的观点。

【启　示】

"省管县"改革涉及地方各级政府权力的再分配,是一场深刻的地方政府制度改革。浙江省的改革思路,是由财政体制改革开始,逐步下放经济管理权限和一些社会管理事务,强县扩权,最终实现县市分治和城乡协调发展的改革目的。作为省管县体制改革的先行者的浙江,主要给其他省份省管县的推行带来了以下几点启示:

第一,改革首先应该正确认识省管县体制与县域经济发展两者的关系。"省管县"作为一个有效的制度框架,能够有效推动县域经济向内寻求发展动力,促进县和县以下农村经济的发展。但推行财政体制改革的省管县是否就能解决县域经济的发展问题仍然没有定论。从浙江的经验来看,浙江当时县域经济本身已有一定的规模,县的经济实力相对较强,这无形当中就减少了许多来自各方面的阻力。与此同时,通过规定县级财政收入与补贴、奖励相挂钩以及与县市领导奖金相挂钩极大地鼓舞了县市领导尤其是贫困县市领导带头发展经济的热情。很难想象,如果没有"两保两挂"等具体政策设计,浙江是否还能有今天这样的改革成果,缺失还存在很大的问号。

第二,改革应注重协调县市利益关系,采取渐进模式进行。1982年推行市管县体制时,确立了县财市管的财政体制,运行到现在已有二十几年的历史。现在要将地级市对县的财政管理权收归省管,意味着地级市部分财政权力的丧失,其改革的难度可想而知。浙江采取的是渐进的、较为低调的方式。对于近几年才开始试点财政省管县的各省份来说更是要把握好这一原则,循序渐进,切勿求改心切,一窝蜂地跟进。

第三,划小省份、进行行政区划的调整是未来省管县体制改革的一个趋势。实行省管县较为合理的省管辖范围是在40个左右。而现实中实行财政省管县后省财政厅的所辖的县市加上地级市总数往往超过80个,严重超出了省财政厅的管理限度。浙江地域面积狭小可谓是实行省管县体制的先天优势。浙江的特殊情况也为省管县体制的推行提供了一种新的改革方向:在省管县体制改革进行到适当的时候把省级区划单位缩小。但是,这将会涉及更深层次的利益调整问题,目前还只是处在理论探讨的阶段。

案例思考

1. "省管县"改革的含义和特征是什么?遇到了什么样的挑战和阻力?
2. 从浙江行政体制改革的历程来看,我国行政体制改革当前急需解决哪些突出问题?

(撰写者:樊洋洋)

参考文献

江正平、郭高晶:《深圳和香港"行政三分制"改革的比较和启示》,《领导科学》2011年第27期。

崔玉峦:《顺德机构改革对大部制改革的启示》,《党政论坛》2010年第2期。

罗德刚:《省直管县的成功范例——庆祝重庆直辖十周年》,《长白学刊》2007年第3期。

罗德刚:《创新行政体制机制 建设长江上游经济中心——庆祝重庆直辖市设立十周年》,《中国行政管理》2007年第3期。

周冬雪:《天津市滨海新区行政体制改革经验分析及其对长株潭一体化建设的启示》,《法制与社会》2011年第1期。

第四章 行政伦理

【学习要求】

通过本章学习,逐步掌握行政伦理的内涵、结构、内容和功能等基础知识,了解导致行政伦理失范的影响因素。通过相关案例的分析和解读,提高运用行政伦理知识分析和解决社会现实问题的能力。

【导入案例】

山西疫苗事件

"山西疫苗事件"引网民高度关注

近日,"山西疫苗事件"被媒体披露后,在网上引发了一场巨大的舆论风暴,有激愤的网民痛斥黑心企业和腐败官员的伤天害理,有忧心忡忡的网民担心包括疫苗在内的所有食品、药品的安全,有网民对疫苗市场垄断以及运输、接种等环节高度怀疑,也有网民认为山西出现那么多死、残孩子不一定与所谓"高温疫苗"有关。但无论如何,网民希望中央介入调查,给社会公众一个交代。

警惕疾控领域成腐败高发区

有网民指出,山西疫苗事件已经发生两三年了,媒体2007年就有报道,它暴露出的问题是多方面的,可直到今天,仍然扑朔迷离,公众得不到真相,这本身就是个问题。中央应该像调查三聚氰胺一样，介入山西疫苗调查，尽快揭示真相，严惩责任者，让人们生活中少些危险，多些安全感。

绝大多数网民对所谓卫生部属企业华卫公司为什么能够垄断山西疫苗市场质疑最多，对山西卫生厅新闻发布会上有关"北京华卫时代公司进入山西疫苗市场，没有经过严格的招投标程序"的说法很反感，认为事情绝不是招标程序不严格这么简单。

相当多网民表示，虽然患儿的死、残与接种疫苗到底有何关联，作为非专业人士的社会公众谁也说不准，但明眼人都看得出，这其中深藏着腐败，深藏着权钱交易。否则，凭着一家皮包公司，怎么可能在一省垄断经营？事实上，被大众忽略的疾控领域也已成为或正在成为腐败的高发区。

对山西疫苗事件的"非主流"分析

在网民将愤慨集中于对腐败的声讨时，也有不少网民对"山西疫苗事件"问题究竟出在哪个环节提出了一些个人看法。有网民分析认为，因为疫苗受高温而导致儿童致死致残的可能性比较小。第一，如果疫苗合格，长时间高温（37度下5天以上）环境会使疫苗的活性降低，最终丧失活性和免疫力，也就是说，高温的危害在于使疫苗无效，而非致病；第二，如果是疫苗出现问题，那么因疫苗导致的疾病会出现相同或者相似的症状，但从目前的报道看，患儿的症状缺乏一致性，分布也过于零散。同时，据有关资料，因山西的污染严重以及部分农村地区还残留近亲结婚的习俗，山西的婴儿残疾率是全国最高的，这一点应该被充分考虑。

有网民在坚信山西疫苗事件中存在腐败的前提下，认为导致儿童接种疫苗后致死致残是疫苗质量的问题以及疫苗运到基层已经过期失效。

网民建议，鉴于山西疫苗事件专业性很强，除了纪检监察部门应对其中涉及的腐败问题进行查处，希望有良知的医学、预防权威专家参与调查，站出来从专业角度为公众释疑解惑。

（案例来源：http://view.news.qq.com/a/20100331/000001.htm，2010年3月31日，引用时有删减调整。）

阅读提示

1.本案例涉及行政伦理的哪些内容？行政腐败是否是因为行政伦理体制不

完善导致的?

2. 案例中网民对政府部门的质疑说明了什么问题?如何从行政伦理建设的角度消解民众对政府的信任危机?

3. 我国社会转型时期存在哪些行政伦理失范现象?原因是什么?如何进行治理?

 理论概要

一、行政伦理概述

(一) 行政伦理的含义

行政伦理是指人们关于行政过程是非对错的判断过程以及判断的理由,这主要涉及行政主体行动的正当性与合理性,亦即领导、决策、指挥、执行、协调和控制等行政活动的合法性问题,它既包括公务人员个体在日常行政工作中体现出的道德观念、道德活动与道德规范,也包括行政主体作为群体在行政活动中应遵循的价值规范。简言之,行政伦理是公务员个体道德规范和行政机关群体价值规范的综合体。

行政伦理是以"责、权、利"的统一为基础,以协调个人、组织与社会的关系为核心的行政行为准则和规范系统,由行政职能、行政能力、行政效率等共同构成完整的行政行为。没有相应的行政伦理,行政行为就不能担负起它的应有作用。

行政伦理或者以行政系统为主体,或者以行政管理者为主体,是针对行政行为和政治活动的社会化角色的伦理原则和规范。无论是行政系统还是行政管理者,均具有作为伦理主体的客观依据,或者说具有伦理行为能力。第一,行政主体是社会化角色,具有合乎行政行为规范所要求的权力能力,行政职能的履行就是这种能力。第二,行政主体具有接受伦理约束的特殊必要,这是由行政管理在社会生活中的特殊地位及其巨大影响力决定的。如果行政决策失误,就有可能使国家和人民遭受灾难。因此,行政受责任义务、伦理规范的约束是十分必要的。第三,具有为自己作出的行为承担后果的责任能力,只有具备履行行政义务和承担行政责任行为能力的主体,才能成为行政伦理的主体。

（二）行政伦理与个人伦理的区别

行政还由于它所固有的特殊性质和地位，决定了必然要在伦理上有自己的特殊要求和内在的规定性。行政伦理与个人伦理原则是不同的：1.主体不同。一为行政系统和行政管理者，一为个人。行政系统虽是人建立的，行政管理者也是人，但本身却是非人格化的，它代表的不是个人的意志动机，行政伦理的动机代表的是社会的公共利益。2.影响不同。个人伦理是一个人和其他人、与社会发生关系，实际受其行为影响的只是少数人；而行政伦理与所有人或社会的所有成员发生关系，它的一举一动对整个社会所有人都关系甚大。3.约束方式、依靠力量不同。个人伦理主要是通过良知和舆论起作用；而行政伦理除了舆论和内心信念起作用外，制度的约束作用也是更为重要的。4.评价标准不同。行政伦理与个人伦理处在不同的领域，对行政伦理的评价，主要是看这一行政系统的实际功能和作用，看它实际指向什么基本价值，遵循什么正义原则，实际上在禁止什么，提倡什么，保护什么。

（三）研究行政伦理的必要性

公共领域中的一切公共权力的滥用和腐败，都源自于行政道德和行政伦理的缺失。正是由于存在着行政失范行为，这才使得行政伦理的研究有着十分重要的价值。

一方面，这是由行政伦理在公共行政领域和行政管理过程中的特殊地位所决定的，而且，行政伦理对整个社会伦理以致整个精神文明建设都起着至关重要的作用，对社会政治状况有着直接的作用和影响；另一方面，行政伦理研究尚处于起步阶段，有许多重大理论与实践问题有待去研究、去深化、去解决。具体来说，体现在以下几个方面：

（1）行政伦理的研究有助于行政人员尽快适应社会主义市场经济发展的伦理观念、伦理的转型期特点。

（2）加强行政伦理的研究，有助于行政体制自身健康运行和发展。

（3）加强行政伦理的研究，有助于行政人员增强抵御腐朽思想侵蚀的能力。

（4）加强行政伦理的研究，有助于总结社会主义国家行政伦理建设的教训。

（四）行政伦理的功能

（1）中介功能。社会管理活动中，行政机关需要制定一系列行之有效的法律法规制约行政人员的行政行为，以维护社会正常秩序，保障行政绩效，以实现公共利益的最大化。但法律法规不会自己产生作用。它要发挥应有的约束和控制作用，必须把法律法规内化升华为行政人员的道德标准和价值取向，形成其内心准则，需要行政人员在工作过程中的状态和动机。因此，必须以行政伦理作为中间环节。

（2）规范和约束功能。行政伦理以一系列的伦理规范反映并作用于行政过程和行政行为。由于现实执法情况多变，行政人员的行政执法行为也总是处在变化之中。当行政人员需要重新作出选择的时候，总是从某种动机出发，依照某种伦理价值标准进行行为选择，以更好地捍卫公共利益。行政伦理通过伦理意识规范、限定并调整行政管理的活动范围、行为模式、行为选择，使行政管理行为更加规范化和法制化。

（3）教育与塑造功能。行政伦理是根据国家和社会公认的、认同的道德观念和价值取向所倡导的共同原则和基本精神，构成现实执法活动中行政人员所应该遵循的规范体系。行政伦理的基本价值具有社会性和公共性。因此行政伦理不仅对行政人员有约束力，对其他社会成员也起着示范和教育作用。

（4）保证和激励功能。明确公平正义的行政伦理价值准则，以之来引导具体的行政执法行为，不仅使行政主具有认同感，约束其行政行为，还具有强大行动力的内在保障。行政伦理能将实现社会公共利益最大化与行政人员的价值追求紧密联系在一起，有助于提高行政效益，增加公众对政府的公信力。公平、公正、公开的行政伦理规范能够很好地激发行政主体的积极性和主动性，鼓励行政主体不断发展、逐步完善，以达到道德追求与行政目标的结合。

（5）国家认同和民心凝聚功能。行政伦理是赢取民心和民意的重要砝码。某种程度上看，行政伦理体现了行政主体的价值取向和精神状态，决定了其在行政管理过程中的行为方式，深刻影响着社会群体对国家的认同和对政府的信任，进而影响了社会的稳定和国家的兴衰。行政伦理使行政主体与行政对象形成沟通合作的良好关系，其向心力和凝聚力促进行政运作高效和稳定，进一步强化国家认同并有利于行政体系的长期发展。

二、行政伦理的结构与内容

行政伦理不仅包括作为社会行为基本规范的伦理的一般规定性,而且还由于行政所固有的特殊性质和地位,决定了必然要在伦理上有自己的特殊要求和内在规定性。明确行政伦理的类型和构成是行政伦理建设的基础。行政伦理是一个有机的体系,主要包括公务员的个人品德、行政职业道德、行政组织伦理和公共政策伦理等。

(一)公务员的个人品德

公务员的个人品德是行政伦理研究的传统关注领域。它是行政伦理在个体层面的体现,规范和制约着公务员的个体行为。一般而言,公务员的个人品德包括两个层次的内容:一是公务员的思想态度。公共行政是一种职业,更是一种事业,有其崇高的价值追求。对公共行政价值观产生认同,并将它内化为自己的行为目标,是推动公务员个体尽职尽责、努力工作的基础性因素。只有在价值观的层面固化这种认同,才有可能在实际工作中表现出积极进取、勤恳乐观的工作态度。二是公务员的思想品德。公务员首先是作为个体存在的公民,他必须遵循社会长久以来形成的道德意识、道德意志和心理习惯等行为规范。公务员思想品德的内容,除了包括日常人们所追求的个人美德,如谦恭、仁慈、智慧、诚恳、忠实等,还应该包括行使公共行政职权所必须具备的乐观、勇气和公正。

(二)行政职业道德

行政职业道德就是从事一定职业的人们在其特定的工作中或劳动中的行为规范的总和。行政职业道德是指同公共行政职业相联系的,用以调整行政领域中人与人之间关系的道德原则和道德规范,其核心在于处理公共利益和个人利益之间的关系。

(三)行政组织伦理

行政组织伦理主要指与组织制度和组织程序相联系的一系列伦理原则和行为规范。总的来说,行政组织伦理表现在以下几个方面:

(1)程序公正。在行政机关推行政务的过程中所建立的一系列程序、规章、条例、办法等,其目的都应该是为公共权力的授权者服务,而不应成为行政机关或个人谋取私利的手段。因此,行政机关必须摆正与人民群众的关系,制定合理公正的程序规定,以更好、更方便地为公民提供高质量的服务。

(2) 组织信任。行政机关是一个在分工基础上进行合作的整体。这种合作不仅需要正式的权力体系,更要构建人与人之间、部门与部门之间和谐的信任关系。另一方面,在行政机关与外部环境的关系上,也要求维持和增进政府与社会之间的信任关系。两方面信任关系的结合,才能最大限度地降低行政活动的运行成本,使行政任务得以顺利完成。

(3) 民主责任。行政机关并没有自己特殊的利益。因而,行政机关对广大的人民群众负有国家制度所赋予的责任,即所谓的公共责任。这种公共责任与民主原则结合起来,要求行政机关的目标、价值偏好必须反映人民的意志,并且在行政工作中自觉接受群众的监督。

(4) 制度激励。行政组织内部也存在着伦理问题。这主要体现在激励制度方面,即如何通过建立组织内部合理公正的制度关系来激发组织成员的积极性,进而推进组织活动的顺利开展。

(四) 公共政策伦理

正确的公共政策伦理是制定良好公共政策的前提。就此意义而言,政策伦理比任何单个的政策都更加重要,原因在于所有的政策都依于伦理。公共政策的本质在于对社会利益和价值进行权威性的分配。因而,在资源稀缺的政策情境下,公共政策背后所隐藏的伦理选择就显得十分重要。如果政府的公共政策选择偏离了公共利益的轨道,后果是不堪设想的。归根结底,公共政策伦理所涉及的是正义价值的选择问题,也就是如何做到社会利益和社会负担的合理分配。这就要求政府部门制定公共政策的时候,必须以公共利益为重,慎重选择政策取向,最大限度地增进公共利益。

三、行政伦理制度化

(一) 行政伦理失范及其原因分析

1. 行政伦理失范

行政权力本来是一种公共权力,它所涉及的对象是公共事务,其所追求的是一种公共利益,其运行过程也称作公共管理过程。然而,在行政权力运行过程中,行政主体往往会置行政伦理的规范和原则于不顾,导致损害公共利益的现象时常发生,公共权力经常被用来满足私利。这种情况就叫行政伦理失范。

行政伦理失范的表现形式多种多样,大体可以分为以下类型:①权钱交易。这类失范包括贪污挪用、行政人员经商和隐匿财产。②权力交易。这主要指权力寻租。权力寻租即个别国家公务人员以手中握有的行政权力为筹码,通过"出租"权力,以权谋私、卖官鬻爵、索贿受贿、索取高额回扣,获得暴利。③渎职失职。在执行国家公务活动中,行政官员的失职、渎职是行政伦理失范的又一种典型表现。失职、渎职容易造成重大经济损失、巨额国家和人民财产流失、恶性事故发生。④违反社会公德。某些政府行政人员为满足个人欲望,不负责任地消费公共资财,甚至大肆挥霍公款,经常光顾那些灯红酒绿的地方,沉醉声色犬马,过着纸醉金迷的生活。以上四类行政伦理失范只是当前行政腐败与伦理失范的主要表现而并非全部。

2. 行政伦理失范原因

(1) 行政人员的角色冲突。行政人员作为普通公民,具有"经济人"属性,拥有追求自身利益最大化的权利;同时作为公共权力的代表者,又具有"公共人"属性,代表着公共意志,以实现公共利益最大化为行为目标。显然,行政人员存在着谋求自身利益与维护公共利益的矛盾冲突,而这种冲突实质是在个人利益与公共利益之间如何取舍的问题。

(2) 行政人员自身素质方面的原因。行政人员虽然有私人生活和个人利益追求的自由,但因为其掌握着公共权力,就应当有维护公共利益的责任和义务。当公与私之间发生冲突,需要他作出选择时,如果其道德修养不高、自身素质较差,抵挡不住各式各样的诱惑,行政人员的行为就会失控,导致行政伦理失范现象发生。

(3) 缺乏强有力的监督和制约机制。缺乏强有力的监督和制约机制是行政伦理失范的客观条件。处于转型期的中国,虽然在社会主义民主与法制建设和社会管理层面的各种规章制度建设上都取得了很大的发展和进步,对权力的社会监督和制约机制也逐步建立和完善起来,但与迅速发展的客观现实相比,还远远不够。

(4) 行政体制自身的约束问题。从制度约束来看,转型期社会变动很大,旧的规范已经过时,新的规范尚未完全确立。道德约束力下降,法制不够健全,社会中出现一些制度真空,为行政失范的泛滥提供了条件。一方面,政府对经济活动仍然进行着广泛的干预,公共权力支配着大量资源。另一方面,由于市场经济尚未成熟,规则不健全,行政体制改革步履维艰,漏洞频出,难免出现行政伦理失范的现象。

(二)加快行政伦理的制度化建设

(1)加强行政伦理道德法制化建设。行政伦理立法,是把伦理行为上升为法律行为,使伦理具有与政治、法律等上层建筑同等的地位,也就是具有一定的监督、执法的效力和作用。行政伦理法制化,可以更好地规范行政官员的道德行为,节省社会成本,更好地强化行政官员的拒腐防变能力,以促进行政官员合理地行使权力。

(2)强化制度监控层面的建设。健全法制,加强对权力的监督,防止行政伦理失范现象的发生,实现法治与德治并举。建立在法制基础上的权力运行和权力监督的制度化是有效遏止行政伦理失范现象的关键。行政伦理失范现象作为一种政治行为,是依附于权力而存在的。规范权力行为,这是权力制约的核心。为了防止行政权力的滥用,必须对权力行为即权力实施、权力运行的过程进行监督、控制,并使之规范化、法制化。

(3)健全行政人员行政人格。从行政系统或行政人的主体性特质看,它应具有合乎行政行为准则所要求的行为能力,同时也具有为自己的行为承担后果的责任能力,而且由于它的社会化角色及在社会生活中的特殊地位和重大影响力而具有接受伦理规范的约束,培育行政伦理人格的必要性和可靠性。

(4)行政文化作为文化的一个特殊领域和重要组成部分,在我国是一个崭新的研究课题。如何重塑行政文化,如何发掘行政文化的特殊力量,已经成为行政管理领域必须思考的问题。行政文化作为一只"看不见的手",潜在却深刻地影响着行政人员的思想方式、思维方式和行为方式,直接或间接地支配着政府公务员的行政管理活动,从而在某种程度上决定着行政的质量和管理的效率。从这种意义上说,加强当前中国行政文化基本特征及价值取向的研究,对于推进中国的现代化建设将具有十分重要的意义。

[本理论概要主要参考:夏书章主编:《行政管理学》(第三版),中山大学出版社2003年版;张国庆主编:《公共行政学》(第三版),北京大学出版社2009年版。]

第四章 行政伦理

案例分析

案例 4-1　孙中界：断指之殇

2009年9月8日下午1点多,上海某外企任职中层经理张军开车去单位,途中等红灯时,一男子捂住腹部,称"胃痛",要求搭载一程。张军让其上车。10分钟后,该男子主动提出给10元钱。张军拒绝,之后该男子要求其停车,停车后,七八名身穿制服的执法人员冲过来将他扣押,对方告诉张,他们是闵行区城市交通执法大队的,认定张军非法营运,要他交1万元钱才能拿回车。张军此后将闵行区交通执法大队告上法庭。

刚拿到驾照3个月的孙中界,从河南老家来到上海开车的第2天,他称就和张军一样,遭遇了钓鱼圈套而被执法部门定为非法营运。血气方刚的他觉得做了好人反而被骗,异常郁闷,一回家拿起菜刀就砍掉了自己的左手小拇指。

据报道,1992年前后,上海开始打击黑车时就有了做倒钩的人,他们被称为钩子,其数量激增是在2006年之后,因为当年《上海市查处车辆非法客运规定》出台,该条文规定在查处非法营运时,现场录音等可作证据,而上海部分区县同时推出了奖励举报制度。当年,上海查处黑车2.2万多辆次,是2005年的3倍。

上山多时终遇虎。2008年3月,上海据说钩子分钱最高的奉贤区,一个执行钓鱼任务的女钩子,被以为遭遇抢车的司机刺死在车里。此事一出,一片哗然。然而,半个月后,钩子们又重出江湖,一切,还是老样子。直到如今……就因为张军愤怒的上诉和孙中界更加激烈的砍手指,让钓鱼执法这种执法模式被再次曝光在世人面前。

10月22日,记者来到上海。此时的张军正在深圳出差,他的电话屡屡被打到没电;孙中界的手指已经换过了3次药,医生说12天后可以拆线,但是手指功能会受到影响;郝劲松在当天刚收到闵行区人民法院的通知,称张军起诉案一审时间被推迟。

当天,上海市针对孙中界事件的第二次调查在人们的质疑和不满中开始。孙中界坐在单位10楼的会客室里面对全国各地赶来的记者神色激动,满脸冒汗,直说太冤了。他的哥哥孙中记皱着眉让他别激动,拉扯到手指的神经就麻烦了。

目前,张军和孙中界遭遇的钓鱼执法现在都还没有定论。而此前态度强硬的交通执法大队的态度正发生着微妙的变化。他们手上的人证和物证都出现了问题。那两位被有关部门称为"有正义感"的乘客至今没有露面,和那位3.6亿巨奖得主一样和举国人民"躲猫猫";而此前一直声称握有的执法现场录音则诡异地变成了现在的证人证言。某些人走进了自己设下的陷阱,没有录音如何定案?而有录音则意味着承认钓鱼执法。唯一的办法就是把水搅浑,水至清则无鱼。对张军是拖字诀,通知书上说开庭时间另行通知;对孙中界是查,一次次地调查,调查结果也是等通知……

孙中界的一根断指,能否折断那根"钓竿"?好人做好事的善良愿望,又能否如他的断指般,得到再植?我们,都在等待一个答案。

(案例来源:《钱江晚报》2009年10月26日,引用时有删减调整。)

【解 读】

"钓鱼执法"事件曝光后在社会上引起轩然大波。事件中暴露出的不合常规的执法手段,促使人们对社会的公平正义和政府的公信力产生了深深的怀疑。那么究竟是什么原因驱使行政人员在执法过程中采取这种违法的、不合正常程序的手段呢?是受制于上级机关的指令,还是为牟取一己私利?毋庸置疑,这种"钓鱼执法"行为的背后,隐藏着一个深刻的缘由,即行政人员在日常行政实践过程中会陷入行政伦理上的选择困境,突出表现在两个方面:

其一,行政目的与行政手段的选择困境。"钓鱼执法"行为的目的是惩处违法行为,维护法律的公正和捍卫社会的公共利益。但问题就在于,行政人员在实现行政目的的过程中采用了不正当的手段,使得这种行为无形中损害了社会的公共利益,破坏了社会的和谐。这种两难的选择,使得行政人员面临严重的行政伦理困境。行政人员在执法过程中,能否为了追求目标的善而采取不合法的行政手段?而所造成的后果往往是引起社会公众对政府公信力的质疑,侵害了当事人的合法权益和社会的公共利益。这是摆在行政人员面前一个很棘手的伦理问题。案例中,上海市闵行区交通执法大队本意也是为了打击黑车市场,维护正常的社会秩序,但却采用不正规的法律程序,使得张军无辜受罚,引起社会哗然就很好地说明了这一点。

其二,行政主体多种社会角色的冲突。行政人员作为社会公共权益的维护者,受人民的委托,在相应的职权范围内,合法行使一定的公共权力。根据公共选择理论,行政人员不仅仅是"公共人",同时也是"经济人"。既然是"经济人",那么不可避免地会从自身的私利出发,凌驾于社会公共利益之上。很大程度上,行政人员在巨大经济利益的驱使下会不择手段。如果缺乏对行政人员行为的有效监督,社会正义、法律公正就会沦为一句空话。行政人员在行政过程中,是实现社会公共利益的最大化还是最大程度谋求自身的私利?这种角色的冲突,使得行政人员往往难以取舍。

行政伦理陷入困境的原因主要有:

第一,行政环境的影响。首先,从历史根源来看,我国拥有两千多年的封建传统,封建官僚思想直至今日仍对行政人员有重要影响。其次,改革开放三十多年来,我国在经济领域取得举世瞩目成就的同时,西方资本主义的腐朽思想也不可避免地会侵蚀到行政管理领域,部分行政人员在思想上和精神上受到影响,其价值观逐渐发生扭曲。

第二,行政伦理体制的制约。从案例可以看出,我国的行政伦理规范没有强有力的法律保障,法律程序也极不完善,存在不少法律漏洞,从而给行政人员的"钓鱼执法"行为披上了"合法"的外衣。在行政伦理的立法层面上来看,现有的法律法规都很零散,不成体系。行政伦理建设始终没有转到法制化的轨道上来。在案例中,如果有完整的法律体系,政府部门不再仅限于对法律实体的恪守,而重视法律程序的建设,相信就不会有这样的"钓鱼执法"现象,张军不会被扣罚、孙中界也不会断指以示愤慨。

第三,行政人员职业素质的影响。行政人员作为"公共人"和"经济人"。其道德觉悟、职业素质的高低直接影响着执法的效果,影响着社会公众对政府的信任度。行政人员合法行使公共权力,维护法律公正,但在执法过程中如果发生公私利益冲突时,如何取舍取决于行政人员的伦理素质和服务意识。

【启　示】

行政伦理建设在构建社会主义精神文明建设中有着举足轻重的作用,直接关系到政治能否稳定、社会能否和谐发展。因此,必须采取合理有效的措施化解当前行政执法中所面临的行政伦理困境。

首先,要培育公平正义的行政伦理文化。社会的公平正义离不开法律的保障,而法律要发挥应有的保障作用又需要深厚的行政伦理文化的支撑。因此,行政伦理文化的善恶对于行政执法是否规范起着关键的作用。在建设社会主义和谐社会中,当务之急是构建公平正义的行政伦理文化,以此来约束规范行政人员的执法行为。

其次,要完善伦理的监督体制。结合社会实际,充分发挥社会监督的巨大作用。新闻媒体对于不合法的行政行为,要及时准确地报道;社会公众也要发挥监督权。多管齐下,促使行政人员合法行使公共权力,提高公共服务意识。同时应建立专门的监督机构,对违法的行政人员严惩不贷,有效地防止行政人员的违法行为。

最后,强化个人伦理道德的培养。行政人员应该严于律己,注重自身思想道德和伦理素质的培养,以维护社会公共利益为己任,全心全意为人民服务,自觉维护法律的权威,按照法定的程序进行行政执法活动。

案例思考

1. 当前的管理体制下为何会频发"钓鱼"执法现象?会对政府公信力产生哪些方面的消极影响?

2. 结合行政伦理相关知识,要解决这种现象,政府应该采取什么措施?

(撰写者:李洽淦)

案例 4-2 孟连事件

云南省孟连县的橡胶产业开始是采用"公司+基地+农户"模式发展起来的,胶农按协议价格把胶乳卖给橡胶公司。"勐马"和"公信"是孟连县最大的橡胶企业,经历了从乡镇企业到股份合作制企业、私营企业的两次改制,但改制并不彻底,留有产权不清晰、管理不规范、分配不合理的后遗症。2005 年以来,橡胶价格大幅攀升,从原来的几千元达到 2.5 万元以上,但公司对胶乳收购价格不作调整,橡胶价格飞涨和农特税取消带来的利益被橡胶公司老板独享,引致胶农愤慨。胶农决定中止出售胶乳给公司,自行给价高的收购者,遭到公司派出的保安阻止,双方多次发生冲突。县乡党委、政府对此简单地以治安案件论处,反复动用警力介入,刺激胶农,致使警察被打、警车被砸,"7·19"前已累计发生群体性事件 7 起。

孟连县委、县政府认为,这些事件是农村黑恶势力作怪,要求普洱市调用警力进行打击。2008年3月,普洱市委常委、政法委书记谢丕坤专程到省政法委汇报,孟苏铁听了情况后说,要分清矛盾性质,最大限度考虑群众利益,调整利益纠纷,不同意治安整治和抓捕。省政法委派出工作组到孟连调研后认为,当地社会治安问题的根本原因是群众利益纠纷,再次重申对少数人采取强制措施可能引起群体事件的风险。

2008年6月14日,普洱市公安局又向省公安厅书面请示跨县调动400名警察到孟连,省政法委、公安厅明确否定了这一请求。然而,7月2日的普洱市委常委会依然决定打击孟连农村黑恶势力,跨县调警之事不再向省里报告。11日,市公安局调动的警力向孟连集结。

2008年7月15日,孟连县派出工作组对公信乡、勐马镇部分胶农因利益纠纷与当地橡胶企业发生冲突事件开展处理工作。

2008年7月19日上午,公安机关依法对勐马镇勐啊村芒朗组分别涉嫌聚众扰乱社会秩序罪、故意伤害罪的5名犯罪嫌疑人采取强制传唤措施,在依法强制传唤任务执行完毕后,按计划向村民开展法制宣传教育时,500多名不明真相的人员在极少数别有用心人的煽动下,情绪激动,行为过激,多次冲越警戒线,手持长刀、钢管、铁棍、木棒向民警进行攻击性劈砍、殴打,致使多名民警受伤,民警在生命受到严重威胁,经多次喊话劝阻、退让、鸣枪警告无效的情况下,被迫使用防暴枪自卫,由于距离较近,致使两人死亡。事件还造成41名公安民警和19名群众受伤,9辆执行任务车辆不同程度损毁。

事件发生后,省委书记白恩培作出批示,要求积极抢救伤者,安抚好死者家属,做好善后工作和群众工作,尽早平息事态,防止事态升级扩大;了解群众诉求,创造做好群众工作的条件;尽快查明事件原因,及时公布事实真相。省委副书记、省长秦光荣作出批示,要求迅速组成工作组,尽快赶赴现场,帮助指导当地党委、政府做好工作,迅速平息事态;千方百计做好善后和伤员的治疗工作,疏导和稳定群众的情绪;查清事情起因,认真听取群众的诉求,正确处理好群众利益,防止进一步激化矛盾。中央和云南省委、省政府要求采取有力措施平息事态。省委书记白恩培、省长秦光荣等领导作出批示,要求抢救伤者,安抚好死者家属,做善后工作和群众工作,组成工作组赶赴现场,去查明事件起因,及时公布真相。组成了由省委副书记李纪恒,省委常委、省委政法委书记孟苏铁、副省长曹建方挂帅的工作组,前往孟连县指导事件处置工作。省、市、县领导深入事发地点,采取一切措施,尽最大努力平息事态,与胶农直接对话,听取他们的意见和诉求,防止事态进一步恶化。经过4天的艰苦努力,事件处置工作取得了初步成果。受伤人员得到救治,死者遗体已进行火化,群众情绪基本稳定。

(案例来源:http://baike.baidu.com/view/2107303.htm,引用时有删减调整。)

【解 读】

"孟连事件"背后隐藏着深刻的原因。一是当地的胶农与企业长期存在的经济利益纠纷得不到解决,二是当地政府没有合理妥善地处理与胶农的关系,没有关心他们的切身利益。胶农自身的权益诉求得不到政府和企业的积极回应,且面临着当地政府打出"严打农村黑社会"旗号的严重威胁,不得不公开与政府对抗,从而引发了大规模的"官民冲突"。如果从行政伦理的角度来审视,就会发现当地政府存在严重的行政伦理失范行为:

第一,当地政府公平正义执政原则的缺失。在现代市场经济社会,存在不同的利益群体,由于所处的立场不同,难免会出现利益冲突和纠纷的现象。此时,政府作为公共权益的维护者,应该以人民大众的利益为根本出发点,妥善合理地处理矛盾纠纷。在行政实践过程中,应该树立公平正义的执政理念,不能为了牟取私利而侵害社会大众的利益。在"孟连事件"中,由于当地政府和橡胶企业背后有着千丝万缕的关系,特别是巨大的经济利益。因而在胶农与企业发生冲突和纠纷时,当地政府采取偏袒企业的措施,完全忽视了胶农们的利益,严重损害了胶农的切身利益,导致胶农失去了对政府最基本的信任。

第二,公仆意识薄弱。在处理利益群体矛盾纠纷时,有些政府部门相互推卸责任,没有履行自己应尽的行政责任,致使群体利益受损,诉求无门。孟连事件中,孟连县委、县政府对于胶农的利益诉求不理不睬、相互推诿,没有对胶农的呼声作出回应以及承担起相应的责任,导致引起这宗严重的群体性事件。

第三,工作态度恶劣。在"孟连事件"中,当地政府没有仔细调查事情真相,片面定性事情性质,使得事件愈演愈烈,以"扰乱社会治安"为名,动用警力对胶农强行镇压。决策缺乏理性分析,加之工作态度粗暴,导致胶农群起反抗,严重损害了胶农的切身利益。

我国现阶段正处于深刻的社会转型之中,社会转型所带来的价值变迁,难免使行政伦理在进一步建设和发展中陷入了困境。特别是行政人员在执法过程中面临的权力冲突。在具体的行政执法活动中,行政人员可能会受到不同上级机关的指令和限制,即是说他们受到不同权力的冲突。法理上,他们选择遵守哪一权力都符合行政伦理要求,但事实上难免会违背另一权力的意愿。选择法律至上,却可能与上级机关的命令相左,服从上级机关的决定,却可能不合法,违规行政。在现实的行政执法过程中,不少行政人员没有做到依法行政,无条件服从上级机关的命令,甚至损害社会的公共利益也在所不惜,这就导致了行政伦理的失范。

【启　示】

完善的行政伦理体系,包括客观制度建设和主观伦理建设。因此要进一步解决行政伦理失范问题,可以从这两方面入手,一是行政伦理制度建设,二是行政人员的伦理道德建设。

在行政伦理制度建设方面,首先,立足当代中国的具体国情,构建一套合理合法的行政伦理法律。通过立法活动,把零散的、行政人员必须遵守的行政伦理道德上升为法律,以此更好地教育和指导行政人员。其次,扩大公众对行政人员的执法监督。要多管齐下开展社会监督,特别是公众的监督作用。公众是社会管理最直接的参与者,时刻都能感受到行政人员的执法效果。因此,公众必须积极构建监督执法参与平台,对行政人员违反行政伦理道德的现象要及时向有关部门反映。与此同时,政府必须保障公众的监督权,扩宽公众参与的渠道,建立专门的监督服务机构,以更好地处理公众反映的情况,惩戒相关违法的行政人员。通过伦理建设,使得公共权力能在阳光下运行,发挥应有的作用。

在行政人员的伦理道德建设方面,首先,要对行政人员进行正确的行政伦理观,树立公平公正的权力价值观,提高他们的行政伦理素养。各部门单位要根据实际需要,多样化开展教育培训活动,把对行政人员的教育工作当作重中之重。其次,行政人员也应该提高自律能力,加强自身的伦理道德建设。在行政实践过程中,要恪守"公共人"本分角色,遵守行政伦理规范,自觉接受社会监督,依法行使职责。在遇到诱惑有违行政伦理时能坚定信念,始终把社会公共利益放在首位,捍卫公共利益。

案例思考

1. 近几年,屡屡发生政府部门和群众的利益纠纷现象,甚至引发冲突。以行政伦理为分析视角,是什么原因引起这种现象?

2. 联系实际,从制度构建方面,我们应该如何避免政府与群众的利益冲突?

（撰写者:李洽淦）

案例4-3 株洲农民为抗强拆自焚事件

事件发生

2011年4月22日,株洲市云龙示范区学林办事处横石村,58岁的农民汪家正为阻止强拆,在自家房顶点燃身体,顿时变成"火人"的汪家正最终从五六米高的房顶摔至地面,场面惨烈。

自焚者的女儿汪海燕向记者描述,4月22日凌晨5时许,其母言竹根、弟媳胡灵芝带着侄儿在家中睡觉,"一两百人的执迁队伍破门进入,把我妈、弟媳强行拉出去,把才8个月大的侄儿扔在地上不管"。当晚并未宿在此处的父亲汪家正和弟弟汪红宇闻讯后赶到现场,双双爬上房顶,其中父亲汪家正拿出早已准备好的汽油瓶。

但拆迁并未因此而停止,直至自焚事件发生。"我父亲是在挖掘机已挖到楼下的情况下,被迫点火自焚的。"汪海燕说。

事发后,法院即刻中止强制拆迁程序,汪家正也当即被送往株洲市中医院重症监护室紧急抢救。据汪海燕介绍,送到中医院后,政府又紧急请来专家为父亲会诊。医生告诉她,父亲的烧伤面积达到百分之七十八,肺、肝、脾部受到损坏,并有吸入性损伤,另外还有多处严重骨折。"医生说,父亲随时都有生命危险,只能靠呼吸机维持生命。还说即使抢救过来了,以后也可能是植物人。"

缘起强制拆迁

4月24日,该拆迁的司法执行主体株洲市荷塘区人民法院就此作出说明,表示引发该事件的核心问题是拆迁补偿。

荷塘区法院介绍,株洲市铁道科技职业技术学院新建项目是株洲市为发展职业教育事业而实施的公益性工程。该项目自2009年实施以来,得到了国家发改委、教育部等部门的重视和支持,其用地经省人民政府批准,有相关土地许可批文,征用手续合法,补偿工作到位,得到了当地绝大多数群众的配合和支持,目前已搬迁涉拆户268户,拆除房屋410栋。但汪家正等10户以补偿标准太低为由拒绝搬迁腾地,直接影响了项目进度,造成巨额经济损失,并将导致新生今年下半年无法如期入学。

据调查,汪家正房屋认定合法面积为280.03平方米,可获得房屋征购等费用35万元以上。同时,按征拆安置政策,其家可按远低于建设成本价购买安置房,他家只需从补偿安置费中拿出14万余元即可获得240平方米的安置房。对此,征地拆迁指挥部从2009年11月起十余次到汪家正等拆迁户家中进行政策宣传解释和商议其房屋拆迁事宜,多次协商未果。株洲市国土资源局于2009年12月25日对汪家正等户依法下达《限期腾地通知书》,但被申请执行人未在法定期限内履行腾地义务。经株洲市国土资源局申请,株洲市中级人民法院受理后,于2011年3月15日将该案移交株洲市荷塘区人民法院执行。该院在2011年4月12日依法作出行政裁定,被执行人仍未履行腾地义务,决定4月22日依法对汪家正房屋进行司法强制执行。

(案例来源:人民网《株洲强拆自焚者未脱离生命危险 当地法院已中止强拆》,2011年4月24日,引用时有删减调整。)

【解　读】

近几年,地方政府为促进城市发展,掀起了一波又一波的拆迁浪潮。但由于拆迁过程中,地方政府忽视被拆迁户的切实利益,没有保障后续的相应的拆迁补贴政策,被拆迁户的合法利益往往得不到合理需求。再加上关于拆迁立法工作的不到位,导致政府与被拆迁户的利益矛盾日益尖锐。暴力、自焚等现象屡见不鲜。行政人员为完成既定任务而不择手段,作出违法的、违背行政伦理的事。从案例中我们可以很清晰地看到:有些行政人员往往以服从上级机关命令为原则,把部门组织的利益放在第一位,漠视被拆迁户的切身要求,阻断被拆迁户上达意愿的路径,导致其不得不以暴力行为反抗。这是因为行政人员在强拆过程中扮演着不同的角色,并且存在角色上的冲突:一方面是作为公共权力的行使者,必须站在公众和公正的立场,在法定范围内行使公共权力,在行政实践活动中要对法律负责,维护社会公平正义;另一方面是具体行政单位的公职人员,要完成本单位规定的具体工作任务,在行政过程中得服从上级机关的命令,对上级机关负责。但有时候这两重责任会发生激烈的冲突。是对法律负责,还是对上级机关负责。这是拆迁过程中,行政人员面临的一大伦理困境,如何选择,连他们也无所适从。

造成这种伦理困境的原因是多方面的,有体制上的缺陷,有立法的不完善,有行政人员个人的伦理素质低下。总的来说,包括以下几点:

(1) 行政伦理规范不健全。随着我国经济的快速发展,行政体制改革也得与时俱进。行政伦理体制改革是重中之重的工作。但现实情况是,行政改革相对滞后,不适应社会的经济发展和政治建设。行政伦理规范不完善,始终没有形成系统的、有权威性的法律体系。而没有强有力的、合法程序的法律规范做后盾。行政人员往往运用手中的公共权力为自己牟取私利,严重损害公共利益。

(2) 滥用行政自由裁量权。行政自由裁量权是行政人员特有的权力。行政人员可以根据具体的行政行为,灵活选择处理方式。可以说,行政自由裁量权是行政权力中最活跃的公共权力,同时它的弊端也是显而易见。由于现有的法律规范没有对行政自由裁量权进行明确严格的界定和限制,这就给行政人员的行政活动留下了极大的弹性空间。行政人员往往可以"合法"地利用行政裁量权为自己牟取私利。滥用行政自由裁量权很容易就导致行政伦理的失范。案例中,行政执法人员为完成拆迁任务,不合理地运用行政自由裁量权,强行拆迁,侵犯了汪氏一家的根本利益,酿成不可挽回的悲剧。

(3) 行政人员伦理道德素质的低下。受到商品社会和市场经济的影响,行政人员的价值观会发生深刻的变化。他们不再是"公共人","经济人"属性色彩浓重。有些行政人员伦理素质不高,当公私利益发生冲突时,他们往往选择私利,私利压倒公利。他们只考虑自身利益,听从上级命令,而忽视了最广大人民群众的利益。案例中,行政执法人员行为鲁莽,丝毫没有考虑到被拆迁户汪氏一家的安全和利益,强行赶人,"一两百人的执迁队伍破门进入,把我妈、弟媳强行拉出去,把才8个月大的侄儿扔在地上不管"。直接导致汪家正老人引火自焚。这是极其恶劣,必须加以严惩的行为。

【启 示】

对于拆迁过程中引发的行政伦理失范问题,我们得高度重视,并采取措施减少、避免这类现象的发生。可以通过完善行政伦理规范,健全行政伦理监督体制以及提高行政人员伦理素质等方面来解决此问题,使得行政人员更好地服务于社会公共利益。

(1)完善行政伦理规范。针对现存法律法规没有对行政伦理规范进行明确的界定和解读,应着手建立符合社会发展和行政人员个人需要的法律,并通过强有力的措施大力推行。同时,各政府部门要根据自己部门组织的职权范围和实际情况制定行政伦理规范,不断使行政人员的执法行为规范化、法制化。

(2)健全行政伦理监督体制。应该建立专门的监督机构,对行政人员的行政行为进行严格的监督,发现不合法的、侵害群众利益的行为要严惩不贷。同时,发挥新闻媒介的监督作用,对于行政人员的道德失范现象,要及时揭露,促使行政人员廉洁奉公,全心全意为人民服务。

(3)提高行政人员的伦理道德素质。行政人员伦理道德素质的高低直接影响了行政行为的效果,以及社会公众对政府的信任度。因此,要大力加强对行政人员的伦理道德建设,强化依法行政的思想。各部门组织要结合部门需要和实际情况,开展多样化、有成效的教育培训,提高行政人员的自律能力和法治思想,时刻捍卫公共利益。

案例思考

1. 在拆迁过程中,行政人员为何会陷入行政伦理困境?有何影响?
2. 结合所学知识,分析如何通过加强行政人员的行政伦理建设,最大限度地减少行政执法中的官民冲突?

(撰写者:李洽淦)

案例 4-4 河南省打响治理煤炭领域的腐败战役

2011 年 4 月 15 日,河南省专门召开全省煤炭领域腐败问题专项治理工作会议,打响"治理煤炭领域腐败"战役。河南省纪委常委张战伟在通报了 2009 年 9 月至 2010 年 6 月我省先后发生的三起煤矿特别重大责任事故后,总结了这些案例背后的四大特征。

行政管理案例分析

入股煤矿：国家工作人员充当不法矿主的"保护伞"

近年来，河南省先后两次清理纠正国家工作人员和国有企业负责人投资入股煤矿工作，但仍有个别领导干部顶风违纪、拒不撤资，或暗中投资煤矿。在对一起重大事故的调查中，纪检监察机关调查发现，该市职能部门7名领导同志在该矿投资入股，投资了900万元，个人最高投资了200万元！这些投资入股煤矿的，有的直接以个人名义投资入股；有的利用配偶、子女或亲友的名义入股；有的以本人名义，但由他人出资的形式入股；有的利用职权直接入干股。这些"权利股"在工商部门不登记，在公司章程中不显示，没有书面协议，多是煤矿主与入股人的口头约定，反调查能力极强。

行贿受贿：一矿长先后向8名领导行贿133万元

2004年开始，新华四矿矿长李新军多次向时任省国土厅分管领导和业务处室负责人行贿。省国土厅原副厅长张和儒先后收取矿主60万元。省国土厅为其违规办理了资源开发利用方案。同时，李新军为获取不法利益千方百计打通"关节"，多次向平顶山市国土资源部门负责人和中平能化相关部门负责人行贿送礼。平顶山市国土资源局原局长李广等人收钱收物后对新华四矿违法办理扩大资源大开绿灯，中平能化集团有关部门积极认可。

为寻求更直接的"保护伞"，新华四矿实际控制人张培举和名义矿主李新军把目标盯上新华区委书记，该区原区委书记杜欣接受张培举贿赂5万元，杜欣的继任者柳玉君收到李新军8万元后，亲自带着李新军到中平能化集团为其协调转让煤矿资源问题。

从2005年到案发，李新军先后向有关部门8名领导行贿133万元。

收钱创收：执法部门与不法矿主结成利益共同体

新华区煤炭局对新华四矿组织复工验收时，组织复工的验收人员每人收受了矿主的500块钱，使该矿在不符合条件的情况下通过复审（新华区副区长齐同燕和新华区煤炭工业局局长康双义因玩忽职守分别被判处有期徒刑）。2007年，新华区煤炭局对新华四矿罚款69.2万元，罚款理由各种各样，但对煤矿火层基改、违规生产等重大安全隐患只字未提。

2009年5月1日，伊川县国民煤业有限公司发生2人死亡事故，矿主王国政因事先瞒报被批捕。看守所医生、民警收受王的家人贿赂，为王提供与外界通话等便利，某检察院故意并将其高血压三级等同于高血压三期，为其办理了取保候审,违规收取20万元,以个人名义存入银行。在审判过程中,伊川县法院时任院长张国庆收受王国政贿赂16万元,时任刑事庭庭长董振亭索贿20万元,致使王被从轻判处有期徒刑一年,缓刑一年。在监管期间,辖区民警又玩忽职守,王国政脱离监管继续组织煤矿违法违规生产,最终导致"3·31"特别重大突发事故。

阳奉阴违:包矿等制度形同虚设

新华四矿、"6·21"事故煤矿历经多次转手买卖,实际控制人多次变更,性质也由集体性质变成私营企业。当地煤炭管理部门明知其未办理工商变更登记,却予以默认,致使煤矿长期组织非法生产,大肆盗采煤炭资源。

包矿制度在新华四矿、"6·21"事故煤矿形同虚设。就连新华四矿实际控制人张培举也说:"矿井旁煤堆成山,难道驻矿员就看不到吗?"

"6·21"事故前,该市政府要求对该煤矿采取断电措施,市发改委未及时下发断电通知,市电力局虽然参加了会议,但声称没有收到发改委的直接通知,没立即采取断电措施,致使煤矿矿主继续违法生产,三天后发生了特别重大事故。

(案例来源:《大河报》2011年4月16日,引用时有删减调整。)

【解　读】

改革开放以来,我国的经济高速发展,人民的生活水平得到了极大的改善和提高,同时也出现了一系列严重的社会问题。行政腐败就是十分突出的一个。有些行政人员由于受到商业社会的价值观侵蚀,无视社会公共利益,不断越过法律界限,利用手中的公共权力为自己或自己的小团体牟取私利。

腐败,已经成为社会和谐发展的一颗毒瘤。不彻底根治腐败,将会动摇政府的执政根基,失去社会大众对政府的信心。案例中,河南省政府在煤矿领域积极开展反腐行动,勒令贪污官员主动"自首",目的就是使行政人员能够清楚地认识到自身的职责,合法地行使权力为社会造福,为大众服务,而不是千方百计以权谋私,进行权钱交易,还煤矿行业一片清净明亮的天空。

防治腐败已经成为国家和政府面临的重大问题。行政腐败的滋生和盛行,有很大原因是因为行政伦理体制的不健全和行政人员的行政人格缺陷。以行政伦理为分析视角,行政腐败的产生原因如下:

第一,法律法规不健全,监督制约力度不足。我国正处于深刻的社会变革期,适应行政执法需要的行政伦理监督体系还没有完善。现有的法律法规在监督行政机关及其行政人员执法行为方面明显存在缺陷,给予行政人员过宽的执法处理空间,由此获得了腐败贪污的机会。再则,监督制约乏力。人大监督形同虚设,监督机关的监督权没有充分发挥出来,社会监督效益差。对行政权力的监督制约建设滞后,至今还没有出台一部关于行政人员的"伦理道德法",没有对行政人员的执法行为起到指示惩戒作用。

第二,行政人员职业道德的缺失。法律赋予行政人员以公共权力,相应地赋予行政人员维护社会公共利益的义务。行政人员在行政执法过程中必须拥有良好的职业道德,树立正确的权力价值观,才能合法合理地行使公共权力。但现实中,有些行政人员职业素养低,缺乏正义的伦理道德观,抵挡不住经济诱惑,个人利益凌驾于公共利益之上,把公共权力当作个人资本为己谋私,完全不顾自己身上的"公共人"色彩,腐败也就应运而生。

第三,道德规范约束不力。改革开放以来,西方世界腐朽的极端个人主义、拜金主义和享乐主义不断冲击着我国的行政伦理环境,再加上传统行政文化中"官本位"思想的影响,导致社会道德约束力下降。这些都会扭曲行政人员的权力价值观,弱化其"公共人"色彩,屡屡发生贪污腐败,而现有的道德规范体系根本就无力制约改变这种现象。

【启 示】

腐败现象侵害了社会公共利益,削弱了政府的公信力,不利于社会的和谐发展。因此,必须从现有的行政伦理体制革新和行政人员伦理道德建设入手,大力推进防治腐败工作。

就行政伦理体制革新而言,一方面要加强伦理法制建设。公共权力是社会大众赋予行政人员的,其最终目的就是捍卫社会公共利益。行政人员必须在法定范围内合理地行使权力。同时必须推进伦理道德的法制建设,以法律作为后盾,对公共权力进行监督和约束,防止权力异化。另一方面,要完善行政伦理激励机制。建立行政人员日常道德考核机制,将行政人员的行政行为作为考核的重要指标。对于滥用私权、违法违规的行政人员要严惩不贷,绝不姑息;奉公守法的行政人员则要宣扬表彰,提高其经济收入。双管齐下,以此来激励行政人员的伦理道德自律。

就行政人员伦理道德建设而言,第一,健全行政人员廉洁自律机制。加强对行政人员的伦理道德教育,提高他们依法行政的法制意识,使社会主义行政伦理规范内化为行政人员在行政实践中的指导标准,促进行政人员不断进行伦理道德自律,树立全心全意为人民服务的思想。此外,行政人员应该强化接受社会监督的意识,自觉接受行政监督,使行政工作更富有效率。第二,培养行政人员独立的行政伦理人格。行政人员要恪守"公共人"的角色本分,坚持公平正义,在法定范围内合理地行使公共权力,在行政实践中形成独立的伦理人格。要加强伦理学习,提高道德修养,树立正确的伦理观,使得自身的政治素质、法制意识得到升华。

案例思考

1. 从行政伦理的视角,分析改革开放以来我国政府官员腐败频发的原因是什么?

2. 联系实际,分析如何通过强化行政人员的伦理建设来治理腐败?这种治理路径有何特色和优势?

(撰写者:李洽淦)

案例4-5 58岁交警查处人货混装车 被民工打倒在地仍敬礼

58岁老交警查处人货混装

2012年3月10日清早,江西省贵溪市中心广场车水马龙。童样华一边打手势,一边用高音喇叭、吹哨子提醒过往车辆行人注意安全。童样华是贵溪市公安局交警大队城区中队的一名民警,现年58岁。

童样华回忆说,那天7时40分左右,一辆中型货车从桥头快速向广场驶来。这辆货车驾驶室坐满了人,后车厢还露出很多人头。童样华立即上前指挥货车停下,上前敬礼,要求司机出示驾驶证和车辆行驶证。司机并没有理会他,只是一直打电话。他又一次敬礼,再敬礼。看到他多次敬礼,司机称没有带"两证"。

童样华随即来到车厢后面,发现车厢被人用绳子死死地绑住。他解开绳子打开车厢,发现车厢内密密麻麻站着的全是戴着安全帽的民工,里面还有不少施工工具。童样华意识到问题的严重性,叫民工们先下车。童样华一数才发现,在这个狭小的车厢内居然站着35名民工!

为了彻底消除人货混装的严重隐患,他随后对司机进行了安全教育,并准备依法扣押该车。

半躺在地上还不停地敬礼

据了解,工头看到他坚持原则,大喝一声"打"。几名民工拿着扳手等对着他就捅,拳打脚踢将其打倒在地,并抢走执法记录仪等执勤装备。将童样华打倒在地后,工头大喊一声"走",一边指挥民工上车,一边指挥司机准备将车开走。

然而,瘦小的童样华忍住疼痛,在同事的搀扶下来到车前。他一只手撑着被打得疼痛的腰,另一只手又一次敬起了礼!

看到童样华文明执法被打,同事及围观者都义愤填膺,围上来跟打人者理论。童样华用手示意并叫大家不要冲动!支撑了两分钟,童样华就站不住了。但司机还没有熄火的意思,童样华只好半躺在地上,执着地不停地给司机敬礼。

这时,特警巡警到达现场,货车和部分嫌疑人被控制住了。

老交警是全省优秀警察

童样华被及时抬上救护车,送到医院治疗。25日,贵溪市公安局透露,涉嫌暴力阻碍公务的4名犯罪嫌疑人已被刑事拘留。

童样华受伤住院后,单位同事、亲友以及许多网友、市民都自发前往医院或打电话、发短信对他表示慰问,让他安心养伤。"这其实没什么,我只是做到一个人民警察该做的。"童样华说。据了解,童样华23年始终坚持在交管一线,一直是贵溪交警系统的文明执法标兵。去年8月,为纠正一起严重违章,他连续给当事人敬礼20个,最终感化当事人,创下23年查处交通违法无一次差错的成绩。2011年,他被省公安厅评为"全省优秀人民警察"。就在10天前,童样华被选为2011年度"感动贵溪十佳新人新事"人物。

(案例来源:《江西日报》2012年4月26日,引用时有删减调整。)

【解　读】

行政伦理是现代行政管理研究的重要组成部分,是行政人员在具体的行政实践活动过程中所表现出来的社会化角色伦理关系,关系到行政人员在行政过程中的价值方式和行为倾向。案例中,交警童样华忠于职守,即使被殴打还是不停断地向民工们敬礼,希望他们能终止违法行为。其中显现的行政伦理素质感人肺腑,更重要的是他的行政作风更是让人敬佩不已。

行政作风,是行政人员在行政实践过程中形成的对行政客体的态度和方式,体现在具体的行政行为上,是看得见感受得到的。行政作风作为行政伦理的重要组成结构,影响着行政伦理体制的建设与完善。行政作风不是一朝一夕形成,它是行政人员在长期的行政实践活动中经过伦理升华、方式转变形成,并且受到时代背景下行政文化的影响。行政人员的行政实践活动是行政作风形成的基本方式,而行政组织的制度安排、行政环境的运行和行政文化的制约影响则是行政作风形成的客观因素。行政人员的道德素质高低,也直接影响行政作风的形成。

既然行政作风是在日常的行政实践过程中形成的,那评价行政作风是否良好,就直接取决于行政人员与人民群众的关系。行政人员与群众关系和谐,群众爱戴行政人员,就可说明行政人员的行政作风良好;反之,行政人员与群众经常产生利益冲突,甚至暴力行为,行政作风势必败坏。良好的行政作风会大大改善和促进政府与群众的关系;不良的行政作风则会败坏政府形象,降低群众对政府的公信力。行政作风强调的是行政主体作用于客体的习惯性表现,即行政人员服务于社会群众所表现出来的态度、方式和技能,直接反映了政府的行政形象和执政能力,影响了政府与社会群众的关系,同时也影响国家的路线、方针、政策的落实,还会对社会的稳定和经济的发展产生重要的反作用。

交警童样华良好的行政作风大大提高了社会对政府的信任度,提高了政府的美誉度,所以他的作风精神值得学习和发扬。每个行政人员要把实现公共利益作为日常行为准则并以之指导自己的行为,自觉深刻认清"公共人"的角色定位,把我国所倡导的密切联系人民群众、执政为民、严肃认真、讲求效率以及廉政自律的行政作风融入行政实践活动中去。

【启 示】

对于人民群众而言,自然期待政府及其行政人员在行使公共权力时能做到公平、公正、公开,维护社会公共利益。但不可否认的是,在现实生活中,有些行政人员没有忠实地履行自己的责任,偏离了社会大众所期待的良好行政作风。所以必须从制度上促进行政人员的行政作风建设。

(1)加强行政人员的思想政治教育,提升伦理道德素质。要对行政人员进行全方位的思想教育和改造,各单位部门根据实际需要,开展形式多样的培训活动,包括社会主义政治教育、社会主义价值观培养以及法治观形成。使社会主义伦理道德能深入每个行政人员的心里,并能在行政实践活动中得到切实的贯彻和体现,维护社会的公共利益。

(2)健全规章制度,规范权力运行,加强监督教育,防止不正之风滋生。要坚持依法治国的基本方针,健全相关监督的法律法规,完善监督机构的建设,同时要重视群众监督和媒体舆论监督的作用。多管齐下,促使行政人员能保持良好的行政作风,合法地运行公共权力。

(3)引入竞争机制,做好激励工作。精神激励和物质激励要相互结合,双管齐下。对于思想觉悟高、工作突出、作风正派的行政人员要大力表彰和重用,宣扬他们的先进事迹,突出正面形象,以期在行政组织内起到典型模范作用。精神激励的同时,应给予行政人员一定的经济奖励,增加其工作动力。积极建设清正高效的行政环境,营造勤政廉政的行政作风,不给腐败分子提供权钱交易的空间。

(4)加大惩治力度,克服腐败的行政作风。要坚决打击腐败的行政人员,使他们受到法律的严厉制裁,充分发挥群众的监督作用,保障群众的知情权和监督权。要重点解决行政权力过于集中的问题,进行适当的分权措施,明确每个行政人员的权力行使范围,知晓行政权力行使的程序,限制行政权力行使的随意性,从而从根源上扭转腐败的行政作风。

案例思考

1. 行政作风与行政伦理有什么联系?行政作风对政府执政的影响有哪些?
2. 在当前的行政体制下,你认为政府应该采取哪些措施加强行政人员的行政作风建设?

(撰写者:李洽淦)

第五章 人事行政

【学习要求】

通过对人事行政相关内容的学习,理解人事行政的内涵、人事行政的基本内容,掌握我国公务员管理制度的特点、内容及其管理体系。通过对相关案例的分析和解读,提高运用人事行政相关理论分析问题和解决问题的能力。

【导入案例】

广汉首办普通干部双选会 公安局9职位参选

4月8日,广汉市2012年春季公开遴选、团聚兴业、引才兴市双向选择会上,广汉市委、市政府及各乡镇、局办等部门共拿出123个职位和岗位,当天共有173名来自广汉市域内外的普通干部报名双选,接受现场咨询500余人次。其中,公开遴选87人、团聚兴业51人、引才兴市35人。

会场内,广汉市各参与选择的单位都将需要的职位名称、基本条件等一一罗列出来。市委办3名、市政府办2名、市纪委2名、市委宣传部6名、市发改局4名……记者看到,广汉市各部门几乎都拿出公务员、事业人员或工勤人员等职位,参与双向选择会。据介绍,这是广汉首次举行普通干部双选会。123个职位和岗位中,公务员职位36个,参公单位职位18个,事业单位岗位57个,机关工勤岗位12个。

"今后我们每年都要举行春秋两季双选会,为普通干部有序流动提供更多机会。"广汉市委组织部有关人士介绍,广汉"普通干部双向选择"将固定下来,形成长效机制,通过"公开遴选、团聚兴业、引才兴市"三大计划,让干部留得住,把有利于事业发展的人才吸引进来,不断拓宽人才补充渠道。

(案例来源:《四川日报》2012年4月9日,引用时有删减调整。)

阅读提示

1. 案例体现了我国公务员管理中的哪些基本原则?
2. 我国公务员的流动途径有哪些?如何实现公务员在系统内的合理与有序流动?
3. "干部双选"的优点和特点是什么?哪些方面还需要改善和提升?

理论概要

一、人事行政的特点和内容

（一）概　念

人事行政是指国家行政机关借助一系列法规制度和措施,运用各种管理手段对公共行政人员所进行的制度化和法治化管理。人事行政的管理对象是行政人员,管理主体是行政机关、管理原则是以国家权力为后盾,以法律法规为依据。人事行政是国家行政管理的核心内容,是保证国家机器正常运转和社会生活秩序稳定的重要条件。

（二）人事行政的显著特点

（1）主体的权威性。人事行政的管理主体是根据国家法律法规确认的具有管理权力的具有权威性和严肃性的国家人事机构。人事行政的管理权力来源于国家法律和国家行政机关的授予,是国家行政权的一部分,管理主体是代表国家及行政机关对行政机关的公务员实施的一种管理活动。主管机关在实施管理中,事实上是在行使国家权力,因此具有高度的权威性、约束力、和严肃性。管理主体和对象之间是不对等的。人事行政主管机关和公务员之间建立了权利义务关系后,公务员必须要服从主管机关的管理。

(2)管理内容的复杂性。一方面,政府组织是一个纵横交错、层级节制的、网络化的科层组织结构,其内部各职能部门主管的内容涉及政治、经济、文化、教育、科学、卫生等事业;另一方面,庞大的政府机构人员的管理活动也是极为复杂的系统工程。该系统涉及:人事规划、职位分类、人员录用、职务任免、人事考核、职务升降、人员培训、奖励与惩罚、交流与回避、辞职与辞退、退职与退休、权利与义务、申诉与控告等内容。总之,人事行政是一项复杂的系统工程,需要我们认真研究,找出规律,促进人事行政管理科学化。

(3)管理活动的公共性和科学性。人事行政是统治阶级专门设立的拥有人事管理权力的人事行政机关通过协调人与事、人与人、人与组织、人与环境之间的关系等手段,来实现其政治、经济目标社会目标。在我国,国家的一切权力来源于人民,全国人民代表大会和地方各级人民代表大会代表人民行使国家权力。而国家的人事管理同样是为了更好、更有效地实现人民主权。其目的是通过调动各部门工作人员的积极性,不断提高专业化水平和行政效率和效益,实现公务员个人和集体利益的统一,进而为社会提供更好的公共物品和公共服务,更好地服务于人民。为此,我们必须要探索人事行政的内在的客观规律性,科学地进行人事行政活动。

总之,人事行政作为国家行政管理的重要内容,一方面具有政治性(为统治阶级服务),另一方面又具有科学性(即自身内在规律性)。因此,要合理选拔人才,正确培养和使用人才,不断提高行政管理效率,使人事行政逐步实现科学化、现代化、法制化。

(三)人事行政的主要内容

人事行政的内容主要是指公务员主管机关依法对公务员的职位分类、招录、任用、考核、奖惩、培训、工资福利、退职退休等方面的管理活动。公务员制度就是针对公务员管理各项内容而作出的具体规范。

(1)职位分类。《公务员法》规定,我国实行公务员职位分类制度。公务员职位划分为综合管理类、专业技术类和行政执法类等类别。国务院对于具有职位特殊性,需要单独管理的,可以增设其他职位类别。国家根据公务员职位类别设置公务员职务序列。公务员职务分为领导职务和非领导职务。领导职务层次分为：国家级正职、国家级副职、省部级正职、省部级副职、厅局级正职、厅局级副职、县处级正职、县处级副职、乡科级正职、乡科级副职。非领导职务层次在厅局级以下设置。综合管理类的非领导职务分为：巡视员、副巡视员、调研员、副调研员、主任科员、副主任科员、科员、办事员。公务员的职务应当对应相应的级别。公务员的级别根据所任职务及其德才表现、工作实绩和资历确定。公务员在同一职务上，可以按照国家规定晋升级别。国家根据人民警察以及海关、驻外外交机构公务员的工作特点，设置与其职务相对应的衔级。

（2）公务员的录用。指国家有关机关按照法定的程序和方法，录用担任主任科员以下及其他相当职务层次的非领导职务公务员的行为。我国《公务员法》规定：中央机关及其直属机构公务员的录用，由中央公务员主管部门负责组织。地方各级机关公务员的录用，由省级公务员主管部门负责组织，必要时省级公务员主管部门可以授权设区的市级公务员主管部门组织。公务员录用采取公开考试、严格考察、平等竞争、择优录取的办法。录用公务员，应当发布招考公告。招考公告应当载明招考的职位、名额、报考资格条件、报考需要提交的申请材料以及其他报考须知事项。另外，还需严格审查报考者提交的申请材料，对合格者采取笔试和面试的方式进行考查、体检、公示、审批、备案、试用等。

（3）考核。指有关机关按照管理权限，全面考核公务员的德、能、勤、绩、廉，重点考核工作实绩。公务员的考核分为平时考核和定期考核。定期考核以平时考核为基础。对非领导成员公务员的定期考核采取年度考核的方式，先由个人按照职位职责和有关要求进行总结，主管领导在听取群众意见后，提出考核等次建议，由本机关负责人或者授权的考核委员会确定考核等次。定期考核的结果分为优秀、称职、基本称职和不称职四个等次。对领导成员的定期考核，由主管机关按照有关规定办理。定期考核的结果作为调整公务员职务、级别、工资以及公务员奖励、培训、辞退的依据。

（4）奖励。指有关机关依照法律或相关规定，对工作表现突出，有显著成绩和贡献，或者有其他突出事迹的公务员或者公务员集体，给予奖励。奖励坚持精神奖励与物质奖励相结合、以精神奖励为主的原则。相反，惩戒是指有关机关对公务员违法违纪行为所实施的处分。处分分为：警告、记过、记大过、降级、撤职、开除。

（5）职务任免。是指对公务员任职和免职的合称。我国《公务员法》规定公务员职务实行选任制和委任制。选任制公务员是指通过民主选举的办法产生任用人选,在选举结果生效时即任当选职务;任期届满不再连任,或者任期内辞职、被罢免、被撤职的,其所任职务即终止。委任制公务员是指由任免机关在其任免权限内,委派指定的工作人员担任某一职务,委任制遇有试用期满考核合格、职务发生变化、不再担任公务员职务以及其他情形需要任免职务的,应当按照管理权限和规定的程序任免其职务。公务员任职必须在规定的编制限额和职数内进行,并有相应的职位空缺。

(6) 公务员培训。机关根据公务员工作职责的要求和提高公务员素质的需要,对公务员进行分级分类培训。机关对新录用人员应当在试用期内进行初任培训;对晋升领导职务的公务员应当在任职前或者任职后一年内进行任职培训;对从事专项工作的公务员应当进行专门业务培训;对全体公务员应当进行更新知识、提高工作能力的在职培训,其中对担任专业技术职务的公务员,应当按照专业技术人员继续教育的要求,进行专业技术培训。

(7) 交流与回避。是指机关根据工作的需要和公务员个人的需要,在公务员队伍内部通过调任、转任和挂职锻炼等方式使公务员流动。交流也可以在国有企业事业单位、人民团体和群众团体中从事公务的人员之间进行。回避是为了保证公务员在执行涉及与自身利益相关的公务时,能够依法行使职权,公正执法的限制性规定。主要有任职回避、公务回避和地域回避三种。

(8) 公务员的薪酬管理。主要是对公务员的工资、福利、保险的管理。我国公务员实行国家统一的职务与级别相结合的工资制度。公务员工资制度贯彻按劳分配的原则,体现工作职责、工作能力、工作实绩、资历等因素,保持不同职务、级别之间的合理工资差距。公务员按照国家规定享受福利待遇。国家根据经济社会发展水平提高公务员的福利待遇。国家建立公务员保险制度,保障公务员在退休、患病、工伤、生育、失业等情况下获得帮助和补偿。

(9) 辞职、辞退、退休。是公务员系统的"出口",也是保证公务员系统不断更新优化的路径。公务员辞去公职,应当向任免机关提出书面申请。任免机关应当自接到申请之日起三十日内予以审批,其中对领导成员辞去公职的申请,应当自接到申请之日起九十日内予以审批。公务员辞退是,有关机关通过法定的程序解除公务员职务关系的行政行为。辞退决定应当以书面形式通知被辞退的公务员。被辞退的公务员,可以领取辞退费或者根据国家有关规定享受失业保险。公务员达到国家规定的退休年龄或者完全丧失工作能力的,应当退休。

(10) 职位聘任。指机关和所聘任公务员,按照平等自愿、协商一致的原则,签订书面的聘任合同,确定机关与所聘公务员双方的权利、义务的一种任职方式。聘任合同经双方协商一致可以变更或者解除。机关根据工作需要,经省级以上公务员主管部门批准,可以对专业性较强的职位和辅助性职位实行聘任制。机关聘任公务员可以参照公务员考试录用的程序进行公开招聘,也可以从符合条件的人员中直接选聘。机关聘任公务员应当在规定的编制限额和工资经费限额内进行。

二、我国公务员制度

(一) 我国公务员制度的建立

国家公务员制度是国家人事行政管理领域里的最典型的制度之一。它是指依靠立法和规章规制的手段,以功绩制为中心原则,以官员稳定性、连续性和职业化为目标,通过专门的人事管理机构,对规定范围内的公务员的获得、任用、晋升、工作福利、考核激励、纪律惩戒的方面进行管理而逐步形成和确立的人事管理制度。

公务员制度最先产生于英国,而我国的公务员制度是在改革传统的干部人事制度和借鉴西方国家公务员制度的合理经验基础上,结合我国的政治体制、经济体制、文化体制等方面的要求,为促进我国改革开放,适应经济、社会、文化发展而建立起来的人事行政制度。

我国传统的干部人事制度是在革命战争时期干部制度基础上逐步建立和发展起来的,为巩固人民政权、恢复国民经济、建设社会主义起到了积极的作用,同时,管理权限过分集中,法律法规不健全,不适应经济、社会的新发展等问题突出。党的十一届三中全会后,我国开始着手改革传统的干部人事制度。

1980年,邓小平提出"坚决解放思想克服重重障碍,打破老框框,勇于改革不合时宜的组织制度、人事制度"的号召。在党中央的领导下,在邓小平改革干部人事制度的系列思想指导下,我国对干部人事制度进行了大量的探索。从1984年开始着手起草《国家公务员法》到1988年4月《国家公务员暂行条例》基本形成;1988年到1991年开始在国务院六个部门进行试点,后逐步推广;1993年8月14日,《国家公务员暂行条例》正式颁布,同年10月1日起生效;后经过不断的改革和完善干部人事制度,2002年党的十六大提出,健全公务员制度,直到2005年4月27日第十届全国人大常委会第十五次会议审议通过了《中华人民共和国公务员法》,于2006年1月1日起生效。《公务员法》的颁布和实施标志着我国的人事行政管理走向了制度化、法制化、科学民主化。

(二)我国公务员制度的特点

尽管借鉴了西方公务员制度的合理性,我国的公务员制度仍基于本国的政治制度等国情,而具有独特性,我国公务员制度的特点主要是:

不搞"政治中立",坚持党管干部的原则。中国实行的基本政治制度是共产党领导的多党合作和政治协商制度。中国共产党和各民主党派的关系是:长期共存、互相监督、肝胆相照、荣辱与共。中国共产党是执政党,各民主党派都是参政党,在重大国家事务上,共产党与各民主党派平等协商,不存在政党斗争,不必像西方多党制国家那样严格要求公务员保持"政治中立"。在中国,公务员执行公务活动的过程中,要认真执行中国共产党的路线、方针、政策,在思想上和政治上必须要与党中央保持高度的一致,自觉接受党的监督和领导,坚持和落实党管干部的原则。

分类管理和统一领导相结合。我国公务员不区分政务官和事务官,而是实行分类管理和统一领导相结合的制度。按照《公务员法》的规定,我国的公务员进行职位分类,又进行职务分类。职位分类是根据职务的性质、特点和管理需要,将公务员划分为综合管理类、专业技术类和行政执法类。同时,公务员职务又分为领导职务和非领导职务,职务层次从上到下形成十二个级别,分选任制、委任制和聘任制三种不同的任用方式。所有公务员都是人民的公务员,既要懂政治,又得懂业务,不论哪个部门,哪个职务,其本质性质都是为人民服务,对人民负责,接受人民监督。领导职务和非领导职务之间可以相互贯通,通过调任和转任等方式实现流动。

我国公务员的范围不仅限于担任政府职务的国家工作人员。我国的《公务员法》明确规定:本法所指公务员是指依法履行公职,纳入国家行政编制、由国家财政负担工资福利的工作人员。也就是说我国的公务员必须要同时满足三个基本条件:一是职能标准,依法履行公职;二是编制标准,严格执行国家行政编制限额;三是经费标准,公务员的工资、福利、保险都必须由国家财政负担。根据这三个标准,中国的公务员除了行政机关外,中国共产党机关、人大机关、政协机关、审判机关、检察机关、民主党派机关的工作人员也纳入公务员队伍。因此,我国公务员的范围就界定在这七类机关的工作人员。

全心全意为人民服务的宗旨。中国共产党的根本宗旨就是全心全意为人民服务,中国的公务员必须接受党的领导,全心全意为人民服务,廉洁奉公,做人民的公仆,不允许有自己的特权,更不允许滥用职权、以权谋私。

三、我国公务员的管理体系

公务员管理体系是指公务员管理原则,公务员管理机构设置,公务员管理权力配置,以及由此形成的公务员管理系统。管理原则是指,根据法律规定以及实际管理过程中的需要,管理公务员所必须要遵守的方式和准则。

(一)我国公务员管理遵循的基本原则

1. 指导思想和政治原则

公务员制度要坚持马克思列宁主义、毛泽东思想、邓小平理论和"三个代表"重要思想为指导,贯彻社会主义初级阶段的基本路线,贯彻中国共产党的干部路线和方针,坚持党管干部的原则。

2. 公开、平等、竞争、择优、德才兼备的原则

各级政府机关在对公务员进行管理过程中的每一个环节都必须要坚持公开平等竞争择优的原则。公务员的录用,必须要面向社会、公开考试、严格考核,择优录取。拟录用人员的资格条件和录用的程序方法,都必须向社会公开。公务员的考核、培训、奖惩、职务升降、流动等都要透明公开。凡是符合法律规定的资格条件的公民,均有平等的权利和同等的机会,不得因民族、宗教、性别等方面不同而受到歧视或享有特权。公务员的录用、晋升、考核、培训等都必须坚持德才兼备的标准,将公平竞争、择优录取的办法体现在管理的每一个环节。

3. 分类管理原则

我国《公务员法》第十四条规定,公务员职位类别按照公务员职位的性质、特点和管理需要划分为综合管理类、专业技术类和行政执法类等类别。国务院根据本法,对于具有职位特殊性,需要单独管理的,可以增设其他职位类别。各职位类别的适用范围由国家另行规定。同时对公务员职位进行分类,分为领导职务和非领导职务。

4. 监督约束与激励保障并重原则

作为执行公务、履行公职的公务员,代表国家行使公共权力,但是公务员不

能将国家赋予的公权力作为自己的私权来使用。因此必须要加强对公务员的监督和约束,明确公务员的职责,规范其行为,严格惩处违法违纪行为。同时,也要加强公务员的激励和保障工作,明确规定其享有的各项权利,保障其合法权利不受损害,对其执行公务的行为予以法律保护;建立健全激励机制,给予物质和精神两方面的激励,目的是要鼓励其积极上进,提高工作效率,提升服务水平。

(二)管理机构和职能

公务员管理机构是指,根据管理公务员事务的需要,代表国家或政府依法对公务员的录用、考核、晋升、工资、退休等实施管理的组织,是对承担公务员管理事务机构的统称。其组织形式,从横向来看,可分为两类,一是各级人民政府设立的综合性的公务员管理机构,一类是各级人民政府的各工作部门设立的执行性的公务员管理机构。从纵向上来看,也可分为两类,一类是中央人民政府设立的公务员管理机构和国务院各部门设立的公务员管理机构,另一类是地方人民政府设立的公务员管理机构等。

公务员管理机构的职能就是代表国家或政府行使管理公务员的权力,其作用是通过对公务员事务的具体管理,促进和加强政府机关及公务员队伍自身的建设,实现政府的行政目标。公务员管理机构的主要职能是:制定公务员管理规范;对同级政府各部门的人事机构和下级人事部门进行业务指导;对某些管理事务进行跨部门、跨地区的组织协调;根据管理权限的划分,综合管理机构行使审核、审批权;对公务员管理工作的实施和管理活动的开展进行监督。

[本理论概要主要参考:夏书章主编:《行政管理学》(第四版),高等教育出版社 2008 年版;苏放、王克良:《国家公务员制度》(第二版),中国人民大学出版社 2011 年版。]

案例分析

案例 5-1　福建屏南"萝卜招聘",两名局长被免职

为官员女儿"量身定做"招聘条件的福建屏南县财政局长和人事局长,今天双双被屏南县人大常委会免去局长职务。

此前,福建省宁德市屏南县人事局发布了"关于县收费票据管理所公开招聘工作人员的通知",其中提出的招聘要求为"普通高校全日制应届本科毕业

生,获得国外学士学位,国际会计专业,大学英语四级,屏南户籍,女,年龄25周岁以下"。这份通知强调,"若报名数等于计划数免于笔试,只进行面试与考核"。据媒体报道,此次招考只有一人报名,并因此未经考试被直接录取。社会舆论质疑此次招聘为"官二代""量身定做"。

经查,网上对这一岗位设置条件的反映情况属实,同时,屏南县也未按规定将招聘计划报经宁德市人事局核准,程序上明显违规。经研究决定:取消屏南县财政局下属的收费票据管理所今次招聘工作人员计划,已聘用人员取消聘用资格,并要求屏南县人事局、财政局对此事件认真吸取教训,做出深刻反省。屏南县纪委11月26日开始介入调查。先从县财政局入手,了解该局是如何提出用人要求的,为何此事没有经过局领导班子集体研究,为何要设置这样特殊的招聘条件,为何在招聘通知中没有标明招聘的职位;再了解县人事局是如何审核、把关的,为何没有按规定向市人事部门报备。

在媒体和社会的关注下,事件渐渐清晰。网上盛传被聘用者的父亲是屏南县原领导,现已调到宁德市任副厅级官员。媒体随后采访了该副厅级官员,他承认,其女今年从福建省内一所拥有中外合作办学资格的高校毕业,读的是国际会计专业,拥有国外学士学位。其妻子急于给女儿安排工作,便找了他原先在屏南县工作时的老部下帮忙。

(案例来源:《中国青年报》2011年1月1日,引用时有删减调整。)

【解 读】

"萝卜"招聘是一个形象的比喻,把招考职位比喻为一个坑,应考者喻为萝卜,指在我国公务员招考过程中,为特定的人员量身定制的招考条件,定向招录的现象。其最突出的特点就是通过特定条件,限制其他人的报名资格。同时,在报名、笔试和面试的某个或多个环节中进行"人为操作",以实现这个岗位对特定对象的"专一性"和对其他人的"排他性",是一种典型的就业腐败形式。

屏南县的"萝卜"招聘是最为典型的一个事例。

按照我国《公务员法》第11条的规定,我国公务员应当具备的基本条件,如对宪法的维护、良好的品行、身体条件等,第23条还规定:"报考公务员,除应当具备本法第11条规定的条件外,还应当具备省级以上公务员主管部门规定的拟任职所要求的资格条件。"这一规定,一方面是出于公务员具体招考部门的实际需求而定,另一方面也为某些公务员招考的主管部门留下了徇私的空间。屏南县就是利用了这一制度设置的空缺,违背了起码且是关键的起点公平原则。

按照规定,屏南县拟录用职位的确定必须要根据工作需要,经主管领导集体讨论决定后,取得一致意见才行,而且这一招考公示须经上级人事主管部门审核,核准批准后才能进行公示。该案例在发布招考公告的程序上也是违规操作,均由该县人事局长和财政局长一手操办,本质上是二人滥用手中掌握的"一把手"权力"照顾"领导女儿。这种现象在我国目前的招考过程中已是见怪不怪了,部分掌握公权力的官员利用自己手中的特权,名正言顺地安排子女进入自己所在的单位,或者通过其广阔的人脉关系安排子女进入其他好的单位并获得相应编制,充分利用"隐性"的特权和"潜规则",以多种方式帮助自己的子女发展。媒体曝光的已经不是少数,但这仅是冰山一角,隐藏在公众视野之外的各种就业腐败又有多少呢?简要剖析背后原因概括如下:

第一,目前我国的就业资源出现了结构性的相对短缺,供求已不能很好平衡,每年高校毕业大学生的就业状况非常不容乐观。公务员职位相对于社会其他岗位在经济收入、社会地位、社会福利保障方面具有非同一般的吸引力,再加上传统"官本位"思想的影响,竞争相当激烈,但是这一大队伍中,拥有丰富社会关系和社会背景资源的人的竞争力明显高于一般人。

第二,公务员录用不公平性现象的产生,与我国的历史文化紧密相关。我国有着五千多年的封建历史,封建思想根深蒂固,在政治上主要表现为血缘政治,正是由于这种血缘政治的延续,使我国公务员录用考试中"人情化问题"普遍存在。中国传统社会是一个"熟人社会",即人和人的权利和义务根据亲属关系来决定,导致在社会治理领域人情面子的泛滥弱化了"法制"的功能,以"关系"代替"规范","熟人面子"替代法律,社会正义和公正的天平屡屡在"人情"中发生倾斜,最终在公务员录用不断涌现官员腐败、权力寻租等。

第三,制度设置较为宏观,对于各部门具体职位的任职资格条件没有经过科学的岗位分析,并以岗位说明书等形式加以确定,而是由各用人单位自主确定。这样某些地方政府在公务员录用考试过程中对不同的报考人员就会实行不同的执行标准,这为一些考生在"拉关系、走后门"等违法行为上打开了方便之门。法定的程序和执行环节是制度有效实施的保障。各项招考制度在实施过程中必须要符合法律规定的程序,否则制度不能得到很好的落实。

第四,制度缺乏很好的执行和有力的监督。我国的考录制度的设计虽然有一定的漏洞,但是基本还是保证了公开公正和透明。设计好的制度如果不好好地落实就相当于没有制度,或者是在执行过程中缺乏严格的监督。"一种权力一旦失去监督与约束,其必然会走向腐化与堕落",这已经成为公认的定律。公务员考试应该在阳光下按照公开、公平、公正的原则运行,必然要有长期有效的监督机制。

【启　示】

就业本来是公民的合法权利,保障公民享有平等的就业权利是法律、法规的基本任务。近年来层出不穷的"萝卜招聘"事件,严重地违背了公务员录用所遵守的基本原则——公开、公正、竞争、择优的原则,是一种典型的就业腐败现象。

公平是调节人与人之间社会关系的一种价值标准,是利益关系的衡量尺度。就业腐败严重违背社会公平正义、扰乱社会秩序、损害政府的公信力和政府形象。因此,在公务员的招录过程中,必须要通过各种方式预防、整治"萝卜"招聘等就业腐败现象。

首先,要纠正党员干部的思想认识,强化其责任和义务意识。各机关干部手中掌握的权力是人民授予的,并且是为人民服务的,而不是用这一公共权力为己服务,获得个人利益的工具。通过加强政府机关干部的行政伦理建设,克服"人情化""面子化"问题,摒弃封建传统遗留的糟粕文化的影响。

其次,加强对公权力的监督。建立科学的监督体制,必须健全监督网络,疏通监督渠道,充分发挥社会群众的监督和舆论监督的作用。一方面,在组织、人事部门内部设立监督机构,强化自身内部监督;另一方面,在组织、人事部门之外设立专门的监督机构,独立行使监督权。以事前监督和事中监督为主,对行使权力的各机关部门要按照法定的程序严格审查,不要等出现了问题后,再来补救,因此必须要加大源头治理,缩小腐败滋生的空间。

最后,要严格问责制。公务员考试招考机关有责任代表国家选拔有能力为政府工作的人,也就是胜任行政管理服务的人。因此,公务员的招考具有很高的权威性和严肃性。在招考过程中,任何违法违纪的现象是对国家权威的挑战,一经查出必须严格追责、问责,严惩不贷。若是轻微的纪律处分,不足以显示其权威性。

总之,经过多年的探索,目前我国关于公务员考录的制度也相对成熟,但是对于制度的有力执行方面还有待改进。整治就业腐败,维护社会公平正义,必须要进一步完善公开招考制度,在程序和环节的设置上要更加科学严密,而且要确保现有的制度能够有效地执行。

案例思考

1. 结合案例,谈谈如何更加有效地坚持公务员招考过程中的公平公正原则?
2. 我国公务员录用组织过程中较为常见的突出问题有哪些?应如何去克服?

(撰写者:田艳珍)

案例5-2 丹阳:用绩效考核考评公务员

作为国家公务员局"钦点"的全国绩效考核唯一的县级试点,丹阳市早在2007年就与复旦大学公共绩效研究中心合作,在江苏省率先运用绩效管理信息化手段,对14个乡镇(区)领导班子和223名乡科级干部探索施行了绩效管理。为了切实提高政府行政效能,彻底打破干好干坏一个样的"大锅饭"现象,丹阳市又于去年在市级机关公务员中全面推行绩效考核,着力形成以目标管理为依托、以工作实绩为中心、以量化考核为手段的考核机制。

为了解决好"考什么"的问题,丹阳市采用分类管理办法,建立出一整套科学合理的绩效考核评价指标体系。从经济建设、社会事业、政治建设、辖区创新工作等层面制定乡镇的考核指标体系,乡镇领导干部个人的考核指标由乡镇的绩效指标分解而来。市级机关考核指标的设置则体现个人与部门建设相关联、由上到下"一级考一级"的原则。所在部门的考核得分,与公务员的绩效考核严格挂钩,在得分中占一定比重。

将绩效考核同日常工作紧密相连,实现过程考核是丹阳市的又一亮点。全年加强工作过程督导,通过周纪实、月小结、季督查、半年讲评、年终考核,实现干部实绩的过程管理。年终,由市委牵头,组织环保局、机关工委等各部门同志组成考核委员会,对各单位的相关工作进行考评。根据这样测算出来的综合指标,由市考核委员会按分排位次。同时,社会监督人员可根据权限在网上随时查看被评价部门、领导干部的工作和业绩记录等信息,通过评事、评成效来评班子、评干部。

丹阳市同时加大了对绩效考核结果的使用。除了对被考核主体实施激励措施外,还大力推行结果反馈制度。在激励措施上,重点实施"一公开、三挂钩",即考核结果公开,考核结果与绩效整改、选拔任用、绩效奖金挂钩。在反馈制度上,每名公务员根据反馈意见,制订绩效改进计划,主要内容包括:改进的方面和原因、改进的方法和措施、改进的目标和期限。

(案例来源:新华网,http://news.xinhuanet.com/politics/2012-01/30/c_122630126.htm,引用时有删减调整。)

【解　读】

公务员考核是指考核主体对考核对象在一定时期内履行岗位职责情况进行调查、核实、鉴别,并依据调查核实情况对考核对象进行评价和反馈的系列管理活动。有效的绩效考核必须要以科学的考核指标体系作为前提。作为县级试点市的江苏省丹阳市,经过几年的探索,已取得了一定的经验和成效,形成了以目标管理为依托,以工作实绩为中心,以量化考核为手段的考核机制。

首先,分级考核和指标量化体现考核的科学性和可操作性。考核指标是做好考核工作的前提条件,指标制定的科学和合理化程度直接影响到考核结果的准确性和全面性。我国的《公务员法》中明确规定:我国公务员考核内容包括德、能、勤、绩、廉五个方面,以工作实绩为考核重点。显然这样的规定过于笼统和抽象,这五个指标很难进行量化,缺乏实际操作性。丹阳市,对政府当前的经济建设、社会事业、政治建设等方面进行分析,明确各级政府的主要任务,然后进行分级、分类设置指标,并对各项指标进行权重,以定性和定量相结合的方式制定考核体系,指标体系的设置具有科学性。

其次,考核方法和主体从单一向多方面相结合发展。丹阳市的公务员考核逐渐由定性考核为主向定量考核发展,将考核内容量化,实行分级,使得各不同级别的部门考核内容加以区分,另外,把公务员个人的考核和部门考核结合在一起,把个人业绩和部门业绩严格挂钩,考核具有整体性,有利于部门内部形成强大的凝聚力和带动力。把绩效考核的日常工作和年终考核相结合,通过分阶段性的过程管理加强日常考核,实现考核的常态化;考核主体体现了多元参与的特点,不仅仅是传统的组织内部人员的考核,也引入了社会公众参与。

再次，考核手段注重发挥专家咨询机构的力量和现代科技的应用。任何人的知识结构都不可能无限的完整，因此聘请业务水平高、作风正派的专业人士参与评判，发挥专家智囊团的集体智慧，可保证考核的公平、公正和科学性。丹阳市与复旦大学公共绩效研究中心合作，运用绩效管理信息化手段，实施考核。这样，科技的应用使公务员绩效考核技术也得到了相应的改进，考核技术手段的日益现代化，既节省了考核成本，又缩短了考核时间；既提高了考核效率，又使得考核结果更加精确。

最后，考核结果反馈调节作用更加明显。丹阳市根据考核结果开展奖励、惩戒工作，考核结果的使用力度也在逐渐加大。而且，大力推进结果反馈制度，被考核的公务员可以根据反馈的意见，制订绩效改进计划，对下一步的工作方法和措施、工作目标和完成期限加以明确。这样在对公务员进行绩效考核工作的同时，促进了广大公务员之间互相竞争和不断进步局面的出现，并为政府及时地发现优秀人才，促进我国公务员后备干部队伍的建设，在整个公务员绩效管理工作等方面起到了良好的基础性作用。

总之，丹阳市的绩效考核体现了我国公务员的绩效考核方法的三个发展路径：从以前单一的定性考核向定性考核和定量考核相结合发展；从年终一次考核向平时考核与年终考核相结合发展；从单纯的领导考核向领导考核和群众考核相结合发展。

【启　示】

这一案例让我们深刻地认识到绩效考核指标体系的科学设置，日常的动态管理、有力的外部监督，以及考核结果的反馈应用是公务员绩效考核效度和信度的有力保障。因此，相关部门在提升对公务员绩效考核的效度时，可从以下几方面加以改进：

首先，要对考核对象进行分级分类，对应设置考核指标内容，根据不同部门、层级、职位、级别、工作性质等方面的特殊性，进行分级分类确定指标内容，然后要对指标量化，责任与具体工作量相吻合，明确考核内容、权重分值、设置依据、数据来源、评价标准等关键要素，使考核内容丰富充实，具有操作性和客观性。

其次，要将考核与日常动态管理相结合，实现考核的常态化，在各级各部门确定的总体目标的指导下，设定各级公务员的工作目标，或以时间为考核周期或以任务量完成状况进行分指标考核。

再次,要扩大外部考核,实现主体多元化,强化监督。除了要完善主管领导机关和领导的考核外,要引入多元主体参与考核,将公众满意度纳入考核体系。引入群众及服务对象的评价,真正把基层的评价、群众的呼声,作为评价机关工作质量的标准,增强考核评价的准确性,积极拓宽社会参与考核的渠道,使公务员随时接受社会监督。

最后,充分利用考核结果,反馈指导日常管理工作。考核结果能够为机关人事管理提供一个客观而公平的标准,依据考核的结果决定机关公务员的工资级别、晋升、奖惩、工资、福利等,实现科学的人事管理,提升日常管理水平。

总之,公务员的绩效考核要以科学的指标设置为前提,以广泛的社会参与和监督为保障,以动态化的目标管理为依托,以考核结果的反馈为激励,以加强公务员能力建设为目标。

案例思考

1. 科学的绩效考核指标体系如何建立,包含哪些核心内容?
2. 结合案例,分析当前我国公务员绩效考核存在哪些突出问题?应如何克服?

(撰写者:田艳珍)

案例 5-3 深圳启动公务员改革 近七成公务员将实行聘任制

2010年2月3日,深圳市人力资源和社会保障局公布了深圳市公务员分类管理制度改革内容,继大部制改革后,深圳市行政机关公务员分类管理改革迈进了"快车道"。其亮点呈现如下:

亮点一:实行职位分类和聘任制破解"天花板"问题

改革将把公务员原来"大一统"管理模式划分成综合管理类、行政执法类、专业技术类,69%的公务员将被划入行政执法类和专业技术类中,通过职位分类和聘任制的实施,部分公务员"官帽"将被摘掉。根据职位类别的不同,行政执法类和专业技术类建立了与行政职务级别脱钩的独立职务序列,公务员的待遇和晋升重点考虑其年资积累和工作业绩,聘任制公务员与行政系统之间的权利和义务关系是以合同加以确定,工资采用协议工资制的模式。公务员将实现"能进能出、能上能下",传统公务员的"铁饭碗"将变成"瓷饭碗",有效促进公务员的工作效率和积极性。独立的工资待遇和晋升渠道让长期困扰公务员的"天花板"问题得到破解。

亮点二:扩大公务员聘任制

改革的另外一个重点就是扩大公务员聘任制,按需实现公务员的动态流动,体现政府工作的灵活性和提升行政效益。据了解,深圳从2007年1月开始了公务员聘任制的试点工作,目前已基本建立了聘任制公务员管理制度体系,并招聘了两批共53名聘任制公务员。从2010年起,深圳决定扩大聘任制公务员招聘规模,在有行政编制空缺的前提下,争取每年补充1000名左右聘任制公务员。

亮点三:3月首次公开招聘,3年分步组织实施

据了解,3月深圳将组织今年第一次聘任制公务员公开招聘。下半年可能会再安排一次招考,年内安排不超过两次。另外,在今后几年内,分类管理的有关政策规定,包括行政执法类、专业技术类公务员管理办法、聘任制公务员管理办法等,将被列入考试内容,考生考上后将按报考职位明确的职务(职级)和薪级订立聘任合同。由于分类管理强调"各司其职",偏重职位管理,待遇以职级为唯一标准,不再以学历衡量。

分类管理将采取"制度先行、逐步推进"的办法,用3年时间(2010—2012),分步组织实施。随着分类管理制度的制定和首批行政执法和专业技术两类公务员职位的界定,下一步,深圳将全面启动套转行政执法类或专业技术类公务员职级工作,新进入行政执法类和专业技术类职位公务员实行聘任制。

(案例来源:《广州日报》2010年2月4日,引用时有删减调整。)

【解　读】

深圳市作为公务员制度改革的先行城市,自2007年作为公务员聘任制的试点城市之一,经过几年的探索,已经进入了改革的快速期。改革的重点是改革按照我国《公务员法》的规定将公务员分成综合管理类、行政执法类、专业技术类,把69%的公务员从事政策执行、一线执法、专业服务的公务员从综合管理类中划分出来,归为行政执法类和专业技术类。深圳公务员"聘任制"改革具有如下重要意义：

首先，实行分类管理有利于，优化公务员队伍，提升行政产品质量。经济社会的发展使得现在行政越来越复杂，这对公务员的素质的要求越来越高。在整个公务员系统中，从事专业技术类和行政执法类的公务员数量的比重较综合管理类公务员的比重大，这部分人的专业技术水平决定着行政产品的产出质量。深圳市的聘任制改革为公务员提供均等的竞争机会，提升公务员整体素质，进而提升行政系统的公务员的工作质量。

其次，有利于"破解天花板"问题，实现公务员系统按需流动，提升行政效益。深圳市的聘任制改革的公务员与行政系统之间的责任和义务是以聘任合同来确定的。而且一般的合同期限是3—5年，如果合同期满，不在适合担任公务员职务，可以根据合同的规定，结束双方的权利义务关系。这样一来，公务员系统可以按需实现动态流动，不断更新系统内部的血液，提高行政管理的效益。聘任制公务员的管理机制与委任制的管理师有区别的，聘任制公务员有着独立的晋升渠道和工资制度。深圳改革的做法是把按照职务分类，把职务分为领导职务和非领导职务，然后，明确规定行政执法类和专业技术类属于非领导职务。并设置了独立的晋升级别，晋升以公务员的工作业绩和技术条件为主要依据；与委任制公务员相比，聘任制公务员工资待遇采用的是协议工资制和独特的社会保障制度，这种差异可以对公务员本人既能起到正面的激励效应，也能起到反向的督促作用，提升行政效益。

最后，公开招聘广纳人才，分步实施的强示范效应。深圳市的公务员制度改革，在逐步探索的过程中，以制度为保障，稳步的前进，注重改革的步伐和节奏的控制，妥善协调各方利益，改革顺利进行，有很强的示范效应。从2010年到2012年三年时间之内分步实施。未来将对新进入的专业技术类和行政执法类公务员实行聘任制，而且，同样适用聘任制公务员级别晋升的管理办法。由试点考试到现在，通过聘任制进入公务员系统的公务员逐渐增大比重，预计今年将扩大聘任制的招考规模，而且将在深圳试行公开招聘的方式，并将职务分类等聘任制公务员管理的方式纳入考试内容范围，通过考试成绩择优录取，并确定职级和待遇。

【启　示】

通过分析深圳聘任制改革的做法和取得的成绩，我们可以发现聘任制较委任制的差别和优势。对我国公务员制度的改革有一定的参考和借鉴意义。

目前，我国公务员的任用以委任制为主。对委任制公务员只能依据公务员法进行管理，委任制公务员非因法定事由、法定程序不被免职、降职和辞退，保留公务员身份直至退休。这样，不但没有被淘汰被替换的危险，而且享受着无比优厚的福利保障，这种几乎无条件的超稳定状态常被比喻为"铁饭碗"，这不仅直接导致公务员的能进不能出，能上不能下，从而间接导致机构臃肿，人浮于事，鸡毛蒜皮，踢球扯皮，而且由于缺少危机感，缺少压力感，缺少有效监督，缺少退出机制，政府机构工作效率低下等问题突出。针对"委任制"种种弊病，试点"聘任制"是十分必要的。

公务员聘任制是相对委任制而言的。一般的做法是由用人单位采取招聘或竞聘的方法选拔、任用公务员，经过资格审查和全面考核后，由用人单位与确定的聘任人选签订聘书，明确双方的权利义务关系和受聘人员职责、待遇、聘任期等。公务员聘任制是人事制度的一种创新，首先，它打破职业的稳定性，以合同的形式约定责任与义务，方便公务员队伍吸收人才，有利于人员流动；其次，注重专业性，适应具体岗位的特殊要求，优化选拔机制和公务员系统，提升行政产品质量。诸如此优点不再赘述，但是充分发挥"聘任制"的优势，还需各方共同努力，不断克服其弱点，在实践中逐步推广开来。

案例思考

1. 结合案例，分析目前试点聘任制改革的过程中，有哪些方面的工作需要改进。

2. 谈谈如何有效加强对聘任制公务员的综合管理工作，使其更加有效地发挥聘任制的优势。

（撰写者：田艳珍）

案例 5-4 "佛山最牛的局"

广东省佛山市高明区政府网 3 月 9 日发布的一条人事任免通知引起网友关注。通知上，10 名公务员被任命为该区市场监督管理局常务副局长或副局长，另 4 名被任命为该区安全生产监督管理局副局长。此前，两局刚从新合并的市场安全生产监督管理局分离。这一拥有14名副局长的单位成为"佛山最牛的局"。

在佛山大部制改革中,禅城区市场安全生产监督管理局(下称"市场安全局")是变动最多的部门,两年内,该局经历了合合分分。2010年6月,该局由禅城区安监局和另6个局的市场监管部门合并成立,拥有11个副局长。今年3月15日,被媒体曝光的"11个副局长",指的是两个副局长(分管安监和市场监管)和9个局务委员(包括纪检组长和副组长)。

《公务员法》里并无"局务委员"序列,这是为原各局的副局长安置去处所设,按照设计,局务委员仍是领导班子成员,享受原级别待遇。不过,因为"局务委员"这个称呼过于生僻,各区的"局务委员"对外统称"副局长","副局长"对外统称"常务副局长"。

大部制改革前,各局的领导编制基本是"一正三副""一正四副""一正五副"。2010年,佛山推行大部制改革。广东省编办提出了一个方案:将原来的领导编制变为"一正三副五局务""一正四副六局务""一正五副八局务"。不过,该方案遭到佛山市、区编办的反对,他们要求按局领导实际数量制定编制,而非先限制领导数量。最终,广东省编办同意了佛山当地的意见,按现有的领导编制数制订了新的编制方案,没有撤一位官员。所以,很多局的编制都超过省定方案的数量。比如有19名副局长(含局务等)的大局,广东省定的方案是"一正五副八局务",超出了6位。

(案例来源:《新京报》2012年3月29日,引用时有删减调整。)

【解　读】

佛山的大部制改革中,虽然实现了大部门的整合,但是合并后部门的领导职务的配备严重超编,随意设置职位,人员流动不畅,领导职务比重偏大等问题突出。

首先,超职数配备领导的现象比较突出。我国《公务员法》明确规定:公务员任职必须在规定的编制限额和职数内进行,并且有相应的职位空缺。佛山大部制改革后,许多部门撤销,并入其他部门,实现职能的合并,且根据各部门的任务工作量,重新进行人员调剂和安排,但是佛山市该部门并未撤销一名工作人员。其领导职务的配置,明显违规,严重超编,既违背我国《公务员法》等法律法规的规定,也悖于省编办的决定。

其次，未按照"定员、定编、定岗"的"三定"制度调剂、安排人员，而是随意增设职位。佛山市在部门合并后，并没有服从省编委的决定——先限定领导数量——而是以实际领导数量定制编制。为原来各局的副局长设置了名为"局务委员"的职位，而且"局务委员"仍然是领导班子成员，享受原级别待遇，但是我国《公务员法》里并无此序列，这种随便设置职位的做法本质上是变相的超额配备领导，同样属于违法行为。

最后，缺乏配套的改革和配套制度的建设，使得改革成果难以巩固。改革过程中，对相关人员的利益协调不畅，领导人员"只能上不能下"且缺乏有效的配套改革和制度支持，导致一些部门分分合合，人员流动滞积，原来各部门之间的协调和融合欠缺，公务员系统内部交流和退出机制形同虚设。按照《公务员法》的规定，公务员系统必须得到不断的更新，有进有出，能上能下。而佛山该部门的公务人员并未按照法律规定的管理办法，如考核、培训、挂职锻炼、转任等实现合理的流动，呈现了只能上不能下的局面，致使"最牛局"的出现。

概括起来讲，佛山市大部制改革出现的问题主要有以下几方面原因：一，"官本位"思想根深蒂固，内部阻力较大，改革出现了"减兵，不减仓"的现象，严重违背了大部制改革的初衷；二，人事管理制度法规不健全，人员分流无法可依；三，在部门重构与合并的过程中，人员流动配套改革还相对滞后，相对单一的编制控制难以克服改革的大浪冲击。

【启　示】

通过本案例，我们明显可以看到，公务员系统内部合理的人员流动、配置直接影响着机构改革的效果。机构改革过程中，必须要严格按照相关法律制度，妥善安置富余人员，科学进行职位设置、职务任免。

大部制改革过程中，首先面临的就是各部门合并后的领导职数的问题。要从实际需要出发，在制度框架范围内配置领导职数，克服"官多兵少"的问题，实行"精官简政"，淡化官本位意识，合理设置职位等级，并通过职级工资制度解决低职级公务员的待遇，健全相应的配套考核升降奖惩激励机制和末位淘汰制，从根本上打破干部能上不能下，能进不能出的传统观念，建立精干高效的公务员队伍。

其次，尽管部门整合（以职能的整合为核心），但是仍要按照《公务员法》和其他相关规定所规定的职务序列和核定的领导职数配备领导干部。不得超职数配备,不得违规提高职级待遇,不得变相增加领导职数。机构编制工作必须严格执行审批程序和制度,坚持按法定的程序设置机构、核定编制,对违反规定的,擅自设立机构、增加编制和超配领导的,由机构编制管理机关给予通报批评,并责令限期改正;情节严重的,对直接负责的主管人员和其他直接责任人员,依法给予处分。

最后是要健全机构编制管理约束机制,严格控制行政系统的规模。建立完善机构编制管理多层次、全程性的监控网络,强化机构编制管理与组织管理、财政管理等综合约束机制,建立和完善机构编制与纪检监察机关联合履责的监督检查机制。且要加大机构编制违纪违规行为查处力度,严肃干部人事和机构编制纪律,全面规范各级机构编制和干部人事工作,克服人浮于事,机构臃肿,效率低下等问题。

案例思考

1. 结合案例,阐述公务员系统科学合理的职务设置和职位任免对于机构改革效果的重要意义。

2. 如何有效地发挥地方行政编制管理对于公务员系统职务任免的约束机制?

(撰写者:田艳珍)

第六章 财务行政

【学习要求】

通过对财务行政相关内容的学习,掌握财务行政的内涵、作用、主要内容和基本原则等基础理论知识,熟悉财务行政中的预算、决算、会计以及审计基本环节。通过相关的案例解读,深化对财务行政内容的学习,提高分析问题和解决问题的能力。

【导入案例】

地方政府办公大楼"豪华病"

1. 豪华衙门竞风头

此前有网友爆料,望江县委、县政府"占用182亩耕地兴建超豪华办公大楼",办公楼建筑面积达43600平方米,且装修豪华,建筑面积相当于8.5个美国白宫。而与此形成对比的是,望江县是一个财政穷县,年财政净结余仅20多万元。

2. 审批环节存在漏洞

河北某地级市发改委的一位工作人员说,县级政府和直属机关的办公大楼要由省政府审批通过,然后交由发改委核定面积和标准才能开工建设。他认为

行政管理案例分析

网上曝光的一些豪华政府办公大楼,根据目前已知的情况,显然是没有通过审批这一环节的,至少是没有通过发改委的核定。

中国城市规划设计研究院副院长王凯介绍,按照规定,地方政府建设办公大楼,须经上级主管单位审批通过,审批的过程应严格按照标准来执行,而审批、建造、验收等环节都应有监管,"但并非没有漏洞可钻"。"比如,有的地方政府在申报时报的办公机构和人数非常多,对照标准,其建造面积的确没有超标,但当机构入驻后在里面办公的人却没有那么多。"

3. 为了面子也为了腰包

豪华的办公大楼盖起来需要的资金不是一笔小数目,如此庞大的建设资金又是从何而来的呢?一位县政府工作人员的话令本报记者印象深刻:"单位都有自己的小金库,这是一笔资金;另外通过截留上级款项,挪用专用资金来筹钱也不是什么稀奇的事。只要上面不抓,下面不告,都是明目张胆着来的。"

从以往媒体揭露的典型案例看出,越是经济贫困的地方,越喜欢搞豪华工程,而凡是大兴土木盖豪华办公楼成风的地方政府,借口是相同的:一是城市建设要有"超前"意识,不能刚建好没多久就过时了;二是要有一个现代化的形象,给外人留下"有实力"的印象,以利于招商引资。

一些地方政府如此大手大脚和大兴土木,表面看似乎是为了振兴当地面貌,但实际上是与官员打造政绩脱不了干系。由于眼下各地官员实行轮岗制,乡镇领导人都将管辖基层作为仕途一站,大多抱着过客心态,缺乏长远考虑,只希望留下所谓的地标性建筑物,以凸显"为官一任,流芳百世"的形象,为此不惜举债上项目。

另外,在建造豪华办公大楼背后常常隐藏着利益驱动。"这一方面缘于地方政府官员追求奢华的心理,另一方面是树立地方形象工程的需要,而每个工程多少也牵涉到各方利益。"中国社会科学院农村发展研究所教授于建嵘如是分析地方政府青睐豪华办公大楼的内因。

(案例来源:新华网,http://news.xinhuanet.com/herald/2011-04/13/c_13826723.htm,引用时有删减调整。)

阅读提示

1. 什么叫财务行政?财务行政对行政管理有何影响?

2. 结合案例材料，运用财务行政的相关知识分析政府办公楼"豪华病"的根源是什么？如何去治理？

 理论概要

一、财务行政的含义及概述

（一）财务行政的含义

财务行政有狭义和广义之分，狭义的财务行政，是指国家机关对国有的资金和财产的管理，它是政府行政管理的组成部分，包括预算管理、审计管理、国有资产管理、国有银行管理和会计管理等方面。广义的财务行政除了包括上述内容外，还包括国家机关、政党组织、社会团体、事业单位等内部财务管理。

（二）财务行政的作用

财务行政对社会发展，具有下列作用：

第一，预算管理通过国民收入的再分配，调节各阶层、各行业、各地区的收入比例，促进社会各领域的平衡发展。第二，审计管理监督财政收支和财务收支的真实、合法和效益，保障预算资金和国有资金不受损失，发挥应有的作用。第三，国有资产管理实现国有资产的保值和增值，发挥国有经济在国民经济中的主导作用。第四，国家机构内部的财务管理有助于规范和提高资金的使用效益，保障和促进国家机构的管理效率。第五，事业单位内部财务管理有利于教育、科技、文化、卫生和体育事业的发展。第六，政党组织和社会团体内部的财务管理，有利于提高党费和会费的使用效益，接受党员、会员对党费和会费使用的监督，增强政党组织和社会团体的功能。

二、预算管理

（一）预算管理的含义

预算是各级政府的财政收支计划，是各级代议机构审议并通过的有法律效力或权威性的文件，是政府调节经济的重要工具。预算管理是政府及其财政部门对财政收支计划的编制、审查、执行和结算等行使职能的过程。根据不同的标准，可以作出不同的预算分类。从形式方面看，预算分为单式预算和复式预算；从内容方面看，分为增量预算和零基预算；从主体方面看，可以分为总预算、地方政府预算、部门预算和单位预算。

(二) 预算管理的体制和机构

我国预算管理体制实行"统一领导、分级管理、权责结合"的原则。国家设立中央、省(自治区、直辖市)、设区的市(自治州)、县(自治县、不设区的市、市辖区、旗)、乡(民族乡、镇)五级预算。国家预算由中央预算和地方预算组成。中央预算由中央各部门的预算组成。地方预算由各省、自治区、直辖市的总预算组成。

(三) 预算的编制

1. 预算编制的原则

我国政府编制预算的原则是：量入为出的原则；确保重点、统筹兼顾的原则；留有后备的原则；积极可靠、稳定增长的原则；综合平衡的原则；正确处理积累和消费关系的原则等。

2. 编制预算的内容

编制中央预算的内容包括：本级预算的收入和支出；上一年度节余用于本年度安排的支出；返还或者补助地方的支出；地方上解的收入；中央财政本年度举借的国内外债务和还本付息的数额。

编制地方各级政府预算的内容包括：本级预算的收入和支出；上一年度节余用于本年度安排的支出；上级返还或者补助的收入；返还或者补助下级的支出；上解上级的支出；下级上解的收入。

3. 预算的编制程序

我国各级政府预算按照复式预算编制，分为经常性预算和建设性预算两部分。经常性预算不列赤字。中央建设性预算的部分资金，可以通过举借国内和国外债务的方式筹措，地方建设性预算按照收支平衡的原则编制。

预算的编制程序分为：做好编制预算的准备工作、编制预算的草案、人大审议和通过预算、财政部门批复预算四个阶段。

(四) 预算的执行

1. 预算执行的主体

各级预算由本级政府组织实施,各级政府是国家预算的执行机关。政府财政部门负责预算执行的具体工作,是国家预算的执行职能机构。各级政府应当向本级人大或本级人大常委会作预算执行情况的报告。各级政府监督下级政府预算的执行。各级财政部门负责监督检查本级各部门预算的执行。各级财政部门应当向本级政府和上一级财政部门报告预算执行情况。各级审计机关依法对本级政府各部门、各单位和下级政府的预算执行情况,进行审计监督。

2. 预算拨款的原则

预算拨款应遵循下列原则:按预算拨款原则、按程序拨款原则、按进度拨款原则。

3. 预算支出的拨款方法

预算支出的拨款方法有两种:一种是划拨资金。它是根据主管部门的申请,由财政部门开出拨款凭证,通过金库支付库款,金库将预算资金从财政存款账户划转到主管部门或所属单位在银行的存款账户上。另一种是限额拨款。它是财政部门根据主管部门的申请,给用款单位开出限额通知书,核定一个用款额度,通知申请拨款单位在人民银行的开户行支用。

4. 各级预算预备费的动用

在预算执行中,各级预算预备费的动用由本级财政部门审核,报本级政府决定;除因紧急情况必须支出外,上半年不得动用。各级预算周转金由本级财政部门管理,不得用于增加支出或挪作他用。

5. 组织预算平衡的手段

财政部门在预算执行中,组织预算平衡的手段有两种:一是编制季度收支计划。季度收支计划是国家预算在各季度的具体执行计划,包括收入计划和支出计划。另一种是预算调整,是指经本级人大批准的本级政府预算在执行中因追加支出或追减收入而发生的部分变更。而且,追加支出,必须有相应的收入来源弥补;追减收入,必须有相应的压缩支出措施。

6. 预算调整的具体方法

各级政府对于必须进行的预算调整,在财政部门负责的具体编制调整方案后,由政府提请本级人大常委会审查和批准,并由本级政府报上一级政府备案。对预算进行局部调整的具体方法有:动用预算预备费;预算的追加与追减;预算科目之间的经费流用;预算的划转。

(五)决算管理

决算是指按照法定程序编制的、用以反映预算执行结果的会计报告,它反映预算收支的最终结果,是政府的经济活动在财政上的集中体现。国家决算由中央级决算和地方总决算组成。各省、自治区、直辖市的总决算汇总组成地方总决算。

政府财政部门及各部门、各单位在每一预算年度终了时,应当清理核实全年预算收入、支出数字和往来款项,做好决算的数字对账工作。各部门在审核汇总所属各单位决算草案基础上,连同本部门自身的决算收入和支出数字,汇编成本部门决算草案并附草案的详细说明,经部门行政领导签章后,在规定期限内报本级政府部门审核。对不符合规定的,财政部门有权作出调整。

乡、民族乡、镇政府根据财政部门提供的年度预算收入和支出的执行结果,编制本级决算草案,提请本级人大审查和批准。县级以上地方各级政府财政部门根据本级各部门决算草案汇总编制本级决算草案,报本级政府审定后,由本级政府提请本级人大常委会审查和批准。财政部应当根据中央各部门决算草案汇总编制中央决算草案,报国务院审定后,由国务院提请全国人大常委会审查和批准。

(六)预算外资金管理

预算外资金是指按照国家财政、财务制度的规定,不纳入国家预算,由各地方、各部门和各单位自行提取、自行使用的那部分财政资金。财政部规定了目前预算外资金的收支内容。预算外资金是国家预算的必要补充。预算外资金对预算管理和经济发展具有重要作用,它有利于调动各地方、各部门和各单位理财的积极性;保证专项事业资金的需要;能够为国有企业提供生产发展基金和奖励基金;可以缓解国家预算资金的不足状况。

预算外资金的管理,要遵循下列基本原则:明确范围,划清界限;尊重自主性,贯彻专用性;收支平衡。

三、审计管理

(一) 审计管理的含义

审计是审计机关依法独立检查被审计单位的会计凭证、会计账簿、会计报表以及其他与财政收支、财务收支有关的资料和资产,监督财政收支、财务收支真实、合法和有效益的行为。按审计主体的性质为标准,分为国家审计和社会审计;以审计主体的从属关系为标准,分为外部审计和内部审计。以审计对象为标准,分为对国家机构的审计、对政党社团的审计、对事业单位的审计和对企业单位的审计等平衡。

(二) 审计管理的体制和机构

《中华人民共和国审计法》规定,国家设立审计机关,实行审计监督制度。国务院设立审计署,在国务院总理领导下,组织领导全国的审计工作。县级以上地方各级政府设立审计机关,分别在同级政府行政首长和上一级审计机关的领导下,组织领导本地区的审计工作。审计机关实行双重领导体制,对本级政府和上一级审计机关负责并报告工作,审计业务以上级审计机关领导为主。

上级审计机关可以将其审计范围内的事项,授权下级审计机关进行审计;下级审计机关审计范围内的重大事项,上级审计机关可以直接进行审计。审计机关履行职责所必需的经费预算,在本级预算中单独列项,由本级政府予以保证。

属于国家审计范围,审计机关未设立派出机构的单位,可以根据需要设立内部审计机构或者审计人员,实行内部审计制度。依法成立的社会审计组织,可以接受委托开展审计查证和咨询服务业务。审计机关可以将其审计范围内的事项,委托内部审计机构、社会审计组织进行审计。

审计机关依法独立行使审计监督权,不受其他行政机关、社会团体和个人的干涉。审计工作人员依法行使职权,受法律保护,任何人不得打击报复。审计机关作出的审计结论和决定,被审计单位和有关人员必须执行;审计结论和决定涉及其他有关单位的,有关单位应当协助执行。

(三) 审计管理的内容

预算审计是指审计机关在每一预算年度终了后,对预算的执行情况、财政部门和政府其他部门管理和使用预算外资金的情况,以及财政部门管理财政在有偿使用资金的情况开展的审计监督工作,必要时可以对本预算年度或者以往预算年度财政收支中的有关事项进行审计和检查。

(四)审计管理的程序

审计管理程序分为下列几个阶段:

(1)检查阶段。审计机关确定审计事项后,应向被审计单位发出审计通知书。审计工作人员通过审查凭证、账表,查阅文件、资料,检查现金、实物,向有关单位和人员调查等,进行审计,并取得证明材料。

(2)鉴定阶段。审计工作人员对审计事项进行审计后,应当向其所属的审计机关提出审计报告。在向审计机关提出审计报告前,应当征求被审计单位的意见。审计机关出具审计意见书和作出处理、处罚的审计决定。审计决定需有关主管部门协助执行的,应当制发协助执行审计决定通知书。对地方审计机关作出的审计决定不服的,被审计单位可向上一级审计机关或本级政府申请复议。

(3)执行阶段。被审计单位应当执行审计决定,将应当缴纳的款项缴入专门账户,依法没收的违法所得和罚款,全部缴入国库。被审计单位或协助执行的有关主管机关应当将执行情况书面报告审计机关。审计机关应当检查审计决定的执行情况。被审计单位未按规定的期限和要求执行审计决定的,审计机关可申请法院强制执行。

四、会计管理

(一)会计管理的含义

会计管理作为政府行政管理的组成部分,是政府有关的职能部门依法对各单位的会计组织、会计制度和会计工作进行的管理活动,目的是规范各单位的会计事务,使财务功能与行政管理的其他功能相协调,促进经济和社会的发展。会计管理的基本要求是:一是保障会计组织对行政首长的相对独立性;二是配备高素质的会计人员;三是制定和实施严密的会计管理的规章制度;四是监督会计记录的真实性;五是倡导会计工作的服务性。

(二)会计管理的体制和机构

《中华人民共和国会计法》规定:国务院财政部门管理全国的会计工作。地方各级政府的财政部管理本地区的会计工作。各单位根据会计业务的需要设置会计机构,或者在有关机构中设置会计人员并指定会计主管人员。大、中型企业事业单位和业务主管部门可以设置总会计师。各单位的会计机构必须接受政府财政部门依照法律和国家有关规定进行的监督。各单位按照国家统一会计制度的规定,根据账簿记录编制会计报表上报。企事业单位的会计机构负责人、会试主管人员的任免,应经过上级主管单位的同意。

(三) 会计管理的内容

各级政府的财政部门对本级各类机构、所属各单位实行会计管理的基本内容如下:健全并监督执行会计管理的法律体系;指导和监督各单位的会计机构会计人员履行职责;指导和审核各单位的会计报表和财务报告;对各单位进行财务检查;组织会计专业技术资格考试,指导会计师的职称评定工作;领导在职会计人员的培训工作;参与会计干部的组织人事管理工作;对遵守法律规章的优秀会计机构和会计人员予以表彰,对违反法律规章的会计机构负责人和会计人员予以处罚;加强会计电算化的建设和管理。支持和监督会计师事务所的工作。

[本理论概要主要参考:竺乾威主编:《公共行政学》(第二版),复旦大学出版社 2005 年版。]

案例分析

案例 6-1 湖北省地图院财务决算说明

一、单位基本情况介绍

1. 机构、人员和职责定位情况

湖北省地图院是湖北省测绘局直属的独立核算事业单位。职责定位是:地图编制、地理数据采集及建库、地理信息系统开发应用、摄影测量与遥感、工程测量、地籍测绘、房产测绘、地图广告设计与发布、地图销售、印刷装帧等。

2. 当年事业开展情况

2010 年,湖北省地图院全年基础测绘项目经费万元,承担的基础测绘生产项目有《湖北省公共地图服务工程》《湖北省地图集》《部门应急工作用图编制与更新》等等。2010年,湖北省地图院为省委、省政府领导和政府部门提供测绘保障服务并提供各类型专用地图4600多套。2010年,湖北省地图院测绘成果成绩突出,被国家测绘局授予"测绘应急保障先进单位",《湖北省行政区划图集》荣获国家测绘局"优秀地图作品裴秀奖银奖",《中华人民共和国行政区域界线详图集成》荣获国家测绘局"科技进步二等奖",《湖北省动态电子地图网站》《武汉城市圈地图集》荣获2010年度"湖北省测绘科技进步二等奖",《湖北省标准地图制作与发布》荣获"2010年度湖北省测绘科技进步三等奖"。

二、本单位财务工作开展情况

1. 完善财务制度建设,使管理更具规范化

财务制度建设是财务科非常重视的基础性工作。湖北省地图院财务科在2010年在已实施各项有关规章制度的基础上,按照党和国家有关财经方针政策,以落实湖北省"会计管理年"为契机,结合单位实际情况,补充完善了《会计电算化管理制度》《财务报销流程》《地图院财务科岗位职责》《会计档案保管期限》《湖北省地图院财务报销管理细则》《政府采购管理办法》等制度。这些制度的配套建设,基本上形成了湖北省地图院财务管理比较完整的制度体系,对促进院持续、健康发展起到了很好的促进和规范作用。

2. 为院当好家、理好财

财务科作为非盈利部门,只停留在记账、算账的基础上是不行的,也不符合市场经济对财务人员的要求,必须合理、科学理财,并有效控制成本(费用),充分发挥单位内部控制的职能。积极加强会计基础工作,通过对院一系列制度的学习、讨论,把各项条款逐一与实际业务联系在一起,找问题、找漏洞,并反复消化,严格把关。在各环节中,强调一定要坚持原则,不讲人情,把一些不规范的票据和费用报销拒之门外。在凭证审核环节中,依据相关制度的规定,认真审核每一张凭证,不把问题带到下一个环节。

3. 强化经费监督,做好收支平衡

2010年年初,财务科就对针对本年度部门结构调整在经费支出方面进行详细分析,按照财务科目进行分类,以部门生产特点为参考依据。本着勤俭、节约、高效的原则,科学、合理地对2010年经费预算进行了详细分解,从整体上对经费

有了统筹安排。在具体工作中,依法、合理、有效使用每一项资金,严格按照专项资金支付程序办事,改进了湖北省地图院合同单结表、湖北省地图院2010年资产负债结构示意图算、资金分类支出报销单、出具票据备查账三种格式,使其更加规范、科学、合理。与此同时,建立了严格的资金支付流程,加快了数据统计分析工作,做到先审后支、不审不支、支出必有来源,实行了先批后支的报账程序,全过程监督预算执行,提高财务管理,保证了收支平衡。

4. 部门预算编制及总体执行情况

一是细化预算内容,根据近几年财务支出明细账详细分析收入、成本费用的执行情况,按科目进行了分类统计,为2011年全面预算奠定了基础;二是提高预算透明度,其明细指标以院工作要点分解到经营生产部门,使各部门对院全年预算有一个比较全面的了解,增强了预算的透明度;三是增强预算的刚性,注重预算执行中存在的问题和有关情况,不定期地针对所出现的问题进行认真分析,注重解决实际问题,严格审批程序。一年来,预算的总体执行状况良好。

(案例来源:《中国总会计师》2011年第3期,引用时有删减调整。)

【解　读】

决算是指在上一年会计年度结束时,按照法定程序编制的、下级机关将当年财务收支情况结算向上级报告并反映预算执行结果的会计报告。它反映了预算收支计划的最终执行结果,也是各单位经济活动在财政上的计划、执行与结果的集中反映。

本案例所举的就是单位决算。湖北省地图院活动与经费支出紧密相连,通过决算分析,从其支出来衡量其一年的绩效,并评价财政资金是否合理有效使用。

首先,决算报告是运用财政手段来严格监督决算单位的业务,从而体现有权机关对下级单位预算的监督作用。其次,决算是反映该单位绩效的一个重要标尺,反映资金投入及其使用效率。最后,决算提供本年度预算的执行落实情况,为下一年度预算的制定收集重要的数据和资料。因此,单位决算通过反映本单位决算年度内的收支的开展工作。

另外,预算与决算构成了财务行政的一个完整的流程:预算是事前的财政收支实施计划,即这个年度内各机构部门可使用的财政资金的数量和分配;决算则是相关部门和单位在一个政财年度之内的财政收支实施之后资金情况的总结。

因此,财政预算是一种计划性和规划性的资金计划,但财政决算是一种总结性、检查性的财政资金使用的监督。从财务行政的过程来说,预算是决算的基础,财政预算是财政会计的开始,而财务决算则是财务会计的结束。财政决算是上一年度财政预算的结果,它同时又为下一年度的财政预算的开始。本案例中,湖北省地图院,采取完善财务制度建设,使管理更具规范化,积极加强会计基础工作,强化经费监督,做好收支平衡来认真地执行决算程序,发挥决算作用。该院通过执行预算和决算,既反映了年度财政的全过程,又使财政制度完备,使该年度的财务行政工作得以圆满完成。

【启 示】

为严格按照有关规定进行会计核算,防止决算信息的严重失真,行政单位的财务会计工作必须做到以下几点:

(1) 财务凭证要严格规范。各种款项的来往、报销和结算都必须取得原始凭证,并及时转交财务部门进行登记分类、会计记账及会计核算,以确保所有的财务数据反映到会计账目上,从而保证各项财务收支活动能在年终的决算信息中得到全面的体现和真实的反映。

(2) 会计处理要准确真实。原始的会计凭证要检查其规范性,并将其全部准确纳入会计核算,保证会计账目信息的完整,提升会计处理的工作质量,提高会计账目的可信度、精确度和公允性。

(3) 财务制度要落实执行。一切财务收支活动都必须严格执行财经纪律来进行。对各项财务收支活动的会计原始凭证都要严格地审核,严防逃避会计监督、虚假会计核算、截留收入、坐收坐支,虚列支出等不法行为。

(4) 财务清查工作要落实。要严格遵守会计法律法规和相关的财务制度。坚持在编制会计报表之前必须执行财务清查工作,即对单位的资产、物资、往来款等实行清查,检查其账目的一致性和真实性。开展财务清查工作要揭发个别单位的账外资产、部门小金库、账款不入库、虚假账目等违法违规行为。

(5) 财务要坚持公开透明。要坚持将各单位全年各项收支,费用,成本,税收,往来款等财务活动情况的内部公开,向有关单位和部门做好相关信息披露和公开工作,并定期向社会公布,接受社会监督。要加强财务会计工作的透明度,就要增强财务工作向社会公众公开的深入程度。

案例思考

1. 什么是财政决算？它有什么意义？它与财务预算有什么联系？
2. 试运用所学财务行政的知识，分析本案例中决算对预算编制有何意义。

（撰写者：黎志勇）

案例 6-2　浙江省：审计行政处罚诉讼案件

2007年1月22日，浙江省台州市中级人民法院就原告上海某灯具制造有限公司所诉审计行政处罚一案作出终审判决：临海市审计局作出的审计行政处罚决定认定事实清楚，适用法律得当，程序合法，依法应予维持。灯具制造有限公司拒绝提供审计资料的行为违法，应依法接受审计机关的行政处罚，决定驳回上诉，维持原判。至此，历时半年多的浙江首例因被审计单位拒绝提供审计资料而提起的审计行政处罚案件有了定论。

本案中，原告作为国家建设项目——临海市政广场灯具照明工程的承揽方，依法应接受国家审计机关的审计监督。但原告以自己是国内合资企业不是国家审计的监督对象、自己已向临海市有关国有中介机构提供了资料和审计机关没有调查取证违反法定程序为由，拒绝配合审计调查、拒不提供审计资料。为此，临海市审计局对其违法行为依法作出了罚款48000元的行政处罚，并由此引发了行政处罚诉讼案件。

法院经审理后认为，原告虽为非国有企业，但从事了与国家建设项目直接有关的建设，其发生的财务收支，应当接受审计监督；在国家建设项目中，普遍存在非国有企业建设主体的参与，对其予以审计监督，实际上也是对使用国家资产的真实性、合法性和效益性的监督，是与审计目的和职能相符合的；审价是建筑工程确定造价的一个环节，审价中心在主体、法律依据、法律后果等方面都不同于审计，其结论不能代替审计机关的审计结论；行政机关的调查取证，一般应主动搜集证据，但并不排除由被调查人向调查人提供证据的可能性。本案的证据资料掌握在原告方，故应由原告提供有关资料，这也是一项法定义务。据此，法院作出了上述判决。

（案例来源：《审计月刊》2007年第3期，引用时有删减调整。）

【解　读】

审计是审计机关依法独立检查被审计单位的会计凭证、会计账簿、会计报表以及其他与财政收支、财务收支有关的资料和资产,监督财政收支、财务收支是否真实、合法和有效。按审计主体的性质为标准,分为国家审计和社会审计;以审计主体的从属关系为标准,分为外部审计和内部审计;以审计对象为标准,分为对国家机构的审计、对政党社团的审计、对事业单位的审计和对企业单位的审计等。

本案例中,首先需要对被告单位的性质进行界定,搞清该单位是否处于被审计的范围,是本案法院判决的关键,即审计机关是否有权对原告单位作出审计处罚决定的理由和依据。关于原告单位的性质的认定:因为该照明工程项目实质上是一种政府采购的合同行为,所以基于该公司与政府采购合同的关系,审计部门仍可依据市政工程一类的建设项目进行审计。

首先,审计机关有权对签订政府采购合同的企业行使审计权。审计机关通过审计机关负责人的批准,有权暂时封存有关的会计资料,有权对被审计的单位采取取证措施,有权要求政府的有关部门暂停拨发付给被审计单位的有关款项以及要求该单位暂停使用已拨付的资金。因此,在本案例中的上海某灯具制造有限公司属于审计单位的有权审计的对象。该公司以自己是国内合资企业不是国家审计的监督对象、自己已向临海市有关国有中介机构提供了资料和审计机关没有调查取证违反法定程序为由,拒绝配合审计调查、拒不提供审计资料的行为是没有根据的。

其次,临海市的国有中介不是被授权的审计单位。虽然该公司向该国有中介机构提交了资料,那并不构成完成被审计任务的事实。根据《中华人民共和国审计法》第二章第七、八、九、十条的规定:国务院设立审计署,在国务院总理领导下,主管全国的审计工作;省、自治区、直辖市、设区的市、自治州、县、自治县、不设区的市、市辖区的人民政府的审计机关;审计机关根据工作需要,经本级人民政府批准,可以在其审计管辖范围内设立派出机构。因此,该中介机构既不是审计机关,也不是社会审计机构,所以不成构成审计与被审计的关系,该公司提交资料的行为并非是履行相关的被审计义务。假如该国有中介机构是以会计师事务的身份来对该公司进行社会审计监督,因为社会审计机构审计监督的单位依法属于审计机关审计监督对象的,按照国务院的规定对该社会审计机构出具的相关审计报告进行核查,所以,审计机关有权要求该公司上交相关的资料,构成一种审计与被审计的关系。

最后,有关的主管审计机关进行审计时的法定权限,应根据相关的法律法规来确定。根据我国的法律规定,审计机关在履行审计职责时的权限主要有以下几点:第一,各级政府的财政部门、税务部门和其他各有关的部门应当向所属的审计机关报送所有有关的被审计资料,其中包括该级政府及其各部门和其所属单位的预算、预算收入、预算收支执行、预算外资金的管理情况、财政有偿使用资金的收支情况、预算收入征收部门的收入计划相关的年月报表和决算等被审计资料。第二,审计机关通过审计机关负责人的批准,有权暂时封存有关的会计资料,有权对被审计的单位采取取证措施,有权要求政府的有关部门暂停拨发付给被审计单位的有关款项以及要求该单位暂停使用已拨付的资金。第三,如果审计机关发现被审计单位有违法转移相关被审计的资产的情况,则可以向法院申请对该单位采取财产保全措施,来保障审计财产的安全。第四,对于违反财务和经济等相关的法律法规的被审计单位,有权审计机关可以责令其纠正违反相关规定的一切违法违纪行为,责令退还或者没收其非法收入,并处以罚款。第五,被审计单位违反财务和经济法律法规的直接责任人和单位负责人的行政责任由审计机关决定,给予行政处分的,即移送监察或主管部门处理;而对于构成犯罪等情节严重的,则提请司法机关依法追究其刑事责任。

【启　示】

要做好行政审计工作,要坚持以下几点:

首先,要坚持有权的审计机关行使行政审计权。要坚持贯彻我国的审计制度,按照《中华人民共和国审计法》《中华人民共和国审计法实施条例》《财政违法行为处罚处分条例》以及地方政府和人大制定的法规及规章等具有法律效力、行政效力的文件所规定的审计主体来依法来行使行政审计权。

其次,要保证行政审计的执行力度,严肃查处违法违规行为。要严肃处理和处罚被审计单位违反上述法律法规的财务收支、财政资金的运用以及违反相关财政和经济法律法规的其他行为。

最后,要综合运用行政审计处罚措施,增强行政审计处罚措施的阻吓力度。

它包括行政性的处罚措施、法律责任、经济责任以及刑事责任等方面的惩罚。通过综合运用各种行政审计处罚措施,对违反审计法律法规的单位和个人进行实质性的惩治,提高其违法成本,以达到减少违法行为的目的。

案例思考

1. 什么是行政审计?行政审计对行政管理的价值体现在哪些方面?
2. 运用财务行政的相关知识,分析案例中法院作出判决的基本依据是什么。

(撰写者:黎志勇)

案例 6-3 重庆市在全国率先实行预算追加听证会制度

重庆市在全国率先实行预算追加听证会制度,改变了多年来的暗箱操作,今后要追加预算,要在听证会上大家说了算。

1. 追加预算要听证

为了提高财政资金分配的透明度,杜绝预算追加中的随意性,确保预算追加公开、公平和公正,重庆市财政局出台了《重庆市财政局预算追加听证会制度》,建立了预算追加听证制度,对预算单位申请追加财政资金实行听证。同时,重庆市财政局建立了听证准备、听证会议、听证确立和指标公示、追加预算等预算追加听证制度的相应程序。

2. 不该批的钱一分也不批

今年2月26日,重庆市财政局正式举行财政预算追加公开听证会。申请安排人才奖励专项经费、申请安排农村劳动力转移就业培训经费、申请安排乡镇敬老院建设经费、申请安排重庆市某高校教学综合楼装修及设备经费、申请安排大溪沟输粪码头环卫示范工程专项经费5个项目参与听证。重庆市财政局还邀请了重庆市人大财经委、重庆市政府督查室、重庆市人大监察局等部门负责人参加听证会。

重庆市财政局局长马千真在听证会上表示,评议员就是要以挑刺的眼光来评议,不该批的钱一分也不能批。预算追加听证制度对于杜绝"人情"预算、"个人"预算,防止资金分配中的暗箱操作,从源头上防治腐败具有重要作用,也十分有利于锻炼干部,转变机关作风,深入基层调查研究,提高干部的业务素质和工作能力。

3. 听证制写入相关法规

重庆市人大财经委已经完成了《重庆市市级预算审查监督条例(草案)》,现在准备提交重庆市人大常委会审议。受重庆市财政局追加预算要听证的启发,他们准备加强对基建项目超预算的审查和监督。

对于单项建设项目追加预算支出在3000万元以上的,应当提交重庆市人大常委会审查批准后执行。而在提交重庆市人大常委会批准前,就应当举行听证。这样,一个重大项目能否追加预算,追加预算数额多少,就不再只是由长官意志所决定,而是由大家说了算,从而起到有效的监督作用。通过法制和制度的约束,真正让纳税人的钱花得明明白白。

(案例来源:网易新闻,http://news.163.com/2004w03/12501/2004w 03_1080114814372.html,引用时有删减调整。)

【解　读】

我国各级政府财政预算在执行过程中,如因政府政策的规定、国民经济计划的调整,或其他特殊原因,必须增加原核定的收入或支出时,应提出追加预算。追加预算是保证组织预算平衡的重要手段之一,因此,对追加预算加强严格控制和监督具有重大意义。

预算的调整必须经本级人民代表大会的批准,并在政府预算执行中追加支出,但是追加的支出,必须有相应的收入来源弥补。其目的是达到最终的组织预算平衡。通常追加政府预算要有正当的事由,比如在遇到特发情况和突发重大事件、具体的方针及政策作出重大调整、社会经济情况发生重大的变化以及原有计划与客观事实和情况严重不符等。这时候,作出的追加预算或者削减预算都是正当而且合理的。

加强财政预算的追加预算管理,具有平衡预算的重大作用,也是防止财政资金的低效运用的一个有效途径。对追加的财政预算可以从不同的方面来监督。比如案例中通过引入听证会制度来加强社会的力量来对公共财政进行监督,可促使公共财政回归公共监督的本质。

重庆市人大财经委已经完成了《重庆市市级预算审查监督条例(草案)》,只要重庆市人大常委会审议通过,这一地方性的制度便确立起来。作为一种追加财政预算必须要先听证的制度,具有极大的创新意义。因为,听证会能够参考更多的意见,使追加财政预算的事由更趋于合理化和客观化;同时,由于媒体可以报道听证会的全过程和听证的一些关键问题,容易引起更多公众的关注。这也是一种引入公众监督财政预算的机制,它能够进一步运用社会的力量来对财务行政进行有力的监督。

听证会制度要发挥其应有的作用,既要有完善的法律法规支持,又要有其他方面的重要保障。举行一个有效的听证会,要坚持以下几点原则:

首先,不重复听证原则。听证会既是一个公开征集政策建议的过程,也是一个各方利益代表充分博弈的过程,更是一个公共决策的过程。不得重复听证,是为了防止政策的制定者和决策者在听到不合意的意见或者意愿时,不接受民意、不愿意调整或改变决策的情况。只有这样,才能保证听证会的代表的意愿得到充分的尊重,社会公众认定合理的问题不被忽视。这是一个有效听证会最核心的要求。

其次,听证会必须是公开的。公开的目的是让听证的内容、方式及过程让社会监督,让相关的利益代表者充分表达意见和相互沟通,因此,召开听证会必须做到能够有充分的准备和及时关注听证会的内容,以及准备参加现场听证。只有在公开的情况下,才能保证听证会代表提出质疑,提升听政内容的理性程度,保障听证会听证的意见得到传播,并且得到充分的论证。

最后,召开的听证会必须是公正的。公正,是指听证过程的公正以及听证结果的公正,即每一个听证的事项及其必要的理由都得到充分的听证和论证,能够回答公众所提出的质疑,并得到法律法规以及公众的认可;对于听证的结果则要做到合法性与合理性的统一,做到实质性的过程与结果的最大公正。

【启　示】

召开听证会有以下几点意义:

首先,听证会让各方的利益相关者的代表参加,并享有表达意见、看法的权利,有利于让各方利益代表充分表达意见,让决策者广开言路。其次,听证会是论证听证事项的认定和较多细节以及关键的问题,有利于决策者收集各方面的信息,加深对听证事项的理解。再次,听证会是公开、公正、客观的,从而促进利益分配的公平公正,维护正当合理的利益关系。最后,听证会作为一种前置程序,有利于对决策者的监督,有利于决策的客观和理性。

案例思考

1. 为何追加预算需要先听证,请运用所学财务行政的知识分析召开听证会的重要意义。
2. 什么情况下才可以追加预算,追加预算又需要坚守哪些原则?
3. 综合所学的知识,谈谈如何更好地监督追加财政预算。

(撰写者:黎志勇)

案例6-4 江苏省昆山市交通局:对财务结算中心做好票证管理工作的探索

1. 现状

目前,大部分交通事业单位仍然担负着交通规费的征缴任务。交通行政事业单位所使用的票证存在种类较多、数量较大、分布较散的特点。我们财务结算中心各核算单位总共所涉及使用的票证将近二十种。

票证的形式也有多样,有一份多联订本式的,有定额面值撕票式的,还有电脑开票专用的连续票。在票证使用数量方面,用量最多的五小车辆养路费缴费收据一年的使用量就要2500本左右,加上其他票证,一个年度内票证使用总量要11万份左右,而其中大约有70%是集中在每年的1—4月份之间使用的。在票证的使用分布方面,不仅各事业单位本级的业务窗口要使用票证,而且其下属的业务办理点(各镇、区的交通管理所都下设多个业务办理点)也都要使用票证,因此票证分布得比较散。

2. 改革

昆山市交通局根据市有关部门的要求,于2001年7月成立了财务结算中心,采用集中记账的形式,对下属事业单位的财会工作进行集中管理、分户核算。各核算单位设一名报账员具体办理有关收支业务,而会计事务处理则全部由财务结算中心的会计人员办理。

建立财务结算中心以后,财务管理方式发生了变化,虽然各单位有报账员具体办理本单位票的领发及款项解缴,但报账员并不记账。如果由报账员承担票证核销管理,票证数据难以直接与会计账户、会计凭证核对,监控不够严密,不能真正起到监控实效,因此只能由结算中心的会计人员承担票证监控管理任务。

要切实有效地管理好票证,必须要将监控点详细定位到每一份票证。在成立财务结算中心前,交通局是由各单位会计人员手工登记台账进行票证逐份销号的,由于当时各单位均有会计,每个单位又不全部涉及这么多种票证,工作量比较分散。成立结算中心后,所有票证都要集中到财务结算中心来,而结算中心只有4个会计人员,承担全部单位会计核算的任务已经比较重了,再要负责票证管理,如果还像以前手工登记台账的话,实在很困难,即使勉强能完成,其及时性、准确性也无法得到保证,尤其是在1—4月用票的高峰期间,更是如此。

通过对建立财务结算中心后新的核算环境作分析,交通局对原有的票证管理方式作了较大的变革,确定由财务结算中心负责全部票证的监控管理,将票证监控管理与会计核算密切结合,制定了新的票证管理制度,形成了一套新的管理模式。为了解决任务重、人手少的难题,使新的票证管理制度具有可操作性,笔者又专门编制了一个票证管理软件,运用计算机对票证进行监控管理,大大提高了工作效率和工作质量,在实践中取得了较好的成效。

3. 成效

近一年来,我们在实施新票证管理制度、结合运用票证管理软件的过程中,不断探索,收到了较好的成效。交通局把全部票证都纳入了管理,所以监控是全面的;将监控点细化到了每一份票证,并可和会计记账凭证进行同步的钩稽核对,所以监控是比较严密的;实施监控管理的人是结算中心的会计人员,他们并不直接使用票证、经收款项,所以监控又是独立的;而计算机的运用则保证了监控管理的及时性和准确性,资料能随时查阅,数据可及时汇总,使监控管理更有实效,大大提高了票证管理的工作效率和工作质量。

(案例来源:《交通财会》2003年第3期,引用时有删减调整。)

【解　读】

提高具体行政财务工作的处理效率,是节省财务行政成本的重要方法。政府财务行政工作完全可以借鉴企业财务管理的工作组织和工作方式。这是现代行政财务改革的重要主向之一。提高财务行政具体工作的处理效率可以采用统一的集中化管理方式和先进的现代电算化技术。尽管目前我国财政及审计部门普遍采用电算化技术，但是其组织集中程度还是相对分散，采用类似企业财务管理的财务结算中心的组织形式还是比较少。因此，我国的财务行政改革可以尝试从这一方面来取得突破。

本案例中的财务结算中心，是指江苏省昆山市交通局及其下属单位、相关的业务的政府机构和事业单位统一的现金收付、往来结算、票证管理、相对独立于财政部门的独立运行机构。它类似于现代大型企业集团的财务结算中心，是集中管理各单元的财务中枢。

票证管理，是财务工作的一大重点和难点。票证记载了一项财务活动的重要信息，反映了该项财务活动的内容以及一些关键细节。因此，票证管理是做好会计的基础，也是其他财务活动的依据之一。一般来说，票证管理包括以下几个方面的内容：

第一，有关的单位或人员到指定的机构领取或者购买票据。根据相关的法律和法规规定，财政票据领购的单位，必须持有财政相关的"领购证"。申领"准购证"，必须提交单位法人证明、组织机构代码证，出具财政票据领购申请。票据购领单位按财政财务管理关系和预算管理关系向所属管辖的财政局购领财政票据，该财政局按照"凭证购领、限量供应、验旧购新"的原则向领购单位供给财政票据。首次领购或使用财政票据的单位必须是符合财政法律法规规章等所规定条件、独立核算以及有健全的财务会计制度和专职财会人员的单位。票据领购，是票证管理的首要程序，它决定了票据的领发和购买，是要把握好的第一道关。

第二，财政票据的使用与填写。财政票据有不同的种类，是根据不同的规定来制作的票据，它具有自身的使用与填写规范。要做到规范使用与填写财政票据，要坚持由单位财务人员专人填制，任何购领单位不得有转借、转让、代开票据等违法违规行为。财政票据购领使用单位要建立本单位的财政票据台账，严格执行和监控本单位财政票据的购领、使用、缴销、结存，内部部门的领取、使用、缴回、注销等应进行序时、完整的登记和核算。同时也要建立完善的票据管理制度，加强对单位收入、业务工作费用、资金解缴的管理，及时完成相关财政票据的登记与核算。

第三，财政票据的报账与核销要准确。根据财政票据的购领发放的管理关系定期进行结报和核销。财政结算中心要根据财政票据购领单位的用票情况以及资金支出与收入的财务状况,明确整个财务活动的情况之后,再参考上一次票据结报核销情况确定今次供票证的种类以及数量。在财政票据结报时,必须要认真清理当期财政票据使用情况,核对所有的票证所对应的财政项目,力求票证所记载的财政信息与单位实际的财务活动信息相一致。

【启　示】

核销票据主要采用"单位填报、财政抽查、手工复核"的财政票据手工管理模式。这一模式早已不适应我国现在发展的需要。由于在核销环节技术、人员、时间以及成本上的制约,对一些用票量极大的单位财政部门无法及时全部核销所有的票证,更不能及时掌握用票单位的实际财务活动的状况。因此,要监控好每一张票证是否真实反映所开出单位的财务活动是不可能的。为了强化票证的监控力度,以达到财政严整控制的目标,建立财务决算中心实行统一管理的制度和采用电算化的平台来提升工作效益是必然的选择。

财政票据所反映的基础数据是财政资金管理过程中的重要资源,数据的真实和准确是进行财政严格把关和监控的关键,财政票证电子化管理可以为财政资金管理提供基础数据和决策依据。因此,我国目前的传统的财政部门也逐步向统一的网络化、电子化的财务信息综合应用平台转化。可以说,未来的我国财政部门的外部分工更清晰,内部分工更具体化,并且各级财政部门将会组成一个高度信息互动的有机系统。这样,我国的财政部门必须要培养和提升更多的专业化、技术化的财务人员,并促进我国的培养优秀财务人员的高等教育模式。

案例思考

1. 财务结算中心的成功实现的条件是什么?
2. 结合所学知识,谈谈对本案例的看法。

（撰写者:黎志勇）

案例 6-5　三公消费背后的真问题

"不喝茅台喝什么酒"

因为"三公消费禁喝茅台"的委员提案,茅台再次站在风口浪尖。对此,茅

台高管刘自力反问记者:"三公消费禁止喝茅台?那么我请问你,三公消费应该喝什么酒?"(3月12日《京华时报》)

就公务用酒而言,茅台应该是最主要的选择之一。也许,茅台高管会感到委屈,为什么被拉出来批斗的总是茅台?如果你管不住官员公款吃喝的大嘴巴,茅台酒又有何罪?

虽然很多人对茅台高管"三公消费不喝茅台应该喝什么酒"的激烈回应嗤之以鼻,但这的确是一个问题:喝茅台不行,喝五粮液就可以吗?喝国产名酒不行,喝外来洋酒就可以吗?如果官员铁定了要公款喝酒,喝什么酒不是喝呢?当茅台被剔除,另一种或几种酒必然又会接替受宠,价格进而连番上涨。只不过,因为茅台酒在公务用酒中占绝对主流地位,使得其每每成为公款吃喝的代名词而备受指责罢了。

因此,真正的问题不在于茅台酒,而是在于每年海量的公务用酒消费,乃至整个公务接待制度。官员喜欢喝茅台不是茅台酒的罪过,真正的罪过是,官员凭什么拿纳税人的钱去买茅台喝?同样,茅台酒价格高也不是禁喝茅台的理由,因为价格高只是公务用酒消费惊人直接推动的结果,而不是原因。

从这个角度来说,茅台高管反问"不喝茅台喝什么酒",其实更似一种诘问:如果禁不了公款喝酒,凭什么禁止公款喝茅台?为什么公务接待必须喝酒?公务用酒所需要的显然应是釜底抽薪式改革,而不是将罪名安到某种酒头上。对三公消费来说,问题也许从来都不是"不喝茅台喝什么酒",而更应该对不合法的三公消费行为严令禁止。只有下定决心,三公消费禁止喝酒抽烟,是完全可以做到的。到时候茅台的价格自然会回归本位,而不会再成为舆论抨击的众矢之的。

(案例来源:《重庆时报》2012年3月13日,引用时有删减调整。)

三公经费预算的公开浪潮

科技部率先公开三公经费预算300项

科技部应财政部要求,4月14日公开"三公"预算。公布的《科学技术部2011年部门预算》(以下简称为《预算》)显示,科技部2011年用财政拨款支出安排的出国(境)费、车辆购置及运行费、公务接待费三项经费预算为4018.72万元。政府部门过高的行政成本,一直为人们所诟病。温家宝总理在今年的政府工作报告中再次向"三公消费"亮剑:"三公"支出原则上"零增长"。财政部要求,中央预算部门应公开本部门"三公"经费预算。此外,《预算》显示,2011年科技部收支预算持平。财政拨款收入年初预算数为2371725.88万元,比2010年增长18.97%,主要是国家科技计划(专项)等经费预算增加。事业收入年初预算数为34730.51万元,比2010年增长0.83%。支出方面,2011年科技部外交支出年初预算数为9150.6万元,比2010年增长49.34%,主要用于驻外机构、对外援助、国际组织会费、国际组织捐赠;科学技术支出年初预算数为2410974.58万元,比2010年增长14.08%,基础研究、应用研究、技术研究与开发等项目支出增加。

(案例来源:《京华时报》2011年3月13日。)

北京市公布其公务用车实有数量

3月31日晚,北京市财政局网站公布,截至2010年年底,北京市党政机关、全额拨款事业单位公务用车实有数为62026辆。其中,市级公务车20288辆。据介绍,该数据包括小轿车、载客汽车等所有车辆,包括了公检法等部门的车辆。北京市财政局同时强调,该数据系根据决算要求初步汇总,尚未经北京市人大常委会审议批准。北京市财政局目前公布的只有公车数量,不涉及具体型号等信息。北京市财政局相关人员介绍说,公车型号等具体信息应由拥有公车的具体单位或部门负责公布。

(案例来源:《中国财经报》2011年4月13日。)

【解　读】

2011年11月21日,国务院法制办公室公布《机关事务管理条例(征求意见稿)》,明确机关运行经费支出、资产配置和服务保障标准的原则。由此,各大部门先后"晒账单",不同程度地公开其单位的"三公消费"。公开"三公消费"成为社会对公共部门监督的又一重要途径。

"三公消费"是指政府部门人员因公出国(境)经费、公务车购置及运行费、公务招待费用,其本质是各级行政机关的日常办公费开支,是行政成本的一部分。在当今提倡节约行政成本,提高行政效益的主题下,控制"三公消费"的财政开支,必然具有其实际的需要和重大的意义。

首先,"三公消费"资金作为财政预算的一部分,应当具有财政预算的应有的性质。"三公消费"与全体公民的切身利益息息相关,与之相关的详细预算以及实施情况等一些财务行政相关的环节必须以一定的形式公开,让纳税人了解各级政府及其人员的行政活动及行政活动的成本,并接受纳税人和公众的监督。

其次,监督"三公消费"的主要途径是严格执行财政预算和决算制度。在预算方面,应该根据上一年度的决算和本年度的实际情况,制定详细的预算,并严格对各级政府的预算计划实施指导、监督、控制,不随意追加预算。要管理好临时预算和追加预算,使之有合理的事由和依据,实现预算的公开化、透明化。在决算的方面,首先要坚持良好的财务纪律,按照法律法规,编制决算报告,并且针对公开部分,附上详细、清晰的说明,为实现真正的、公众能看明白的"三公消费"账单制度打下良好的基础。

最后,要充分发挥财政审计的监督作用,严格监控"三公消费"。通过财政审计保证预算实施的合理性、合法性和真实性,严禁一切未纳入预算管理的"三公消费"。具体来说,在财政审计工作中要严肃财务纪律,落实和贯彻财务法律法规;要完成审查核算有关"三公消费"的会计资料的正确性和真实性;审查财政计划和预算的制定与执行;审查消费项目的合理性和合法性;检查被审计单位的内部财政制度的建立和执行情况。

总之,加强对"三公消费"监督,是势在必行的。一方面,近年来政府大力主张实现所有政府及其机构都公开"三公消费"的账目,让人大和公众来监督。另一方面,严格监督其财务流程,从"三公消费"账目的申请、审批、预算、决算、审计等环节着手,坚持严格的量入为出,节约政府办公经费,提升效率为原则。同时,也要从政府机构改革和公务员制度改革入手。近年来,我国实行的公务员聘任制以及事业单位的政府雇员制度,都是一些有益的尝试,为我国的公务员制度改革、人事制度改革打下了坚实的基础。以上这些方面的改革都能从一定程度上精简政府,降低行政成本。

【启　示】

三公消费是民众最关心的问题。要做好对三公消费的监督,就要朝着公开化、透明化、标准化的大方向发展,建立一个完善的监督制度。我们可以从以下几个方面进行一些有益的尝试。

首先,要有充分的法律法规去保障三公消费的公开制度。通过制定系统的法案和具体的三公消费公开执行条例,为三公消费的公开提供明确的公开内容、公开时间、公开形式以及违法责任的标准。用法律去明确规范政府公开三公消费的行为,是建立监督制度的重要基础和必要前提。

其次,要保障三公消费公开制度监督主体的监督权利。民众是三公消费监督制度的核心。可以说,三公消费监督制度的成效取决于民众的监督权行使的状况。在政府接受公开的监督时,用制度和物质去保障民众的知情权是非常重要的。在这方面,采用听证会或者交流答疑性质的公开发布会可能是一种比较有效的方法。

最后,要坚持三公消费监督制度的目标和宗旨。建立这一监督制度的目的是保证政府和民众的信息对称。其宗旨是保证民众对政府行政费用的监督权。要建立一个有实效的公开监督制度,而不是流于形式的信息发布会,一个只发布而不回应民众质疑的制度。因此,此监督制度建设的关键,是有关政府部门作出有力的回应。

案例思考

1. 三公消费反映了哪些财务行政的问题?
2. 我国为什么要公开三公消费,公开三公消费有什么意义?
3. 综合运用所学知识,谈谈如何监督三公消费。

(撰写者:黎志勇)

第七章 机关行政

【学习要求】

通过对本章理论概要的学习,逐步理解和掌握机关行政的内涵、特点、主要任务等基础知识。并通过对本章案例的解读,进一步加深对机关行政的相关知识的理解,并学会运用这些知识来分析和解读现实中的问题,从而不断提高分析问题和解决问题的能力。

【导入案例】

档案被单位丢失退休职工获赔万元

左某在一次偶然的机会中得知,自己的档案在20年前被单位转出,途中却不翼而飞。档案的丢失导致左某现在工资、退休金全无着落。无奈之下,她将原单位告上法庭。日前,这起劳动争议案在北京市第一中级人民法院作出了终审判决,法院依法判决中国电影艺术研究中心赔偿原告左某经济损失一万元。

左某出生于1951年,她于1976年开始在中国电影艺术研究中心(以下简称中影艺研中心)工作。左某称,从1986年10月开始,中影艺研中心停发了她的工资,1990年又被中影艺研中心告知其人事档案已经转走,叫她去户口所在地派出所自己找。谁知等左某到了当地派出所,该派出所称从未收到过她的档案。左某只好再到街道和其他派出所查找,也没有找到。由于档案被丢失,导致左某现在退休金全无着落,严重影响到她的平日生活。为此,左某将中影艺研中心告上法院,要求赔偿10万元。

中影艺研中心辩称,1986年5月,该单位以左某在工作期间多次违反劳动纪律为由将左某除名,并通知了左某。同年6月,中影艺研中心将左某的人事档案通过邮寄机要的方式转出至大钟寺派出所,又通过挂号信的方式告知了左某。中影艺研中心还向法庭提交了干部档案转递通知存根,证明左某档案已于1986年6月29日寄出。所以中影艺研中心认为其在整个过程中并无过错,不同意左某的诉讼要求。

法院经审理认为,左某原是中影艺研中心的员工,中影艺研中心作为用人单位负有对劳动者档案进行妥善管理的义务,应及时、安全地将劳动者的档案转至相应的档案管理部门。中影艺研中心提交的干部档案转递通知存根,证明其单位与左某解除劳动关系后将左某档案转出。但是,中影艺研中心未能提供派出所收到该档案的回执,而无法证明派出所已经收到该档案。对此,中影艺研中心存在一定过错,且该过错不可避免地影响了左某的正常就业或者依法领取失业救济金。

(案例来源:中国法院网,http://old.chinacourt.org/html/article/200608/25/215029.shtml,引用时有删减调整。)

阅读提示

1. 此案例中,左某的档案丢失的原因有哪些?
2. 整个事件中,哪些部门应对档案丢失事件负责?
3. 这个案例是机关行政中哪个章节的内容?应该怎么来分析?
4. 此次事件暴露了我国机关行政中档案管理的哪些问题?应该如何去避免类似事件再次发生?

理论概要

一、机关行政概述

在行政管理中,机关泛指政府为实现其职能而组织的固定机构,即行政组织,而在本章中它是指办公地点,即组织的工作人员处理其日常工作的活动场所。机关管理是公共管理的一个组成部分,它普遍存在于国家机构、政党团体、事业单位、社会中介组织等公共部门的运转过程中,并为这些部门的职能活动提供基本支持的方式。机关在国家和地方的行政管理过程中发挥着不可替代的作用。

(一) 机关管理的含义

机关管理含义有广义和狭义之分。

广义的机关管理是指利用科学方法,有计划、有效率、有技术地规划、管理、联系、协调和运用机关的组织、人员、经费和物材,作适时、适地、适人和适事的处理,以便提高行政效率,发展机关业务,完成机关的使命。

狭义的机关管理是机关本身,即办公地点的管理,这包括合理地安排机关的办公处所,配置合适的设备,保持整洁的工作环境,以及系统地处理公文和案卷。这些内容类似于后勤和秘书工作,其目的是使这些条件和办公地点符合工作人员的需要,从而提高行政效率,完成组织所要完成的任务。这种狭义的机关管理是本章所研究的对象,它属于技术性的知识和方法。

(二) 机关管理的特征

机关管理本身是一种不可或缺的行政活动,其显著特征有:

1. 机关管理事务的技术性特征

政府文书的处理、机关环境的安排、后勤服务的开展等,都需要一定的技术的、制度的和经验的积累,并且随着行政环境的变化而不断开发和创新机关管理的方法和技术,从而形成适应时代和环境变化的良好的机关管理模式或文化。

2. 机关管理事务的固定性特征

机关管理的对象是机关,即政府部门固定的办公处所、地点或设施。固定的"机关"是政府部门的象征、物质表象和经常性工作的物理空间,有效的机关管理是政府实施社会管理、履行政府职能的前提条件。

3. 机关管理事务的辅助性特征

机关管理事务所具有的辅助性具体体现为保证行政首脑与各职能部门间联系的协调性特征,以及在综合性事务方面为各职能部门提供后援的服务性特征。

(三) 机关行政的原则

在机关行政的过程中,应遵循以下原则:

(1) 依据客观规则运行的原则。官僚制组织中所有工作的开展和连续进行都应遵循客观规定的规则、规章制度。而实现这一原则的重要保证则是严格的机关办公制度以及办公秩序的管理和维持。

(2) 资财公私分离的原则。这一原则要求官僚制组织及其成员为完成工作所必需的设施、设备、用具等资财,均由办公地点提供,即对管理者或办公人员的居住地点与办公地点以及行政组织的所有物材与其成员的所有物材进行明确分离和公私分明。

(3) 文书主义的原则。对官僚制组织中的各种处理、指令,至少是最后的决定,应全部以文书的形式表示、记录、保存下来。现代行政的正常运营管理,离不开文书这一手段,这种管理职能也是通过文书才得以实现的。

(4) 相同事务集中管理的原则。集中管理的原则是指将各部门中存在的相同、类似的机关行政事务尽量归到一处进行集中处理的原则。被归到一处的相同的机关行政事务,都会使其在质和量上处理得更加合理化、效率化,消减成本,有助于遏制机构臃肿、人浮于事等弊端。在行政改革中贯彻集中管理的原则是使我国机关管理现代化、高效化的前提条件,同时也是我国从根本上改革行政管理体制的关键。可以集中管理的机关事务,一般有修缮、营建、采购、文书的收签和发送、机关资材的管理等。

(5) 机械化、自动化的原则。机械化原则是指在机关管理中广泛使用机械设备以代替或减轻体力劳动,提高效能的原则。由于现代技术革命的推动和现代行政日趋专业化和规模化,机关管理要有效、合理地处理大量繁杂而且日趋专业化的行政事务,已不能像过去那样依赖笔和算盘,必须通过普及推广机械化,使机关管理向科学化、自动化方向发展,将机关管理推向现代化。

(四) 机关管理的任务、功能和意义

1. 机关行政的任务和功能

机关行政管理的任务有很多,具体来说,包括以下几个方面:协助行政领导者制定和执行政策,当好行政领导者的助手、处理各种日常事务,随时接受并完成各种临时性、突发性任务,为行政机关的各项职能活动提供最佳的工作和生活

条件、有效地提高机关管理的效能,创造廉价政府、廉洁政府的社会形象。

办公场所在它所管辖的范围内,具有以下特殊功能:(1)具有发动的功能,是整个机关工作的发动机,使整个机关运转起来。(2)具有控制的功能,即协调、控制机关工作的开展。(3)具有代表的功能,即狭义的机关是泛指机关(行政组织)的代表,其意志、行为都代表一个行政组织。现在的办公场所,诸如办公厅、办公室也被公认为综合性的办事机构,在行政管理中具有重要作用。

2. 机关行政的意义

机关管理不仅仅是从属于政府进行社会管理的行政活动,它在今天无论是在规模上还是在技术上都发展到了很高的程度,支撑、维系着庞大的现代行政系统稳定、连续运行。机关管理是保证行政系统实现其最终目标,行政系统得以高效运营的重要条件;同时,机关管理的正常、有效运营也是测定现代行政官僚制组织确定的重要标志。

二、机关管理的内容

机关管理的内容包括:会议管理、机关文书和档案管理、机关财务管理、机关总务后勤管理等方面。

(一) 会议管理

会议是指一种通过召集大家来共同商讨问题的集会,它是为了解决某个共同的问题或出于不同的目的聚集在一起进行讨论、交流的活动,它往往伴随着一定规模的人员流动和消费,这是一种有组织有目的的活动。召开会议应该注意以下几点:会议召开要简化;召开会议要做充分准备;会议进行要严格有序;会后要及时总结汇报、整理资料。

会议管理是针对会议的管理活动,其核心是确保会议质量,提高会议效率。会议管理有两方面的内容:一是为防止人为制造"会海",要严格控制会议次数,严把会议审批关;二是对批准召开的会议要精心组织。

根据会议的普通流程,会议管理的一般内容可以从会议召开准备阶段、进行阶段、结束阶段三个方面来阐述。

在会议的准备阶段,会议管理主要包括两方面的工作:(1)准备好与会议有关的文件和资料,包括起草和审核文件,以及收集、整理、印制和分发各种材料,使与会人员在会前能有所准备。(2)做好各种服务性的筹备工作,包括确定参加会议的人员,约定和布置好会场,拟好会议须知,通知开会的目的、地点、时间、议题等,落实与会人员的食宿、交通、医疗等问题,安排好参观、文艺节目等活动。

在会议的进行阶段会议管理主要包括三方面的工作:(1)检查、核对参加会议的人员,如果有未到人员,要催询,如果发现通知有遗漏、失误或临时变故,要及早补救或适时更正,如果属重要会议,要让与会者及时签到,如果是会上所发文件,要履行登记签收手续。(2)做好会议记录,包括会议名称、时间、地点、出席人员、发言内容、记录者姓名等项目,发言内容要根据会议特点选择详细记录或简易记录。(3)做好会议情况的收集和汇报,包括会议进程、与会者的思想情绪、分组讨论情况以及简报的编写,收集会议情况有两种方法可选择,即各小组口头或书面汇报和专设的联络员负责汇报。

在会议的结束阶段会议管理主要包括如下几项工作:(1)收回文件,汇总意见,与有关部门研究修改,按时上报。(2)收集整套会议文件,加以整理编目,以便存档备查,同时形成会议纪要,供执行会议决定时参考。(3)做好会议的善后工作,这主要指安排好暂留人员的食宿、返回人员的订票等离会事宜,以及清理会场、归还借用物品、结算财务等收尾工作。

(二)机关文书和档案管理

由于在机关行政中,文书管理和档案管理具有一定的相同点和互通性,严格来讲,档案管理属于文书管理的一类,故将二者列在一起阐述。

1. 机关文书管理

(1)机关文书管理的内涵

机关文书即公务文书,就是一般所说的公文,是各类公文的泛称。机关文书种类繁多,它作为传达贯彻政府方针和政策,发布法规、请示和答复问题、指示和接洽工作、报告情况和交流经验的一种重要工具,在行政管理中起着重要的作用。具体说来,文书有两种解释:一是指人们利用公文表达意图,进行联系,记述情况和作为根据的一种书面形式,有公务文书和私人文书两类;二是指机关中从事公文工作的人员。

机关文书管理是指对机关中政府公文的管理。机关文书是政府部门及公务员为了公共事务的有效开展,在政府部门的决策、沟通、协调、处理、执行等行政活动的过程中,以文本形式,表达和传递政府公共组织的意志、联系各方的最为常用的手段或工具。在社会组织中,特别是公共行政组织中,信息的流动和传播,主要是以公文为媒介进行的。

(2) 机关文书管理的作用

机关文书管理在行政管理过程中,具有其特殊的作用,具体来说,包含下面三个作用:

① 实现政府行政活动的媒介。由于现代行政组织以及行政活动的规模巨大、管理的类型和管理的内容复杂多样,要保证公共政策的连续性、稳定性和政府整体效率的提高,非常需要运用公文的方式开展行政事务。如果不对其进行管理很难发挥功效。

② 有助于加强行政监督,实现行政目标。通过科学的机关文书管理可以保证社会大众有效地利用政府机关文书,提高行政监督的实效;机关文书管理使得机关文书广泛应用到现实行政活动和人们的公共生活中,为公共行政目标的实现作出最大的贡献。

③ 提高公务文书的利用率。科学的机关文书管理使得政府组织中的成员都能在最短的时间里,查找到所需要的公务文书,杜绝政府组织内部的公共行政信息被垄断的现象发生。同时,还使社会公众能以更为简便和低成本的方式阅览到自己需要的公务文书。

总之,机关文书管理在政府管理中具有无法取代的作用。虽然其属于具有辅助性、事务性的工作,但由于现代公共行政具有的规模性、法制性等特点,使机关文书管理的特殊作用被进一步放大。

(3) 机关中的文书处理

机关文书的处理包括程序和原则两部分内容,具体如下:

机关中的文书处理程序包括两个方面:一是发文处理,二是收文处理。具体内容如下:发文的处理依次包括撰拟、审核、签发、文印、校对、封发和归卷等程序;收文的处理,一般包括签收登记、分发、拟办、批办、承办、催办、清退和归卷等内容。

除了要遵守一般行政管理活动的原则外,机关文书的处理还必须遵循准确原则、及时原则和保密原则,具体内容如下:

① 准确原则是指收文的分发转呈不得有误,登记无差错。

② 及时原则是要求根据公文内容的轻重缓急抓紧处理,做到随收随办,不

积压,不拖延,不误时,不误事,减少公文旅行的时间,保证行政效率和经济效益。

③ 保密原则是要防止处理公文过程中,出现泄密和丢失,给国家造成政治或经济损失。

2. 机关档案管理

机关档案是行政活动的历史记录,是由机关文书按照一定规律保存起来的文书资料。因此,能成为档案的是那部分具有一定查考和利用价值的文书与资料,是有条件地转换而来的,也就是说,只有处理完毕后经过筛选、具有一定查考和利用价值的那部分文书及资料才能成为档案。它不仅为当前和将来的行政活动提供服务,还是国家的宝贵财富。

档案在机关管理中具有重要作用。档案记录的是机关活动的历史,可以作为研究和处理问题的依据,具有真凭实据的作用;它作为第一手资料,对行政历史和现状的研究都有参考价值;它可以保持行政活动的连续性和稳定性,从而提高机关工作效率和质量。

机关档案管理的基本内容概括起来包括以下方面:机关档案的收集、机关档案的整理、机关档案的鉴定、机关档案的编目、机关档案的装订、机关档案的保管以及提供各种服务和统计等。

另外还需注意,在实行档案管理的过程中,除了要坚持一般的文书管理原则之外,还要坚持集中统一和档案必须案卷完整的管理原则,这是由机关档案本身的保密性和完整性的特点决定的。

(三) 机关财务管理

1. 机关财务管理的含义

机关财务管理的含义可以概括为:国家行政机关为实现其对机关活动的科学管理,对行政经费的领拨、运用等实施有效的管理、监督。其管理特点如下:管理方式预算化;经费使用的非生产性;经费支出的单一性、确定性。

2. 机关财务管理的原则

在机关财务管理过程中应遵循一定原则,具体如下:

首先,坚持行政首长负责制原则。各单位的行政首长对本单位的会计工作和会计资料的真实性和完整性负责,特别是对涉及财务管理的重大问题,应实行党委集体研究、集体决策。这是加强组织领导、科学决策,是做好机关财务工作的重要前提。

其次,坚持规范管理、制度先行的原则。及时根据国家出台的有关财务政策和统一的会计法规制度,紧密结合本单位财务工作的实际,健全各项内部财务规章制度,完善财务内部管理机制。并对现有的制度不断地进行梳理、归纳和完善,以在执行制度方面明确范围、分清责任、提高效率。

再次,坚持经办部门、事权管理部门和财务管理部门三位一体的原则,即经办部门对经办的财务收支业务的真实性负责,事权管理部门按照管理范围对经办部门所需要办理事项的必要性、可行性和政策合规性负责,财务管理部门对经办部门办理有关财务开支事项审批程序的完整性、票据的合规性和资金使用的正确性负责,以保证财经法规制度的持久、有效落实。

最后,坚持公开、公平、公正的原则。坚持财务工作公开、公平、公正的原则,财务工作接受监督。各部门各司其职,各负其责,相互协作,加强管理,不断提高工作质量和管理水平。

3. 机关财务管理的主要任务

机关财务管理的主要任务有以下三点:

第一,建立和完善机关财务管理制度,健全财务制度,规范单位财务行为。财务制度的健全是规范和加强机关财务管理的基础,是坚持依法办事、依法理财,接受内部监督和外部检查,进一步转变工作作风和管理方式,提高工作质量和效率的根本途径。在管理过程中要使机关财务开支既做到保障机关公务活动需要,又能节俭有方,用财有效,使国家有关财务规章制度在单位内部得到具体的体现和贯彻落实,保证各项财务活动有法可依、有章可循,实现财务管理规范化、制度化。

第二,编制行政经费预算,进一步提高预算编制的质量,理顺部门预算,提高部门预算编制的准确性。要建立科学的支出标准和预算定额,增强预算透明度,建立专项资金项目评估机制,促进预算的科学化和规范化。对地方补贴的发放,实行由财政部门统一标准,统一发放,保证机关各单位之间职工利益分配的均衡,使其成为一项"阳光工程"。

第三,加强会计监督,维护财经纪律。会计监督是单位财务管理的一项重要任务。行政机关要严格执行《中华人民共和国会计法》和《会计基础工作规范》等会计法规,建立、健全本单位内部会计监督责任制,依法配备会计人员,合理设置会计工作岗位,支持会计人员依法履行会计监督职责,建立规范的会计工作秩序,提高机关财务管理水平。

(四) 机关总务后勤管理

机关总务后勤管理就是行政机关对机关环境、物材、日常生活事务、接待事务等方面进行科学、合理、有效的管理,为行政机关工作人员创造良好的工作环境和生活环境。它包括机关环境管理、机关物材管理和日常生活事务管理。

机关总务后勤管理中一个重要的内容就是机关环境管理。机关的空间环境包括了机关的外部环境和内部环境。相应地,机关的空间环境管理也分为外部空间管理和内部空间管理。机关的外部空间管理原则主要是指机关在选择地点时所应考虑的一些标准因素,其中包括地方宜清静,有足够的面积,位置适中,考虑机关的特殊需要等。机关的内部空间管理主要是指机关的总体面积布局问题,即如何在提供充分空间或现有空间的前提下作最佳利用。这需要遵循以下三项原则:发展有效而成本低的工作流程;允许弹性布置,以利于重新安排和未来扩展;定期检查各方面的空间管理效果。

机关物材管理主要包括对办公用具、办公设备、办公图书等满足办公需要工具的管理。机关物材管理主要包括机关物材采购、机关物材保管、机关物材使用三部分。机关物材采购是政府采购的一部分,政府采购"是一国政府部门及政府机构或其他直接或间接受政府控制的企事业单位,为实现其政府职能和公共利益,使用公共资金获得货物、工程和服务的行为"[①]。机关物材的保管,主要是指物材的登记、收藏、使用费用的签认以及物材的盘点、交换和养护等,目的是保持物材的效能。机关物材的使用,一般应遵循经济化、有效化、标准化和制度化的原则。

日常生活事务管理主要是指对有关机关工作人员日常生活方面的事务所进行的管理,如食堂管理、保健管理、托幼管理,它事关机关工作人员的切身利益,因此,会直接影响到机关工作人员的工作情绪,影响机关工作人员的积极性、创造性的发挥。接待事务管理是日常生活事务管理的另外一个重要内容,接待事务分为内宾接待和外宾接待。其三条基本原则是:坚持内外有别;做好后勤服

---

① 曹富国:《政府采购国际规范与实务》,企业管理出版社 1998 年版,第 8 页。

务;勤俭节约。①

案例分析

案例 7-1 机关人事档案管理中的公开化问题

"档案之痛"困扰了汤国基 20 年的梦魇

汤国基,男,1964 年出生于湖南省宁乡县花明楼,中国作家协会会员。1980年,踌躇满志的他准备高考时,不慎被狗咬伤,注射狂犬疫苗后,严重的副作用使他在高考期间一直失眠。本极有希望考上名牌大学的汤国基,最后只考上当时驻留宁乡的益阳师范专科学校,这使他进校后就闷闷不乐。但他成绩优异,并频频在报刊上发表作品,成为益阳师专建校以来第一个在《中国青年报》等国家级报刊上发表作品的在校生。年轻的汤国基才华初显,性格也显得桀骜不驯,心高气傲的他多次向媒体和教育部、教育厅写信,反映自己的学校师资水平不佳,并说自己的班主任周某和中文系负责人秦某"不学无术"。三年后大学毕业时,班主任在其档案中留下了以下的毕业鉴定:能参加学校各项政治活动,生活艰苦朴素,学习认真刻苦,有钻研精神,专业知识掌握较好,能带病坚持学习,能参加体育活动。个性强,多疑善妒。该同学与同学打架后,采取报复行为,曾受到记过处分。有严重的神经官能症,不宜担任教学工作。

1983 年 8 月,汤和另外 12 名同学一起被分配到宁乡县教育局。不久,那 12 名同学都有了单位,唯独没人要汤国基。从 1984 年开始,汤国基抓住国家"尊重知识、尊重人才"的大好机遇,向全国各大军区和江苏、浙江、广东等地发函联系工作。在接下来的一年多里,先后有南京军区陆军学校、浙江省司法警官学校等单位向宁乡县教育局发调令,让汤国基去工作,但仍然是档案一到,人家就退回。1986 年 12 月,汤国基报考了中国政法大学国际法专业研究生,但由于没单位给他开证明,报考无门。1987 年 12 月,他把单位写成"宁乡县双江区教育组",但双江区教育组以"查无此人"为由把准考证退回。

万般无奈,汤国基使出最后一招,请求县教育局送他作精神病司法医学鉴定。湖南省精神病医院与湖南省精神病司法医学鉴定小组的诊断结论和鉴定结

---

① 张国庆:《公共行政学》(第三版),北京大学出版社 2009 年版,第 211—239 页。

| 行政管理案例分析 |

论均为"精神正常"。宁乡县教育局接到这份权威的鉴定后,既不告知汤国基,也不向社会公布,更不安排其工作。

奔波七八年之后,1991年汤国基开始从事创作,以稿费为生。2001年,汤国基与《现代女性》《女性天地》两家杂志社共同成为被告,引发了一场在全国闹得沸沸扬扬的前奥运冠军刘璇母亲谢蔚平"名誉侵权案"。2002年5月20日,长沙市开福区法院在审理后判决汤与两家杂志社无过错,由此汤国基声名大噪。截至目前,汤国基已经在国内外报刊上发表小说、散文、报告文学等300余万字,成为湖南一位小有名气的青年作家。

汤国基的人生路本来将平坦地走下去,他用稿费收入赚取了一套100多平方米四十余万的房子,虽仍然孤身一人竟也其乐融融,但一个偶然事件打破了这一平静。2002年12月3日下午,汤国基接到挂靠单位东湖塘初级中学的电话,要求其赶快回宁乡办理精神残疾手续以应付再就业检查。此时,他"第一次听到有人以组织的名义对我说我是一个精神病人"。2003年6月,一位"正直人士"向他住所的信箱里投进了三份复印件:毕业鉴定、处分决定和精神病医学鉴定书的手抄本。2003年6月26日,湖南城市学院(由原益阳师范专科学校与原湖南城建专科学校组建)承认处分决定和毕业鉴定的复印件"与原件完全一致"。汤国基认为,他找到了20年来处处碰壁、生活极不稳定的原因,那就是"考虑到该生长期患有头昏失眠等疾病,有时精神有反常现象"和"个性强、多疑善忌……有严重的神经官能症、不宜于担任教学工作"的档案评语。

2003年7月14日,汤国基向宁乡县人民法院提起民事诉讼,要求益阳师范专科学校(现更名为湖南城市学院)和宁乡县教育局在《光明日报》《中国青年报》等报刊上公开赔礼道歉,恢复其名誉,并赔偿损失及精神抚慰金共计人民币2100万元。7月21日,法院审理后认为,最高人民法院相关司法解释中曾规定:国家机关、社会团体、企事业单位等部门对其管理的人员作出的结论或者处理决定,当事人以侵害名誉权向人民法院提起诉讼的,人民法院不予受理。益阳师范专科学校给予汤国基的处分、毕业鉴定以及由此导致的宁乡县教育局的管理行为,即属此类,法院不予受理。2003年8月,汤国基上诉至长沙市中级人民法院,长沙中院以相同的理由驳回。

经过多方搜集证据,2004年4月15日,汤以"行政不作为"为由把湖南省教育厅告上了法庭。芙蓉区法院受理该案之后,追加湖南城市学院和宁乡县教育局为本案第三人,并通知两单位参加诉讼。而两单位对此案持诉讼异议并声明不承担法定责任……2004年9月15日,芙蓉区人民法院驳回汤国基诉湖南省教育厅行政不作为的诉讼请求。"汤国基档案事件"的法律诉讼与争议仍在继续,由此,汤国基的遭遇铸成了他带有传奇色彩的"档案人生"。

(案例来源:斯为盛学社网,http://web.cenet.org.cn/web/chentan/index.php3?file=detail.php3&id=68896,引用时有删减调整。)

【解　读】

有人说人事档案是"说起来重要,排起来次要,用起来需要,忙起来忘掉",现实中人事档案也确实存在这样的问题。

人事档案是人事管理活动中形成的,记述和反映个人经历和德才表现,以个人为单位组合起来,以备考察的文件材料。它主要是由人事、组织、劳资等部门在培养、选拔和使用人员的工作活动中形成的,是个人经历、学历、社会关系、思想品德、业务能力、工作状况以及奖励处罚等方面的原始记录。

从本案例可以看出,学生时代的汤国基本身也是有过错的,因为他恃才自负而不尊师重长,性格刚烈与同学打架。然而难道仅仅因为学生时代这些所谓的"过错"就值得他用20年的青春代价和时间成本去偿还吗?汤国基在毕业之后长达20年的时间里,一直不知道自己的档案里面记录的是什么,在这20余年里,汤国基没有正式工作、没有固定薪酬。造成这个问题的原因是多方面的。一方面是由于当时他自己恃才傲物,目无长辈,性格暴烈,以致"引火上身",而且之后对于自身的档案也不重视;另一方面,这与当时的档案制度的不完善也是有关系的,在档案管理的过程中,班主任的行为明显具有利用职务对汤国基进行报复造成侵权之嫌。此外,学校对汤国基的处分也是不符合程序的,并且在处分之后没有通知到汤国基本人。除此之外,当时的档案公开度不够也是造成他对自己档案内的"严重问题"没有察觉的主要原因。结合近年来,由人事档案引起的争议、纠纷和诉讼的频频发生,多数是由于人事档案的透明度不够而导致当事人对自己人事档案的内容不了解所致。所以,我国应该增强人事档案的透明度,保障公民对人事档案的知情权,实现人事档案信息的部分公开。

在汤国基意识到档案问题的严重性时,他当时想要查阅自己的档案时也是阻力重重。更让人想不到的是,仅仅由于档案中班主任的几段略带报复心理而写的严重话语,汤国基竟然在长达20年的时间内无论是就业还是考研都困难重重,最后只能做一个自由撰稿人为生,直到最后的真相大白,才知道了自己当初为什么总是事事不顺的真实原因。而汤国基在发现自己的档案问题后,向有关的行政机关寻求正当权利保护与补偿时,相关的行政机关的不作为也是对汤的一种权利侵害。

【启　示】

邓小平说过,"好的制度可以使坏人无法任意横行,不好的制度却可以使好人无法充分做好事,甚至会走向反面",完善人事档案制度是一项势在必行的任务。具体来说,完善人事档案就是全面推进人事档案管理工作制度化、规范化、信息化管理进程。

人事档案制度化、规范化、信息公开化是一项重要的工作,也是一项长期、复杂的系统性工程,它涉及组织部门、人事部门、档案部门等多个部门,需要全社会的共同努力才能完成。完善人事档案制度,可以从以下方面入手:

一是加强对公众进行积极的宣传教育,提高他们的档案意识和民主法制意识,提升他们参与管理以及维护自身合法权益的能力,激发他们利用档案的热情;打破公民对人事档案的神秘感和陌生感,使公民认识到只要履行一定的手续就可以了解本人人事档案的内容,并利用人事档案来解决一些实际问题。

二是完善相关的法律法规。我国现行的人事档案法律法规中,关于档案公开利用的条款大多是在20个世纪制定实施的。有关部门应该修改和完善现有的档案法律法规,明确规定公民对自己的人事档案享有知情权,可以合法地查阅自己的人事档案,同时保护好个人隐私权;应该根据新形势下人才频繁流动的现实,重新制定收集范围、保密期限、秘密等级等方面的规范。

三是转变人事档案管理模式。在社会主义市场经济条件下,我国应该改革旧的人事档案管理模式,建立新的人事档案管理模式。应该对人事档案进行社会化管理,将人事档案的收集、整理、保管、提供利用等工作交给拟建或已有的社会中介机构——人事事务所、人才交流中心、公民文件中心等,让公共权力机构、公共事业单位与公共雇员"袖手旁观",从而实现社会的"人事代理"和公共管理功能。我国应该借鉴外国人事档案管理工作的有益经验,探索有中国特色的社会化、开放式的管理模式。

最后,加快实现人事档案管理的信息化、透明化,保障公民对本人的人事档案享有知情权。当今人才市场的发展,人力资源的开发,尤其需要人事工作和人事档案工作的信息化。在人事档案管理工作中,尽可能地运用当代科学技术的新成果,先进的管理方法、先进的科技手段与工具,提高人事档案工作的效率和水平。公民对本人的人事档案享有知情权,此外,机关人事档案信息应该有条件地公开,让有资格的外部部门或个人能够通过一定的方式去了解人事档案。这样有条件的人事档案公开制度不仅有利于增强公民的档案意识,方便公民利用档案,还有利于加强对机关人事档案工作的监督,使机关人事档案工作能更好地为社会服务。

案例思考

1. 假如你是汤国基,面对如此情况,你会如何应对?
2. 在"汤国基档案事件"中,反映了我国档案管理的哪些问题?
3. 如何避免我国机关行政中类似的事情再次发生?

(撰写者:江鑫)

案例 7-2　机关安全问题管理

美国财政部大楼火灾事故

1996年6月26日美国白宫附近的财政部大楼发生火灾事故,火灾原因是大楼本身超过维修年限以及建筑工人在内部改建时未严格按照规定操作。

当天晚上11时30分,美国消防协会火灾调查负责人康明以及酒精烟草枪支管理局的甘拉德·海尼斯工程师会见并介绍了当天下午财政部大楼屋顶层的火灾情况。

发生火灾处的拱形屋顶是1921年改建的,其内部大部分仍是1836—1869年建造的原始结构,这些都已超过维修年限。

当天早晨,施工承包人按规定打开屋顶,按计划改变两条排水管道位置。在工作完成后,财政部的保安人员和检验人员离开了屋面,承包人仅对熟悉的部位查看一下,对火险隐患没有认真检查。过了不多久,五楼的一名职工闻到烟味,另一名职员向内部保安指挥中心火灾报警。保安人员收到火灾报警信号后开始组织人员疏散。在确认报告正确之后,相关人员即携带灭火器材从东南角楼梯登上屋面进行扑救。他们努力控制火势蔓延,但无法阻止火势在吊顶空间内的发展,一直到消防人员到达后,消防队员才控制住了火势。

这次火灾中,建筑内部物品的不规范摆放成了火灾的隐患。财政部在五层楼的开架书库就是一个典型的火险隐患例子。可以说,改变任何一点使用性质都会造成火灾的威胁。大多数人不会想到书架会造成如此危害,然而书籍放在橱架里犹如易燃液体,贮存位置是受到限制的,虽然都知道存放是临时性的,但预计存放三周却会变成三十年。

有讽刺意义的是,建筑物经过维护和修理,会变得更易被火灾所损坏。火灾发生时火灾报警系统和灭火系统动作可能有失灵或减少,门可能是开着的。财政部大楼屋顶火灾后,工人在楼梯间和走道内还发现有汽油发电机的燃料。对于这些,施工负责人必须制定相应完善的防火安全措施。

(案例来源:中国消防在线网,http://www.119.cn/ywxf/txt/2007-05/22/content_1588426.htm,引用时有删减调整。)

【解　读】

机关环境管理中,办公场所的消防管理是机关行政中的重要一环。消防安全是我们党和国家在经济建设和社会发展中一贯坚持的指导思想,是国家的一项重要政策,是涉及保护国家、人民财产、人民生命安全和现代化建设的大事,是社会主义精神文明建设的重要内容。假如在机关行政连最基本的安全问题都无法保证的话,机关在其他方面的工作就无法展开。

近年来,社会和经济不断发展,城市建设规模不断扩大,高层建筑和办公场所不断增加,新的火灾隐患不断出现,给消防工作带来了新的挑战,消除火灾隐患、强化监督执法显得尤为重要。

在本案例中,就暴露出了一些机关管理中的火灾隐患。

第一,建筑本身就已经超过了防火维修年限,且盲目改造会增大火灾发生的危险。发生火灾处的拱形屋顶和吊顶空间内都已超过维修年限。这些超过年限的建筑管理和操作起来都存在很大难度,而且改变建筑物的使用性质和超负荷运行会影响建筑物的寿命。如果能充分了解到这些,在对整个建筑的构造特点进行科学的了解,并对之后的改建进行科学规划和安排之后再进行屋顶施工,这对财政部大楼来说,就可能不会发生火灾或发生了损失会减少到最小。

第二,建筑内部的物品摆放不合理。存放书籍的敞开书架正好对着火势,五层通向北端出口的走道在书籍引燃起火时,人员陷入危险。按101规程是禁止这样存放的。另一个问题是竖向管井在每层楼板水平处没有防火封堵,也增加了烟和火势的蔓延,而且缺少竖向垂直的防火分区,使发生火灾直接影响到人员的安全。

第三,假如当时职工发现的晚一些,或者人们没有消防演练经验的话,后果将更不堪设想。五楼的一名职工闻到烟味,另一名职员向内部保安指挥中心通话。4时42分,五楼西北角的一个手动按钮被启动,信号传送到底层的指挥中心,保安人员收到火灾报警信号后开始组织人员疏散,由于保安人员的通知及时,并且得益于人们平时的消防演练,这次火灾所幸没有造成人员伤亡。

【启　示】

通过以上案例的分析,可知消防管理在机关行政中至关重要,是其他行政工作开展的前提和保障。消防在机关环境的管理中至关重要,必不可少。

加强消防安全宣传教育,并在每年定时展开消防安全培训,对于提高加强机关人员的消防安全意识具有重要意义。各个行政机关都应该落实下列措施:单位每年可根据本地区的消防安全活动,如全国"119"消防宣传日、消防宣传周等,组织开展有针对性的消防宣传、教育活动。机关消防安全责任人将消防安全教育、培训工作列入年度消防工作计划,为消防安全教育、培训提供经费和组织保障;消防安全管理人制定单位年度消防安全教育、培训计划,负责在员工中组织开展消防知识、技能的宣传教育、培训;严格按照年度消防安全教育、培训计划,组织全体人员参加消防教育、培训。

建立起定时的防火巡查制度、防火检查制度。办公楼的产权单位或者委托管理的单位应当至少每月进行一次防火检查。防火检查应当填写检查记录。检查人员和被检查部门负责人应当在检查记录上签名。此外,应当进行每日防火巡查,并确定巡查的人员、内容、部位和频次。防火巡查人员应当及时纠正违章行为,妥善处置火灾危险,无法当场处置的,应当立即报告。发现初起火灾应当立即报警并及时扑救。

注意改善机关的行政环境,加强安全防火力度,对办公楼规划不合理的地方进行装修和维护;配专人对用水管道、用电线路、防火设施定期进行检查维修和更换,并形成下班时及时切断总电源的习惯,及时消除安全隐患。

案例思考

1. 机关行政的环境管理包括哪几部分?
2. 机关行政环境管理有什么要求?
3. 你认为我国机关行政的环境管理中还存在哪些问题?

(撰写者:江鑫)

案例 7-3　机关印章管理

伪造国家机关的印章　是致富之道还是监狱之路?

住房公积金是国家为促进城镇住房建设、提高城镇居民居住水平而建立的一种长期住房储金。然而,这项专款专用的公积金,竟然被南京市的一些无业人员、中介公司通过伪造一套以假乱真的购房文件和完税发票非法套取,造成20多万元公积金流失。6月10日,这伙嫌犯被南京市玄武区检察院分别以涉嫌伪造、买卖国家机关证件、印章和伪造公司、企业单位印章等罪名提起公诉。据悉,这是全国首宗套取公积金犯罪案。

据警方介绍,现行公积金提取制度存在一些漏洞,提取人单位从源头上就没有把好审核关,契税所、银行和住房公积金管理部门三者之间又没有就此项工作进行信息联网,犯罪分子就是利用工作上的漏洞实施犯罪。南京市无业人员张桂华等10人,2004年8月就开始以每份1元的价格,从南京市房产局购得空白的"房屋买卖契约",填上虚假内容后,一并提供给他人用以非法提取住房公积金,他们经常在报纸上发布"速提公积金"广告,招揽一些已在单位办理住房公积金,目前提取住房公积金的条件又暂不成熟,但又急于用钱的人,这些人一旦与张桂华等人联系上,她们就根据提钱人的个人资料,伪造《房地产买卖契约》等全部手续,到银行提前支取个人住房公积金。事成后,张桂华等人再根据提取人公积金的数额,按20%左右收取好处费。

对于这样大规模地非法套取公积金,司法部门理应从严从重处罚犯罪分子,然而我国现行的法律没有明文规定此类犯罪该如何定罪。据介绍，全国其他一些城市也先后出现过类似的违法行为，就是因为现行法律没有明确的条文适用罪名，故而都没有将此类行为定性为犯罪，最多就是予以行政处罚，打击力度明显不够。南京市此次以涉嫌伪造国家机关、企业单位印章罪依法提起公诉，也是费尽周折、几经推敲，虽然这个罪名与罪行似乎不相当，但适用的这条法律来定性应该也是准确的。

南京市玄武区检察院陈玲伟副检察长说，非法套取公积金的行为对社会危害性极大。住房公积金是促进城镇住房建设，提高人们居住水平的专项基金。非法套取不仅扰乱了住房公积金的管理秩序，使住房公积金余额不断减少，而且直接损害广大公积金缴存人的利益。目前司法部门打击这些新型的犯罪，适用的法律条文显得有点相对滞后，检察机关这次虽然以伪造国家机关印章的行为来追究犯罪嫌疑人的刑事责任，但伪造国家机关印章套取公积金行为的危害性要远远大于一般的伪造国家机关印章的行为，就打击的力度而言，相对还有点弱。

（案例来源：《市场报》2005 年 6 月 14 日，引用时有删减调整。）

【解　读】

印章在我国的经济活动中被普遍使用、亦被广泛接受。从普通百姓、经营单位，乃至国家机关，无不"认章不认人"。而在大多数经济发达国家，恰恰相反，往往只认签字不认章。这除了与一国的法律有关外，主要还是取决于经济传统与习惯。正是利用了这一点，案例中的犯罪分子通过伪造、买卖国家机关证件、印章和伪造公司、企业单位印章，再利用提取公积金的程序的漏洞来获取不法收入。在案例中，这些无业人员、中介公司通过伪造一套以假乱真的购房文件和完税发票非法套取，仅凭一份房屋买卖合同和完税凭证，再加上必要的审核就可以提取公积金，可见在这里通过伪造印章而获取利润的有多轻松！

这种非法套取不仅扰乱了住房公积金的管理秩序，使住房公积金余额不断减少，而且直接损害广大公积金缴存人的利益。但是可惜的是，对于这样一种犯罪适用的法律条文显得有点相对滞后，打击力度远远不够。这样轻的打击力度也让很多不法分子敢于铤而走险。对于不断出现的这些新型的法律没有明文规定的违法行为，我们的政府必须尽快立法完善法律上的盲点，填补法律上的空白。

由于现行的印章具有不易即时认证真伪的功能,无法当场确认加盖该章的次数及具体时间等缺陷,难以从根本上解决快速、精确地确认真伪的功效,即快速身份认定等一系列问题。随着我国市场经济的发展,差不多事事不离印,项项都需章,印章以其不可替代的身份信用功能参与我国的政治、经济和文化生活。然而,在现实生活中,由于我国现行各种印章的防伪性能差和识别监管手段落后,长时间以来我们一直遭受着假冒印章的侵扰。正是这些假冒印章,繁衍出了一个又一个假合同、假票据、假证件、假产品,繁衍出了一个又一个违规违纪以至违法的大小案件。有资料显示,每年我国经济领域发生的数以千万计不讲信用、违规、违纪、违法的案件中,80%与假冒印章有关,我国市场秩序的混乱在很大程度上是假冒印章引发的混乱。印章的作用非同小可,尤其在中国,印章的作用无处不有,无处不用。到处可见公章、财务章、合同章、法人名章等。公章、财务章、合同章的作用尤为突出,顷刻间印章可以使你得到百万元利润,成为百万富翁,也可以使你顷刻间蒙受百万元的损失,走向破产、分文皆无。

在我们这个"认章"的社会,上述案件至少给我们企业的管理者提出了这样几个问题:如何识别印章的真实性?如何确保印了章的文件的可靠性?如何管理好自己的印章?

【启 示】

通过上述案例的判决结果看,国家机关以及企业在社会、经济活动中应加强对于公章、授权委托书、法人代表印章的监督和管理,避免再次出现上述案例中的现象,否则我们的国家和单位最终将会为管理不严蒙受白白的损失。

那么如何确保机关印章的安全呢?——只有严格管理。

首先,应严格按照国家的印章管理规定刻制、保管和使用印章。印章的遗失、刻制、备案均须通过法定部门审批、备案,必要时应当公告并及时通知重要客户。同一用途严禁刻制多枚印章。

其次,实行印章专管制度,每枚印章必须由专人保管并加盖使用。印章专管员必须是企业在册职工,对企业忠诚并富有责任心,领用印章时签署《专管员保证书》。用章人、审批人与保管人严格分离。

再次,国家机关和企、事业单位,还应当制定详细具体的印章管理办法,用以规范用章行为、明确用章权限;专管员随印随记,要做到每次用印都有案可查;用印时,一般要求经办人同时在用印处署名,做到"人""章"结合。

最后,国家机关和企、事业单位还要建立常规的与适时的用章检查制度,发现问题及时纠正。严肃责任追究制度,对于擅自刻制、使用公章的,及时移交司法机关追究刑事责任。

案例思考

1. 机关行政中规范印章管理有何意义?
2. 你认为我国机关行政中的印章管理存在哪些问题?
3. 如何避免和改进这些问题?

(撰写者:江鑫)

案例7-4 涉案物品管理

中牟交通事故临时工出警 被扣押车辆轮胎丢失

处理重大交通事故,出警民警必须两人以上。然而,中牟县交警队在处理一起交通事故时,却只有一名民警,而且这名民警还只是"临时工"。更为蹊跷的是,本来被警方扣在停车场的肇事车辆还离奇地丢了左前轮。

路上出车祸 出警仅一人

56岁的寨广州是开封人。去年12月1日,他和妻子朱继华及妹妹寨秀美、寨秀丽和另外一个朋友李瑞分乘两辆车前往新郑机场接人。李瑞驾驶着车牌号为豫BWL956的轿车载着寨秀丽在前面,寨广州的车子跟在后边。

上午10时许,一行人行驶到中牟县境内时,寨广州远远看到对面一辆货车左右摇晃。很快,这辆车与李瑞驾驶的车辆相撞。急救人员赶到现场后,李瑞和寨秀丽被送往医院。坐在后边的寨秀丽身体左侧12根肋骨骨折,上颌骨、下颌骨多处骨折,骨盆多处骨折,右桡骨骨折,面部畸形,左耳失聪。

随后,中牟县交警大队的一名民警赶到现场。寨广州回忆:"他一个人出警,一个人处理事故,一个人办案,连现场勘察都是找的路边百姓帮忙拉的皮尺。"寨广州和妻子等人证实,对方货车车牌号为豫BKL815,左前轮爆胎。

在处理过程中,这名出警民警在多个法律文书上一人签下两个名字:"朱宏伟、汤建设"。事后,寨广州得知,出警的民警只是"协警",叫任新力。而朱宏伟和汤建设两名正式民警并没有出现在现场。

法官去勘察　车轮竟丢了

去年12月13日,中牟县交警大队认定李瑞一方负全责,寨广州要求申请复议,理由是对方货车左前轮爆胎是划分责任的主要依据,但"任新力让货车车主提起诉讼"。无奈之下,寨广州再次要求对大货车爆胎做司法鉴定。

然而,当中牟县法院法官王宏亮到交警部门实地勘察时,却发现货车的左前轮不翼而飞了。

交警部门：出警人员是协警

昨天上午,在中牟县交警大队,一名负责宣传的民警称,任新力只是一名协警。而中牟县交警大队副大队长丁志强则称："任新力是一名正式民警,但没有正式警号。"当记者询问,一名民警能否出警,任新力是否有资格出警等问题时,丁志强又称"不清楚"。

律师：交警部门涉嫌渎职

河南仟问律师事务所律师徐大富认为,车辆的左前轮是双方争论的焦点,事关事故的责任划分。关键证据在交警队丢失,交警部门涉嫌渎职。而一个人出警属于程序违法。

(案例来源：《东方今报》2012年3月14日,引用时有删减调整。)

【解　读】

在此案例中,交警部门在执法程序上不是很合理,主要存在两个问题：一是交警部门单人出警属于程序违法,二是扣押物品管理部门在扣押期间由于管理不善涉嫌渎职。这反映出公安交警部门在扣押物品管理制度方面缺乏完善。整个事件中,出警程序违章,对于扣押物品的管理不善,最终导致扣押物品的损坏、丢失,对当事人的利益造成侵害。为保障当事人权利,作为公安机关,在处理执法办案系统管理涉案物品中,应规范涉案物品管理,减少因涉案财物管理不当引发的违法违纪、涉访涉诉问题的发生。

对于上述交警的执法程序显然不妥。我国的相关法律和法规已经明确规定,公安机关在处理涉案物品时,应当严格按照《公安机关涉案财物管理若干规定》进行管理。交警部门作为公安部门的一个分支,当然也要遵守规定。

除涉案车辆和其他不便搬运的物品外,所有涉案物品均送物证室、涉案财物管理室存放,并按要求使用物证包装袋封存。对涉案物品制作物证标签,简要说明涉案情况。物证管理员专门负责涉案物品的接收、保管、发还、借出、移交、上缴、销毁、拍卖等管理工作。

【启　示】

由以上案例可以看出,公安机关要做到健全涉案财物管理制度、实施涉案财物统一管理。

首先,完善涉案财物管理相关制度,健全涉案财物监督考评机制,实现涉案财物扣押、收缴、保管、移送、处理各环节有章可循是专项治理的重要内容。

其次,对各执法办案单位两级涉案财物从扣押、移交、入库、处理等环节作一系列统一规范,将两级涉案财物的管理划分为特定几大步骤,保证从执法办案部门到分局涉案财物管理工作的无缝对接,从而实现涉案财物的统一管理。

再次,筹建涉案物品管理中心,以规范涉案物品管理工作,实行涉案物品集中统一管理,能有效杜绝因涉案物品管理不到位、工作不规范引发的信访投诉等执法质量问题。在筹建和运行涉案物品管理中心的过程中,应按照"严格管理、规范有序、督管结合、服务实战"的原则。

最后是提升涉案财物管理信息化水平。在提升涉案财物管理信息化水平时应以信息化助推专项治理工作的深入开展。一是以信息化促管理。在执法办案中,明确各种内容信息的填报,明确专门领导和民警,负责涉案财物的监督和保管。完善制度建设,做到规范登记,规范管理,实现涉案财物管理信息化。二是以信息化促规范。每个星期的例会中,由警区警长对本警区一周内受理、办结的案件,特别是涉案财物案件的处理情况逐一进行分析、通报,确保涉案财物无积存。三是以信息化促监督。坚持"以案核物",严把涉案财物的执法扣押、管理存放、处置流程、跟踪监督"四道关口",逐案建立台账,逐物清理核对。

此外,除了公安机关部门之外,其他的国家机关在物财管理方面也应按照制度严格执行。

案例思考

1. 在机关财物管理中有哪些原则？
2. 我国的公安机关在涉案财物管理中容易出现哪些问题？
3. 从上面的案例来看，我国现阶段的机关涉案财务管理有哪些需要改进的地方？

（撰写者：江鑫）

案例 7-5　违反机关工作纪律案例

"机关人员真贪婪，吃拿卡要就在行。机关人员真松散，上网聊天游戏玩。机关人员真大胆，公款吃喝午间忙。机关人员真潇洒，公费旅游娱乐场。"这样一首诙谐幽默的打油诗，谈不上是一首好诗，却道出了机关的作风容易出现的问题。

当前，机关的责任意识和工作作风整体上是好的，广大党员干部爱岗敬业、履职尽责、廉洁奉公、依法办事，为经济社会发展作出了大量卓有成效的工作。但是，也有一些干部工作作风不同程度地存在一些问题，请看下列案例。

1. 工作时间打麻将案：今年 2 月 12 日下午，枣强县肖张镇派出所干警李××在工作时间到宿舍与他人打麻将，严重违反了工作纪律。依据《行政机关公务员处分条例》的相关规定，枣强县监察局研究决定，给予李×行政记大过处分。

2. 工作时间炒股案：2 月 11 日上午，武强县建设局城建股股长高××工作时间网上炒股，违反了工作纪律。依据《行政机关公务员处分条例》的相关规定，经武强县建设局研究决定，免去高××城建股股长职务，行政记大过，并责令其在全局干部职工大会上作深刻检查。

3. 工作时间玩游戏、听音乐案：2 月 3 日下午，阜城县建设局办公室工作人员孙××、阜城县质量技术监督局特种设备监察股股长路××违反工作纪律，上班时间玩电脑游戏。依据《行政机关公务员处分条例》，经阜城县监察局研究决定，给予孙××、路××行政警告处分。2 月 16 日下午，衡水市水务局规划设计处职工赵×边工作边听音乐，违反了工作纪律，依据《行政机关公务员处分条例》的相关规定，经衡水市水务局研究决定，给予赵×行政警告处分。

4. 工作时间无故脱岗案:2月3日,武邑县人事劳动和社会保障局社保服务厅工作人员长时间空岗,群众办事等待时间过长,造成不良社会影响。依据《行政机关公务员处分条例》的相关规定,经武邑县人事劳动和社会保障局研究决定,分别给予主管副局长魏××,大厅负责人韩××、赵××行政警告处分。

5. 临时工违反工作纪律案:2月3日上午,冀州市发展改革局临时工作人员李娴在工作时间整理个人网络聊天室。依据《河北省影响机关效能行为责任追究办法》的相关规定,经冀州市发展改革局研究决定,给予李×辞退处理。

(案例来源:http://fc.10.gov.cn/art/2010/5/12/art_2140_42105.html,引用时有删减调整。)

【解　读】

有些机关干部把机关作风和效能建设肤浅地理解为"按时上下班",对机关作风建设含义、加强机关作风建设的重大意义,以及对经济社会发展重大促进作用的认识不到位,造就了上述种种机关作风弊端。

机关作风存在上述表现,原因是多方面的,既有主观的也有客观的,既有制度环境制约也有决策体制影响,还有观念的束缚。经过分析,原因主要有以下几个方面:

首先是工作纪律不强。有的干部工作纪律散漫,上班迟到早退,无所事事,随心所欲,有的上班时间利用办公设备玩麻将打扑克,下班时间成伙结伴吃喝玩乐,有损党和干部的形象。同时,对工作麻木不仁,责任心不强,得过且过,应付了事,满足于一般性常规工作任务的完成。这当然是转变机关作风中必须要解决的负面问题,但同时我们不能满足于这些现象的消失,因为机关还存在"庸"的问题,这种"中庸之道"不应该出现在机关内部,不应该出现在机关干部的身上,党员干部们应该向前看,而不是原地踏步。所以杜绝平庸、打造群众满意型机关才是加强机关作风的根本目的。

其次是一些干部淡忘了全心全意为人民服务的宗旨,价值取向发生扭曲,淡化了全局意识、责任意识、服务意识。特别是一些领导干部表率作用发挥得不够,不够负责、尽心、务实、清廉,对自己宽、对别人严,要求部属、下级做到的,自己却没有带头践行。从队伍建设看,是少数部门自身管教不严,监督管理考核疲软,不重视干部工作能力和思想作风的培养,队伍建设抓得不严,用人机制不够灵活。从制度落实看,是办事无规矩,管理无章法,政策不公开,开支不透明。一些部门虽有规章制度,但执行不坚决,落实不到位,不敢监督,不敢顶真碰硬。

再次是工作作风不实。办事效率低、办事拖拉的现象较为突出,"门难进、脸难看、话难听、事难办"的现象依然存在。有的干部对外来和基层人员前来办事者,态度冷漠,不负责任,有的甚至遇事推诿;有的部门,工作程序、时限要求、政策规定都没有公开,使前来办事的群众楼上楼下疲于奔波。这些现象的存在在一定程度上降低了单位在群众心中的形象,影响了干群关系,也给社会带来了不稳定因素。

最后是大局意识不浓。有些部门和单位甚至个人只从本部门的权力和利益出发,在执行决策时,履行全局发展的责任不够,对完成部门任务考虑较多,有的甚至有利的就执行,不利的就打折扣,"一盘棋"思想不够牢,大局意识差,缺乏围绕中心、服务大局的自觉性和主动性。

【启 示】

机关行政作风既是领导干部党性、品格及素质的重要反映,也是广大群众认识、评判其形象的重要依据。机关行政的作风关系到党和政府的形象,关系到人心向背,只有加强机关作风建设,才能提高我们的思想理论水平,科学决策水平和综合协调能力。

上述材料启示我们,应从以下几个方面去加强、提高机关作风建设:

第一,加强机关作风建设,必须自上而下,在领导层上下工夫。党的十五届六中全会作出的《加强党的作风建设的决定》中明确指出:"领导机关、领导班子、领导干部要在作风建设中起表率作用。"要求下级做到的,上级要首先做到;要求下级做好的,上级必须做优秀。所谓上行下效,上梁正了下梁不歪还是有一定道理的。党的九十年奋斗历程表明,领导干部做表率,对党的路线方针政策的贯彻落实,从来都具有决定性作用。当前,加强机关作风建设,尤其如此。

第二,加强机关作风建设,必须以身作则。领导带头,从自身做起,从本单位抓起,管好自己的人,看好自己的门,干好自己的事。在向我看齐上下工夫,要拿出"自扫门前雪"的态度和行动,把自身的作风建设搞好,机关作风就会走上良性发展的轨道。

第三,加强机关党员干部作风建设,是增强执政能力的必然要求。作风建设的出发点和落脚点就在于通过机关管理要素的有效整合,提高行政效率和依法行政的水平,以科学的决策和管理,提供优质的公共服务,更好地满足人民群众的需求,维护人民群众的利益,提高人民群众的满意度。表现在当前就是要树立科学的发展观,构建和谐社会。但是这不能仅仅停留在口号和一般要求上,必须不断强化宗旨意识,以好的作风来实践;必须不断适应经济社会发展的内在要求,按照全面、协调、可持续的发展观来推进;必须不断提高思想和业务素质,靠过硬本领来保证。机关的工作作风好坏,体现了工作执行力的问题,直接影响到党政执政意图的贯彻执行和最广大人民群众根本利益的实现和维护。

第四,加强机关作风建设,有利于坚决扫除破坏干部队伍形象的不正之风。当前,常常在新闻媒体上看到一些机关干部的作风问题,如个别干部上班时间网上聊天、玩游戏抑或是"偷菜";个别干部对待群众摆出一副高高在上的神态,还有的机关干部上班想着下班,周一想着周五,迟到早退是家常便饭,日子过得浑浑噩噩,试问一个连自己都管不好的干部,如何让他在群众面前树立起威信,如何让他去执行党的决策,如何为老百姓服好务呢?只有通过机关作风纪律整顿活动开展,才能坚决治理影响党群干群关系的顽症痼疾;只有坚决搬掉阻碍加快发展的绊脚石,才能进一步树立起党政班子在人民群众中的良好形象。

案例思考

1. 如何理解并做到"内强素质,外树形象"的机关作风?
2. 企业考勤的方法对机关所存在的懒散的纪律问题有何借鉴作用?
3. 如何看待机关工作纪律问题和机关作风的关系?

(撰写者:江鑫)

第八章 电子政务

【学习要求】

通过学习电子政务理论概要,掌握电子政务的概念、特征、模式和电子政务对政府及政府改革的影响。在学习和理解案例解读及启示的基础上,逐步掌握独立进行电子政务案例分析的技能,从而不断提高分析问题和解决问题的能力。

【导入案例】

广州市"网上服务"破解群众难题

2011年4月17日,广州市率先开通我国首个市民网页,整合了公积金、社保、交通等政府部门和水电燃气通信等公共事业机构的信息资源,集中提供个人所需的各项服务和信息服务,并提供网络硬盘、市民邮箱、证件、通讯录、照片集等智慧生活云空间。据介绍,目前广州市市民网页开户量已达161.9万户,实现了社保、公积金等8大类20多小类服务订阅查询,还可办理结婚预约等143项政府网上服务事项和300多项事项办事结果。据统计,已累计减少市民企业出门次数1971万次,相当于广州地铁4天的总运力。

广州市电子政务中心还将政府门户网站打造成一个智能化公共服务平台,为市民提供教育、婚育、就业、户籍、社保、交通、医疗、退休等8大民生热点服务,同时为农民、困难群众和群体等10类服务对象开通了服务绿色通道,提高公共服务对困难群体的到达率。

此外,以社会保障卡为基础,广州市电子政务中心整合老年优惠、金融服务、政府办事等应用,形成市民卡,为市民提供涵盖社会保险、民政、卫生、交通、公积金、文化休闲等的14项应用,成为百姓办理个人事务的"智能钥匙"。据统计,截至2012年2月底,广州市已申领发放243.8万张市民卡,方便了市民享受各项政府服务和社会福利。

(案例来源:《经济日报》2012年3月13日,引用时有删减调整。)

阅读提示

1. 广州市开通"网上服务"对其他城市有何借鉴意义?
2. 思考广州市在开通"网上服务"的过程中存在哪些问题?
3. 结合案例思考电子政务与政府行政效率的关系,并就我国电子政务的未来发展战略提出自己的建议。

理论概要

一、电子政务的概念及特征

电子政务产生于20世纪90年代,是指运用计算机网络通信技术,重组优化政府组织结构和工作流程,突破时间、空间的限制,最终建立一种精简、高效、廉洁、公平的政府运作模式,以便全方位地向社会提供优质、规范、透明的管理与服务。在现代计算机、网络通信等技术支撑下,政府机构日常办公、信息收集与发布、公共管理等事务在数字化、网络化的环境下进行的国家行政管理形式。它包含多方面的内容,如政府办公自动化、政府部门间的信息共建共享、政府实时信息发布、各级政府间的远程视频会议、公民网上查询政府信息、电子化民意调查和社会经济统计等。

联合国经济社会理事会将电子政务定义为,政府通过信息通信技术手段的密集性和战略性应用组织公共管理的方式,旨在提高效率、增强政府的透明度、改善财政约束、改进公共政策的质量和决策的科学性,建立良好的政府之间、政府与社会、社区以及政府与公民之间的关系,提高公共服务的质量,赢得广泛的社会参与度。

世界银行则认为电子政务主要关注的是政府机构使用信息技术,赋予政府部门以独特的能力,转变其与公民、企业、政府部门之间的关系。这些技术可以服务于不同的目的:向公民提供更加有效的政府服务,改进政府与企业和产业界的关系,通过利用信息更好地履行公民权,以及增加政府管理效能。因此而产生的收益可以减少腐败、提供透明度、促进政府服务更加便利化、增加政府收益或减少政府运行成本。

夏书章教授认为,电子政务(Electronic Government)是基于 Internet 的电子化状态中,政府利用电子通信技术对行政事务的管理,又称为电子政府或电子化政务。

综上所述,所谓电子政务,就是应用现代信息和通信技术,将管理和服务通过网络技术进行集成,在互联网上实现组织结构和工作流程的优化重组,超越时间和空间及部门之间的分隔限制,向社会提供优质和全方位的、规范而透明的、符合国际水准的管理和服务。

从上面的定义可以看出,电子政务具有以下特点:

第一,电子政务的核心内容是政务,即政府的两大职能:管理和服务。电子政务只是提高政府行政效率的一种手段;

第二,电子政务是对政府组织结构和流程的重组和优化,而不仅仅是流程的电子化;

第三,电子政务提供跨越空间、时间的沟通,用于提高政府的管理和服务水平;

第四,电子政务必须规范、透明,它要求政府必须转变职能,政府网站必须支持多语种文字。

二、电子政务的模式

电子政务所包含的内容广泛,几乎可以涉及传统政务活动的各个方面。根据近年来国际电子政务的发展和实践,目前,电子政务的主要模式可以分为 G to G 模式、G to E 模式、G to B 模式和 G to C 模式四种。

（一）G to G 模式

G to G 电子政务是指政府（Government）与政府（Government）之间的电子政务，它是指政府内部、上级与下级之间、不同地区政府和不同政府职能部门之间实现的电子政务活动。这种模式是电子政务的基本模式，G to G 电子政务具体的实现方式表现在以下五个方面：

第一，作为电子政务基础的政府内部的网络办公系统。

政府内部网络办公系统是电子政务的基础，它是指政府部门内部利用 OA 系统和 Internet 技术完成机关工作人员的许多事务性的工作，实现政府内部办公的自动化和网络化，在实现内部资源充分共享的基础上，提高政府的作业效率和业务水平。政府内部网络办公系统可分为领导决策服务子系统、内部网站子系统、内部财务管理子系统等，通过不同子系统的应用，使得传统的政府内部管理实现向网络化管理转型。

第二，颁布电子法规、制定政策系统。

颁布和实施各项政策法规是各级政府部门的一项重要工作。由于政策法规的牵涉面广、信息量大、时效性强，因此，制定、发布、执行各种政策法规历来是政务活动的重要内容。通过电子化方式传递不同政府部门的各项法律、法规、规章、行政命令和政策规范，使所有政府机关和工作人员真正做到有法可依，有法必依，具有十分明显的速度和管理成本优势，既可做到政务公开，又可实现政府公务人员和老百姓之间"信息对称"。目前，众多政府机构的网站都开设了不同形式的政策、法规的宣传窗口，起到了较好的作用。

第三，电子公文系统及电子司法档案系统。

公文处理是政府部门的基本职能，传统的公文处理方式是依靠纸张作为载体，借助盖章、签字等形式实现公文的传递与处理。这种公文处理方式不但浪费资源，而且因为周期长、效率低，常常会出现因公文"长途旅行"而影响政府决策的效率，比如在招商引资过程中，不少地方政府因为公文处理过程复杂漫长而失去吸引外资的机会，不能不令人痛心。

电子司法档案系统是通过电子化的手段，在政府司法机关之间共享司法信息，如公安机关的刑事犯罪记录、审判机关的审判案例、检察机关检察案例等，这一系统将会大大促进司法工作的开展，在改善司法工作效率的同时，对提高司法工作人员的能力和水平也将大有裨益。

第四,电子财政管理系统。

电子财政管理系统是指向各级国家权力机关、审计部门和相关机构提供分级、分部门历年的政府财政预算及其执行情况,包括从明细到汇总的财政收入、开支、拨付款数据以及相关的文字说明和图表,便于有关领导和部门及时掌握和监控财政状况。

第五,城市网络管理系统。

城市网络管理系统,主要的应用涉及以下几个方面:(1)对城市供水、供电、供气、供暖等城市要害部门实行网络化监管;(2)对城市交通、公安、消防、环保等部门实行网络统一化调度;(3)对各种突发事件和灾难实施网络一体化管理。

(二) G to E 电子政务

G to E 电子政务是指政府(Government)与政府雇员(Employee)之间的电子政务。G to E 电子政务是政府机构通过网络技术实现内部电子化管理的重要形式,也是 G to G、G to B 和 G to C 电子政务模式的基础。G to E 电子政务主要是利用 Internet 建立起有效的行政办公和员工管理体系,为提高政府工作效率和公务员管理水平服务。这种模式的具体应用主要有以下两种:

第一,公务员的日常管理。

利用电子化手段实现政府公务员的日常管理对降低管理成本,提高管理效率具有重要意义。例如利用网络进行日常考勤、出差审批、差旅费异地报销等,既可以为公务员带来很多便利,又可节省领导的时间和精力,还可有效降低行政成本。

第二,人事管理电子化。

政府公务员的人事管理是政府机构自身管理的重要内容。应用网络技术实现电子化人事管理已成为一种新的形式和趋势,已在不少企业和政府机构实践。电子化人事管理包括电子化的招聘、电子化的学习、电子化的沟通等内容。

(三) G to B 电子政务

G to B 电子政务是指政府(Government)与企业(Business)之间的电子政务。企业是国民经济发展的基本经济细胞,促进企业发展,提高企业的市场适应能力和国际竞争力是各级政府机构共同的责任。对政府来说,G to B 电子政务的形式主要包括以下四个方面:

第一,政府采购电子化。

在世界各国,政府采购的总额通常占到本国 GDP(国内生产总值)的 10%—15%,我国近年的年政府采购额达到了上万亿元人民币。因此,政府采购项目是一个国家市场的基本组成部分。对政府而言,政府采购是 G to B 的电子政务,因为政府机构的采购不具有商业目的;对企业而言、政府采购是 B to G 的电子商务,是企业电子商务的重要内容。

第二,税务系统电子化。

税收是国家财政收入的主要来源,降低征税成本、杜绝税源流失、方便企业纳税一直是税务部门工作的重要目标。电子税务系统可使企业直接通过网络足不出户地完成税务登记、税务申报、税款划拨等业务,并可查询税收公报、税收政策法规等事宜。税收系统电子化可以大大降低行政成本,提高行政效率。

第三,工商行政管理系统电子化。

工商行政管理部门的主要职能是对市场和企业行为的管理,传统的管理方式由于工作量大、程序复杂,效率低下,常常导致企业的不满。把作为工商行政管理工作主要内容的证照管理通过网络来实现,即可大大缩短证照办理时间,还可减轻企业的人力和经济负担。

第四,中小企业服务电子化。

政府利用宏观管理优势和集合优势,为提高中小企业国际竞争力和知名度提供各种帮助。包括为中小企业提供统一政府网站入口,帮助中小企业同电子商务供应商争取有利的能够负担的电子商务应用解决方案等。

(四) G to C 电子政务

G to C 电子政务是指政府(Government)与公民(Citizen)之间的电子政务,是政府通过电子网络系统为公民提供各种服务。G to C 电子政务所包含的内容广泛,具体体现为以下四个方面:

第一,身份认证电子化。

公民身份认证的电子化已经成为电子政务发展的必然趋势。电子身份认证可以记录个人的基本信息,包括姓名、性别、出生时间、出生地、血型、身高、体重及指纹等信息,也可记录个人的信用、工作经历、收入及纳税状况、养老保险等信息,使公民的身份能得到随时随地的认证,既有利于人员的流动,又可以方便公安部门的管理。

第二,社会保障服务电子化。

电子社会保障服务主要是通过网络建立起覆盖本地区乃至全国的社会保障网络,使公民能通过网络及时、全面地了解自己的养老、失业、工伤、医疗等社会保险账户的明细情况,政府也能通过网络把各种社会福利,比如困难家庭补助、烈军属抚恤和社会捐助等,运用电子资料交换、磁卡、智能卡等技术,直接支付给受益人。电子社会保障体系,一方面可以增加社保工作的透明度,另一方面,还可加快社会保障体系普及的进度。

第三,民主管理电子化。

电子民主管理也是 G to C 电子政务的重要应用。公民可以通过网络发表对政府有关部门和相关工作的看法,参与相关政策、法规的制定,而且还可直接向政府有关部门的领导发送电子邮件,对某一具体问题提出意见和建议。

第四,就业服务电子化。

政府的基本职能之一就是提供就业服务,提供就业服务是维护社会稳定和促进经济增长的重要保障。政府可充分利用网络这一手段为求职者和用人单位之间架起沟通、服务的桥梁,使传统的在特定时间和特定地点举行的人才和劳动力的交流突破时间和空间的限制,做到随时随地都可使用人单位发布用人信息、调用相关资料,应聘者可以通过网络发送个人资料,接收用人单位的相关信息,并可直接通过网络办妥相关手续。

三、电子政务对政府的影响

随着科学技术的不断发展,信息技术在多个领域内改变着人们的工作和生活,同时也明显地影响着公共行政领域。电子政务作为国家信息化的"龙头"或者排头兵,其广泛开展必将对国家公务员、政府行政职能、政府管理方式及政府行政决策等产生深远的影响。

(一)电子政务对政府公务员的影响

公务员作为行政管理的主体,电子政务的发展必将对公务员产生影响。首先,电子政务的发展有助于公务员更新观念。政府公务员必须适应电子政务的要求,使公务员在虚拟政府中树立服务观念、效率观念、民主观念等。因为只有充分认识和理解电子政务在政府职能转变和社会经济文化中的重要作用,才能促进电子政务健康的发展。其次,电子政务的发展有助于公务员智力和体能的延伸与增强。电子政务运用计算机技术,将其内部和外部的管理和服务职能通过精简、优化、整合、重组后实现"集成化""无缝隙"的工作流程,使公务员的智力和体能得到延伸与增强。同时,电子政务对公务员的各方面素质也提出更高的要求,电子政务理论和技术的培训已成为当前公务员培训工作的重点。最后,电子政务的发展有助于提高公务员的工作能力。电子政务改变了公务员的工作方式及工作环境,提高了公务员的工作效率,同时,也使得公务员的决策和监督能力提高。在网络环境下,公务员工作效率和管理水平提高,从而降低了行政成本。

(二)电子政务对政府职能转变的影响

电子政务的实施使传统政务的种种弊端得到有效克服,有利于政府行政管理职能的进一步转变。首先,电子政务提高了行政效率。实施电子政务可简化行政运作环节和程序,提高政务效率,实现"政务边际成本递减"。例如,从1993年美国宣布实施电子政务,到了1996年年初,美国联邦政府工作人员减少了24万,关闭了近2000个办公室,撤销了近200个联邦项目和执行机构,政府减少开支1180亿美元。其次,电子政务促进了政务公开。依据WTO透明度原则,各级政府有义务向社会公众公开非保密信息,因此,通过实施电子政务,可以最大限度地把政府行政过程暴露在阳光之下,进而使行政暗箱操作最小化,同时,又最大限度地满足公众的知情权和参与权,增强了政府的公信力。最后,电子政务的实行,有利于政府提高行政监督能力。在电子政务条件下,政府的活动都在程序和规则的监管之下,例如,政府采购的电子化、"三金工程"的实施,大大加强了政府部门对经济的监管力度,稳定了社会、经济、生产和生活秩序,抑制了在传统政务中容易滋生的腐败和徇私现象。

(三)电子政务对行政管理模式的影响

电子政务是一场关于政府管理方式的深刻的革命,是随着经济的全球化和一体化而产生和发展的,实施电子政务和政府创新有着紧密的联系。更新管理模式是创建公共行政管理体制的重要内容,是电子信息化改变陈旧管理模式的实施过程,是利用现代信息技术,对行政管理与服务流程进行标准化、数字化、网络化改造,形成高效、优质、廉洁、透明的现代化管理与服务流程。实行电子政务,有利于政府管理模式从管理型向管理服务型转变,为政府管理改革提供了基础。首先,电子政务打破原有政府办公管理方式。通过计算机及网络技术建立的虚拟政府打破了传统的政府部门之间的条块分割、等级森严的格局,将传统的金字塔式科层组织结构改变成平面化、无中心式的网络结构,实现了行政流程的集约化、综合化和高效化。其次,电子政务在网络环境下,通过提供电子化的公共服务,打破了传统公共服务的时间受作息时间的限制,可以做到每周 7 天 24 小时不间断的服务,简化了政府办事程序,提高了政府办事效率。再次,电子政务提供的电子化的服务方式打破了传统的公共服务中地点、地域等空间的限制。最后,电子政务可以提供双向、互动、多样的"无缝隙"全方位的以公众需求为导向的在线服务。

（四）电子政务对政府行政决策的影响

政府决策的科学性、有效性是政府实行有效管理的前提和条件。运用网络技术推行电子政务将会对政府决策产生深刻的影响。通过数据仓库、联机分析处理系统、OLAP 模型库等相关技术结合起来形成的综合决策支持系统,首先可以获取大量准确的信息,使政府决策变得简单化、可操作化,大大提高行政决策的科学性。其次,通过网络,使公众随时了解政府的决策过程,及时向政府提出建议和看法,从而提高决策的民主化程度。最后,电子政务的发展打破了传统政务中决策和执行严格分开的限制,通过网络把行政执行中的问题迅速反映到决策机关,从而对执行中的问题及时作出反应,提高政府决策的及时性和有效性。

[本理论概要主要参考:夏书章主编:《行政管理学》(第三版),中山大学出版社 2003 年版;徐晓林、杨锐:《电子政务》,华中科技大学出版社 2009 年版。]

案例分析

案例 8-1 "晋城在线"网站建设

山西省晋城市委、市政府高度重视晋城的信息化建设,制定了信息化建设从电子政务入手的建设方针,并把电子政务建设作为现阶段及今后一段时期信息化工作的重点。市委书记、市长亲自参与制定总体规划,出台了切实可行的政策,推动政府机关上网,开展电子政务应用。在这一指导思想下,1997 年由晋城市人民政府主办、晋城市信息中心管理承办、政府各部门协同建设的政府公众信息网门户网站"晋城在线"成立。该网站为市政府面向公众服务的综合业务支撑平台,以"公开、公平、高效、便民"为宗旨,以政务应用为基本出发点,以全面信息服务为手段,突出信息提供、政务公开、便民服务和网上办事职能,目标是建成集政务公开、政府应用、公众信息发布、政府面向社会服务和接受社会监督为一体的具有视频、音频、图文、电信服务多种功能,标准统一、资源共享、安全可靠的政府门户网站。

"晋城在线"在内容上开设了时事、政务、经济、社区四个频道和近千个栏目,提供市县乡三级政府的公务员专用信箱,按照行政区划整合了所辖的六个县(市、区)政府网站,按照政府职能划分整合了市政府33个职能部门的政府网站。信息容量达到1500GB,每天更新信息约1000条,每天访问量约130万人次。

在网络规划初期,晋城市委市政府仔细分析了当时网络技术的优劣和发展趋势,以及运营商的服务能力和价格因素,自行建设了市区主干网络,并采取租用和共建的方式联通了全部县(市、区)及乡镇、街道办事处。在网络建设和应用上,采取超前的发展思路,推广先进的管理经验,确保了晋城市电子政务工作的相对领先。

在网络设计中将政务内网、政务外网和政府公众网站统筹考虑,坚持统一规划、统一标准、统一网络、分级建设的原则,依照晋城市电子政务的需要,循序渐进,逐步实施。在政府各部门之间采取了统一交换平台,一个对外出口、虚拟业务专网隔离(MPLS VPN)的建设方法,保证了不同部门之间的互联互通和资源共享,节约了大量建设费用。在互联网出口处设置了高性能防火墙、入侵检测系统和病毒检测系统,有效地阻挡了黑客和病毒的入侵,保证了内部网络的安全。这样全市只建一个交换中心、一个互联网出口、一套安防体系,较之分散建设速度快、成本低,同时核心设备由市信息中心统一管理和维护,解决了各单位技术人员和维护经费不足等诸多问题。由于采用了统一交换中心、统一出口线路、统一安防系统、统一管理维护,粗略估算,每个单位每年可节省经费约20万元,市直50个单位每年可节省经费约1000万元。

晋城市信息中心通过创建"三个一流"(一流信息产品、一流工作效率、一流服务水平)建立起一个具有超前服务理念的服务型组织,实现了由"要我作为"到"我要作为"、由"被动坐等"到"主动超前"等服务理念的转变,切实增强了服务的自觉性。在单位开展了"用贴心的服务沟通感情,用高效的服务赢得信任,用超前的服务规划未来"活动,实现了 7×24 小时不间断服务。

"晋城在线"还与本地报纸、电台、电视台建立了良好的业务协作关系,充分共享信息资源;还在全市 150 多家单位设置了信息通讯员,专门负责信息收集,并利用自主开发的"网上综合信息采集系统"快速上报,编辑部及时将信息分类编辑上网,确保了信息的时效性。

经过几年的努力,初步确立了"晋城在线"在晋城作为政务之窗、强势媒体、多功能综合服务平台、社会救助中心、晋城新型百科全书的战略地位。

(案例来源:晋城市信息中心,引用时有删减调整。)

【解　读】

"晋城在线"对信息资源实行"以公开为原则、不公开为例外"的管理方式,有权发布所有可公开的政务信息和社会信息。通过开设政务论坛、市长信箱、网上调查、网上采购、网上审批、网上举报、网上信息报送等交互式栏目,拉近了公众与政府之间的距离。特别是通过政务论坛,政府能够完成意见征求,直接聆听群众呼声,接受社会监督,及时发现问题和解决问题,这样一方面增加了群众对政府的满意度,另一方面树立了政府亲民爱民的良好形象。通过政务公开,增强了政府与公众的交流,推动了政府职能转变,规范了政府行为,强化了政府的服务理念,提高了行政效率、促进了反腐倡廉,实现了政府与公众的双向互动。

提供公共应用服务是政府网站的重要组成部分。公共应用服务的多少与综合性政府网站的应用水平有着直接的关系。"晋城在线"通过提供法律法规查询系统、政府网上采购系统、网上行政审批系统、人大议案管理系统、政协提案管理系统、网上纠风信息系统、网上举报信息系统、公文管理系统、网上信息收集发布系统、视频点播系统、视频会议系统、网络电话系统、集群呼叫系统、手机短信等服务,从而简化了办事程序,提高了办事效率,降低了行政经费,全面提高了电子政务的应用水平,产生了较好的经济效益和社会效益。

更值得一提的是,晋城市在推进电子政务的发展过程中,较好地解决了资金筹集和绩效评估的问题。资金筹集方面在保证政府投入的同时,鼓励和吸收社会资金的参与,使得电子政务的项目能够得到充分的资金保障。把全面推进电子政务的发展作为一项引导政府改革和转型的战略任务,为电子政务的有序、快速、健康发展创造良好的环境。

【启　示】

我国地级市的电子政务发展,在整体还处在较为落后的阶段,晋城市委市政府领导十分重视电子政务建设,从重点部署政府内外网的建设入手,有计划、有步骤、分阶段地推进电子政务的发展,并取得了良好的效果。

回顾"晋城在线"的发展之路,值得提炼和总结的经验和思路,可以概括为以下几个方面:一是必须敢于创新。在电子政务建设中应以前瞻性的眼光、开拓性的思维,大胆地探索电子政务的发展和应用。二是必须求真务实。在部署电子政务建设过程中,不能盲目求大、求全,而要在适度超前的前提下,注重电子政务项目的实用性、适用性,要求能实实在在地利用现代通信技术科学高效地"为民、便民、利民",能够提高政府管理和服务的水平。比如,晋城市信息中心通过创建"三个一流"(一流信息产品、一流工作效率、一流服务水平)建立起一个具有超前服务理念的服务型组织,实现了由"要我作为"到"我要作为"、由"被动坐等"到"主动超前"等服务理念的转变,切实增强了服务的自觉性。在单位开展了"用贴心的服务沟通感情,用高效的服务赢得信任,用超前的服务规划未来"活动,实现了 7×24 小时不间断服务。这些电子政务项目都非常实用,在实际应用中所发挥的作用十分明显。三是必须得到领导的重视与关注。领导的重视程度是政府网站能否取得成功的至关重要因素。在"晋城在线"工程实施过程中,就得到了市委市政府领导的高度重视。电子政务工作涉及政府业务流程的重组和行政权力的再次分配,是典型的所谓"一把手"工程,所以必须得到党委和政府的高度重视。四是必须具有发展的眼光及超前的思维。现代网络通信和信息处理技术发展很快,必须认清技术发展的趋势,在现有基础上超前发展。五是必须建设优质的基础网络体系。电子政务网络是开展电子政务工作的前提条件。"晋城在线"是政府公众信息网,也是政府内外网核心应用网站,在国际互联网应用的同时,有大量的内部应用,因此建设一个安全、可靠、高效的物理网络是保证各项应用的前提。

晋城市近几年来在网站建设中的一些具体做法,即"晋城在线"工程,取得了很好的成绩,尤其是在促进政务公开、提高行政效率、加强党风廉政建设方面起到了非常积极的作用,对其他兄弟市区政府乃至省级政府都起到良好的借鉴、启示作用。

案例思考

1. "晋城在线"工程的实施过程中对政府行政效率产生了哪些积极的作用?
2. 结合实际谈谈"晋城在线"工程对加强党风廉政建设起到什么作用。
3. "晋城在线"工程中体现了电子政务的哪些模式?请列举说明。

(撰写者:樊志敏)

案例8-2 广东省佛山市南海区电子政务应用

广东省佛山市南海区位于珠江三角洲腹地,经济十分发达,在全国的县(市)中经济实力名列前茅。在全面升级电子政务系统的迫切需求下,佛山市南海区政府组织人力、物力重新开发了新的电子政务系统。对于此次开发,在总结以往经验的基础上,南海区政府提出了相关开发要求,包括机关电子政务系统、机关公文网际交换系统以及图片管理系统各自的需求,同时也全盘考虑了整体电子政务体系的开放式架构,为未来需求的增加和技术的发展留有拓展空间。

下面就南海区政务系统涉及的三个重点系统进行说明:

1. 机关电子政务系统。佛山市南海区电子政务系统采用B/S体系为主的结构建设。以Web Services技术将现有的各行业、各级、各部门单位的信息系统互连,实现"安全数据共享,可信业务互连",同时为公众提供Web服务。

2. 机关公文网际交换系统。交换系统按照B/S三层体系进行构建。中间采用WebLogic平台,后台数据库采用Oracle 8i,数据的传送采用HTTP协议,它可方便穿越防火墙进行数据交换。将附件、相关发送信息写入数据表中。还可根据对接收者登录信息的判断在页面中将相应的资料显示给接收者。

3. 图片信息管理系统。图片等多媒体的收集、整理、登记、归档和存储,汇集形成可以利用的信息资源,并使之能够交流和交换是档案工作、年鉴工作等电子政务的重要工作内容之一。

佛山市南海区新的电子政务系统完成后,多位国家领导人进行视察并予以了充分的肯定,各部委、各省市也纷纷前来考察和交流。这一基于统一安全电子政务平台的机关电子政务系统、公文交换系统和图片信息管理系统还刚刚通过省级科技成果鉴定,专家一致评定该系统已经达到了国内领先水平。

(案例来源:http://www.yesky.com/Enterprise/218730246159990784/20040213/1767892_1.shtml,引用时有删减调整。)

【解　读】

通过阅读佛山市南海区电子政务应用的案例,参照南海电子政府门户网站,可以总结出南海区电子政务建设作出以下几个方面的努力。

第一,在社会公众方面,南海区电子政务的应用方便了公众与政府的在线交互。社会公众是机关电子政务系统的一类重要用户群。社会公众通过使用机关电子政务系统的政府门户网站获得政府信息,社会公众的投诉、要求、意见、建议、表扬和咨询可获得政府门户网站五种方式的反馈,即网站直接答复、无线短信、电子邮件、普通信函和电话。社会公众与行政机构的交互和交流通过机关电子政务系统的政府门户网站得以实现。

第二,在行政机构方面,南海区电子政务应用使得交流手段更为顺畅。行政机构和公务员是机关电子政务系统的另一类用户群。对于通过政府门户网站形成的社会公众事务,行政机构和公务员参与处理的方式多种多样,可以是单个公务员直接处理,由机关电子政务系统的后台 OA 功能模块完成;也可以是单个行政机构中的几个科室共同处理,由机关电子政务系统灵活定制的业务流程机制完成;还可以是数个行政机构的协同处理,由机关电子政务系统协同流程和无缝接入各级公文交换系统完成。

第三,在政府网站方面,南海区电子政务应用提供了全面的功能、流程支撑。内部办公系统的工作流引擎采用 JSP + Java Bean + Oracle。流程信息用数据库的相应标记字段来完成,用 Java Bean 来封装流程的业务逻辑,业务员通过 JSP 页面来调用处理公文流转、审批、业务协作等方面的工作,从而进行对流程的定制和控制。不同部门或者不同职位人员进入本系统,会见到不同的个性化界面,信息显示和操作更有针对性,用户将能更直接地获取自己关心的信息,例如最新的通知、公告、待办事务等。这样能够有效提高政府的工作效率。通过交换平台使用 XML 技术处理外部流入公文和对外流出公文,并拥有来文自动转换行文格式、自动启动处理流程、通知相应的处理者等功能。同样,外发公文也将自动转换为标准化格式,使外单位的信息系统能顺利接收,从而大大提高政府的行政效率。

【启　示】

佛山市南海区电子政务的实施不仅可以有效地提高政府的办事效率和服务水平,节约办公成本,完善监督制约机制,从而形成公平、公正、公开的政府新型运作模式,而且更为重要的是,政务数字化、网络化将引起政府管理架构和运作模式的革命性变化,而这些变化对于中国电子政务建设具有普遍意义。

首先,政府的管理架构由集权式、塔层式结构向网络化扁平化结构过渡,形成顶层与底层、首尾两端挤压中间层的发展态势,促进了行政管理传统分权结构和利益格局的改变,有利于打破"官僚"体制和推进民主化进程。

其次,政府结构的扁平化使得原来的塔式结构的中间层不断被压缩,上级对基层传递信息的便捷、对称性使中间层只能进一步弱化,这就挖空了中间层因既得利益而篡改、曲解上级政策和隐瞒、压制基层社情的现实土壤,电子政务工程的实施,有利于管理机构全面把握基层实情,从而推进政令畅通。

最后,政府运作的电子化、网络化使得政府的服务行为精准化、透明化,可以有效地遏制政府工作人员因信息垄断而滋生的"寻租"行为,有利于彻底转变政府职能和工作作风,同时,网络政府结构的简约性也为推进政府机构改革提供了技术支持,可以有效地解决过去机构改革形成的精简—膨胀—再精简的恶性循环。

南海区电子政务是通过渐进性改革,化解矛盾冲突,从而实现改革的目的。也就是说依然是金字塔结构,但是扁平化监督。目前南海的电子政务战略是"广义的电子政务+广义的电子商务+学习型社会"。未来的文明是数字文明和社会文明的结合,电子商务构成社会主义现代化建设的经济基础,而电子政务则构成社会主义现代化建设的上层建筑。相信南海区金字塔结构、扁平化监督的电子政务建设必将对其他兄弟城市乃至省级城市起到良好的借鉴作用。

案例思考

1. 广东省南海电子政务应用的基础条件包括哪些?
2. 南海电子政务对于推进行政体制改革起到哪些作用?
3. 结合案例,谈谈南海电子政务还需要哪些方面的改革。

（撰写者：樊志敏）

案例8-3 广州电子政务建设

广州是中国目前经济最活跃、增长速度最快的城市之一。广州市在电子政务建设方面主要采取了下面做法并取得了相应的成效。

(一) 抓普及应用,大力推动政府办公和业务信息系统建设

1. 全面开展培训,普及信息技术知识。1996年以来,举办领导干部网络技术培训班和业务培训班,全市近50名市级领导和1600多名局级领导干部参加了培训;举办领导干部周末信息科技活动日活动,分批组织领导干部学习新的信息技术和应用项目,增强领导干部加快本部门、本行业信息化建设的紧迫感;同时为政府各部门举办各种类型的信息技术培训班,为公务员和技术人员提供最新的信息技术知识和培训。

2. 抓好政府办公和业务信息系统建设,实现政务管理信息化。广州市政府各部门和各区县级市政府普遍使用计算机进行文字处理、信息管理,大多数干部使用电子邮件进行通信、信息传递和交换,91%的部门建立了本单位内部的局域网络。根据不完全统计,有超过60%的政府部门采用网络化的公文运转系统进行政府公文的传递和办理;约60%的政府部门采用网络技术和数据库技术建立了不同应用程度的政府业务管理计算机信息系统。

(二) 抓信息资源,提高政府信息资源开发利用水平

1. 建立了一系列的政府部门网站。目前市级机关在因特网上已建有56个网站,开通机关电子邮局约20个。以广州市人民政府公众信息网(www.gz.gov.cn)为中心网站,为政府各部门和社会提供内容丰富、及时更新的各类信息服务。目前已建立了统一的信息资源管理平台,具备了信息发布、信息检索、信息处理、电子杂志、电子公告和导航服务等功能。一些政府部门已经建成了良好的双向信息互动交互专栏,其中的一部分单位已经配套建成了相应的业务处理信息系统。

2. 建成内容丰富的政府信息资源数据库。大力推进政府业务系统数据库建设,建成一批机关内部信息和政府公共服务数据库,占全市已开发的300多个数据库总量的80%以上。金融、税务、海关、工商、技术监督、新闻出版、法律法规、政策规划、人口管理、人事、统计、工业、农业、商业和城市规划等各个领域都形成了一系列的数据库体系,对信息进行分析、预测、数据挖掘、建立模型等深层次加工和利用,为市领导和政府各部门的业务决策提供了科学依据。

3. 初步形成政府信息资源交换和共享机制。目前,广州市电子政府网络中心和各个部门网站每天新增信息量超过2000万字,每天通过市党政机关网络中心互相交换的信息流量为23100万字节;每天使用电子邮件的人数超过3000人,电子邮件往返量为26500封/天;全市政府网站每天的访问量为25000人次,页面点击率为125000次,政府内部中心网站每天访问量达到2700人次,初步形成各单位之间的信息交换和共享机制。

(案例来源:中国电子政务网,引用时有删减调整。)

【解 读】

在新的发展形势下,广州市政府提出了建设"幸福广州、廉洁广州"的发展战略,并把推进电子政务的发展作为实现这一目标的重要推动力。这是一项审时度势,富有战略眼光的决策。广州是国家信息化首批综合试点城市之一,通过各方面不懈努力,全市信息化建设取得显著成效,成为全国信息技术应用普及最广、信息化建设基础条件最好、信息消费能力最强的城市之一。广州之所以能够取得以上成绩,是因为广州具有其建设电子政务的系统的条件。

首先,广州市建立了建设统一电子政务的基础网络。一是推进"三网一库"建设,抓好涉密办公网(内部办公业务网)、电子政务专网(办公业务资源网)和电子政务外网(公众信息网)建设。二是完善电子政务网络交换平台,统一规划建设、统一运行维护机关互联网络交换平台,所有政府机关均通过连接本级政府的机关网络交换平台,实现与上、下级单位的纵向互联和部门之间的横向互联,各党政机关部门共享利用,避免重复建设、提高网络资源的共享程度和利用率。

其次,广州市成立了政府数据管理中心。数据管理中心分为政府内网数据中心和外网数据中心两个部分,政府内网数据中心就是要求建设政府行业知识库和领导决策知识库。政府内网数据中心和外网数据中心集中存储、统一备份、按密级分类交换和共享党务、政务、经济、统计、人口、社保、卫生、工商、税务、城管交通、地理空间、教育、交通、社会信用以及社区管理等政府部门的管理及服务信息,集属性数据、空间数据和多媒体数据于一体。

再次,广州市建立了电子政务标准和法规体系。逐步制定电子政务建设所需的标准和规范。优先制定业务协同、信息共享和信息安全的标准,加快建立和健全标准实施体制。制定和完善配套的法律、法规、制度。基本形成有效的电子政务建设、运行、维护和管理的激励约束机制。加快制定电子签章、政府信息公开、信息安全、电子政务项目管理等方面的法律法规。

最后,广州市建立了公务员及服务人员信息技术培训和考核体系。公务员对电子政务的认识和应用技能水平,关系到电子政务建设的速度、质量和效益。

广州市委市政府清晰地认识到,电子政务事关政府的活力与效率,事关党委、政府与人民群众的联系。经过多年的建设和发展,特别是"十五"期间的积累和摸索,"十一五"期间的发展,可以说广州的电子政务建设已经具备了良好的条件和基础。广州市很好地贯彻落实了广东省建设"一站式"电子政务的要求,结合市情走出了广州特色的电子政务建设新模式。

【启　示】

广州市电子政务系统突破了传统的电子政务应用范畴和建设模式,突出了不同应用系统的整合与数据资源的共享,实现了政府各应用系统的单点登录及综合应用,为区域性政府信息化工程提供了宝贵的经验。通过分析广州市建设电子政务的案例和广州市建设电子政务的方法,得出以下启示。

在组织领导方面,要加强规划和组织领导,有计划、有步骤地推进电子政务建设;及时组建电子政府信息中心,负责电子政务的建设、管理和服务工作;强化工作考核,建立和完善电子政务的考核制度。可以说强有力的组织领导是促进电子政务取得理想成果的必要条件。

在应用建设方面,应本着"以需促建、以建促用"的原则,以网络为基础,以信息资源开发利用为核心,以应用为重点,不断完善和优化系统功能。同时根据应用的需求,及时开发建设新的板块和应用系统,全面推进各项系统的使用,从而使得政务更加透明开放。以人为本、以民为本、为民服务是充分发挥电子政务价值和作用的基本出发点。

在培训方面,要坚持开发、试用、培训相结合的方法,学以致用,不断进步。管理员培训系统的开通,网上信息的动态发布,OA操作的培训,行政服务中心管理人员与审批人员的培训等,这些措施分别提供有针对性的培训,从而有效地克服了专业人才不够的短板,为电子政务的持续健康发展注入了新的强劲的活力。

作为珠三角地区政治、经济、文化、科教中心,在建设幸福广州的背景下,广州市电子政务的发展也必须走在前列,从某种意义上来讲,广州电子政务的发展代表着我国电子政务发展的方向和未来。广州市建设电子政务的先进成果必将对其他地方的电子政务建设产生深远的借鉴与指导意义。

案例思考

1. 试述广州市推行电子政务有哪些有利条件。
2. 其他城市应如何学习广州市的电子政务系统?
3. 结合案例谈谈发展电子政务对建设"幸福广州、廉洁广州"有何重要意义。

(撰写者:樊志敏)

案例 8-4 西安高新区电子政务系统应用

西安高新区已成为中国中西部地区投资环境好、市场化程度高、经济发展最为活跃的区域之一,成为陕西、西安对外开放的窗口,成为我国发展高新技术产业的重要基地。2008 年 12 月,西安高新区与北京中关村、上海张江、武汉东湖、无锡高新区一起,率先成为全国 54 个国家级高新区中的首批"海外高层次人才创新创业基地"。

西安高新区电子政务系统主要分三期完成,覆盖管委会、各园区、支撑单位、直属单位 40 个部门 200 余项审批事项。该系统有五个最显著的特点:开放性,基于互联网平台直接面向社会用户;交互性,实现管理者和服务对象的在线交互沟通,提高沟通效率;一网式,不同政府部门基于同一网络平台协同工作,实现多种办公流程的整合,不同企业可以基于该平台统一办理多项事务;一表制,企业和政府之间的数据传送通过一套表格即可实现,政府各部门之间通过该套表格实现数据共享;可视性,网上政务全过程的高度透明化、高度可视性。

该系统的电子政务解决方案由四部分构成:交互式网上办公平台、具体流程网上申报审批、一表式申报和网上政务信息公开。基于该解决方案的平台向政府办公人员提供了一个完整的网上办公、内容查询及相关辅助功能的平台。系统根据网上办公平台操作人员的不同需求提供不同操作界面和功能,使用户可以快速查找相关内容。该方案通过模块化设计,实现了针对政府办公人员、管理人员、企业办事人员、参观访问人员、中介代理办事人员、系统管理员等不同用户的个性化工作平台。企业办事人员可在相关平台上进行用户注册、密码修改、项目网上申报、项目网上审批、审批表格下载、查询项目审批情况等工作,仅使用一套完整的报表即可实现各项报表的网上申报、状态查询和质疑处理等事项。该方案实现了内资、外资、合资(合作)新技术企业的入园审批、新技术企业的年审复核、新产品认定、新技术收入申报审批、企业报表等业务的网上审批申请。利用该方案,政府办公人员可以在建成的办公平台上进行审批处理、超时处理、催办处理、自动回复、自动驳回等工作。系统管理平台便于系统管理工作人员对用户账号、管理权限管理、定置审批流程。政务公开平台实现园区介绍、机构职能、流程介绍、政策法规、公告信息、智能导航、在线帮助等信息的查询,包括对公开信息的采集、录入和发布等,发布信息的增加、更新、修改、删除均是通过后台进行动态管理。

(案例来源:西安高新区电子政务网,引用时有删减调整。)

【解　读】

　　为了适应全球信息化趋势和我国经济建设与社会发展的需要,我国各地政府和高新区管委会都在积极摸索,构建自己的电子政务平台。西安高新区在电子政务建设方面以"十五"期间推进国民经济和社会信息化的发展方针"统筹规划,资源共享,应用主导,面向市场,安全可靠,务求实效"为指导,明确目标、统一规划、部门协调、积极稳妥地推进电子政务的逐步实施。

　　根据西安高新区电子政务建设规划和发展现状,结合管委会当前信息化水平和管委会各部门工作流程现状,在电子政务系统运行方面,西安高新区建立了四个子系统。一是电子政务资源信息平台。"信息资源网"主要是将一些与高新区有关的信息资源整合在一个网络平台上,通过互联网向公众发布,从而全面地宣传西安高新区的投资环境、政策法规、政府管理和服务,同时进行信息发布、企业资源整合,真正形成"网上高新区"。二是网上报表系统。报表系统是西安高新区电子政务系统的重要组成部分,适用于各类报表文件的电子提交。企业通过报表系统向统计部门和财政部门提交定期、不定期的各类报表,将大大简化企业提交报表的程序,方便企业办事。三是电子政务网上交互式办公系统。网上注册的区内企业可以通过网上办公系统实现各委、办、局的各项事务查询、下载、在线填写各类申请表格、网上递交委、办、局报批等,还可以随时查询办事结果及审批意见,并根据审批意见修改后再次递交,直至获得通过,以免去企业办事的频繁奔波之苦。四是呼叫中心。呼叫中心是以电话接入为主的呼叫响应中心,它将多媒体和各种通信方式进行融合,使电话、传真、手机、短消息、电子邮件、网上呼叫等都统一接入系统,并及时分配给管委会相关职能部门和服务人员,从而为公众和企业提供各种响应服务,提高办事效率,改善服务质量。

西安高新区电子政务模式是一个完整的互动式系统,包括管委会与企业的往来(G2B)、管委会与公众的往来(G2C)、管委会与其他政府机构的往来(G2G)及管委会与其自身工作人员之间的往来(G2E)。电子政务也只有在考虑了以上四个方面之后,才是一个完整的电子政务系统。

【启　示】

多年来,从规划到实施,从理论到实践,西安高新区电子政务在探索中发展,在发展中探索,逐步形成了可操作性的实践模式,积累了不少可借鉴的经验。西安高新区电子政务的全面规划和逐步实施,是陕西省电子政务建设的重要组成部分,也是西北地区电子政务建设的典型示范。因此,具有普遍的启示意义。

一是通过建设电子政务以更好地树立政府的形象,提高政府工作的透明度,建成政务公开和便民服务的窗口,提高办事效率。电子政务的建设使政府可以随时便捷地通过网站发布消息,实行政务公开。同时,也极大地方便了公众与政府的互动,真正做到透明政府。

二是通过建设电子政务为政府的招商引资、项目招标、发展对外经济以及进一步扩大对外经济贸易往来提供手段、营造环境。在如今的世界范围内的大市场经济环境下,电子政务成为各国政府投资招商的有效途径。

三是充分发挥电子政务独特的优势,遵循政务边际成本递减法则。当政府社会化任务越重,管理范围越大时,电子政务管理成本越低的效果就会越凸显出来。

四是着力培养和造就信息化建设与管理的人才队伍,为提高政府未来竞争力创造条件。随着以知识为基础的经济时代的到来和以经济、科技为重点的新一轮国际竞争的日益激烈,人才成为各国竞争力强的关键性因素。而在未来的国际电子政务的竞争中,人才仍然是核心竞争力。

五是更好地组织和规范政府各部门的网络建设,改变在信息化建设中普遍

第八章 电子政务

存在的重硬件、轻软件，重开发、轻维护的现象，使现有的信息系统和各项应用系统发挥作用，从而提高政府信息化应用水平。

案例思考

1. 西安高新区电子政务系统体现了电子政务的哪些特点？
2. 西安高新区电子政务系统表现出电子政务的哪些模式？
3. 西安高新区电子政务在提高政府形象方面起到哪些作用？

（撰写者：樊志敏）

案例8-5 成都市网上政务大厅

电子政务是成都市"十五"期间信息化建设的重点工程之一。成都市将逐步建成涵盖基础网络平台、政务应用平台、政务应用、安全制度和规范的完整的电子政务体系。成都市网上政务大厅以政务表单为基础，通过政务服务中心系统、政务服务大厅系统和基础服务系统，以双向互动的形式、网络化的手段，实现服务信息咨询、服务引导、服务指导、服务申请、服务受理、服务反馈、沟通交流和统计分析，在服务提供者（政务职能部门）、服务发布者（政务服务中心）和服务消费者（公众）之间构架起以公众为中心的服务信息桥梁。在成都信息化应用发展中心的精心组织和策划下，经过两个月的努力，2004年1月1日正式开通，到1月7日，全市46个相关部门，通过网上政务大厅总计提供了666项办事事项，详细流程说明3261项，下载表格及样表688张，办事依据说明2339条，法律依据总数946条，附件说明2667项。到1月7日，处理情况如下：网上表格下载624项，网上申请数140项，网上接件数45项，网上办结数39项。从效果上看，归结如下：1. 多次沟通、一次跑路。通过网上政务大厅建设"互动便民平台"，政府工作人员可对公众和企业网上预审并提出审核意见。2. 规范流程、标准化服务。通过建立全市统一的网上政务大厅，参照规范化服务型政府"九公开"的标准，对各部门办事事项上网提出了统一的规范要求，改变了以前各部门网站公开程度不一、称呼标准不一的现象。3. 统一界面、资源共享。在深入调研基础上，积极组织人力深入各部门收集资料，按照统一的标准和格式制作并返回各部门征求意见后上网，同时与部门网站形成完整镜像，这样无论公众和企业是从全市的政务大厅还是从各部门网站进入,看到的都是统一界面和服务内容。4.一门受理,抄告相关,同步审批,限时完成。通过网上政务大厅互动便民平台与企业登记前置审批告知承诺系统相结合,"网上解决传输效率问题,网下解决身份认证问题",有效提高前置审批部门办件效率。

(案例来源:http://www.ccw.com.cn/,引用时有删减调整。)

【解　读】

经过30多年的改革,我国政府的治理模式已开始由"管制型政府"向"管理服务型政府"转变。与此相适应,我国电子政务的发展,其整体功能也应该定位在构建一个"管理服务型"的体系,一方面加强政府对社会、市场,特别是对自身的管理,实现政府的公共管理职能;另一方面,以向社会提供优质、高效、快捷的公共服务为重点,实现政府的公共服务职能。而曾在一段时间备受媒体和公众关注的成都电子政务就是基于这个指导思想建立的。例如政务大厅在全国很多城市都有,但成都政务大厅的建设思路却非常独特,以"为百姓服务"为原则,政务大厅整合了各个部门,真正实现并联功能,即市民在政务大厅内就能完成整个审批流程,大大提高了大厅的实用性和办事效率。

成都的电子政务建设实实在在提升了工作效率、节省了市民时间。将服务型政府建设率先实行电子化、网络化,体现出一定的创新。但通过分析案例来看,成都市电子政务建设仍存在一些亟须解决的问题,其中最受关注的应该是电子政务建设完成后,却没有达到理想中充分发挥政府职能、大力促进经济发展的效果,问题究竟出在哪里呢？要解决这个问题,我们不妨回到问题的根本:电子政务的重心在"电子"还是"政务"？或者更明确地说,电子政务为谁服务？这个问题看似简单,却在很长时间内被忽视。"有不少人只追求设备是否进口,宽带有多少千兆,等等。为什么没有效果？因为它没有需求,没有生命力!"从上面这段话,不难看出只关心设备先进性,而不关心实际需求,等于把电子政务的重心放在"电子"而不是"政务"上。实际上,"电子"是为"政务"提供支撑和服务的,电子政务应该顺应政府职能发展的趋势,从公众需求角度入手梳理电子政务建设思路。

解决了"为谁服务"的核心问题,我们可以回到电子政务的基础建设部分,原来长期在网络建设中存在应用为先还是技术为先的问题就迎刃而解了。目前,从需求出发、以应用为引导力量的建网原则,得到各地区政府和其中电子政务负责人的广泛认同。然而,这一思路在成都电子政务基础建设中也得到了贯彻。例如,选择设备和解决方案,以及和厂商之间的合作,我们一直是遵循着这个原则,不但要看产品、服务怎么样,也要看厂商的思路是否和我们一致。

【启　示】

电子政务在国内发展已经20多年,在各级政府积极推进下,国内电子政务发展也取得了良好的成绩。但像成都这样,实实在在地提高了工作效率,真正节省市民时间、为大众提供优质服务的例子却并不多。成都市电子政务建设表现出明显的创新特点,主要体现在以下三个方面:

第一,以人为本,强调人的参与,实现双向互动。应将电子政务服务建设成为人性化的、个性化的、互动的、快捷的、无障碍的、喜闻乐见的服务形式,在公众获得服务和办理业务的过程中,强调人的参与,充分与政务服务人员双向互动。

第二,以受服务对象为中心,变被动型政府服务为主动型政府服务。公众通过多种途径,申明其要办理的事情,并提交相关材料;通过信息手段将各政务职能部门联系在一起,各职能部门收到办事申请后主动与公众联系,验证资质和材料,公众接受与该事情有关各方的主动服务。

第三,采取多样的交流手段,采用统一的受理模式,形成信息汇聚,统计分析和优化,提升服务效率,从而推进电子化服务的快速发展。

在具备了以上创新特点的基础上,成都市网上政务大厅建设的意义在于:以电子政务表单方式,通过电子化的服务途径、人性化的服务形式和可持续发展的建设模式,使本地区的电子政务公众服务水平跃居全国领先水平,并为不断完善和优化政务公众服务,推进政府对公众、政府对政府应用和政府对公务员应用建设奠定基础。推进政府职能以公众为中心的服务模式转变,为公众提供更多的快捷网络化服务;提高政务办事效率和服务质量,提供公众与政务人员双向互动的电子化手段;协助公众以电子方式提交资料,公众可以随时随地以电子方式填写并交回相关部门处理;统一的服务接入,协助政务职能部门不断推出更多的电子政务公众服务应用,引导公众便捷地获得政务职能部门服务。其主要表现在:电子化、网络化的服务手段;集中式的服务发布、分布式的服务提供;人性化的服务形式;可持续发展的建设模式。

而这些建设与服务模式正是电子政务建设所要达到的理想模式,对于全国城市的电子政务建设具有普遍的借鉴及指导意义。

案例思考

1. 成都市网上政务大厅体现出哪些创新点?
2. 结合实际谈谈网上政务大厅对于政府行政效率跟行政职能的影响。
3. 结合案例思考网上政务大厅的开放面临的困难和挑战是什么。

(撰写者:樊志敏)

第九章 涉外行政

【学习要求】

通过对本章理论概要的学习,掌握涉外行政管理的概念、特征、职能、原则等方面的基础知识。通过对本章案例的学习和理解,逐步学会对涉外行政案例进行解读与思考,从而不断提高分析问题和解决问题的能力。

【导入案例】

广东省友好城市代表团出访东南欧四国

应东南欧地方政府协会联盟主席弗拉迪米尔·莫斯科夫的邀请,中国国际友好城市联合会秘书长李利国率中国友好城市代表团出席了在波黑首都萨拉热窝举行的"2011东南欧地方政府协会联盟城市大会"(以下简称2011NALAS城市大会),来自中国17个省、21个城市的86名代表参加了会议。广东省外办张利民副主任应邀率队随团出访。

今年NALAS城市大会的主题是"创新社会,人人共建",来自东南欧国家150多个地方政府的负责人、其他欧洲国家及欧委会地方与地区大会、美国姐妹城协会、非洲姐妹城组织负责人等约1300多名代表出席了大会。大会期间,中国各地代表除了参加大会全体活动外,主动与前来参会的其他组织代表交流座谈，积极推介各国城市，建立工作联系，探寻在该地区建立友城的多种渠道。广东省友城交流代表团与罗马尼亚公社协会、保加利亚城市联合会等组织围绕城市发展经验和国际友城交流进行了座谈。

代表团每到一地都先行拜会我驻外使馆，听取使馆对开展我国与该国地方政府交流，建立友好城市关系的意见和建议。张利民副主任在访问伊斯坦布尔期间，拜会了该省礼宾局迈利赫·阿戈贡尔局长，双方就两省加强友谊，推进合作进行了交流与探讨。张利民副主任简要回顾了两省交往情况，充分肯定了两省间的友谊和交流成果，并邀请伊斯坦布尔省新任省长早日访问广东。阿戈贡尔局长对两省结好以来的交往给予了积极评价，并表示将努力促成穆特鲁省长访粤。

此次访问内容丰富充实，巩固了中国国际友好城市联合会与东南欧地方政府协会联盟、欧委会地方与地区政权代表大会的合作关系，开辟了新的合作渠道，拓宽了友城联合会的对外交往空间。对广东省友城交流团而言，此次交流收获颇丰，不仅卓有成效地向东南欧国家城市和地区推介了广东省，还先后在与克罗地亚库姆罗韦茨市、波黑萨拉热窝市、罗马尼亚布加勒斯特市、保加利亚索菲亚市相关负责人商谈结好事宜中得到积极回应，为广东与东南欧国家加强交流与合作打下了良好基础。

（案例来源：东莞外事侨务港澳网，http://dgfao.dg.gov.cn/index.php/news/7019.html，引用时有删减调整。）

 阅读提示

1. 广东省友好城市代表团出访东南欧四国为什么能促进政府交流？
2. 国际友好城市交流与合作主要有哪些形式？
3. 这一案例对进一步加强友好城市建设有何启示？

理论概要

一、涉外行政管理的界定

涉外行政管理指一国行政主体对具有涉外因素事务的行政管理。它既属于外事管理的一部分,又属于行政管理的一部分。

首先,从管理对象看,涉外行政管理的对象是外事管理对象的"透明"部分。我国的外事管理对象是具有涉外因素的事务,包括国家的外交活动,中央和地方、企事业单位和社会组织及公民的外事。上述管理对象大都具有比较神秘的色彩,一般人对其运作过程无从了解。加入世界贸易组织后,我国在经济、文化和社会事务方面对外逐步开放,这些涉外事务中的一些才开始被公众了解,其运作过程也走向清晰。因此,涉外行政管理的对象就是能够被公众了解,且运作过程比较清晰的具有涉外因素的事务。

其次,从管理主体看,涉外行政管理主体是行政机关和法律法规授权的组织。行政机关是指依宪法或行政组织法的规定而设立的,代表国家依法行使行政权,组织和管理国家行政事务的国家机关。它执行最高权力机关制定的法律和地方权力机关制定的法规、决议,管理国家内政、外交、军事等方面的行政事务。法律法规授权的组织是指依具体法律、法规授权而行使特定行政职能的非国家机关组织。

最后,从管理目标看,涉外行政管理的目标是在捍卫国家主权的前提下维护公共利益、集体利益和个人利益。国家主权是指一个国家独立自主地处理自己内外事务,管理自己国家的最高权力。捍卫国家主权是一国政府最基本也是最重要的职能,所以在涉外行政管理活动中,当国家利益与公共利益、集体利益、个人利益发生冲突时,政府首先要捍卫国家利益;在国家利益不受损害的前提下,才能考虑维护其他利益。

综上所述,所谓的涉外行政管理就是指在保证国家利益不受损害的前提下,为了维护相对人的合法权益,涉外行政主体按照法律、法规的规定,对国家的外交活动、中央和地方的外事,企事业单位和社会组织的外事及公民的外事的管辖和处理。

二、涉外行政管理的职能

行政职能,也称政府职能,是指行政机关依法对国家及社会公共事务进行管理时应承担的职责和所具有的功能。行政职能是国家职能的一个重要组成部分,是国家职能的具体执行和体现。它在本质上是国家权力的执行,即通过实施行政行为实现国家行政权。涉外行政职能指行政机关执行的具有涉外因素事务的职能。我国的对外职能包括防御外敌侵犯和颠覆,捍卫国家主权、安全和领土完整;发展国际合作与交流,创造有利于我国发展的国际环境;维护世界和平,促进共同发展。但是政府的对外职能有别于国家的对外职能。由此可见,政府职能和国家职能相比,政府职能更侧重于管理。最高国家行政机关的职权内外有别,对于国内事务有领导权,对于涉外事务则没有。从宪法的角度看,我国最高国家行政机关不具有外事工作的决策权与有关人员的调配权,只具备执行决策和管理对外事务的职能。

三、涉外行政管理的原则

涉外行政管理的原则指我国涉外行政主体管辖处理涉外事务时必须遵守的基本规则,包括维护国家主权;合法合理;互惠;保障外国人合法权益;行政公开;信守国际条约、尊重国际惯例。这些原则是贯穿于涉外行政管理各项具体工作的行为准则,是正确执行涉外行政管理方针政策、法律法规的前提和基础。

(一)维护国家主权原则

国家主权是指国家可以根据自己的意志,独立自主地处理自己的对内对外事务,管理自己的国家,不受外国干涉。它是国家的根本属性,是所有国家神圣不可侵犯的权利。国家主权包括国家安全权、国家政治权、国家经济发展权和国际社会中的平等权。国家主权原则是当代国际交往中最基本的原则,但它并不是国家绝对的权利。在涉外行政管理活动中坚持维护国家主权的原则,根本目的在于保障我国的社会公共利益,促进社会主义现代化建设的顺利进行。

(二)合法合理原则

合法合理原则是指国家行政主体在进行涉外行政管理活动时,必须依据法律、符合法律,严格依法行政,作出的涉外行政管理行为不得与法律相抵触,任何违法行为都应承担相应的法律责任;同时,国家行政主体在法定范围内实施涉外行政管理,必须遵循客观、适度、符合公平正义的原则。在涉外行政管理中,"合理性"必须以"合法性"为前提,不允许任何超越法律的"合理性",但"合理性"又为"合法"行使自由裁量权提供了条件。

(三)互惠原则

又称对等原则,是国际关系中处理问题的基本原则。互惠是指国家(地区)

间根据平等原则互相给予的优惠待遇。具体表现为两种互惠和一种限制形态。两种互惠一是双方根据相互签订或者缔结的国际条约,相互给予对方以贸易上的优惠待遇;二是双方虽然没有签订或者缔结相关条约,但是双方愿意根据平等互惠原则,在某项具体合作事务中给予对方同等的待遇。一种限制形态是指当一个国家限制了另一个国家的组织或者公民在该国的权利时,则另一个国家对该国在其国家的组织或者公民的权利也可以给予相应的限制。

（四）保障外国人合法权益的原则

外国人在中国期间在法律上与中国公民地位平等,可以享受同等的国民待遇,我国依法保护外国人的合法权益。这是我国政府在处理外国人事务中始终坚持的一条重要原则。

（五）行政公开原则

行政公开是指行政机关在实施行政行为过程中,除涉及国家机密、个人隐私和商业秘密并由法律规定不得公开的情形以外,必须向行政相对人及社会公开,使其对相关情况有所了解。行政公开是现代社会行政活动所遵循的一项基本原则,具有重要意义。它能保障公民通过参与行政程序维护自身合法权益,并监督行政主体依法行使行政权力。

（六）信守国际条约、尊重国际惯例的原则

涉外行政管理的很多方面依据的原则来自我国缔结或参加的国际条约。国际条约是由两个或两个以上国际法主体之间以国际法为准则缔结的确立其相互间权利义务关系的书面协议。凡是我国缔结或者参加的国际条约,除了声明保留的条款以外,都必须坚决执行。国际条约和我国法律均未作出明确规定的,则适用国际惯例。

四、涉外行政管理活动

（一）涉外行政决策

1. 涉外行政决策概述

涉外行政决策,是指国家行政机关及其工作人员在处理涉外事务时,按照一定的程序和方法,对所要处理的事务拟定并选择行动方案的过程。涉外行政决策隶属于行政决策,是涉外行政管理的中心环节和执行其他各项管理职能的基础。涉外行政管理实践中遇到的各种需要采取行动的问题,都有赖于决策来为之确定方向和解决的办法。

2. 我国涉外行政决策的特征

从决策的性质看,涉外行政决策是执行性决策。涉外行政决策存在于涉外行政管理的各个环节中。涉外行政管理主要是国家政府机关的活动,同时也是国家机关工作人员的职务活动。一个公务员作决策是在行使上级管理者的职权,而其执行决策的过程就是在履行下级被管理者的职责。上级管理者把行政决策下达给下级后,下级管理者围绕该任务展开的活动属于执行。为了达到顺利执行任务的目的,其也需要做好相关调查和更低层次的决策工作。

从决策的主体看,包括中央政府,国务院各部委、审计署、中国人民银行和具有行政管理职能的直属机构;法律法规授权的特区政府或社会组织,前者如香港特别行政区政府、深圳经济特区政府,后者如可以自主与国外合作办学的高等院校。由于外事权是中央政府的事权,所以在中央政府及部门依法授权地方政府及部门的情况下,后者也可以成为涉外行政决策的主体。

从决策的程序看,逐步走向法制化。涉外行政法规的制定需要经过五个阶段:立项、起草、审查、决定与公布。国务院于每年年初编制本年度的立法计划。国务院有关部门认为需要制定涉外行政法规的,应当于每年年初编制国务院年度立法工作计划前,向国务院报请立项。涉外行政法规由国务院组织起草。起草部门向国务院报送涉外行政法规送审稿,然后由国务院法制机构负责审查。国务院法制机构应当认真研究各方面的意见,与起草部门协商后,对行政法规送审稿进行修改,形成行政法规草案和对草案的说明。由国务院法制机构主要负责人提出提请国务院常务会议审议的建议,由国务院常务会议审批或由国务院审批,报请总理签署国务院令公布施行。

(二) 涉外行政执行

1. 涉外行政执行概述

涉外行政执行是指涉外行政主体为贯彻落实涉外行政决策所进行的涉外行政管理活动。涉外行政执行是涉外行政主体工作人员的一项经常性活动,是涉外行政管理过程的基本环节之一。涉外行政执行涉及面广,牵扯的人力、物力、财力较多,这就决定在执行过程中必须有各机关、部门的协调配合,以形成合力来保证执行活动的顺利进行,达到预期的目标。涉外行政执行面临的情况多变、复杂,执行的方式、途径、方法、手段不可能固定,这就决定了它是一个灵活多变的过程。我国涉外行政执行的任务是贯彻国家的政策、法律、法令、上级指示、决定、决议,有效实现政府的涉外行政决策目标。

2. 涉外行政处理

涉外行政处理是指涉外行政主体依据法律或行政决策处理涉外事务的行为或决定,是涉外行政主体进行督查或采取制裁措施与强制性措施的依据。涉外行政处理决定是涉外行政主体依据法律或行政决策作出的决定,法律或决策的规定如果具体、明确,涉外行政执行就应根据规定作出羁束性决定。涉外行政处理决定涉及或影响个人、组织的实体权利义务,因此涉外行政处理决定可以分为权力性决定与义务性决定两大类。权力性涉外行政决定是涉外行政主体依据法律或行政决策作出的使个人、组织获得或丧失某种权利的决定。个人或组织要想获得某项"特殊的"权利,必须具备一定的条件并向涉外行政主体提出申请,由后者审查并作出相关决定。义务性涉外行政决定是涉外行政主体依据法律或行政决策作出的使个人、组织承担或免除一定义务的决定。使个人、组织承担义务的决定一般都由涉外行政主体主动作出,使个人、组织承担的义务,主要是承担作为义务和不作为义务。

3. 涉外行政督察

涉外行政督察是指涉外行政主体履行行政管理职能,对相对人是否遵守法律和行政处理决定所进行的监督检查。涉外行政督察是涉外行政管理目标实现的保证。涉外行政相对人是否遵守法律或行政处理决定,都需要通过行政监察来验证,不严格进行监督检查,实际上是将法律或行政处理决定置于无人过问的状态。涉外行政督察一般不直接影响相对人的实体权利和义务,因为其只是监督监察相对人是否正确行使或履行法律规定或处理决定规定的权利和义务。如果发现相对人不正当行使权利或不依法履行义务,涉外行政主体将另行作出相应的制裁性的行政处理或采取某种强制执行措施。

(三) 涉外行政协调

1. 涉外行政协调概述

涉外行政协调是指涉外行政主体及其工作人员，在管理过程中运用各种方法，调整系统内部各组织、人员之间，运行各环节、阶段之间的关系，以及调整本系统与环境、相对人之间的关系，以达到分工负责、协同合作、实现行政目标的目的。涉外行政协调是实现行政目标的重要条件。涉外行政目标的实现，行政任务的完成离不开各部门、各单位和全体人员的努力。如果对管理过程中的矛盾处理不好，势必增加行政目标实现的困难。

涉外行政协调具有以下主要特点：一是广泛性。涉外行政协调贯穿涉外行政管理的全过程，无论哪一个层次、领域、环节都离不开协调。二是目的性。涉外行政协调的目的在于消除组织、人员、组织与人员之间的摩擦，减少管理过程中的功能消耗；通过建立和谐关系来发挥整体功能，实现行政组织目标。三是灵活性。涉外行政协调的广泛性和复杂性要求在进行行政协调时，要根据不同层次、人员采取灵活变通的协调方法。四是权威与相对性。在紧急情形下，协调者可以依据国家法律和政策，利用行政权威，要求被协调者服从协调决定。涉外行政协调是相对的，这是因为尽管协调贯穿于管理的全过程，但这并不意味着所有的摩擦、争论都能通过协调解决。有的必须提交其他机关依法解决。

2. 涉外行政协调的原则

整体性原则。指无论是协调者还是被协调者，都必须重视整体利益，要有全局观念。强调个人、集体利益服从国家利益，局部利益服从全局利益，眼前利益服从长远利益，有时为了全局利益甚至不惜牺牲局部利益。

合理有效原则。涉外行政协调事实上是利益关系的协调，所谓合理指双方利益得失能够控制在双方接受的范围内；所谓有效，就是通过协调使矛盾逐步减少并最终消除。在贯彻合理有效原则时，应本着互谅互让平等协商的精神和主动解决矛盾的态度，使协调获得成功。

客观公正原则。首先，要求协调者站在"中立"的立场上以客观公正的态度做好协调工作。其次，协调者应该公开自己的观点，对协调的结果敢于接受检查与监督。

灵活变通原则。涉外行政协调不仅是涉外行政管理手段，而且也是一门工作艺术。其要求协调者在不违背法律和决策的前提下,善于根据不同单位、不同事情、不同时间、不同地点和不同人员,灵活选择协调方法,该坚持的要坚持,该让步的可让步,该变通的要变通。

(本理论概要主要参考:赵正平:《涉外行政管理教程》,对外经济贸易大学出版社2008年版。)

(撰写者:游志丹)

案例分析

案例9-1 海关对"无证进出口"行为的处理

2005年1月12日,华威进出口有限责任公司(以下简称华威公司)以一般贸易方式向某海关申报进口农药一批,总价值人民币50万元。某海关经审查发现,华威公司所进口农药属于国家限制进口货物,该公司申报时未提交有关许可证件。2005年1月25日,某海关根据《海关行政处罚实施条例》(以下简称《处罚条例》)第十四条的规定,认定华威公司的上述行为违反海关监管规定,对该公司处以人民币5万元的罚款,同时决定不予放行涉案货物。华威公司在规定期限内如数缴纳了罚款,并在此后多次向海关申请办理该批货物的通关放行手续。因华威公司一直不能提交涉案农药的进口许可证,某海关对其放行申请一直未予批准。

华威公司不服海关对其进口货物不予放行的处理决定,向某海关的上一级海关申请行政复议。华威公司在《复议申请书》中称,该公司未领取许可证件进口国家许可证件管理商品确实违反了法律规定,但其已因此受到海关处罚,承担了相应的法律责任,该公司在正常情况下所负有的提交许可证件的法律义务已得以免除;某海关在对该公司"无证进口"行为实施处罚后不应再要求其提交许可证件,更不能以此为由对涉案货物作不予放行处理;某海关对进口农药所作处理决定没有法律依据,致使有关货物长时间滞留港口无法通关,给该公司造成了巨大经济损失,请求复议机关依法纠正某海关上述违法行为,尽快放行涉案货物,同时责令该海关赔偿其经济损失人民币10万元。2005年2月25日,复议机关对本案作出行政复议决定:确认某海关对该公司进口农药不予放行的处理决定合法,驳回华威公司的复议申请和赔偿请求。

(案例来源:刘浩宇:《海关如何处理未申领许可证件的进出口货物》,《中国海关》2006年第 2 期,第 46—47 页,引用时有删减调整。)

【解　读】

本案例是关于对未申领进出口许可证件的进出口货物的处理,即对"无证进出口"行为的处理。对外贸易的经营者在进口或出口国家规定限制的货物和技术时,除国家另有规定外,企业应在进出口前向指定的发证机构申领进出口许可证。所谓"无证进出口",是指进出口货物经营者在未领取国家有关主管部门颁发的准予进口或出口证明文件的情况下,擅自进出口国家实行许可证件管理商品的违法行为。在本案例中,华威公司向海关申报进口的农药属于国家限制进口货物,该公司申报时未提交国家有关主管部门颁发的准予进口证明文件,其行为违反了《海关法》的有关规定,属于"无证进出口"行为,应当受到海关的相应处罚。

"无证进出口"行为是一类较为典型的违反海关监管规定行为,在海关执法实践中比较常见。在本案例中,华威公司的"无证进出口"行为违反了海关监管的相关规定,海关是依据《海关行政处罚实施条例》等有关法律、法规的规定,对华威公司的上述行为作出相应处罚的。由此可见,该海关对华威公司的处罚是有法律依据的,并没有侵犯华威公司的合法权益。而华威公司虽然在规定期限内如数缴纳了罚款,但却在未提交进口许可证的前提下多次向海关申请办理放行手续,并且向上一级海关申请行政复议,可以看出华威公司对海关进出口许可证管理的相关规定及处理"无证进出口"行为的法律、法规缺乏认识与了解。事发之后,华威公司既没有正确认识海关对其的处理决定,也没有采取有效措施积极解决问题,这不仅给海关执法工作带来了很大的困难,而且也对企业自身造成了巨大的经济损失。

对于已依照《海关行政处罚实施条例》被处以警告、罚款等行政处罚的企业,仍然要履行其提交进出口许可证件的义务。本案中,华威公司申请行政复议的一个主要理由就是该公司因未申领许可证件已受到海关处罚,承担了相应的法律责任,那么其提交许可证件的法律义务也应得以免除,在此情况下海关不能再要求其提交许可证,更不能以此为由不予放行其涉案货物。由于某海关只对华威公司处以罚款,并未没收其涉案货物,该公司交验进口许可证件的法律义务不能因已受海关处罚而得以免除,在其未按规定提交许可证件的情况下,海关依法有权不予放行涉案货物,该公司必须按照有关规定依法办理海关手续方可进口该批货物。华威公司在《复议申请书》中还要求该海关赔偿其经济损失人民币10万元,被法院驳回,由于华威公司因货物无法通关所造成的经济损失是由于其自身过错而导致的,海关没有义务承担行政赔偿责任。

在海关管理实践中,涉嫌案例中华威公司"无证进出口"行为的企业不在少数,那么为何"无证进出口"行为会屡禁不止呢?究其原因,主要有以下几个方面:首先,海关监管的相关法律法规不健全。配套规定及法律解释存在缺失,增加了海关执法人员的工作难度。从起草、审议、表决再到颁布实施这一立法程序需要很长的一段时间,因而法律法规的滞后也是一个普遍存在的瓶颈。其次,海关对"无证进出口"行为的打击力度不够。很多情况下,海关只对发生"无证进出口"行为的企业处以罚款或作出警告,并没有对其进行严厉惩罚,这样一来就纵容了企业的这一行为,其他企业也可能纷纷"效仿"。最后,企业对海关相关法律制度的了解甚少。企业之所以会作出"无证进出口"行为,主要原因在于对海关进出口许可证管理的相关规定及处理"无证进出口"行为的有关原则与法律、法规缺乏正确认识和深入了解。

【启　　示】

进出口许可证管理是指国家规定的某些商品进出口必须从国家指定的管理机关申领进出口许可证,作为政府对进出境货物或者技术查验、放行的有效凭证,没有许可证的货物或者技术一律不准进口或出口。它在维护正常的贸易经营秩序、加强对进出口商品的价格管理、保护国内资源和市场、收集有关的贸易统计资料、维护国家主权和利益等方面发挥着重要作用。

这一案例对海关进行进出口许可证管理及企业的进出口活动产生了诸多启示:

第一,海关监管是海关代表国家依据《中华人民共和国海关法》对进出境运输工具、货物、物品及相关企业、人员的监督管理。海关在执法中应真正做到"依法行政",建立有效的监管模式,创新监管理念,在各个环节加强对企业进出口许可证的管理,严格查验程序,加大对"无证进出口"企业的处罚力度,不能一罚了事,要增加企业的违法成本。

第二,企业在进出口某种货物、技术前,应当首先明确其是否属于国家规定和限制的货物或技术,倘若属于,那么必须向有关主管部门申领准予其进口或出口的许可证。只有这样,货物才能顺利通关,否则将对企业自身造成重大损失。

第三,企业应在关注自身经济效益的同时,加强对海关进出口许可证管理相关法律、法规的认识和了解,只有这样才能避免上述情况的发生。在了解相关法律、法规之后,企业应当认真遵守各项规定,积极配合海关的监管、查验工作,以保证国家有关进出口政策、法律、行政法规的贯彻实施,保障国家利益和经济安全。

第四,企业在"无证进出口"行为抓获之后,应当积极采取有效措施解决问题,以使损失减小到最低。首先应当积极争取补办有关进出口许可证件,以使货物顺利通关。对于补办了许可证件的当事人,海关将放行其涉案货物。万一无法补办有关许可证件,当事人可以向海关提出退运无证货物的申请,然后由海关审查当事人的退运申请,符合退运条件的,就批准。

案例思考

1. 案例中华威公司受到海关处罚之后是否就能免除提交许可证件的法律义务?
2. 海关应如何处理"无证进出口"行为?

(撰写者:游志丹)

案例 9-2　六名打工妹轻信中介交巨款　南洋淘金梦未圆

6 名打工妹被镇江市中海公司介绍去马来西亚"高薪"打工,不料到达马来西亚方知受骗。江苏省镇江市润州区人民法院公开开庭审理了 6 名打工妹状告中海公司的诉讼案,一审判决被告中海公司返还各原告劳务费用 2.5 万元,同时驳回原告对其余被告的诉讼请求。

2002 年 5 月至 7 月间,中海公司的负责人谢传尧、武守权、张菊花、张爱晴在明知中海公司无对外输出劳务资质的情况下,违反国家规定,以公司名义利用办理旅游签证向马来西亚输出涉外劳务。其中中海公司收取原告张三英等 6 名打工妹劳务费用2.5万元,并向6名原告出具中海公司收据。2002年7月3日,中海公司与6名原告签订了一份协议,主要约定了6名原告在马来西亚的工作期限、职位、福利待遇等相关内容。2002年7月5日,6名原告等人被送往马来西亚。之后,6名原告发现马来西亚普通劳务市场不对中国开放,无法按协议内容履行,经交涉和在有关部门干涉下,被告将张三英等人送返回国。张三英等6人遂将中海公司及谢传尧、武守权、张菊花、张爱晴告上法庭。

法院经审理后认为,违反法律行政法规的强制性规定的合同属无效合同。中海公司因无对外输出劳务资质,且在马来西亚普通劳务市场对中国尚未开放的情况下,与6名原告签订一份将原告输送到马来西亚务工的协议,违反了上述规定,应属无效,6名原告2002年7月到达马来西亚后,被告也无法按协议履行约定的内容,导致6名原告不久即返回,中海公司应返还劳务费,应独立地承担民事责任。被告谢传尧、武守权、张菊花、张爱晴作为中海公司人员,除按公司规定获得部分业务费用外,既未以个人名义收取原告费用,实际也未收取原告费用,其虽在非法经营罪中作为共同犯罪,但从民事法律关系上看,不应承担个人返还责任。法院据此作出了如上判决。

(案例来源:光明网,http://legal.gmw.cn/2012-01/16/content_3396761.htm,引用时有删减调整。)

【解　读】

近年来,出国打工热潮兴起。随着劳务外派人员数量的迅猛增加,各相应的境外就业中介公司应运而生。在这些境外就业中介机构中,情况复杂,他们虽然为劳务外派做了一定的工作,但他们的目标是赚取高额的中介费。在本案中,中海公司的负责人谢传尧、武守权、张菊花、张爱晴在明知中海公司无经营出国劳务资质,且在马来西亚普通劳务市场对中国尚未开放的情况下,违反国家规定,以公司名义利用办理旅游签证将张三英等6打工妹送往马来西亚。这属于有业务无资质的中介人员犯罪。他们或是曾经出过国,或是有定居国外的亲友,能接触到国外的劳务市场信息,于是常常以欺骗的方式组织劳务人员非法出国打工,其最常用的欺骗方式是以短期旅游签证之名行出国打工之实。

涉外劳务中,经营公司只是外经中介,它与务工人员之间并不直接形成劳动关系,而是外派劳务关系。以旅游、商务签证等形式进行外派劳务人员,都是不被允许的。单位或者个人未经劳保部门批准和工商行政管理机关登记注册,擅自从事境外就业中介活动的,由工商行政管理机关依法取缔、没收其经营物品和违法所得。因非法从事境外就业中介活动,给当事人造成损害的,应当承担赔偿责任。本案中,中海公司负责人在明知公司无对外输出劳务资质的情况下,违反国家规定,以公司名义利用办理旅游签证将张三英等6名打工妹送往马来西亚,骗取劳务费2.5万元,对她们造成了巨大的损失,应当返还其劳务费,并承担相应的民事责任。

依据涉外劳务相关法律、法规规定,开展境外就业中介经营活动必须具有法定经营资格,未经批准和登记注册,任何单位和个人不得从事境外就业中介活动。公民选择的境外就业中介机构必须是经人力资源和社会保障部批准的合法机构。有相当一部分人由于知识储备的不足,对自己出国劳务的形式是否合法事先并不知晓,更多的是受人蒙骗。在本案中,张三英等6名打工妹在对中海公司不具备对外输出劳务资质不知情的情况下被骗去马来西亚"高薪"打工,到达马来西亚之后得知马来西亚国普通劳务市场不对中国开放,中海公司为她们办理的是旅游签证而非出国劳务签证。张三英等6名打工妹缺乏对相关法律、法规的认识和了解,对于出国劳务需要办理什么样的手续,什么样的机构才能从事出国劳务中介,哪些机构具有相应的资质等情况知之甚少,所以才会上当受骗。

涉外劳务纠纷的频繁发生,反映出行政监管的缺位。正是由于涉外劳务管理存在漏洞,才会给一些借机敛财的非法劳务中介机构或个人可乘之机。主要表现在以下几个方面:第一,对涉外劳务中介市场的准入把关不严,对非法从事外派劳务中介的行为打击不力。例如,按照相关规定,持旅游签证的人员在目的地国允许停留的时间都比较短,国际旅行社有责任在签证期届满前将组织出境旅游的人员带回国内,否则将面临处罚。但目前通常的做法是仅对违反规定的旅行社罚款了事,这些风险早在出国之前就已经被旅行社转嫁到了个人头上。第二,各区域之间,各部门之间没有形成合力,大多是"各人自扫门前雪"。第三,对出国手续的审查不严格。比如,办理旅游签证,只要对办证人员的工作性质、收入情况、家庭经济状况等信息稍加注意,就能够对其出国的意图作出判断。

【启 示】

近年来,随着我国对外劳务合作的稳步发展,许多公民产生了出国务工的强烈愿望,但是他们对国家的相关对外劳务合作政策和行业规范却知之甚少,以致不知通过何种途径来寻找正规的涉外劳务中介机构。同时,目前社会上有关出国务工的各种信息、渠道十分杂乱,也给劳务人员出国务工带来很大的风险。这一案例对如何规范涉外劳务中介市场、减少涉外劳务纠纷提供了诸多启示:

第一,健全相关法律、法规。立法机构应该健全和完善我国的相应法律法规,使我国涉外劳务中介市场有条不紊的步入正轨,严厉打击非法经营活动,对出国人员的合法权利和中介机构的正当权益的保护提供法律依据。并且,作为执法机构的最高法院也要及时地对其中涉及的劳务纠纷提供一个合理的司法解释,为案件的审判提供统一标准。

第二,加强政策宣传。广泛向公民宣传国家关于涉外劳务的政策和法律法规,选取正反两方面的典型案例进行普法教育,引导公民选择经国家正规机构或在省级商务部门登记注册有资质的有较高信誉和知名度的劳务外派机构,通过合法途径实现海外淘金梦,千万不可投机取巧,抱有侥幸的心态。

第三,加强监管力度。经贸、工商、劳动、公安等部门应充分发挥各自职能,组织或协助相关部门开展专项整治行动,加强对劳务中介市场的监督管理,尤其是加大横向的协作力度,严厉打击利用招工诈骗、非法介绍出境等行为,不给非法中介及个人"钻空子"的机会。

第四,加强岗前培训。涉外劳务纠纷处理难度一般都比较大,发生纠纷后,很多人都意识到要运用法律武器维护自身合法权益,但仅仅有了依法维权的意识还不够,还要了解相关法律法规,具备一定的法律常识和依法维权技能。在劳务输出前,涉外劳务中介机构要对出国务工人员进行系统的培训和考核,加强其对有关涉外劳务的法律法规及合同签订注意事项的认识和了解。

第五,拓宽国内就业渠道。出国务工人员绝大多数来源于城镇下岗职工、无业人员以及农村居民,对于这些人员,政府相关部门可以通过提供就业信息、增加就业岗位等措施进行剩余劳动力的合理分流,竭尽全力帮助他们在国内实现就业,使他们充分认识到在国内同样能有适合自身发展的广阔空间,大可不必漂洋过海挣"洋钱"。

案例思考

1. 该案例对出国务工人员有何启示?

2. 联系实际,你认为应如何规范涉外劳务中介市场?

(撰写者:游志丹)

案例9-3 六名中国公民在荷兰登机被拒未获赔偿

2006年2月17日上午,滞留于荷兰阿姆斯特丹机场的中国乘客用英语在白色T恤上写下如下文字:"TAKE ME HOME & COMPENSATION FOR THE DELAY"(带我们回家,并为航班延误提供赔偿)。

"当地时间2月16日,在未获任何解释的情况下,6名中国公民被荷兰皇家航空(KLM)的KL0897拒绝登机。直到2月18日上午11时,6名中国公民才获准登机返回北京。6名中国公民中有5人误机26小时,另一名广东籍乘客误机50小时,(我们)目前未获任何经济赔偿。"这是北京某互联网公司工作人员郭先生在日前发给本报传真中所显示的信息。

六中国人登机莫名被拒

郭开森在回述事件的文章中写道:"我搭乘16日晚上6时50分荷兰航空和南方航空联合编码的KL3811回北京。6时45左右,我将登机牌给了一名荷兰航空的女士。她将登机牌塞到机器里剪掉一部分,又抬头看了看我和护照,说请等一等,并没收了另一半登机牌。"

郭开森说登机口附近还有十几名中国人和外国人在等待。排在他后面的人却还在陆续检票,其中大部分都是欧美人,随后又一名中国乘客被要求留下来。检票结束后,"我看到了非常肮脏的一幕"。郭开森说,荷兰航空的工作人员开始在电脑里挑人,两位外籍乘客被通知可以登机,6名中国人被留了下来,除了郭和岑,"还有3名参与联合国粮农组织援助尼日利亚的农业工程师和在英国留学的小张"。

误机一两天没任何赔偿

郭开森说,登机的歧视性待遇仅仅是开始,等到晚上11时多,工作人员黛安娜告诉他们在机场旅馆住宿,"随后,黛安娜告知我们有关经济赔偿问题已经向老板申请,但得到的回答是'这6个中国人? NO!'"。

郭开森说,他们遇到了两名瑞典籍的女孩,因为KLM的原因误机4个小时,没有做任何努力就获得了每人600欧元的经济赔偿。晚上他们在荷兰航空的网站（KLM.COM）看到了相关规定，"我们情况符合 KLM 对乘客赔偿的上限（800 欧元）：从欧盟国家起飞，飞行里程超过 3000 公里，航班延误超过 2 小时"。

第二天（17 日），6 人被安排坐上了 KL3811 航班，2 月 18 日上午 11 时左右，到达首都机场。2 月 20 日晚，接受记者采访的郭开森和岑伟洪均表示已经向荷兰航空公司驻北京办事处索赔，"对方表示正在处理中"。

荷兰航空承诺赔偿不道歉

2 月 22 日，荷航已经口头承诺给 6 位当事人每人 600 欧元的现金赔偿，但仍没有道歉。

荷航中国代表处表示，KL0897 航班延误原因是技术故障，非人为控制。荷航方面对此事没有赔偿义务，但是出于善意，决定支付每人 800 欧元荷航旅行代金券。经过交涉，荷航中国代表处工作人员昨天口头答应将 800 欧元的消费代金券换成 600 欧元的现金赔偿。对此，郭先生表示，赔偿只是口头承诺，而且这是其次，关键是要他们公开道歉。"在他们回复的传真里始终没有看到道歉二字，很没有诚意。"

（案例来源：新浪网，http://news.sina.com.cn/c/2006-02-22/10448273617s.shtml，引用时有删减调整。）

【解　读】

目前，中国与各国间的接触日益频繁，沟通密切，国际交往的交通方式主要以飞机为主。因此，国际航班也日益增多，与航空服务质量相关的"涉外"纠纷投诉自然也直线上升，这也是双方国家政府急需解决的问题。

6 名中国公民莫名其妙地被荷兰皇家航空（KLM）的 KL0897 拒绝登机，得到的答复却是"航班已满"，但是后面的乘客却依次登机，这必然会引起几位被拒中国乘客的愤怒情绪。对于 6 名中国公民被拒登机，我们有种种疑问，为何被拒人员是中国人？座位已满的情况下为何后面的外籍德国女士被顺利放行？如果 6 名乘客不主动争取维护自身的合法权益，是不是航空公司就要对此置之不理呢？荷兰皇家航空的一系列做法都引起我们对它的强烈质疑，让 6 名中国公民感觉受到歧视，受到不平等待遇。北京律师协会航空委员会成员宋律师对此说道，对航空公司涉嫌歧视中国人的认定需谨慎，因机械故障而合并航班是出于安全考虑，但座位不足的情况下航空公司作出的反应是该事件的核心，这 6 名中国乘客滞留是巧合还是刻意为之？航空公司要说明理由。尽管我国不同于美国，目前还没有关于"歧视赔偿"的法律条文依据。郭先生一行的遭遇发生在外国机场，涉及外国航空公司，仍可在中国境内起诉。"对于为何只有6个中国人滞留，他们只是以机械故障为名搪塞。肯定要赔偿，但我们更看重道歉。"6名中国被拒公民力求维护自身合法权益的行为，也许并不在于能够得到多少赔偿，而是想得到一个合理的解释和应有的尊重。面对国际知名航空公司，无论旅客来自哪个国家，权利都应得到尊重，出行的质量也应有所保证。这反映了当前的涉外航空环境存在一定的问题，政府应加强改善航空往来环境和密切国家之间的航空往来的交流，创造和谐的往来环境。

中国民航管理干部学院副教授董念清在撰文《解读欧盟261条例》中说："从旅客的角度看，不管旅客的国籍，也就是说，不管旅客是哪国人，加拿大人也好，日本人也罢，只要是从位于欧盟成员国境内的机场出发，也不管去什么地方，在发生航班拒载、取消、延误的情况下，都可以得到该条例的保护。"因此，政府部门应就涉外航空纠纷案件采取相应的改善措施，加强中国与别国航空往来的交流，改善涉外航空的环境，出台相应的法律、法规作为保障，以免导致问题出现后旅客不知该向谁寻求帮助。

【启　示】

随着经济全球化的发展和对外交流的日益深入，越来越多的公民开始"走出去"，奔赴世界各国经商、投资、求学、旅游、务工，以及探亲访友和学术交流。与此同时，全球安全形势错综复杂，各类非传统安全问题也不断涌现。因此，我国公民在海外面对的各种安全威胁骤然增加，造成了其人身、财产等重大损失，开始受到越来越多的关注，这对我国领事保护工作提出了新的要求，领事保护问题引起我国政府的高度重视。

每一个出国的中国公民，都要时刻保持高度的警惕性，加强领事保护意识，了解基本的领事保护常识。在国外遇到突发事件后，应当积极寻求领事保护，运用法律武器维护自己的合法权益。为了避免此类突发事件的发生，出国人员应树立"预防为主"的思想，在到达国外之后，应当尽快与中国驻当地使、领馆取得联系，自觉在使、领馆对本人的基本情况进行备案，牢记使、领馆的联系方式。当突发事件发生时，应当沉着应对，第一时间向当地警方举报，保存完整的现场证据,并且及时向中国驻外使、领馆报告情况和寻求帮助。事发之后,应当积极听取警方及使、领馆的意见,争取尽快解决问题,将损失减小到最低。

中国驻外使、领馆依法履行保护中国公民在海外合法权益的职责,为在国外的中国公民提供领事保护是其应尽的责任和义务。当中国公民、法人的合法权益在接受国受到侵害时,中国驻外使、领馆有责任依据国际法及有关国际公约,通过外交途径,监督并协助公民所在国使馆依法、合理解决问题,切实维护我国公民的合法权益。目前,虽然我国的驻外使、领馆在保护海外中国公民合法权益上发挥了重大作用,但仍然存在一些亟待改进的地方。为了促进领事保护工作的开展,确保海外公民的安全,可以从以下几个方面完善领事保护制度:第一,建立领事保护危机管理平台。当突发事件发生时,要尽可能第一时间作出响应,争取在最短的时间内解决问题。第二,强化领事保护磋商机制。充分利用外交资源,通过邻近国家的中国使馆,或者通过和这些国家有特殊关系的国家的中国使馆,与事发国展开积极磋商与协调,敦促有关国家采取措施妥善处理,切实维护海外中国公民合法权益。第三,积极采取预防措施,尽可能减少需要领事保护事件的发生。其中首要的是加强对出国人员的指导,加大对领事保护制度的宣传力度,增强他们的维权意识,使他们对如何保护自身合法权益有一个清晰的认识。

案例思考

1. 公民在国外发生突发事件时,政府应该如何处理?
2. 该案例对出国公民保护自身权益有何启示?

(撰写者:游志丹、董美辰)

案例9-4 日本下关——青岛首个友好城市

日本下关是青岛的第一个姊妹友好城市,也是山东省的第一对友好城市。青岛市人大常委会与下关市议会、两市政府之间对口访问密切,两市间每年定期参加对方的重大节庆活动,下关市代表团参加青岛市的啤酒节、家电博览会、海鲜节等。青岛市代表团参加下关的海峡节、市民节等活动。两市的经济合作也不断取得实质性进展。总部设在下关市的山口银行是第一批进驻青岛市的外资银行之一,在青岛业务发展很快,该银行还每年资助青岛市两名优秀青年到日本研修一年,青岛市驻大阪办事处的成立也得到了该银行的帮助。青岛市在下关设立了经贸代表处;青岛市水产供销总公司在下关注册成立了事务所及海龙有限公司,进一步扩大了青岛市水产业对日本市场的影响,加强了双方水产业的交流;海丰国际货运集团多次与下关的有关船厂签署造船合同,订购集装箱船舶,进一步满足了中国包括青岛与日本海上航线运输量日益上升的需要。三和食品公司等一批来自下关的企业已经在青岛落户。两市还经常互派团组进行考察、商谈和城市特色推介。近几年,下关每年都在青岛举办港口说明会,青岛市也不定期地到下关进行投资环境推介等。

两市还在文化、教育、体育、医疗等多个领域加强了交流与合作。青岛市多所小学与下关市的小学结为友好学校并进行联谊活动,驻青岛部分高校与下关的大学进行了互访,两市还多次举行网球、足球、篮球友谊联赛等。在2002年8月于北京举行的中日友好交流城市中学生乒乓球友谊赛中,青岛市还与下关市联合组成了代表队参赛。两市还多次举行友好书画展、文艺演出等文化艺术交流活动;部分医院间还互相学习观摩、进行技术交流合作,其中,下关的医疗专家还向市立医院赠送了先进的口腔修复技工设备;青岛日报报业集团还与位于下关的山口新闻社签订了业务交流协议书并多次互访。

友好备忘录

1979年10月3日,青岛与下关市结为友好城市。

2004年10月17日至10月20日,日本下关市市长江岛洁及下关市议会议长小浜俊昭率日本下关代表团一行251人乘"理想之国"号客轮对青岛进行了访问,并参加了"青岛——下关结好25周年"一系列纪念活动。

2004年11月16日至11月23日,夏耕市长率市政府代表团、市经贸代表团和贸促会代表团一行出席了"东亚(环黄海)城市市长会议"第六次会议并访问了青岛市友好城市下关市和东京等地。

2005年青岛市举办中日韩马拉松大赛,下关市副市长山村重彰代表下关市政府出席。

2007年4月18日至22日,青岛市老年人代表团一行113人访问日本下关市,与日本下关市老年人进行了书法、歌舞、太极拳等多项交流活动,这是青岛市老年人代表团首次访问日本。

第九章 涉外行政

2007年8月24日至9月1日，青岛市人大常委会副主任任群先率政府代表团和青岛市东盛女子合唱团一行27人赴日本下关进行了友好访问，参加了下关市市民节并进行了演出。

2007年10月12日至16日，青岛市体育代表团一行19人访问日本下关市，与下关市体育代表队进行了帆船比赛。

2008年3月24日至27日，青岛市新闻出版局副局长殷庆威率青岛市宣传、新闻出版、文化等相关部门及部分动漫企业和学校负责人共11人对日本下关市进行了友好访问，并对当地动漫产业发展情况进行了学习考察。

2008年5月18日至26日，以山口县观光交流课主任伊藤克平为团长的日本山口县·下关市亚太旅游博览会联合参展团一行11人到访青岛，参加了2008中国青岛·亚太国际旅游博览会。

（案例来源：《走向世界》2010年第2期，引用时有删减调整。）

【解 读】

友好城市的建立与维系是涉外行政管理发展的有效体现。友好城市在国际上惯称"双胞城市""姊妹城市"，是不同国家间的两个城市在经济、社会、文化领域相互理解的基础上结成的一种合作伙伴关系。友好城市是指我国省、自治区、直辖市及其所辖城市与外国省（州、县、大区、道等）、城市之间建立的联谊与合作关系，这些友好城市间开展的各项活动归属于国家间或城市间对外交往的范畴。[①]

本案例中，青岛市与日本下关市自1979年起就建立了友好城市关系，并陆续有两国政府人员、市民进行友好的往来交流。青岛与下关这对友好城市的建立与发展主要从以下三个方面体现：

（1）政治上的友好往来。青岛市与下关市在维护国家整体利益、互不干涉内政的前提下，严格遵守和平共处五项原则，在政治上进行友好的合作往来。如2007年青岛市人大常委会副主任任群先率政府代表团和青岛市东盛女子合唱团一行27人赴日本下关进行了友好访问；以山口县观光交流课主任伊藤克平为团长的日本山口县·下关市亚太旅游博览会联合参展团一行11人到访青岛，参

---

① 中国人民对外友好协会：《友好城市工作管理规定》（2005年4月修订执行）。

加了 2008 中国青岛·亚太国际旅游博览会。中国加入世贸组织以来,各友好城市的交往越来越多地涉及经济贸易合作,此时必须坚守政治独立原则,维护国家主权独立、国家利益与国家安全。通过向各友好城市政府及各领域人民传达中国人民友好合作的善意,用真诚去赢得友谊,坚持友好城市关系长期的稳定性和连续性。友好城市政治上的合作,不仅包括平时双方政府相互联系与关系,而且当国际形势发生动荡,或姊妹城市发生重大突发事件时,对方要给予经济的帮助、人文的关怀等。

(2) 经济上的友好合作。青岛市与下关市在经济领域也有诸多合作。经济全球化给国家和城市带来压力的同时,也带来了发展的契机。友好城市为不同国家不同城市之间开展经济贸易国际合作提供了一个很好的平台。友好城市双方经济合作事务,应切合各自的优势与资源特色,依托产业结构,通过组织双边或多边的经济合作讨论会和经贸项目推进会,开辟经贸合作的有效渠道,如本案例中青岛市与下关市在经济合作方面不断取得实质性的进展。依托友好城市双方都是临海资源型城市,青岛市在下关设立了经贸代表处;青岛市水产供销总公司在下关注册成立了事务所及海龙有限公司,进一步扩大了青岛市水产业对日本市场的影响,加强了双方水产业的交流等。两市还经常互派团组进行考察、商谈和城市特色推介。近几年,下关每年都在青岛举办港口说明会,青岛市也不定期地到下关进行投资环境推介等。

(3) 文化教育上的友好交流。文化是一个国家和民族的特色,具有国界与地域的差异。文化交流的成功与否,将会影响两国之间政治、经济合作成功与否。如果不同文化在接触时,缺乏相互的实质理解与尊重,贸然进行融合,往往以冲突的爆发而结束。文化的交流,是增进文明、维护和平、促进各国发展十分有效的途径,是最容易促进合作的一条道路,也是最容易引发矛盾与关系破裂的导火线。所以注重文化上的友好交流对友好城市双方起着至关重要的作用。本案例中青岛市与下关市在文化、教育、体育、医疗等多个领域加强了交流与合作,如青岛市多所小学与下关市的小学结为友好学校并进行联谊活动,驻青岛部分高校与下关的大学进行了互访;两市还多次举行网球、足球、篮球友谊联赛等。

【启　示】

友好城市的可持续发展是涉外行政管理的重要方面。友好城市是指本国城市与外国城市之间,经所在国双方中央政府授权的专门管理机构或由国家议会、地方议会批准建立的双边友好合作关系;它是各国城市与地方政府对外关系的重要平台和对外交流合作的重要渠道,也是城市外交和地方外交的重要形式。① 随着经济全球化的发展,友好城市已成为各国城市开展外交的主要载体之一。

为使友好城市持续健康的发展,各城市政府必须要坚持中外友好城市的基本原则:

(1)城市所在国必须与中国已建立外交关系;
(2)双方互不干涉对方城市的内部事务;
(3)双方应遵守友好、合作、平等、互利等原则;
(4)双方城市的行政级别应对等。②

只有坚守这些原则,友好城市建交双方才有平等的权利与义务。和平与发展是当今世界的主题,友好合作与交流是友好城市工作的主线与灵魂。开展友好城市工作必须以维护世界和平、促进共同发展、增进国际合作、加强人民友谊为宗旨,达到互利共赢的局面。

友好城市的可持续发展体现涉外行政管理的稳定有序。首先,国内各市外办要不定期对现有姊妹城市加强跟踪调查与全面梳理,对双方交流合作的内容与互访实效进行评估,及时掌握对方的新情况、新变化,并根据外界大环境与评估结果的变化,及时调整工作内容,确定与各个友城开展合作交流的形式与方向等,为开拓新的渠道奠定良好的实践基础。其次,整合各类共享资源,建立友城工作协调机制。友好城市应积极开展经贸、教育、文化、体育等各领域的交流与合作,充分调动全社会参与合作的积极性,逐步构建协同配合、渠道共享、多方受益共同发展的合作格局。最后,规范项目运作制度,加大政策支持力度。政府部门需要建立一支综合素质高的友好城市建设工作队伍,对政治、经济、外交、语言、人事等方面都有一定了解并相互之间可以很好合作的队伍,加强基层外事工作力量,健全机构,适当加大财政投入,提高政策支持,积极培育人才,提高友好城市工作的能力与水平。

友好城市的建立具有很高的实践价值,须坚持科学发展观,计划性与协调性相结合的工作方针,各政府本着循序渐进、突出重点、依托资源的原则,各自确立

---

① 贾伶:《中阿友好城市发展的现状及前景分析》,《阿拉伯世界研究》2011年第6期,第45页。
② 同上书,第46页。

符合客观当地实际需要的发展模式,发动全社会各方面的力量参与合作与交流,抓住正确的机遇,宏观调控与微观管理措施协调进行,不断提高对外结交友好城市的能力与平衡发展水平。

案例思考

1. 与国外城市建立友好城市,对我国城市发展的哪些方面有促进作用?政府在友好城市的建立中担当怎样的角色?

2. 国内城市政府在选择友好城市合作对象时,应根据怎样的条件去选择?此外,需要在哪些方面引起足够的重视?

(撰写者:姜小翠)

案例 9-5　中国国际友好城市联合会:传递友谊和传承文明

中国国际友好城市工作从 1973 年开始,到现在已经有 37 年了。友城从开始时的双边的合作关系发展到如今,很多城市的友城已经扩展到十几对或几十对,构成了多边合作的大舞台。友城工作的重点也从开始时的侧重政治关系,到如今迈向包括经济、文化、教育、城市建设等全方位、多领域的合作。随着城市的经济文化发展,友城工作又深入到城市环境的保护和低碳经济的开拓等更广阔的领域。

当然,不同城市的友城交往也各具特色,如西安的友城就包括同为文明古都的日本的京都和奈良。作为国际大都会的上海,它的友城就包括美国的旧金山、日本的大阪、俄罗斯圣彼得堡等同样的国际大都会。

友好城市的交往,包含了在举办大型国际活动中的交流与合作。友城交流的参与者从政府、专家层面向广大民众扩展。广州市就曾经多次组织过市民访问团活动,让普通市民有机会到友好城市去观光。很多活动涉及文化、教育及青少年交流,以夏令营、联欢活动等形式呈现。

中国的友好城市工作开展 37 年来,国内有近 400 个城市参与这项工作,目前友城数量已达 1717 对,这是非常可观的成绩。1992 年成立了中国国际友好城市联合会,凡是和外国城市有友好关系的城市都可以成为友好城市联合会的会员,现有会员数 390 多个,它们组成了一个城市国际交流的大家庭。

友城工作为国家整体外交的发展作出了贡献。党和国家领导人都很重视通过友城工作推动地方政府间的交流合作。周恩来总理曾经说过,中国的外交包括官方外交、半官方外交和民间外交等三个组成部分。友城工作属于地方之间的合作交流,既含有官方的内容,也包含民间的成分,是典型的半官方外交。当两国关系好的时候,友好城市可以促进两国全面的交流合作;当两国关系出现问题的时候,友好城市又能通过地方间的交流与合作,帮助国家关系走出低谷。

同时,友城工作可以推动地方政府积极参与国际治理,比如现在大家都非常关心的环境问题。友城工作就是地方政府参与的有效渠道,现在地方间的国际合作内容很丰富,项目不断增多。有一个专门的国际机构——世界城市和地方政府联合组织(简称UCLG),在推动国际合作方面相当活跃。这次上海世博会,该机构也以国际组织的身份参加了。全国友协与世界城市和地方政府联合组织关系很密切。

进入21世纪,公众对友城模式的认知度有了很大提高。现在我国的城市化进程非常快,已经达到了47%—48%,也就是说有接近一半的人生活在城市里。而在发达国家,城市化已经达到了70%—80%。这也就是说,今后城市在国际交往中,将发挥更为重要的作用。

可以说,城市文明的进步对于人类的发展而言,起到了带头的作用。先进的城市建设、管理、发展、合作,都会让生活变得更美好。很多时候,对一个国家的印象,主要是对某个城市印象的扩大与延伸。城市,可以把各国的目光吸引到国际交流的大潮中去。

友谊、合作、和平与发展是中国民间外交的四大宗旨,国际友好城市活动是世界各国开展双边与多边交流合作的重要平台,国际友好城市发展是城市开放兼容水平与文明繁荣程度的重要标志。友城的建设,注重讲友谊,追求互利共赢。友城建设要讲实效,每对友城都要依据双方共有的特色开展活动。其实,友城工作就是在城市之间传递友谊和传承文明。

(案例来源:人民网,http://culture.people.com.cn/GB/87423/12837208.html,引用时有删减调整。)

【解　读】

我国国际友好城市的建立开始于1973年,到现在已有39年的历史。我国地方城市本着维护国家主权、合理合法、互利互惠、独立自主、信守国际条约、尊重国际惯例等的原则开展国际友好城市工作。自1992年成立中国国际友好城市联合会以来，凡是和外国城市建立友好关系的城市都成为该联合会的会员，目前已有近400个。联合会给城市提供了国际交流的平台，也给相互之间提供了很好的借鉴实例。结合当前中国在国际舞台上发展的实际情况，解读案例，分析我国国际友好城市的发展现状与趋势。

（1）从形式方面看，中国国际友好城市的建立与发展从最开始的双边合作关系发展到现在的多边合作关系。友好城市的建交从一对一模式拓展到十几对或几十对模式。

（2）从内容方面看，中国国际友好城市工作的重点也从最开始只侧重政治关系，发展到现在包括经济、教育、文化、城市建设等全领域、全方位的合作，主要集中在经贸、环保、文化、公共交通、教育和人员培训等方面。从案例第一段末尾也可以看出，随着各城市的经济文化发展，结合当前国际普遍关注的重点领域，国际友好城市合作将深入到城市环境的保护和低碳经济的开拓等领域。国际友城城市交往的内容从人员往来到全面合作，从经济领域到社会层面，从政府之间到民间各界，高层互访、科教合作、经贸往来、人员培训、文化交流等，为国内地方城市的发展不断注入活力并创造出勃勃的生机。

（3）从参与者方面看，中国国际友好城市之间交流的参与者从政府、专家层面扩大到民间各界、民众层面。自进入21世纪以来，随着城市化的快速发展，我国公众对友城模式的认知度有了很大提高。友好城市工作属于地方之间的合作与交流，是典型的半官方外交，既有官方外交的实质，又有民间外交的特性。参与者范围的扩大，说明友好城市的发展促进合作双方各领域的进步。

（4）从侧重点方面看，中国国际友好城市的建立与发展开始侧重于地方城市的特色领域合作。友好城市合作对象的选择需要综合考虑科学性、发展性、全面性，特色城市交往逐渐受到青睐，如案例所示西安的友城包括同为文明古都的日本的京都和奈良。作为国际大都会的上海，其友城包括美国的旧金山、日本的大阪、俄罗斯圣彼得堡等同样也是国际大都会的城市。

目前，国务院与各级政府十分重视通过友好城市的建立与发展来推动地方政府间的合作交流，这对国家整体外交具有促进作用。国际友好城市是各国地方政府之间建立的联谊合作关系，是世界各国开展双边与多边合作交流的重要载体，有着广泛的社会基础和稳定的组织保障，可以推动地方政府积极参与国际治理,是城市文明繁荣程度与开放兼容水平的重要标志。国际友好城市的建设,追求互利共赢,依据双方共有的特色开展各类活动,强调友谊合作,增进城市间的相互了解,促进在经贸、教育、农业、人才培养、环境保护等领域的交流与合作,传递城市之间的文明,推动经济发展与社会和谐进步,共同维护世界的和平与发展。

【启 示】

国际友好城市作为涉外行政管理的一个重要载体,在我国取得了较快及较好的发展。据中国国际友好城市联合会的统计数据显示,截至2012年4月23日,我国自1973年开展友好城市活动以来,共有30个省、自治区、直辖市(不包括台湾地区及港、澳特别行政区)和391个城市与五大洲130个国家的422个省(州、县、大区、道等)和1307个城市建立了1871对友好城市(省州)关系。我国大部分省、自治区、直辖市的结好数在50个以上,结合案例中的描述,作为国际城市政府间相互交往的一种官方联系,我国的国际友好城市工作开展要注意如下几点:

(1) 中国国际友好城市向多边合作发展,注意处理好与各国际友好城市间的关系。由于各国国情不一,各友好城市的发展模式、生活文化各异,在与国际城市结成友好城市后,开展政治、经济、文化等建设时,应相互尊重、相互信任,并以此为发展友好城市的重要条件,达到互惠互利、共同发展。

(2) 加强政治、经济、教育、文化、城市建设等全领域、全方位的合作。当前,经济往来成为维系国家之间关系的重要纽带,经济外交成为国家外交的重要手段,而政治、文化、军事上的较量亦不容忽视。现正值全球经济一体化时代,应借着国际友好城市关系的建立和一体化的优势,通过交流、合作推进本国政治、经济、文化等方面的发展。

(3) 以民促官、官民并举。友好城市工作属于地方之间的合作与交流,是典型的半官方外交,既有官方外交的实质,又有民间外交的特性。政府高层领导间的访问交流及获取信任是推动友好城市间交流与合作的基础。因此国际友好城市的建立与发展,需获得政府的高度重视及社会民众的广泛参与与支持。从案例中,可发现中国国际友好城市之间交流的参与者从政府、专家层面扩大到民间各界、民众层面。广州市曾经多次组织市民访问团活动,让普通市民到友好城市观光。活动内容涉及教育、文化、青少年交流等,以夏令营、联欢活动等方式呈现。交流参与者范围的扩大,促进合作双方各领域的进步,并让民众认识到友好城市建立的有利之处、进一步获取民间的支持力量。

(4)中国国际友好城市的建立与发展要结合地方城市的特色。国际友好城市的建立旨在通过国际城市间的友好交流,促进城市各领域的发展。具有相似发展模式、理念的城市进行友好结合,如案例所示,西安的友城包括同为文明古都的日本的京都和奈良,能在交流与合作中,吸取友城的成功经验,从而结合本城市的发展现状,寻找适合自身的发展方向。

案例思考

1. 试列举国际友好城市间的交流与合作的形式。
2. 试谈谈非政府组织在国家友好城市的建立与发展中所起的作用。

(撰写者:姜小翠、李泳谕)

第十章 行政决策

【学习要求】

通过本章的研修,把握和理解行政决策的概念、基本程序、行政决策体制等方面的基础知识,并学会用行政决策的理论分析相关案例,从而提高理论运用能力与提高分析问题的能力。

【导入案例】

阅读下列案例,然后思考与行政决策相关的问题。

2005年,东莞市实行"四清理",强拆本地小型养猪场。2007年12月,东莞市领导公开表示,从2009年1月1日起,东莞将在全市范围内禁止养猪,理由是"解决畜牧业污染,东莞养猪不划算"。该政策出台后引起了全国舆论一片哗然。本来将在2009年推行的"禁猪"令也最终取消。

2011年,东莞市印发了《东莞市保障生猪生产稳定物价工作方案》(以下简称《方案》),《方案》中明确规定2012年至2019年,东莞本市生猪出栏量每年将达15万头以上,以保持一定比例的生猪自给率,增强本地生猪应急供应能力。这次是首次明确东莞市生猪出栏量。

此外,《方案》对生猪规范养殖也作出部署。2011年底前将研究划定禁养区、限养区及适养区,确立生猪养殖选址、环评、防疫等准入门槛。同时探索建立生态健康养殖激励扶持机制,因地制宜推行养殖与沼气建设一体化,大力实施生猪养殖废弃物无害化处理和综合利用工程,实现达标排放,保护环境。

目前,东莞认定供莞生猪基地有 200 多家,生猪有 700 多万头,是东莞猪肉消费量的两倍,在供应结构中,约有 9 成以上的生猪依靠外地供应。业内观察人士称,相比异地生猪供应的 700 多万头,本地生猪出栏量为 15 万头/年的目标甚为微小。

《方案》提出,东莞生猪检测合格率保持在 98% 以上。此外,今年内各镇街将全面完成动物检疫申报点建设任务,按标准完善牲畜定点屠宰场无害化处理设施,提高无害化处理能力。同时加快推进动物卫生远程视频系统建设,2012 年底前全面建成市、镇两级视频监控系统并实现联网对接。

东莞为何突然又要在本地养猪了?文件透露的信息显示,压力和动力可能来自于上级。广东省给东莞下达了生猪养殖任务,要求 2012—2019 年期间,本市生猪出栏量每年达 15 万头以上,2020 年起每年达 10 万头以上。而广东省之所以给东莞下达任务,又来自于更高层面的要求。

(案例来源:《南方农村报》2011 年 9 月 16 日,引用时有删减调整。)

阅读提示

1. 这一饱受争议的"禁猪令"出台不到 100 天便流产,为什么一个旨在"减少污染、保护环境"的决策得不到公众认可?为什么在两年后,东莞市又取消"禁猪令"重新养猪?
2. 行政决策的目标是什么?如何加强行政决策的民主化和科学化?

理论概要

一、行政决策概述

(一)行政决策的含义与特点

决策是指人们为解决面临的问题所制定和选择行动方案的活动。行政决策是决策的一种,是国家行政机关为履行行政职能,对面临要解决的问题,拟定并选择行动方案的过程。行政决策具有一般决策的共性,也存在不同于其他决策的特点。

1. 行政决策主体的特定性

只有具有行政权力的组织和个人才能成为行政决策主体。而按照我国宪法和有关法律规定,行政权力由行政机关行使。若行政机关以外的某些国家机关、社会组织或个人,按照宪法、法律规定或授权,具有一定行政权力后,也可成为行政决策主体。

2. 行政决策客体的广泛性

整个国家的政治、经济、文化、社会生活等领域在内的一切与公共利益相关的事务,除法律另有规定外,都属于行政决策的内容。相比其他决策,一般不涉及整个国家和社会范围的事务,大多仅限于各自的内部事务。

3. 既定行政决策的权威性

行政决策代表的是国家和人民的意志和利益,它以国家权力为后盾,依据党的路线、方针、政策和国家法律而制定。因此,既定的行政决策不仅对行政组织的内部成员,而且对各级行政组织管辖范围内的企业、事业单位,社会团体和个人都具有约束力,表现出决策的一定权威性。

4. 行政决策的非营利性

行政决策以实现公共利益为出发点,均衡地协调社会利益和社会价值,确保社会公平和社会稳定。因此,它不求营利,代表国家和人民的社会公共意志和利益。而其他主体的决策,如企业、事业单位和社会团体的决策等,都是从各自利益出发制定行动方案。

(二) 行政决策的类型

行政决策的内容是复杂多变的。因此,对行政决策进行多层次、多角度的观察和研究,有助于更加深入地了解行政决策的本质,从而有利于行政主体针对各不相同的现实问题作出正确的决策。行政决策的主要类型如下:

1. 国家决策和地方决策

这是以决策者在整个行政决策体系中的地位作为划分标准的。国家决策也称中央决策,凡制定全国统一的有关行政管理的方针、政策,行政管理法规,处理全国性的和对于国家具有战略意义以及其他只适宜由中央统一处理的行政管理问题,都只能由中央政府作决策。省(自治区,直辖市)、市、县、乡(镇)政府对其管辖范围内的地方性行政管理问题作出的决策,则属于地方决策。

2. 战略决策和战术决策

这是以行政决策涉及问题的规模和影响程度作为划分依据。战略和战术是相对而言的。战略决策是指全局性、方向性的重大问题的决策,它影响深远,如确定国家经济建设中的战略重点;战术决策是为战略决策所制定并为之服务的那些涉及区域性或局部性或阶段性问题的决策,如贯彻战略方针中的某个阶段性安排等,对社会和国家的发展影响较小。

3. 程序化决策和非程序化决策

这是以行政主体在制定决策时,判断面临要解决的问题是否有现成的规范与原则可遵循所做的类型划分。程序化决策指的是对重复出现的、有一定常规可循的问题的决策;非程序化决策是对全新的,偶然的或者突发的、没有现成规范和原则可循的问题的决策。

4. 确定型决策与非确定型决策

这是以决策的条件和结果的可预测性作为标准划分的。面临确定的环境和条件,假设的多种决策结果与实际的决策结果是确定的,接近于完全吻合,那就是确定型决策。如果面临的环境和条件不确定,决策结果难以预测,与实际决策结果的吻合概率偏低,那就是不确定型决策。

5. 初始决策和反馈决策

这是以决策行为进行的阶段不同为依据进行划分的。初始决策是指行政主体着手开展某项工作或解决某个问题时所制定的最初的决策;行政主体在执行决策行为过程中,根据反馈信息对初始决策进行的重要性修正和调整就是反馈决策,也称之为追踪决策。

(三)行政决策的基本原则

行政决策是行政管理过程中非常关键的首要步骤,为了确保决策的质量,应当主要遵循如下一些原则。

1. 信息原则

信息是行政决策的基础,在通常情况下,决策的科学性、正确性是和信息成正比的,信息越及时、准确、全面,决策思维就越具有深度和广度。决策过程实际上也是一个信息的收集、加工和转换的过程。信息原则对决策的要求是要建立和健全信息通道,并利用外脑来提高对信息的收集、分析和处理能力。

2. 预测原则

任何行政决策都是对未来行动所做的一种设想,是在事情发生之前的一种预先分析和抉择,具有明显的预测性。现代科学技术和经济的高速发展,社会生活各方面的急剧变化和激烈竞争,更要求运用科学的预测,高瞻远瞩,了解行政决策对象的发展趋势、时空条件、影响后果等,从定性、定量、定时、概率等各方面作综合预测,才可能减少和避免决策失误。

3. 系统原则

由于行政决策对象本身就具有系统性的特点,行政决策主体在制定和实施行政决策时,应注意决策对象所处的整个系统及系统的相关环节,并以系统的思维方式和决策体制来对整体与局部、内部条件与外部条件、当前利益与长远利益、主要目标和次要目标的相互关系和相互作用加以综合分析。

4. 可行原则

决策是为了实施,要实施就得具备决策实施的现实条件。可行性原则对行政决策的要求是要在现实的基础上通过认真分析比较,对决策实施的人力、物力、财力、时间和技术等各方面都要予以保证,防止盲目的、不顾现实条件的决策。有时在现实条件不完全具备的情况下,还要经过努力积极创造出条件,使决策真正可行。

5. 择优原则

决策总是在几个方案中进行选择。只有一种方案的"霍布森选择"是难以作出最好决策的。决策要追求优化和满意,就必须要优化目标,并提出必备数量的备选方案,通过比较和筛选后,从若干个方案中筛选或综合出满意的实施方案。

6. 动态原则

任何系统都是变化发展的,决策对象总是随着经济和社会的进步而处于不断变化之中,一项决策的制定、执行、修改也是一个相当长的动态过程。为此,一开始决策时就要富于远见,能适应未来的发展,并留有适当的余地。在决策实施时也要注意信息反馈,随时检查验证,当决策与客观情况不相适应时要及时调整,必要时还要进行追踪决策,对决策做根本性的修正。

(四)行政决策的地位和作用

1. 行政决策是行政管理过程的首要环节和执行各项管理职能的基础

决策是行动的先导,行政管理实践中遇到的各种需要采取行动的问题,都首先依赖于行政决策。同时,行政管理的各项职能都是为实现决策目标服务的,各项职能本身也都有需要采取行动的问题,有各自的决策。如果不能及时地作出科学的决策,就不能很好地发挥这些职能的作用。因此,行政决策贯穿于行政管理的各方面和行政管理的全过程,任何行政管理活动都离不开行政决策。

2. 行政决策正确与否是行政管理成败的决定因素

行政决策的正误是行政管理成败的关键,这已为行政管理实践所证明。行政决策直接关系着行政管理的成败和国家的前途与命运。

二、行政决策的模式与基本程序

(一)行政决策模式

行政决策模式又称为决策行为模式,是决策者有规律的、反复出现的、标准的、可以使人照着做的标准样式。以决策活动过程的基本步骤及其所运用的方法为标准,将决策模式划分为下面几种类型:

1. 理性决策模式

这是由亚当·斯密提出,并长期被人们认可、接受、流行较广的决策模型,其特点是在目标上追求最优化,使决策方案达到收益最大,损失最小,效用最好。西蒙称之为经济人的无限理性决策模式。在这一模式中,人被假定为具有全知全能理性的人,即经济人在应付复杂的现实世界中,能够为他所要完成的特定目标采取各种措施,选择最佳方案。

2. 有限理性决策模式

这是西蒙在批评了理性决策模式之后提出的一种决策模式。西蒙认为,纯粹理性是不可能的。在现实中,由于人的知识具有不完备性、选择范围的有限性、时效的局限等,决策者不可能达到如理性决策模式所要求的那么完善,只能在有限的且力所能及的范围内,对可能找到的备选方案作出"满意的"或是"够好的"决策,因此,行政决策的模式只能是有限理性决策模式。

3. 渐进决策模式

这是由美国著名经济学家、政策学家林德布洛姆针对理性决策模式的缺陷提出的一种决策模式。林德布洛姆认为,政策的制定既是一个科学的过程,又是一个社会互动过程,由于多重主体的参与和制衡,行政决策实际上只是根据过去的经验,经由对现行政策作出局部的、边际性的调适过程达到共同一致的政策。因此,决策的制定和完善是一个渐进发展的过程,是谨慎的步步试错过程,而不是对以往的政策的推倒重来。按照这一理论要求,决策者在进行决策时,首先要认真分析研究以往的决策方案,总结经验教训,然后再作出改革措施。

4. 系统决策模式

它的主要代表人物是美国政治学家伊斯顿。系统分析模式描述了涉及政治决策过程的诸因素,即系统、环境、需求和支持的投入、转换过程、产出的政策以及反馈等,并描述了这些因素在整个政治运行过程中的位置,为科学地认识政治过程提供了一套有效的概念工具。这一模式的提出,改变了传统政治学单纯从制度进行静态分析的弊端,进入动态的、研究政府运行过程的政治系统论。

此外,比较有影响的决策模式还有博弈决策模式、体系决策模式、综合决策模式等。诸种决策模式的提出为我们理解决策过程提供了有效的手段。但是也要看到,这些模型依据的主要是西方发达国家政治运行实践,并不完全符合中国的政治实践,不能简单地照搬和用于解释中国行政决策的制定过程。

(二) 行政决策的基本程序和方法

行政决策程序是指行政决策过程中的各个相互独立又相互联系的诸环节的先后次序和步骤。决策程序可概括为如下四个阶段:

1. 发现问题、确定目标阶段

行政决策问题是指政府认知,接纳并进入政府议程,采取行动加以解决的社会公共问题。它不涉及个人问题,而社会中所发生的公共问题,并不都是政府决策的问题。

社会问题是复杂多变的,其本质原因往往被现象所掩盖。因此,决策者必须培养从资料海洋中采集重要信息的技能,力求及时发现社会矛盾,全面准确地把握问题。在认定问题的基础上,对问题层次和机构作进一步的分析和解读,弄清问题的性质、特征、影响及问题发生的前因后果等,从而发现问题的核心部分和关键部位。常见行政决策问题分析的方法有:类比分析法,即将决策问题的成因、特征与程序等因素进行比较,以发现多个问题的相似性、相关性与差异性,从而进行问题本质分析;假设分析法,即从问题的可能解决方案入手,通过假设相关因素或理论的设定,以期对问题有个比较全面的认识。

发现问题之后,就是判断行政决策目标,即行政决策问题最终要达到的预期结果或目的。可见,目标应是符合社会普遍的价值标准;必须可行的且明确、具体,可能通过解释方法、分解方法和量化方法使行政决策目标具体化。常见的方法有主要目标列举法、目标排序法、综合评分法、逐步淘汰法等。

2. 行政决策方案的拟订阶段

决策方案拟订是指决策者为了实现决策目标,运用适当的技术与方法,拟制各种可供选择的方案的过程。那么,在行政决策方案拟订阶段,主要包括两个环节:一是粗拟方案。即从不同的角度和途径出发,设想出各种各样可能性的方案。如果只有一个备选方案的决策,该决策就不具备科学性。二是精心设计方案。在集思广益拟订了各种方案后,就需要对其作出进一步的加工。不仅要对决策目标重新进行分析并与各种方案进行比较,去除那些偏离决策目标的方案,而且要对每一种可能性方案进行细部设计。这要求决策者要特别细心、冷静,反复计算和严格论证,详细推敲,从而拟制成各种可行性方案。

在拟制方案时应遵循以下原则:

(1)紧扣决策目标;

(2)方案详尽完备,且彼此独立,不存在内容上的重复和包含;

(3)方案要创新,不能因循守旧;

(4)方案要切实可行。

在拟订方案阶段,创新显得尤其重要。下面简单介绍两种促使人们充分发挥创造性的方法。一是头脑风暴法。它通过小型会议的形式,10人左右,鼓励与会人员充分发挥想象力和主观能动性,自由思考,提出设想,以便相互启发,相互诱导，从而形成新的设想。二是对演法。即通过决策人员的相互辩论，互攻其短，以求充分暴露矛盾。这种方法对于完善方案起到一定的作用。

3. 决策方案的评估和择优阶段

拟定出决策方案后，接下来要做的就是决策方案的评估和择优。这是行政决策的关键阶段。首先，评估是对方案效果的预测性分析和比较，如分析方案实施的经济与财政的可能性、技术可行性以及方案的社会效益、经济效益等。其次，在评估和比较的基础上选择一个最佳方案，形成决策。在比较择优时，决策主体应当注意各方案的异同，充分考虑到方案的全局性、长远性、效益性，特别是它们的异同点在行政决策执行过程中可能造成的影响。

方案的评估和择优一般用经验判断法、数学分析法、实验模拟法等。经验判断法指的是在科学总结以往决策经验教训的基础上，对各种方案的优劣作出分析判断的方法。它适用于某些程序化决策方案的评估和择优。数学分析法是研究和解决决策中数量关系的一种科学方法，它适用于可以定量化的决策方案的选择。目前，数学分析法的具体方法越来越多，其中容易掌握的是决策树技术，它把各种决策方案及与方案有关的概率、收益值等画成树状图，分别计算其期望收益值，并由此作出选择。实验的方法，也称为"抓典型""试点"，就是把一个或几个决策方案放到少量选择好的实际环境中实施，并对实施过程中的各种情况和产生的结果加以分析、评估，从中择优。这种方法多用于影响时间长、范围广的重大行政决策。模拟的方法，是通过把所要的决策的问题构成模型，进行试验、观察、测定和分析各方面的效果，最后根据试验结果确定方案。这种方法主要适用于战术性的决策方案研究，也用于宏观决策的方案的研究。

4. 方案的修正完善阶段

由于受人的认识能力和客观事物发展进程的限制，行政决策往往不是完美、一成不变的。为了完全符合实际情况，大多需要在实施过程中对方案进行检验、修正和完善。因此，决策方案进入实施阶段后，必须建立正式的决策追踪和监测制度，对决策的实施情况进行经常的考察、监督、测定、评估和核实。同时，还应建立信息反馈机制，使决策者对原来方案及时作出相应的调整、完善。

上述行政决策基本程序的四大步骤，在具体运用时可以根据实际情况灵活掌握，如针对重大和复杂的行政决策就必须严格按照上述步骤进行，而其他相对较简单的行政决策可以交叉或合并各步骤，以便提高行政决策的效率。

三、现代行政决策体制

行政决策体制是指行政决策的机构和人员所形成的组织体系及其制度,它是随社会政治、经济、科学技术诸方面条件的发展变化而发展变化的。现代行政决策体制是由行政决策中枢系统、咨询系统、信息系统组成的民主决策体制。

1. 行政决策中枢系统

这是行政决策体系的核心,它由拥有行政决策权的领导机构及其人员组成。只有它才有权就一定范围内的行政管理问题作出决策。一个行政机关只能有一个决策中枢系统,切忌多中心、政出多门。决策中枢系统的主要任务是领导、协调、控制整个决策过程,确认决策问题和决策目标,并对决策方案进行评估选优,最终拍板定案。

2. 行政咨询系统

这是辅助决策中枢系统决策的机构,它具有辅助性、独立性、科学性的特点,是现代行政决策体制不可缺少的重要组成部分。咨询系统的主要任务是辅助决策中枢系统发现问题,确定目标,拟定并论证各种决策方案,为决策领导者评估选优、确定方案提供科学依据;辅助决策领导者发现、纠正决策中的偏差,提供修正意见和追踪决策方案等。

3. 行政信息系统

这是从事行政信息处理的机构、人员及信息通道、信息工具所形成的有机整体。其主要任务是把来自各种信息源的行政信息集中起来,进行科学加工和处理,然后传输给决策中枢系统和咨询系统,为中枢系统和咨询系统的决策工作服务。行政信息是行政决策的基础。为了保证行政政策的正确性,必须进一步建立健全行政信息网络,注重行政信息人员的培训和素质的提高,保证行政信息通道的畅通。

综上所述,中枢系统、咨询系统和信息系统是相互联系、相互制约的,三者的统一构成现代行政决策体制。为了适应行政决策民主化、科学化的需要,我们必须进一步加强中枢系统、咨询系统、信息系统及其制度的建设,使之发挥最佳的决策效能。

[本理论概要主要参考:夏书章主编:《行政管理学》(第四版),高等教育出版社 2008 年版;许文惠、张成福、孙柏瑛:《行政决策学》,中国人民大学出版社 1997 年版。]

第十章　行政决策

案例分析

案例 10-1　取消"免费公交"引发的思考

从 11 月 1 日起,无论是本地人还是外地人,不需要刷卡或投币,也不需要出示任何证件,就能够免费搭乘广州市所有的公交车、地铁和轮渡。作为"亚运惠民项目"的措施之一,这本是件皆大欢喜的事,也是广州市政府提供公共服务的一个亮点。但是,令人遗憾的是,这一政策在仅仅实行了 5 天之后,便紧急喊停。取而代之的是,每个户籍家庭(含在广州居住半年以上的流动人员)发放 150元,集体户口人员每人发放 50 元,作为交通补贴。

广州"人满为患"

据广州地铁总公司统计的数据,从 11 月 1 日开始,广州地铁日均客流量翻番。11 月 1 日总客流量达到了 780 万人次,比免费政策实施前的日均客流量翻了一倍,2 日到 4 日的日均客流量超过了 650 万人次。"公共交通免费一周来,公交地铁的日客流量高达 1754 万人次,地铁日客流量更是近 800 万人次,大大超出地铁运输能力,地铁一直超负荷运行,一周来启动三级客流控制高达 144次,严重影响地铁正常安检和亚运安保工作进行,同时对市民上下班正常出行造成极大不便。"此外,在这种"人满"的状态下,摔伤、踩踏的危险系数也随之提高、驾乘人员压力剧增,给行车安全带来了极大的隐患。而很多安全事故之所以成为"人祸",也与有关部门对于安全问题和隐患的估计不足有很大关系。

惠民也要考虑可行性

就"市民免费搭乘公交地铁"的政策而言,由于涉及受益范围较广,决策者既要考虑公共财政的承受能力,又要正确评估市民的现有道德水平;既要分析上班一族交通出行的刚性需求,又要充分估计"免费"之后离退休人员、社会闲散人员和外来人员等的"潜在"出行需要;既要考虑现有交通设施的承载能力,更要顾及安保检查的能力和风险。因此,平时的人员流量不足以作为此项政策参考依据。同时,还要尽量做到谋划周全、措施科学,保证备有应急预案,充分留有余地。

(案例来源:《新京报》2010 年 11 月 7 日,引用时有删减调整。)

【解　读】

　　上述案例描述了广州"免费公交"政策在执行过程中因"人满为患",远超出公交地铁的运输能力而终止,以发放补贴代替。那么,造成该政策朝令夕改的原因是什么?

　　通过对相关新闻报道分析,我们认为,行政决策中信息障碍是导致决策失败的一个重要原因。

　　信息搜集缺乏准确性。在搜集信息的时候往往出现两个误区:一是过于追求信息的全面性。在搜集所有与决策相关的信息时,不加以分门别类、科学分析便传递,大大提高了决策主体的工作量,降低了行政效率。二是信息针对性不强。与行政决策有直接或间接联系的信息都应当搜集,否则决策不当、偏离决策目标是难以避免的。在广州实行亚运免费公交政策案例中,政策出台前没有做好充分的调研,对出行人流客流的估计不足导致地铁超负荷运行,所有地铁站都被迫启动客流控制措施,不仅严重影响地铁正常安检和亚运安保工作进行,同时,对市民上下班正常出行造成极大不便。因此,该政策只能以失败告终。

　　信息缺失现象严重。行政决策主体应从多方面、多层次收集信息。在实践过程中,来自公众的利益诉求和专业咨询机构的信息往往被忽略,造成错误的行政决策得不到有效的纠正,公众的利益诉求也得不到有效的满足。以2007年东莞实行"禁猪"令为例,这个旨在"减少污染、保护环境"的决策却得不到公众认可,出台不到100天便流产。显然,该政府在制定决策时,没有充分听取包括养猪户在内的广大民众意见,也未发挥专家咨询机构的作用。而是由当地官员利用权力强行推动的。因此,信息的缺失导致"禁猪令"在出台后就受到公众的强烈质疑和反对。

　　信息预测性不强。预测性信息的缺乏往往会导致决策失误,带来重大损失。因此,决策者应当运用定量型、模拟型等现代科学预测方法,对决策问题中各种不确定因素加以分析、加工、处理,从而估计其未来的发展变化趋势。如本案例中,广州实行亚运"免费公交"政策,并未充分评估安全问题和潜在隐患问题,从而导致该政策实施不到一个月便紧急叫停。可见,政府在制定决策时,应重视信息的重要性,充分考察公共财政的承受能力,正确评估市民的现有道德水平;不仅要分析上班一族交通出行的刚性需求,又要充分估计"免费"之后离退休人员、社会闲散人员和外来人员等的"潜在"出行需要;既要考虑现有交通设施的承载能力,更要顾及安保检查的能力和风险。

【启　示】

信息是行政决策科学化的重要物质基础。全面准确的信息来源、系统科学的信息分析和反馈是行政决策正确与否的关键。为此,可从如下三个方面采取措施。

第一,提升决策者和信息工作者的个人素质。决策者应当重视在决策过程中信息的作用,善于获取和有效利用信息,以及通过信息的跟踪、反馈,及时修改完善决策方案,提高决策质量。而信息工作者,不仅要求从业者必须具有一定的专业知识和从业资格,而且还应对现有信息工作者进行再培训、考试,以适应现代信息工作的需要,还应加强思想教育,提高职业道德水平。

第二,健全和完善行政决策信息系统。信息的搜集、加工、传递、储存在决策过程中发挥至关重要的作用。因此,必须建立信息搜集系统,切实提高政府各级部门人员的信息获取、审核、加工、流通能力,畅通各种渠道,重视专业咨询机构的信息,以发挥民间力量。必须加大政府信息公开力度,使公民享有知情权并参与其中,以协调不同社会主体的利益诉求。同时,还应该优化决策传递过程,尽量避免信息传递失真化,即信息在传递过程中出现人为删减、增加与"文件旅游"等问题。

第三,采用现代通信技术突破信息障碍。目前,电子政务的推广、网上会议、虚拟政务大厅的广泛应用,加强了政府系统内部之间及其与广大民众之间的信息双向互动,充分促进了公民的有效参与。因此,要提高搜集、加工、传递、储存信息技术,进一步提高信息的使用价值,为决策者提供高效的信息服务;要加快信息技术网络的开发,控制网络舆情,避免信息技术这一"双刃剑"对行政决策造成不利影响。

案例思考

1. 请结合案例说明,造成行政决策信息障碍的原因是什么。
2. 如何利用科学技术完善决策信息系统建设?

(撰写者:欧阳丹霞)

| 行政管理案例分析 |

案例 10-2 决策失误谁买单？

一个财力只有 3000 多万元的贫困县，计划斥资 60 多亿元建新城；一场历时十年的造新城运动，结果是留下了一堆"烂尾楼"，这一闹剧发生在内蒙古自治区呼和浩特市清水河县。那么，当地政府为何热衷于造新城运动？

"半拉子"新城，矗立荒山上

2007 年，清水河县王贵窑乡政府辖区内的县城新区已建好了清水河县党政综合办公大楼以及财政局、税务局、法院、第一高中等单位的办公楼，有的单位还盖起了家属楼，但至今没有人进驻新区办公；新区还有八座没有建成的"烂尾楼"，有的盖起来一半，有的只打了地基。此外，内蒙古第三建筑公司承建的"清水河县宾馆"尚未完工，没有安装门窗的楼房里住进了麻雀，放羊的老乡利用空楼存放起饲料。由于无人居住，新区显得十分荒凉。

据了解，清水河县城新区距离旧城 26 公里，从 1998 年打算迁址到 2008 年放弃搬迁，耗费了十年时间。据初步统计，新区建设花费了上亿元投资。由于没有得到有关部门的审批手续，这座"半拉子"新城，只能以"违规建筑"名义矗立在荒山之上。

命运坎坷的县城搬迁

1998 年，清水河县已有建新区想法，因占地问题没有解决，只能作罢。2001 年至 2002 年间，上级领导再次到清水河县考察，再次提出了建新区的设想。县上再次调研，最终选定了现在的新区位置，造新城运动自此拉开序幕。

记者从清水河县新区建设投资估算表上看到，项目总投资 611272.89 万元，其中建设期利息支出 1.2 亿元，就算全县人民不吃不喝，需要 4 年才能还清这笔利息。在资金筹措方面，建设单位自筹资金占 26.23%，申请银行贷款占 11.36%，申请国家投资占 12.48%，申请地方投资占 12.48%，对外招商引资占 31.94%，当地政府自筹占 5.42%。从数字上看，自筹资金仅占新区建设的一个零头，对财力匮乏的清水河县来说则是天文数字，相当于 10 年财政收入总和。

由于资金无法到位，财力难以支撑，新区建设和搬迁工程于 2008 年搁浅。

"拍脑袋"决策，教训太沉重

据当地一干部描述，新区建设本来就是某些领导"拍脑袋"的结果，缺乏可行性调查研究。"由于我们县穷，引不起上级领导的重视，于是就想迎合上级领导的意思做事。"

清水河县工业园区副主任刘海豹说,新区一直"边建设边报批"。工程进行过半,又赶上国家严抓楼堂馆所建设,上报的手续一直没有得到批复。

"仅仅是上级领导头脑发热说的一句话就敢非法建设?"内蒙古慧聪律师事务所律师张献华认为,清水河县建设新区没有客观条件,也缺乏可行性规划,仅凭上级领导一句话便开工建设,酿成这样的苦果,说明地方领导需要提高科学决策的水平。"如果不对拍脑袋者问责,恐怕难以形成威慑力。"张献华认为,近年来耗费公共财政而建的形象工程似乎并没有因为民众的深恶痛绝而偃旗息鼓,缺少问责机制是重要原因。

据介绍,采访中,清水河县不少群众希望有人来收拾残局,颇有意味的是,在新城的马拉松建设中,清水河县的县长也走马灯似的调换。"10年换了8任县长,许多县长都是没干完一个任期就走了",县委宣传部一工作人员称,县里主要领导甚至科级干部也基本都家住呼市,开车来清水河上班,周一来上班,周五下午全部回到呼市过周末,"像候鸟一样,扎不下根","县领导一调离清水河都是往上升"。但由于已经换了几届领导,谁来承担责任似乎成了"死题"。

(案例来源:新华网,2010年5月4日,引用时有删减调整。)

【解　读】

公共决策失误是指在行政主体执行行政决策过程中,主客观多方面原因导致决策实际目标与预期目标产生较大偏离的现象。那么,本案例中,造成行政决策失误的原因是什么?

从行政决策主体角度来解读。我国的行政机关实行的是行政首长负责制,权力主要集中在个人或少数人手里。因此,在制定行政决策中,个人决定决策方案,个人凌驾于组织之上的家长制,个人过于"急功近利"等现象屡见不鲜。在本案例中,清水河县政府热衷于造新城运动,计划斥资60多亿元建新城。该形象工程既没有客观条件,也缺乏可行性规划,造成目前的困境固然是多种因素共同导致的结果,但是从主观上说,是当地政府领导人"自利性"支配的后果。行政决策主体在"利益"驱使下,只顾自己的利益而不顾人民大众的公共利益,只顾眼前的利益而缺乏长远的思考,从而在行政决策制定过程中,凭借其手中的权力作出有利于自身的决策方案。这样的决策行为往往会导致严重失误,妨碍决策科学化的实现。

此外,行政决策主体的组织程度还不完善,在资金、人力资源、自主性以及社会公信度等方面仍很薄弱,导致政府对它们社会地位的认可和定位还存在不足,严重影响了其参与公共决策的能力和效果。

从行政决策过程的角度来解读。一是问题界定不清,目标确定有误。政府有责任对与公众利益息息相关的社会公共问题认知、接纳并进入议事日程。在准确界定问题后,应该建立符合公众意愿的、切实可行的目标。然而,在本案例中,清水河县政府在计划造新城时,并未充分尊重民众的意愿,缺乏规范、合法的利益表达渠道与决策参与机制,同时也未对该方案进行可行性分析。因此,矗立在荒山上的"半拉子"新城和当地民众的深恶痛绝是无法避免的。二是行政决策程序不规范。行政决策主体很多都是忽视决策程序,以至于问题不明、目标模糊、方案粗糙、选择草率。如决策方案论证不充分,决策必然是要发生失误的。本案例中,清水河县拟订的方案并未经过深入调研、缜密分析和充分论证,也未对方案实施的经济与财政的可能性、技术可行性以及方案的社会效益、经济效益等进行预测、评估;同时,当地民主参与程度低下,专家和智囊团根本没起到任何作用。因此,资金无法到位,财力难以支撑,新区建设和搬迁工程多次搁浅是必然的。三是缺乏对行政决策的追踪与责任追究。从1998年打算迁址到2008年放弃搬迁,耗费了十年时间,为什么工程中途中断?原因是什么?该决策失误谁买单?显然,清水河县政府并未在行政决策制定、实施过程中对原方案进行追踪和反馈,而是任其发展,最终导致造新城项目命运坎坷,经济损失惨重。同时,清水河县政府在行政决策实施过程中,责任主体不明确,决策权力和责任相分离。正因为这样,县长的频繁更换为逃避责任追究提供了借口。行政决策的追踪与反馈更是无从说起。

【启　示】

从清水河县的决策失误事件,我们看到政府在减少决策失误时可从以下几方面采取措施。

第一,优化决策组织体系,提高决策主体的决策水平。目前,行政决策组织机构重叠、职责交叉、政出多门现象严重。那么,应该如何避免以上问题?一是在行政决策组织体系上,按照精简、统一、效能的原则,推进政府机构改革,合理分配各级行政机关的决策权力,实现事权划分、责任明确,这是实现决策科学化的前提条件。二是提高行政机关的综合执政能力。不仅对领导者的任用应坚持"能者居之"原则,坚持任命那些德才兼备、公仆意识强的人才,而且要对现有领导干部进行教育培训,从而增强领导者依法决策的意识,加强对现代决策理论知识的学习和决策技能培养,提高其决策水平和能力。

第二,规范行政决策过程。首先,建立决策信息的系统分析机制。信息是行政决策的基础,因此将信息的充足完备、系统分析、及时反馈等过程制度化是避免行政决策失误的有效手段。其次,加强行政决策的民主参与。再次,建立决策追踪和反馈制度。决策方案进入实施阶段后,必须建立正式的决策追踪和反馈制度,对决策的实施情况进行经常的考察、监督、测定、评估和核实,在信息反馈的基础上,使决策者对原来方案及时作出相应调整、完善。最后,建立严密的决策监督体制。必须强化对行政决策权力的监督从源头上监督行政决策权力的合法性,从制度上遏制"家长制""拍板式"决策;必须强化对决策过程的监督。从确定目标、设计方案、方案评估、选择方案都要有一整套严格的程序,特别是行政决策过程中公众参与的程度、信息追踪与反馈情况等,只有将每个环节法制化,才能确保监督决策过程的程序化、民主化。必须建立决策信息公示制度和舆论监督制度。将信息公示法制化,提高行政决策的透明度,不但保障了公众对事务信息的知情权,也保证了个人、社会组织可以通过各种途径对行政决策提出质疑,以便信息的及时反馈和决策方案的修正。而舆论监督,主要是大众传播媒介通过报纸、网络等方式对行政决策过程进行追踪报道,以充分发挥群众的作用。

第三,建立决策失误责任追究机制。责任追究的前提是对责任主体的认定,应当遵循"谁决策,谁负责"的原则,落实行政决策失误的责任承担主体。就责任追究内容而言,造成决策失误的原因和后果是不尽相同的。因此,应当根据客观实际情况实行分类追究制。针对因客观原因造成的决策失误,对社会影响较小,危害程度不大的,应当追究行政责任和一定的经济补偿责任。若因决策主体滥用职权,行贿受贿等主观原因造成的行政决策失误,对行政负面影响大,社会经济损失惨重的,应当全面追究其政治责任、行政责任、经济责任和刑事责任。

案例思考

1. 影响行政决策的因素主要有哪些?

2. 总结政府在重大项目的决策中的经验教训。

（撰写者：欧阳丹霞）

案例10-3 佛山"放松版"限购令

2011年10月11日11时49分,广东佛山住建局日前发布公告,宣称放宽限购条件：允许佛山市户籍居民家庭增购一套7500元/平方米以下的住房。当天23时24分,因为"综合评估政策影响",又宣布暂停这项政策。

朝令夕改,真是最短命的政策。

当然,能够正视"放宽限购"政策的影响,并及时收回,比将错就错、我行我素要强。今年3月,住房和城乡建设部部长姜伟新也曾公开表示"限购令目前没有停止的时间表"。从今年3月间佛山成为广东省第一个出台"限购令"的二三线城市至今,限购政策的生命期总共才7个月不到。言犹在耳,楼市调控政策到了终于有望产生效果的阶段,也终于有房产商迫于资金压力准备松动房价了,却又忽然急转直下,风雨飘摇起来,怎不令公众揪心。

尽管佛山"放宽限购"政策,并非一股脑儿的全盘放开,但"放宽"所释放出来的"松绑"信号,会影响房产商与购房者的预期,并使得楼市的僵持因为这一重要变量的出现而被打破,甚至彻底逆转。另外也要考虑佛山放开限购的示范效应,有可能导致其他城市的楼市政策纷纷跟风。再说,一个城市楼市调控政策的调整,当然应有一定的程序,而不是由相关部门闭门造车。缺失了民意的参与,缺失了民主程序的楼市政策调整,注定"早夭",连一天都活不过,就并不意外了。

（案例来源：《新民晚报》2011年10月13日,引用时有删减调整。）

【解 读】

近几年来,一些地方政府的政策呈现不稳定的特点,以及出现朝令夕改、变化无常、半途夭折等"政策短命"现象。其表现形式主要有四种：第一,政策颁布后,尚未实施就夭折。第二,政策颁布并已实施,但中途终止。第三,政策的有效期很短。第四,政策名存实亡。如本案例中,佛山限购令出台仅半日还未开始执行便紧急叫停；又如2011年8月卫生部为改善医疗服务,出台的全国医疗卫生系统"三好一满意"活动2011工作方案,根本不奏效,是一项无法执行的"短命"政令。

这些短命的政策，并没有得到政府部门的重视，反而日益严重，甚至"政策短命"现象常态化。一是损害了政策权威性和效力。由于政策的不稳定，变化无常、朝令夕改，影响了政策的严肃性，削减了政策的权威性，造成政策执行更加困难且施行的效力不强，同时也增加了公众对政策的非适应性，降低人们对政策的信任程度。二是造成资源浪费和经济损失。正是因为政策本身缺乏科学性、合理性，在现实操作当中可行性差，获得的效果也没有达到预期的目标，造成人力、物力、财力等资源的浪费。三是影响社会稳定。政策的多变，容易引发政府的公信力危机，损害国家尊严和政府执行力，对社会的安定产生不利影响。

那么，造成"政策短命"现象的原因是什么？

从政策过程角度看，导致短命政策困局的原因可能是：一是政策问题认定的简单化。政策问题的形成与认定是政策制定过程的起点，在决策过程中，该环节大多数是形式化、表面化。二是政策论证的随意性。决策者往往忽视了政策评估这一环节的重要性，并未对政策问题的性质、相关因素等深入调查、缜密分析和充分论证，以及对方案进行预测性、可行性评估。那么，政策朝令夕改，或"执行不了"的尴尬是在所难免的。三是政策执行力不足。四是政策监控功能弱化。行政监督主体缺乏独立性，导致政策制定者缺乏有力的法律监控；社会监督问题凸显，例如新闻媒体舆论监督不规范，公众监督投诉渠道不畅通等，从而导致社会监控功能低下。

从政策系统角度看，导致短命政策现象的原因主要是：首先，政策价值取向的自利性。当前，我国的政策制定主体主要是以政府官员为主，专家、智囊团的比例极少。政府官员的有限理性致使他们在决策过程中常常表现出急功近利倾向，只顾自己和有关部门利益而不顾人民大众的公共利益；也因为任期的有限性，他们公共政策价值取向的扭曲，从而只顾眼前利益而忽视长远利益，采取"头疼医头，脚疼医脚"的政策治疗方案和选择泡沫政绩工程。其次，社会转型期的政策环境的多变性和流动性。在社会转型期间，社会的变迁使我国政策环境凸显变异性与流动性特征。这不仅从客观上增加政策风险程度，缩短了政策周期，而且在主观上，决策者忽视了对政策环境变化详细分析，依旧采用"自上而下"由政府主导的政策制定模式，因而"政策短命"现象在所难免。最后，政策信息的不充分性。这主要表现在：一些政策没有吸纳专家意见；缺乏对民众利益诉求的重视；决策前的调查研究、决策方案的科学论证与评估流于形式等。可见，政策"短命"自不待言。

【启　示】

如上所述,"政策短命"现象不仅直接影响到政府职能的发挥、政府公信力的塑造,而且也不利于经济发展与社会稳定。因此,要防止"政策短命"现象的反复出现,应当从以下几个方面开展工作:

首先,树立正确的政策价值取向。决策者用立足于理性和知识确立起来的富有前瞻性、长远性、纲领性的发展战略来代替目前仍然没有跳出短期化的政策,实现效率与公平的和谐统一。同时,决策者应加强对特殊转型期政策环境的认识,及时发现新时代的环境特点与变化,增强公共政策的适应性。

其次,坚持程序公开,加强民众参与。在行政决策的各个过程中,应当采取何种公开方式应以最大限度地方便公众获取信息、便于公众行使民主权利、保护自己的合法权益为准则。同时应注意充分利用现代科学技术,如网络和电子技术等,将信息及时、完整、高效地传递给社会公众。同时,决策者应当坚持群众路线,拓宽民主参与渠道,如公开决策信息,举办听证会,通过网络、电话等促使公众有效参与。还应当充分听取专家、学者、内行人士的意见,对他们提出的科学决策、建议要给予重视,切实做到不凭个人经验进行决策、不轻率地随意做决策。

最后,完善政策监控制度,开展问责追究。完善政策监控制度,不仅要加强政策制定监督的立法,使政策制定的监督主体有法可依,也要保证监督主体的独立性,增强监督主体的实际监督权力和有效性。采用多元化的监控途径,制定可行的监控程序和实施细则,从而明确各监督主体的职责,增强监督主体的监督意识,促使政策监控程序化、科学化。同时,要开展责任追究。对于产生"短命政策"的决策者与部门,应当认定责任主体,并根据实际情况追究其行政责任和一定的经济补偿责任。

案例思考

1. 你如何理解"政策短命"?
2. 结合所学知识说明如何科学地进行行政决策。

（撰写者:欧阳丹霞）

案例10-4 广州市番禺垃圾焚烧场选址事件

2009年,沸沸扬扬的大石会江垃圾焚烧发电厂建设项目,因环评问题而搁浅。时隔一年多时间,番禺的垃圾焚烧再次进入人们的视线。2011年4月12日,番禺区政府正式公布了五个建设垃圾焚烧发电厂的备选地址,它们是东涌镇、榄核镇、沙湾镇、大岗镇和大石街会江,最终结果将通过广泛讨论,根据群众的意见、环评分析和专家的论证结果来确定。

疑问1:五个备选点,到底怎么定的? 规则为何不公开?

"怎么确定这五个地址的,规则必须先公开!"不少小区业主连日来不断向番禺政府发出呼吁。他们表示,政府必须首先公布五个备选点的出台经过以及"五选一"的具体实施方案。其中应当包括选择的具体程序和流程、最终决策方式等,明确居民意见在选址过程中的分量和作用,最终选址到底是依据居民意见还是专家意见。

据记者了解,番禺相关部门对于"五选一"到底如何选、会不会进行居民投票等问题,仍然没有明确。该政府表示,番禺区公布5个备选点,就是要听取民众对各个备选点的意见。收集意见的时间长达两个月(从2011年4月14日起至2011年6月15日),希望广大民众在这段时间充分表达意见。在广泛征询意见的同时,他们还会积极发挥区人大代表和区政协委员参政议政的作用,认真组织专家进行论证,综合择优选址。

疑问2:需不需要75%居民同意?

按照规定,建设项目选址确定之后,应进行项目环评。项目环评时,必须有公众参与环节,征集周边居民意见。但是,针对记者的问题"五选一,确定最终选址后,还会不会征集周边居民意见? 还要不要75%的居民同意? 什么叫敏感区域,如何界定?"番禺区环保局局长蒋新娟回应表示:"现在番禺垃圾焚烧厂的选址只是处于专项规划阶段,规划阶段的环评报告由上级环保部门请专家就项目的规划提出具体意见。这份环评报告,是环保部门批准规划的依据。目前番禺垃圾焚烧厂选址的规划环评工作还未开展。"她进一步解释称,如果垃圾焚烧厂选址通过规划阶段的环评,此后才是垃圾焚烧厂的项目环评,"这个阶段包括征集公众意见,建设项目环境影响评价公众参与,最后环保部门环评审批前还要进行审批的公示"。

疑问3:居民参与为何不给回执?

番禺区政府前日在新闻发布会上表示,暂缓番禺垃圾焚烧发电厂选址建设期间,番禺区为全面掌握民意,多渠道收集专家市民建议,公布了城管区长专线等5条意见收集途径,据数据统计,收集各种信息735条,反对垃圾填埋的27条,支持焚烧处理的103条,赞成并另外推荐焚烧技术的87条,提出其他处理方式49条。对此,政府公布的结果为"市民意见赞成焚烧多过填埋"。显然,这一结论难以让人信服。因为没有公布这个调查的人群构成情况,没有公布反对垃圾焚烧的人数。另外,反对垃圾填埋并不代表就是支持垃圾焚烧。735条信息中,支持和赞成焚烧的总共只有103条,其他人是什么态度?是否都反对垃圾焚烧?

(案例来源:《南方都市报》2011年4月15日,引用时有删减调整。)

【解　读】

本案例中,广州番禺的垃圾焚烧发电厂到底该不该建?在哪里建?为何公众对此存在质疑?这些问题的本质就是公众参与。那么,广州番禺垃圾焚烧发电厂的选址之争中公众参与存在什么问题呢?

行政决策制定过程中,公众参与极其被动。公众参与决策制定,有助于决策主体充分重视广大人民群众的利益和愿望,并把决策目标确立在符合这种利益和愿望的基础之上,从而提高决策的民主性。公众意见越全面、准确,决策制定就越具有科学性。因此,政府在制定行政决策时应该为公众参与提供多方面的平台和渠道,如召开座谈会、咨询机构的咨询活动,通过政府网站、微博等方式收集公众意见等。本案例中,从选择垃圾焚烧厂的五个备选点到最后的择优选址,政府都未充分重视公众的参与,从而导致番禺不少业主强烈要求公布五个备选点的选址规则、程序和最终决策方式等。显然,由于决策者的有限理性、个人偏好等因素的出现容易导致政策制定上的不足,也因为专家存在的"非中立"立场为政策偏差、政策失误埋下诸多的隐患和不足。

行政决策过程中,公众参与滞后。为增强行政决策的透明度,依法行政,保证政府决策的科学性、公正性,政府决策的信息应该公开公示,以便公民、法人和其他组织监督。然而我国现有的与行政决策有关的法律制度中,并未将决策信息公示法制化,从而导致普通公众对政府如何界定问题、确定目标,拟定并选择最优方案等程序掌握信息严重不足,进而无法参与其中。本案例中,对于垃圾处理方式为何选取焚烧而不是科学分类,五个备选地址是如何选择确定等多个问题,公众无从而知。可见,在制定行政决策的确定目标、拟订方案、确定方案过程中,公众并未有效地参与,只是在决策出台后才享有对决策的不充分知情权,公众参与呈现出滞后性特征。

行政决策过程中,公众参与呈现非制度性特征。在广州市番禺垃圾焚烧场选址的事件中,从决策过程管理的角度来看,无论是问题界定、目标确立,还是方案设计、方案择优和实施,主要是由政府和部分专家主导,公众参与决策的过程不够深入和持久,真正能反映到决策层的信息往往是九牛一毛,且许多公众参与的渠道都流于形式,大大损伤了公民参与的积极性。从决策系统管理角度来看,现代化的行政决策必须形成一个以决策子系统为核心,以信息、咨询、评估、监督等子系统为支撑的决策管理系统。然而,在本案例中,公众参与的结果未公示表现了决策子系统未充分发挥作用,凸显非制度性特征。

【启　示】

一项行政决策不仅要符合决策科学化要求,而且要符合决策民主化要求。因此,包括公民个人和社会组织在内的社会公众往往通过一定的渠道参与和影响行政决策的整个过程。那么,该如何改善与加强行政决策的公共参与呢?

第一,加强公众参与意识。从公众角度看,主体意识淡薄。当前我国公民的权益意识不强,参与决策的主动性低。只有在自身利益受到损害时,公民才选择参与,而且大多限于局部性,阶段性的行政决策执行过程中,对行政决策的制定参与较少。因此,政府应该广泛开展各种宣传和教育手段,让公众正确认识到我国法律所赋予公众的参与行政决策的权利,积极参与行政决策的制定也是维护自身权益的方式之一。从政府角度看,政府不仅要转变"大政府,小服务"的思路,树立"还政于民"的理念,而且还应该通过提供各种渠道,为公众参与行政决策提供确实有效的、多样化的交流平台,促使公众形成强烈的参与意识。

第二,拓宽公众参与的组织渠道。公众参与公共决策的方式有书面评论、听证会、咨询委员会等。然而,目前我国的公众参与存在参与者主体意识不强,参与组织结构单一、渠道受阻,参与无序等问题,很难起到应有的作用。因此,不断拓宽公众参与行政决策的组织渠道显得尤其重要。对此,政府应着力培育各界社会组织,如环境保护组织、消费者利益组织、行业协会等,一方面为公众参与奠定广泛的社会基础,提高公众参与的有序性;另一方面,也正因为不同组织机构代表不同的利益诉求,参与行政决策制定过程,必然促进了决策的科学化、民主化。

第三,完善公众参与公共决策的法律保障体系。一方面,健全政府信息公开与公示制度。政府事务信息公开化是公众参与决策的前提基础。公众只有充分享有了知情权,才能避免因行政主体与公众之间信息不对称导致的参与受阻。因此,凡是与公众利益息息相关的行政决策制定,都必须实行政务信息公开,透明化。同时,只有确保信息公开规范化、法制化,建立信息公开和公示制度,才能提高公众参与的有效性,从而推动我国行政决策民主化进程的发展。另一方面,政府应不断完善各种相关法律法规,如明文规定个人、社会组织在行政决策中的地位、作用以及享有的权利义务;出台相关具体细则,切实维护公众参与的利益,实现科学与民主的统一。

案例思考

1. 结合实际说明影响公众参与的因素是什么?
2. 思考公民应该如何利用渠道参与政府决策过程?

(撰写者:欧阳丹霞)

案例10-5　云南绥江水库移民围堵县城事件

事件缘起

2011年3月25日,正好是绥江县启动移民人口身份界定、移民安置意愿调查和签订工作预定完成日期,在这个敏感日子到来之前,绥江移民中已经弥漫着对于政府政策的疑虑和不满。而当地政府的移民安置政策也出现了一定的摇摆和模糊,对于移民的大量问题和诉求没有及时而有效地回应,使得移民群众的这种情绪暗地里不断滋长。有移民事后回忆说,"我们被这个最后期限逼急了,什么都不知道,要我怎么签字"。

而在政府方面，绥江县常务副县长事后表示，绥江县各项移民工作启动早，对群众上访聚集有预案。

事件触发和扩散

25日上午11时左右，移民在县城B、C区进场路口聚集后，昭通市某房地产公司的一辆丰田越野车坚持要进入绥江县城，车主欧某在与移民交涉中遭到移民攻击，情绪激愤的移民将车辆后窗玻璃、后视镜等砸烂。由于他撞人后驾车逃离的方向正好是云南建工集团的新县城建设工地，这使得移民和围观群众误认为欧某是建工集团的人。

这疑似开发商工作人员"撞伤移民群众"事件，使得大家的情绪瞬间爆发，群众开始不断聚集，堵路、拦车，还扣押了一个云南建工集团的工作人员作为"人质"，事态迅速朝恶性方向发展。

事件的解决和结束

事发后不久，政府即投入了警力，但保持了克制、慎用。县城B、C区进场路口附近的商户们回忆，25日发生时街道上只有疏导交通与维持秩序的交警。此后多日，警察虽然多次来现场解救被围困人员，大多数时候没有穿制服，都是拿着扩音器来喊话和疏导。

与此同时，绥江县两千多名干部职工正分散到各个村组、社区劝导群众，县政府多次召开移民工作会议，县长杨淞和常务副县长黄勇等人直接与移民对话。

28日，聚集堵路的移民仍然与政府对峙，期间共有17名公安干警、3名入户工作队员、1名返家的移民站副站长、1名市民遭到移民围攻殴打，一辆120救护车被损坏，几近虚脱的陈某终被救出。

当天晚上，绥江县电视台滚动播出了杨淞的电视讲话，宣布堵路的举动严重扰乱了公共秩序，要求移民立即停止非法行为，撤离现场、撤掉路障。21时许，绥江县政府派出车辆用扩音器向堵路的移民喊话，要求移民在当天24时前离开现场，否则将"强制清场"。这时距离事件发生之初已有80余小时。

本刊记者获得的一份视频显示，3月29日下午最后疏散移民时，昭通特警的一辆防暴装甲车开到了县城，开展巡逻和对移民喊话，武警和公安民警也在现场维持秩序，但没有对移民采取强制措施，劝说疏散移民的都是当地干部。

29日16时30分左右，三岔路口的路障拆除工作完成，期间并未发生过激肢体冲突。在这之前,其余4个地方的路障已经陆续被政府工作人员拆除,聚集群众也被劝离。至此,这起持续5天4夜的群体事件得以平息。

(案例来源:http://news.sina.com.cn/c/sd/2011-04-09/015222260351.shtml,引用时有删减调整。)

【解 读】

从上述材料,我们可以看到,云南省绥江县政府面对危机,采取合理的决策,有效避免了大规模群体性事件演变成更大规模的暴力冲突。其决策过程反映了以下特征:

一是时间上的紧迫性。常规决策遵循一定的科学决策程序,包括分析问题、提出方案、选优方案、执行方案、评估方案等,对决策对象及其运行环境的调查研究是一个耗时较多以获取详细而完整的信息的过程。但是危机往往是突然发生,令人猝不及防的,其危害迫在眉睫或者已发生,决策者没有多余的时间来分析研究和作多方案比选,在极短时间内决策者必须立即作出对策和决策。为此,时间上的紧迫是危机应急决策的最为显著的特征。

二是决策信息匮乏。造成此次移民群体性事件的直接原因是,移民普遍期望搬迁后能保障、改善生活,也更担心搬迁造成的利益损失得不到合理补偿,但安置政策尚未明朗。显然,该县政府缺乏与公众的沟通和互动,不能在第一时间听到群众的心声、把握事件的核心要素,无法满足众多移民的所有要求,造成了群众情绪的难以迅速平复和化解矛盾困难的增加。

其深层原因是,体制上的缺陷——移民工作的权责不匹配。移民工作是政府的行政责任,企业与政府之间沟通协调有时并不顺畅。尤其基层政府在移民工作中"权力无限小,责任无限大",县级政府对移民政策基本没有发言权。这也为决策智力支持系统和监控系统提出了很高的要求。

三是决策程序非常规化。危机决策没有固定的决策模式可供遵循,因此,决策者在面对危机紧迫性情况下,必须尽可能地简化程序,作出决策。在该案例中,绥江县政府在启动各项移民工作时,对群众上访聚集有预案。但是,在面对群众上访提出大量要求的情况下,由于时间上的突发性和处置要求的紧迫性,地方政府往往处于被动和不知所措的状态,这也是此次事件拖延长达5天之久的重要原因。

云南省绥江县政府能有效控制危机蔓延,最大原因还是始终坚持以人为本原则。以人为本原则的基本要求是在应急决策中体现人文关怀,尊重人的基本权利,将保障人民的生命和健康安全放在首位来思考,把尽可能减轻或不对人民生命、健康造成危害作为危机管理的核心目标来制定具体处置对应措施。作为决策中枢系统的当地政府在指导思想上坚持不激化矛盾,采用温和的处理方式解决冲突。事件发生后,政府人员拿着扩音器来疏导聚众人群;发动村组、社区对群众劝导;县长等人直接与移民对话等。尽管在事件整个过程中,先后有17名公安干警、3名入户工作队员、1名返家的移民站副站长、1名市民遭到围攻殴打,当地政府仍然遵循慎用警力原则,这确保了事态没有进一步的恶化。

【启　示】

从上述可知,当地政府在面对危机事件时所作的决策远远不能满足社会的实际需求。因此,我们必须做好以下几点,提高危机决策质量。

第一,提高公共危机决策人员的素质。公共危机决策人员的素质对决策正确与否、决策过程是否顺利运行,决策目标是否实现,都起着至关重要的作用。因此,要加强相关决策人员的职业道德教育和相关业务培训,培养适合现代决策所需的认知能力,尤其是要加强对危机的敏感度;提高决策者的协调组织能力,确保整个行政决策系统各子系统部分协调运行。同时应特别注重公共危机管理能力的培养,决策者只有不断提高统筹全局的思考能力,当行不断的决断能力,和把握实际的应变能力,才能提升决策能力和决策水平。

第二,建立公共危机决策机制。要建立公共危机决策机制,应当从以下几个方面着手:一是各级政府应当建立统一的预警—反馈—处理机制与危机决策综合管理机构。二是提高危机决策综合机构的综合协调能力。由地方政府的核心决策者调度指挥、统一协调、重点攻关,发挥各个决策机制子系统的最大效能,以达到这些机制所能达到的最优效果,从而能更好地解决危机事件,提高整个决策系统的运作效率。

第三,完善公共危机决策信息系统建设。首先,加强科学研究。使用高技术危机管理信息系统收集信息,在平时建立部门之间"勤报告""多联系""快协商"

的信息沟通制度。其次,充分利用信息技术。危机决策者要积极顺应科技发展,特别是信息技术发展和电子政府的发展,利用技术加强信息的搜集、存储、提取、分析和交流,提高危机决策的规范化、科学化和高效化程度。最后,通过重组现有情报信息机构或设立新的部门,制定相应的制度和法律,使政府信息的报告和公开规范化、法制化。

案例思考

1. 公共危机决策与一般决策有何不同?
2. 联系实际,阐述政府应当如何提高危机决策质量。

(撰写者:欧阳丹霞)

第十一章 行政执行

【学习要求】

通过对本章理论概要的学习,应当理解与逐步掌握行政管理的内涵、特征,了解行政执行的主要环节,以及行政执行的原则等方面的基本知识。通过对本章案例的分析,逐步加强对行政管理案例分析的技能训练,从而不断提高分析问题的能力。

【导入案例】

陕西监察厅:相关部门处理"华南虎照"存严重违规违纪行为

2008年6月29日上午,陕西省政府新闻办通报"华南虎照片事件"调查处理情况:所谓"华南虎照片"系假照片,"拍照人"周正龙因涉嫌诈骗罪被逮捕,一度闹得沸沸扬扬的陕西"华南虎照片事件"尘埃落定。

会上,陕西省监察厅新闻发言人岳崇介绍,在"华南虎照片"鉴定未果的情况下,陕西省人民政府责成陕西省监察厅会同有关方面组成调查组,对陕西省林业厅、镇坪县在"华南虎照片事件"中的违规违纪问题进行调查。调查处理工作已经结束。现将情况通报如下:陕西省林业厅、镇坪县政府及林业局在"华南虎照片事件"中违反有关规定和行政工作纪律与程序,是严重的违规违纪、行政不作为和乱作为行为。

陕西省林业厅违反陕西省人民政府办公厅《关于建立陕西省政府新闻发布制度的意见》,未按规定报省政府批准,擅自召开新闻发布会,草率发布了未经核实的虚假信息。而且在新闻发布会前没有组织有关专家按照一定的组织形式、科学的方法和程序对虎照认真鉴别,审慎地作出科学的鉴定结论;也没有组织有关专业技术人员按照技术要求,对拍摄现场进行认真核实,是严重的行政不作为、乱作为。在没有鉴定结论的情况下,对周正龙实施奖励,而且未严格履行必要的奖励及财务管理程序,是严重违反行政工作程序和财务管理规定的行政乱作为。

镇坪县林业局工作人员在接到报告后,未按要求对虎照拍摄现场进行勘验核实,且谎称现场核实无误,并虚拟了勘验报告,是严重的失职行为。该局主要领导未在进一步核实的情况下,草率上报虚假信息,对上级的决策起到了严重误导作用。该县政府有关领导在处理"华南虎照片事件"过程中,工作不严谨、细致,程序不规范,是失职行为。

(案例来源:人民网,http://society.people.com.cn/GB/7439666.html,引用时有删减调整。)

阅读提示

1. 结合案例,行政执行的环节有哪些?应该在执行中注意哪些问题?
2. 行政监察机关在此事件中应当行使哪些合理的职权?

理论概要

一、行政执行的含义及概述

(一)行政执行的含义

所谓行政执行是指行政机关及其工作人员按照事物发展的客观规律,充分调动社会各种公共资源以实现行政组织各项决策目标的所有行政活动。行政执行有科学性和法制性两层含义,具体如下:

1. 行政执行符合科学化的要求

行政执行是具有复杂性的活动,只有把握其特点,才能顺利有效地实现行政决策的目标。从行政执行的科学化要求,行政管理具有目标性、强制性、经常性、实务性、果断性、时效性、灵活性等特点。

2. 行政执行符合法制化的要求

从一定意义上讲,行政执行即为行政执法活动。行政执行的法律特征:首先,它具有相应职权的行政机关或经过合法授权的其他组织、公民,就一定的行政管理事项实施的行政执行活动。其次,行政执行就其基本职能或主要内容来说,它是针对特定的相对的事件采取行政措施的具体行政行为。最后,它通过直接或间接影响相对人的权利义务,来调整和制约社会行为。

(二)行政执行的分类

行政执行的分类可以从科学行政和法制行政两方面进行。

从科学行政的角度,行政执行根据不同的任务一般分为两类:一类是各种行政机构为完成例行性、经常性任务所做的大量工作;另一类是以执行特定任务或计划为主要任务的活动。

从法治行政的角度划分,行政执行即行政执法,可依其对相对人的权利义务所引起的直接后果而划分为:行政决定、行政检察、行政处置、行政强制执行。

(三)行政执行的地位和作用

1. 行政执行的地位

首先,行政执行是实现行政决策的唯一途径。行政决策的目标最终是通过行政执行来实现的。行政命令一经下达,负有执行职责的相关人员就应该结合实际,把行政决策具体化,制订出具体执政策的详细计划,作为行政执行活动的依据。没有行政执行,行政决策只能是一纸空文。因此,行政执行是行政管理活动的必经环节。

其次,行政执行是检验、纠正行政决策是否科学的唯一标准。实践是检验真理的唯一标准。决策目标规划是否符合客观要求,现实条件是否完备,最后必须经实践来检验。行政执行正是行政管理的实践活动,只有通过执行,我们才能及时地检验与纠正决策。在执行过程中,若发现决策出现偏差应该及时修正,若有不完善之处应该及时补充,薄弱的地方要不断地加以完善。

最后,行政执行的效果是评估行政管理工作的重要依据。行政执行不仅是检验和纠正行政决策目标的科学性、合理性,而且也是评价行政管理工作好坏的客观依据。评估内容主要有:制度是否合理、人员是否配备完善、机构设置合理与否、办事效率是否提高、工作人员积极性的发挥是否充分、管理幅度是否恰当、职责权限是否分清;管理、办公技术手段是否先进。

2. 行政执行的作用

执行决策、沟通传递信息情报、控制监督执行情况、协调部门活动。行政执行的过程是实现行政目标的过程,也是行政管理活动的目的所在。为顺利完成任务,离不开执行决策,并且需要上下级之间、各部门之间协调沟通、传递情报。为避免出现行政偏差,需要不断监控行政执行的各个环节,保证具体目标的实现。

(四)行政执行的任务和原则

行政执行的任务是依照国家法律、法规与政策等,有效地实现国家与政府的各项行政决策目标。

行政执行必须遵循的原则:

1. 主体性原则

领导者和人民群众都是行政执行的主体,任何一项行政决策的贯彻落实,不但要求领导者要充满信心,而且要求群众要全力配合、支持。因此,领导者不仅在决策过程中要发扬民主,使群众参与决策,而且在执行过程中也要注意发扬民主,使所有执行人员都能正确地理解决策,准确地认清决策目标,自觉地以主人翁的姿态来承担实现决策的各项任务。只有上级与下级的认识统一起来,只有把领导者的积极性与群众的积极性结合起来,只有把领导者的决策、规划变成群众的运动,才能实现行政执行的职能。

2. 服务性原则

这是社会主义国家行政机关性质和特点的显著标志,集中体现在行政执行的全过程。我们党的根本宗旨是全心全意为人民服务。在执行过程中一方面要做到公正、公开、方便、周到、满腔热情地为人民服务,坚持以人民满不满意,人民高兴不高兴,人民赞成不赞成,人民拥护不拥护作为衡量行政执行工作好坏的标准。另一方面,在行政执行活动的过程中,必须不折不扣地服务于和服从于法律、决策、政策,因为,在我国社会主义国家的前提下,法律、决策和政策是人民意志的集中表现,贯彻执行法律、决策和政策,是符合广大人民的根本利益的。

3. 规范化原则

依法行政是行政管理活动的基本要求,行政执行活动应遵循的一定的行为准则。行政执行的规范化集中表现为行政执行活动的制度化和法律化。行政执法活动不仅要合法,而且必须要严格按程序办事。行政执行程序是指由行政执行行为的方式和步骤构成的执行活动过程。规范化原则要求行政机关及其工作人员为实现决策目标,为完成任务,必须根据周密的执行计划和步骤,分轻重缓急,按先后顺序,有条不紊地做好工作,以取得预期的行政执行效果。

4. 效率与效益相统一的原则

在行政执行的过程中,我们要求以最快的速度,在最短的时间内圆满地实现决策目标,行政决策一经作出,就要立即贯彻执行,而不能耽搁、拖延,对行政决策贯彻执行的越迅速,行政效率就越高。在强调效率的同时,还必须重视效益。我们讲的速度,是在保证行政执行质量的前提下而言的。所以,坚持效率与效益相统一的原则,是使行政执行有效进行的重要条件。

5. 准确性原则

一是指行政人员要正确理解上级决策及有关政策、法令、任务、要求;二是行政人员要忠于上级的决策,不折不扣执行决策;三是要准确掌握反馈信息,适时准确地解决问题。

6. 创造性原则

所谓创造性是指创造最有效的执行方式、方法,以取得最好的效果。达到节约成本,提高效率的目的。

二、行政执行的手段与方式

(一) 行政执行的前提

1. 决策合法、合理、正确

只有行政决策正确,行政执行才能取得有效成果。这是行政管理活动的前提条件。首先,决策目标要符合国家法规大政方针。其次,制定决策目标要符合法定程序。

2. 物质条件充足

行政执行必须以一定物质条件为基础,主要是人力、物力、财力三大项。

3. 组织机构完备

主要包括机构建立、人员配备、权限划分、制度健全、思想发动等。各个组织要有效协调运行,充分发挥其综合效应。

4. 思想政治教育工作有效

充分调动行政工作人员的积极性是实现决策目标的先决条件。首先,要搞好行政管理者思想教育。其次,要充分发动群众。加强对行政工作人员的思想政治教育工作至关重要,教育内容包括:树立公仆精神、服务大众教育,社会责任感教育,主人翁的自觉性、主动性、创造性教育等。

(二) 行政执行的手段及其方式

行政执行手段是行政管理手段在执行过程中的实际运用。根据性质、任务、特点不同,行政执行手段主要分为几类:

1. 行政干预

这是计划经济普遍使用的一种手段。行政干预一般分为事前即预防性干预、事中干预和事后干预。通常以后两种干预较为普遍。其特点是:以国家权力为基础,强调垂直领导关系,下级服从上级的权威性;性质是指令性的,令行禁止,具有强制力。

行政干预手段是有其局限性的。其弊端是缺乏平等、协商的民主精神,容易挫败下属和群众的积极性。所以,在行政执行过程中不能滥用行政干预手段,不宜广泛使用。同时,要把科学的行政干预和经济手段、法律手段、思想教育手段结合起来,创造一个稳定、安全、和谐的社会环境。

2. 经济手段

这是政府相关部门按照经济运行规律,来管理下属组织及其活动的一种方法。政府部门利用各部门及其活动的经济利害关系来制约相互间的行政行为。在市场经济条件下,经济手段是最适合的行政执行手段,但这种手段也存在软弱、效果相对滞后的特点。

3. 法律手段

法律手段是指国家行政机关在行政管理领域内,依照法定职权和程序,把国家法律、法规实施到具体的行政活动中,以达到有效而合理的管理目的。法律手段包括,用法律法规来规范相对方的行为,以及按照法律处罚的行政相对方两个方面。法律手段具有强制性,但因为他主要具有的是制裁作用,所以实际上是一种消极的执行手段。

4. 思想教育手段

思想教育阶段是指依靠宣传、说服、沟通、精神鼓励等,激励人们的积极性,用非强制的手段使行政人员和管理对象自觉自愿的去从事政府所鼓励的工作或活动,实现行政目标的方法。思想教育的手段多种多样,如启发教育、说服劝告等。思想教育具有渗透性、潜在性、长期性、内在稳定性、超前性等特点。

5. 行政诱导

这是行政学界定的经济手段以外的其他诱导手段。它用非强制手段使行政人员和管理对象自觉自愿地去从事政府所鼓励的工作或活动,实现行政目标的方法。

三、行政执行的阶段与环节

行政执行是一个复杂的过程,它是由一系列环节组成的。这些环节主要包括:准备阶段、实施阶段和总结阶段。

(一)行政执行的准备阶段

行政执行的准备阶段是行政执行的基础,是使行政执行的前提得以实现的具体措施。行政执行的准备阶段用以解决如何具体的为行政执行提供前提条件的问题。具体内容有:思想准备、物质准备、组织准备、计划准备等。

1. 思想准备

思想准备是行政执行的思想基础,它是通过宣传、动员等多种方式,使执行者和执行对象能比较全面和深刻地了解行政决策和法令的内容、意义,从而以正确的方法、积极的态度投入到行政执行中去的过程。思想准备的具体要求包括:一是明确目的;二是了解计划内容;三是广为宣传。

2. 物质准备

物质准备即资金与各种办公物资的筹备、购置与分配。任何行政执行都离不开一定的物质条件。物质准备的主要内容是:经费准备,办公设备准备。在进行物质准备过程当中,要坚持以最小的投入,获得最大产出原则,做到既要经济,又要适用;既要反对浪费,又要保证最基本的物质需求。

3. 组织准备

组织准备主要是指建立与配备从事行政执行活动的机构和人员,通过这些机构和人员使行政决策和计划变为现实。组织准备的内容包括:一是建立或确立执行机构;二是配备行政人员;三是制定严格的规章制度,使得组织和人员的行动有章可循。

4. 计划准备

计划准备是指编制具体的实施决策的行动计划,通过编制具体步骤和具体的程序,使行政执行活动得以固定下来,成为规范和衡量行政执行活动的依据。行动计划一般包括:情况分析、指导思想、工作任务、工作要求、工作方法、工作步骤、行动措施等。

(二) 行政执行的实施阶段

实施阶段是整个行政执行活动的关键,行政决策能否实现,法律法规能否得以贯彻执行,关键在于实施阶段工作开展的好坏。行政执行实施阶段主要由指挥、协调、监督和控制几个环节组成。

1. 行政指挥

行政执行的指挥是指行政领导者将已经确定的执行计划通过命令和引导等方式,来实现行政执行活动的全过程。

有效指挥活动的基本要求:第一,指挥系统要集中统一,不能政出多门,多头指挥;第二,明确各级各类指挥人员的责权关系;第三,指挥要把握必要的限度,不能把指挥变成对下级和工作人员的过分干预,或压制他们的积极性。第四,善于运用命令、指导、教育、激励或口头形式、书面形式、会议形式进行指挥活动,利用现代化的科学的指导手段提高指挥效能。

2. 行政协调

行政协调是指调整行政系统内各机构之间、人员之间、行政运行各个环节之间的关系,以及行政系统与行政环境之间的关系,以提高行政效能,实现行政目标的行为。行政执行任务能否顺利完成,在很大程度上取决于能否及时妥善地做好协调工作。协调活动的目的在于化解矛盾、解决分歧,使组织之间、人员之间达到行动上的和谐一致。

3. 行政沟通

行政沟通是指在行政管理活动中,行政组织与行政环境之间,行政机构内部的信息交流与传递过程。有效的行政沟通可以保证行政实施过程中统一指挥、统一行动,并能增强行政组织对外部环境的应变能力,从而实现高效率的管理。

4. 行政控制

行政控制是指行政领导者根据计划目标的要求,对计划的执行情况进行监督、检查,及时发现和纠正计划执行中的偏差,以保证计划目标实现的过程。行政控制要求必须掌握行政执行的准确、全面的信息,必须采取果断而且适当的行政措施。行政控制分为:事前控制、事中控制与事后控制。

（三）行政执行的总结阶段

行政执行的总结是指行政机关在行政任务完成后,按照规定本着客观、民主和具体要求,对行政执行过程及其结果加以全面仔细的衡量和反思,肯定成绩、找出不足、积累经验,总结教训。行政执行的总结环节是行政执行的最后一环节,也是通向下一轮决策的重要环节,在整个行政活动中起着承上启下的作用。行政执行的总结工作主要包括:对执行情况的检查,对执行情况的评定,对经验教训的总结。

四、行政执行的改善

（一）影响行政执行的因素

1. 行政决策的质量

科学合理的行政决策是行政执行顺利、有效开展的首要条件。因此,行政决策应有较强的科学性,一旦付诸实施就能获得较广泛的理解和支持。决策目标具体、明确,在付诸执行时就能更有效地避免疑问或误解。

2. 行政任务的复杂程度

行政目标所要解决的社会事务的重要性和复杂程度不一样,所以具体行政任务也就各异,有大有小,有难有易,完成任务所需人、财、物的数量不等,遇到的阻力也不等。因而在行政执行过程中要涉及的机关和人员所要完成的工作量也会有差异。

3．行政执行主体状况

行政实施主体包括行政机构和行政人员。从行政机构来看,其设置的合理与否、组织结构完善与否、权责体系一与否、信息传递灵通与否,都直接作用于行政实施。从行政人员来看,领导者的自身素质、领导艺术、工作经验等都对行政实施起着关键作用;一般执行人员,其工作意向与工作态度、能力与精干程度以及由这些所决定的对决策的理解程度和对工作情况的判断水平等,都影响着行政执行的效果。

4．行政环境的状况

行政环境在此是最广泛意义上理解的,包括自然环境、文化环境、经济环境、政治环境直至工作环境。行政任务所面临的环境不同,行政执行的效果也会不一样。

(二) 行政执行中容易出现的问题

1．滥用行政权力

滥用权力的形式是多样的,主要有权利人格化、权力部门化、权力神秘化等。造成的原因主要是职位化程度低、权力不公开、部门利益扩大化、造成公共权力与私人权力的混淆,以权谋私,贪污腐化。

2．行政执行透明度低

行政执行容易出现"暗箱操作",不公开。造成这种现象的原因,可能是工作作风不民主、不规范,也可能是行政执行者为谋取私利有意"暗箱操作"。

3．行政执行偏离政策目标

偏离政策目标就意味着不能实现行政目标。造成这种问题的原因主要是机构重叠、政出多门,具体的行政执行机关不明确;职责不清,行政执行机关之间互相推诿责任;行政执行机关之间缺少沟通协调;政策监督机制不健全。另外,行政执行中的本位主义、主观主义、利己主义等不良倾向也会造成偏离目标。

(三) 改善行政执行的对策

1．建立良好的行政执行理念

首先要树立"执行至上"的意识。同时要充分发挥执行主体的主动性、创新性,以现代化的管理和人性化的理念,开发潜能空间,做到决策与执行的完美结合。

2. 推行政务公开,提高行政执行的透明度

通过政务公开,让群众及时了解和关注他们所需要的政府工作信息和社会公共信息,同时更好地行使他们对政府工作的监督权利,这不但有利于政府工作本身,更是维护群众知情与监督的民主权利的需要。

3. 建立有效的行政执行运行机制

有效的行政执行运行机制主要包括三个相互配套而又相互独立的基本环节;一是完整的决策程序;二是有效的行政执行制度;三是科学的行政执行评价监督办法。这三个基本环节构成一个封闭回路,促使政策运行走上良性运行的轨道。此外,还要实行有效的监控,防止行政执行失控,有利于根据变化的客观情况调整、完善政策。

4. 加强行政执行资源的投入,改善行政环境

行政执行离不开相关的投入,行政执行投入的主要因素是资源,这些资源包括有形资源和无形资源,有形资源主要指人力、物力和财力资源,而无形资源主要指公众的政治心理倾向和政治行为习惯。这些资源的投入对地方政府执行有着重要的影响作用。为了提高行政执行的效果和效率,必须注意通过资源投入,尤其是通过无形资源投入来创造政策的文化社会环境,为行政决策的科学性与执行的有效性提供保障。

(本理论概要主要参考:夏书章主编:《行政管理学》(第四版),高等教育出版社 2008 年版;王锐兰主编:《行政管理学导论》,清华大学出版社、北京交通大学出版社 2009 年版;徐双敏主编:《行政管理学》,科学出版社 2008 年版。)

 案例分析

案例 11-1 阜阳地区政府落实《决定》的措施

1992 年春,安徽省阜阳地区政府根据小平同志南方谈话精神,作出了《关于深化改革、扩大开放、加快经济发展若干问题的决定》,要求各部门、各单位迅速按照《决定》精神行动起来。

此后，各部门各单位都纷纷行动起来：大众媒体的宣传，各种形式的动员会、座谈会，还有干部培训班等。所有这些活动，其目的是为了统一广大干部群众的思想认识。接着是组织落实，下属各部门各单位分别成立了有主要领导人亲自参加的"改革开放领导小组"或"改革开放办公室"。绝大多数单位能做到办公地点落实，办公人员落实。

在思想认识统一和组织落实之后，便着手制订具体方案。很多单位都组织有关人员到外地改革开放工作做得好的单位考察参观，学习取经。方案的具体内容因各部门、各单位的工作性质和任务不同而难以言尽。大致包括转变职能、转移经营机制、简政放权、精简机构、合署办公、提高效率等。更加具体的有实行"四放开"（经营、价格、用工、分配），改革人事、住房、公费医疗、社会保险等制度。有的单位为减少改革风险，先在小范围内进行试点工作，待获得经验后再全面推开。

在执行过程中，地区政府责成体改委组成了十个督查组，对全地区的十个县市和地直机关的具体改革开放工作进行督查。督查组写出了 28 份督查报告，这些督查报告不仅有利于地区政府及时掌握执行的进展情况，而且为下一步决策提供了基础，反馈了信息。

（案例来源：中华公共管理学习网，http://gggl.100xuexi.com/HP/201 00519/DetailD1059882.shtml，引用时有删减调整。）

【解　读】

上述案例主要涉及的是行政执行的各个环节的工作。行政执行是行政决策实现的关键阶段，一般将行政执行的过程分为：准备、实施和总结三个阶段。准备阶段主要是指：规划好在什么时间，通过什么方法，计划用多少人力、物力、财力和时间来实现行政决策的最终目标。在案例中已详细介绍"方案的具体内容因各部门、各单位的工作性质和任务不同而难以尽言"。可见在方案的制定过程中，务必坚持实事求是，具体问题具体分析的原则。

行政执行的准备阶段除了要认真详细制定实施计划之外，还要求做好思想、组织和物资准备。其中组织上的准备，就是要把决策的执行具体到各个行政机构和工作人员，并建立相关的制度安排。思想落实就是要求行政执行机关的有关领导、工作人员和人民群众，对行政执行任务的目的、内容、方法、措施、意义等,有充分的理解,形成强大的凝聚力并及时给予支持。此外,必须具备充分的物资储备。行政机关要及时备好行政执行必要的设备、技术、充足的费用,坚持成本最小化实现利益最大化原则。

各项准备工作就绪之后,就进入了实质性的行政执行阶段,这关系到行政管理目标实现的效果,因此,这是行政执行过程的关键阶段。在行政执行的实施阶段,行政管理的主要任务是领导、指挥、协调与控制各方面的工作的有机结合。同时,行政管理者为确保决策目标的实现,主动采取必要的监督、控制手段,来防止和纠正行政执行过程中出现的偏差行为,从而采取积极有效的措施。

案例中提到的大众媒体的宣传,各种形式的动员会、座谈会,还有干部培训班等活动属于统一广大干部群众的思想认识,体现了准备阶段的思想准备环节,培训班的举办体现的是人力准备,制订具体方案体现的是制订计划环境。而各部门各单位成立"领导小组""改革开放办公室"以及办公地点和人员的落实体现的是组织实施环节和人员配备环节。"在思想认识统一和组织落实之后,便着手制订具体方案。"案例中逐一列举的具体方案的措施:考察参观,制订方案;先试点后推行方案等属于行政执行的落实阶段。本案例中提及的在执行过程中,地区政府责成体改委组成了十个督查组,对全地区的十个县市和地直机关的具体改革开放工作进行督查。督查组的督查体现的是行政执行的行政监督环节。

"安徽省阜阳地区政府"在行政执行过程中的不足就是颠倒了行政执行过程中的准备阶段和实施阶段的工作。应把组织落实环节放在制订具体方案这一环节之后,按准备阶段—实施阶段—总结阶段的行政执行过程,先拟定周详的计划,做好各方面的准备工作之后,再进入实质性的工作阶段,即行政执行的组织落实、全面实施阶段。另外,组织人员到外地考察、学习取经以及小范围的试点工作也应先行于组织落实阶段。

【启　示】

政策目标的实现离不开行政执行。实现决策目标是行政活动的根本任务,任务完成的效果全在于准确、圆满地完成行政执行各个环节的活动。行政执行是行政管理的极为重要的环节。因此,行政组织必须设定周密的计划,建立合理的机构,配备高素质的人员,健全工作制度,制定正确的决策。离开执行活动,行政管理过程中组织、用人、领导、决策等环节工作,都会功亏一篑。

行政执行是检验纠正行政决策是否科学的唯一标准。实践是检验真理的唯一标准。决策目标规划是否符合客观要求,现实条件是否完备,最后必须经执行实践来检验。行政执行正是行政管理的实践活动,只有通过执行,我们才能及时地检验与纠正决策。在执行过程中,若发现决策出现偏差应该及时修正,若有不完善之处应该及时补充,薄弱的地方要不断地加以完善。

行政执行的效果也是判断行政管理工作好坏的客观标准。行政执行不仅是检验行政决策正确合理的过程也是评估其效果的依据。因此,行政机构要设立合理机构,职责要明晰,提高行政效率,提升员工素质,促进信息渠道畅通,提高管理技术等。经常以行政执行效果来衡量行政工作,将有利于改进行政管理,提高行政效率,创造出促进技术进步,推动经济政治发展的行政管理体制。

总之,行政执行是国家行政机关最根本的职能,是行政权的集中表现。行政管理基本任务的完成,就是行政职能的实现,它是贯穿于全部行政管理活动的中心环节。由此可见,行政执行的各个环节都应该严格执行,按准备阶段—实施阶段—总结阶段的行政执行过程,先拟定周详的计划,做好各方面的准备工作之后,就可以进入实质性的工作阶段,即行政执行的组织落实、全面实施阶段。每个阶段都不容忽视。

案例思考

1. 本案例体现了行政执行中的哪些环节?
2. 你认为该行政执行过程可做哪些改进?

(撰写者:王玲玲)

案例11-2 湖南嘉禾拆迁事件

湖南嘉禾县要求机关干部和教师停职转做拆迁户亲属的思想工作,完不成任务者免职或外调——为避免丈夫受牵连,一对姐妹作出选择。李小春原本在湖南省郴州市嘉禾县车头中学教英语。4月19日,根据县教育局下发的通知,她被调往远离县城的普满中学。去年9月26日,28岁的李小春与在县公安局当民警的丈夫离婚。同日,她的姐姐李红梅与姐夫——嘉禾县委办公室的一位秘书离婚。今年4月，同为教师的李红梅也接到一纸调令，从县城的珠泉小学下调石桥乡。发生在李氏姐妹身上的一切，都与拆迁有关。

"四包、两停"

2003年7月，嘉禾启动占地189亩的珠泉商贸城项目。该县县委宣传部的一份材料显示，项目涉及拆迁居民1100多户，动迁人员达7000余人。8月7日，嘉禾县委、县政府办联合下发"嘉办字[2003]136号文"（下称"136号文"），要求全县党政机关和企事业单位工作人员，做好珠泉商贸城拆迁对象中自己亲属的"四包"工作。所谓"四包"是指，在规定期限内完成拆迁补偿评估工作、签订好补偿协议、腾房并交付各种证件、协助做好妥善安置工作，不无理取闹、寻衅滋事，不参与集体上访和联名告状。136号文规定，不能认真落实"四包"责任者，将实行"两停"处理——暂停原单位工作、停发工资。并"继续做好所包被拆迁户的所有工作，确保拆迁工作顺利进行"。

姐妹离婚事件

李小春姐妹的父亲李刚皇则是一个不合作者。去年7月，这栋房子列为被拆迁对象。但李刚皇认为"政府给的拆迁补偿太不合理"，拒绝签订拆迁协议。老父不肯签拆迁合同，女儿两对夫妇在单位的压力很大。

去年9月28日，嘉禾县人事局向教育系统党委下发通知，要求对李小春、李红梅"暂停在本单位的现有工作一个月"，做父亲的工作，完成"四包"任务。李小春、李红梅分别与自己的丈夫办理了离婚手续。4月，两姐妹被禾县教育局从县城调往偏远乡镇。

补偿不合理还是漫天要价

对李刚皇"拆迁补偿不合理"的说法，嘉禾县政法委书记、珠泉商贸城协调建设指挥部指挥长周贤勇表示："拆迁最大的阻力就是某些居民漫天要价。"

经评估，李会明这栋房屋的拆迁补偿金及临时安置费合计23万元，李不愿接受五层楼房23万的补偿价格。据周贤勇介绍，此次拆迁由长沙万源评估公司评估地产，郴州远航评估公司评估房产。但李涌泉、陆水德、李盛德等户主反映，在房屋评估期间，他们认得一些评估者是县房管局的工作人员，他们要求评估人员出示评估资质证书，对方并未依章办理。

县政府干部李滔说："确实有部分居民要高价，但我看到的情况是，给拆迁户搞评估的不是评估公司，而是县政府的干部，是开发商。"

| 行政管理案例分析 |

"一阵子"和"一辈子"

2003年7月,珠泉商贸城开工仪式在县城新建的体育馆举行。当地居民所提供的照片显示,当天在体育馆旁,几条醒目的横幅上有如下字样:"坚持服从和服务于县委、县政府重大决策不动摇。""谁不顾嘉禾的面子,谁就被摘帽子,谁工作通不开面子,谁就要换位子。""谁影响嘉禾发展一阵子,我影响他一辈子。"

政府有无越权

"我们调动有血缘关系的党员干部去做拆迁户的思想工作,一来这些干部了解县里的政策,二来他们更容易取得拆迁家属的信任。他们已经成为县里拆迁工作的一支有生力量。"4月29日,周贤勇如此解释嘉禾的"四包"政策。但李滔等公职人员质疑,政府凭什么对未完成"四包"任务者停职停薪甚至调动?

县政府已向余下的拆迁户下发强行拆迁通知——5月10日将对拆迁户停水停电;5月15日如有任何个人不在协议上签字,将实施强行拆迁方案。

(案例来源:http://news.sina.com.cn/z/hnjiahe/index.shtml;http://news.sina.com.cn/c/2004-05-26/ba3336837.shtml,引用时有删减调整。)

【解 读】

嘉禾事件一度成为社会舆论关注的焦点,可见其对社会造成的震动极大,影响极坏。中央调查组深入嘉禾调查后作出的结论是:这是一起集体滥用行政权力,损害群众利益的违法违规事件。这一事件使我们看到:地方政府为了一个特定的行政目标而肆意滥用权力,造成的后果极为严重。更加激起民愤的是:当地官员在违法违规有损群众利益时,依然打着为"人民利益"的幌子。

此事件中,"四包两停"以及"谁影响嘉禾发展一阵子,就影响他一辈子"的政府的大肆"宣言"影响最为恶劣,但在广大媒体披露之后,当地官员仍然满怀委屈、理直气壮地辩称此行为符合国家法律法规,其依据是《中华人民共和国行政监察法》《国家公务员暂行条例》的精神;而强制拆迁,依据的则是国务院和湖南省的《城市房屋拆迁管理条例》;而由国内贸易局投资建设的珠泉贸易城,是由嘉禾市人民代表大会的批准同意,堂而皇之被县政府称为"科学发展观和以人为本的龙头项目","体现了全国人民的共同利益"。透过此举动我们看到的是一个地方政府想要实现一个行政目标的时候,不惜采取各种办法、使出"足够"的权力。这种权力的行使人可能是部分公职人员,而其实际带来的影响却涉及更广泛的人民大众。正是通过对部分公职人员的权力使用,政府放大了它的权力,使它的触角伸展到家庭,伸展到公民及其他的权利领域。这种过于强烈的行政意志和过于强烈的行政权的行使力度,可能使其人民陷于绝望之境。嘉禾出现为此事而离婚的事例就是证明。

政府官员的"满怀委屈""理直气壮"是因为其认为行使的各项权力,大都有合法的来源,都是维持社会秩序所必需的依据。可见,这部分政府官员就是没有彻底理解法律的内涵,致使执法犯法。此次拆迁事件中,嘉禾县一些干部就错误理解了《国家公务员暂行条例》等规章制度,甚至在老百姓心目中,行政权力也远远高于法律。正是由于基层政府执政能力低下,人民群众法律意识淡薄,矛盾激化,才最终导致大规模群体事件的爆发。

【启　示】

嘉禾事件让偏僻落后的湘南嘉禾县成了社会关注的焦点之地。虽然这场拆迁与反拆迁、"株连"与反"株连"、官权与民利之争的拆迁事件因调查组介入而暂告平息,但因强制拆迁导致的烂摊子还在,嘉禾政府、百姓何去何从,不得不引起我们反思。

政府机构及其工作人员的职责是管理社会公共事务、维护社会稳定、保护公民的权利不受非法侵犯,为人民大众提供服务,营造稳定和谐社会氛围,让大众感受到安全感、幸福感。而不是专横肆意地干涉公民的私权利或者以牺牲公民的私权利来获得某种政治目标的实现。案例中涉及的房地产建设和拆迁这样的事情,属于经济或商业活动,行政机关作为公共权力的代理人只有居中进行裁决调节的地位,没有直接进行干预的权力,否则违反了社会契约另一方——人民作为委托人的利益,但事实情况与此相反,很多地方出现的强拆事件都反映了地方政府的滥用权力,甚至"暴力行政"的局面。

在社会主义市场经济条件下,经济方面,政府的主要职能是宏观调控和正确引导、监管,尽可能地减少政府直接干预甚至参与。而在湖南嘉禾事件中,当地政府没有摆正自己的位置,直接参与了经济活动和市场竞争,违背了社会主义市场经济体制的规律,结果造成不可收拾的局面。

我国一直坚持依法治国的方略。在我国社会主义法治建设的过程中,其中依法行政和依法施政是建设的重点,但在实际操作过程中就没有摆在重要的位置。嘉禾事件就是一例。此事件中,政府在商贸城土地出让审批还没有批准的情况下,就把建设用地许可证发给了投资商。此事件可以看出,当地政府公然违反法律规定,甚至有些地方的个别官员巧立名目、执法犯法,应该受到法律的严厉制裁。

嘉禾事件也暴露出基层政府执政水平低,法律意识淡薄,不能透彻理解国家的有关法律法规的深层次的内涵。此次拆迁事件中,嘉禾县一些干部就错误理解了《国家公务员暂行条例》等规章制度,导致错误出台了"四包两停"的株连政策。因此,要增强基层政府的执政能力建设,加强基层干部,群众的思想教育建设,加大普法力度,使广大人民群众知法、懂法、守法。

案例思考

1. 行政执行成功实现的条件是什么?通过湖南嘉禾事件这个案例,你认为嘉禾县政府的执行措施合理吗?试分析。

2. 如何理解行政执行的强制性,本案例中对相关人员的强制,是否符合行政执行的强制性特点?

3. 结合嘉禾事件案例,分析行政执行中如何避免行政执行权力侵犯公民私权的现象?

(撰写者:王玲玲)

案例 11-3 广州泥头车又酿惨案

2006年3月以来,泥头车(运输建筑工地泥渣的载重车辆)成为广州市的马路杀手。仅16日、17日,超载泥头车引发的三起特大交通事故共造成10死24伤。初步处理意见:肇事司机被拘留,其中,头起肇事企业安迅达散体物料运输公司(下称"安迅达")被永久禁运;广州市环卫局三名官员受到不同程度的处分。然而月20日凌晨,广州大桥再次发生泥头车撞伤一名行人事件。超载是导致泥头车事故频发的根本原因。

事实上,早在1999年,广州市就出台了《广州市余泥渣土管理条例》(下称《管理条例》),规定经营余泥渣土运输的单位,必须向市容环境卫生行政部门申领环境卫生服务资质合格证书。然而上述"门槛"并没有把肇事车辆挡在外面,泥头车已经成为各监管部门的管理真空。监管真空滋生"野鸡车"(没有挂靠和尚未取得牌照的泥头车)。

据了解,自《管理条例》出台后,全市共有50家公司取得了资质。一些车老板选择挂靠公司,获得泥头车牌照,成为正牌营运车辆。车老板每个月向公司交纳800—1100元/辆不等的管理费。老胡是4辆正牌车的车老板,挂靠在拥有资质的公司旗下。他最近烦恼的是被几辆"野鸡车"抢走了长期合作伙伴。

正是迫于"野鸡车"的竞争压力,正牌车超载现象也越来越普遍。一辆荷载量4.5吨的东风卡车,往往装载10吨左右。荷载量在12吨到14吨的卡车,在实际作业时,一般可以装到36.5吨的泥。老胡说:"这样下去,我们也要做'野鸡车'了。"

目前广州工地,一般采用几辆正牌车进行运输,辅以大量"野鸡车"进出的模式,来规避检查风险。在泥头车事故频发后,广州市已于3月18日紧急启动安全文明施工专项整治月行动,各级城管、余泥渣土管理部门和城管执法部门以街道区为单位,对辖区排放余泥建设工地进行全面检查。

据查,广州是对泥头车的管理共出现三次风潮:1999年加强对建筑工地和泥头车的管理;2002年广州市建设委员会、广州市公安局和广州市市容环境卫生局联合发文规定,泥头车必须安装密封装置;第三次是2006年,始于车祸的大规模整顿。"很多'野鸡车'的改造根本不符合规定,"老胡说,"刚开始抓得厉害,后来也就不了了之,反倒是按章办事的人受到了损失。"

(案例来源:陈婧:《广州运泥车又酿车祸,拷问政府管治智慧》,《第一财经日报》2006年3月24日,引用时有删减调整。)

【解　读】

从案例得知早在1999年,广州市就出台了《广州市余泥渣土管理条例》(下称《管理条例》),规定经营余泥渣土运输的单位,必须向市容环境卫生行政部门申领环境卫生服务资质合格证书,资质合格的单位才能拥有泥头车牌照指标。然而上述"门槛"并没有把肇事车辆挡在外面,泥头车已经成为各监管部门的管理真空,监管真空又滋生"野鸡车"。由此可见,政府有关部门对泥头车的管理问题与"管理规定与行政执行相脱节"不无关系。

行政执行的法律特征之一是具有相应行政职权的行政机关,或经过合法授权的其他组织、公民,就一定的行政管理事项实施的行政执法活动。行政执行必须做到"有法可依,有法必依,执法必严,违法必究"。而政府有关部门通过建立合理而有效的制度规范市场,正面引导市场的各种行为使之朝着健康方向发展。否则就会像案例中出现"制度失效反而会起到一种反向筛选的作用",使市场逐渐偏离正确的轨道,甚至出现逆行,造成整个市场的紊乱,给社会带来混乱。

一辆泥头车有五个政府相关部门管理,效果仍然不理想。正是因为政府监管体制自身的问题,众多的监管部门出现交叉或重复监管局面,使监管出现空隙,使非法泥头车有机可乘。从我国现行的统一与分段监管相结合监管体制来看,虽然在一定程度上明确了各部门的监管职责,似乎覆盖了各个领域,但实际上还是没有解决多头监管的问题,监管部门职责难以划分明确,职能衔接上存在漏洞,权限划分不清,监管的空白地带容易出现。甚至是各部门从自身管理目标和利益出发,相互之间推诿扯皮,使许多问题留下执法真空。

从曝光的很多事件来看,部分监管人员存在的玩忽职守、渎职行为,但是仍然没有使其得到遏制。甚至一些监管部门的工作人员法律意识淡薄,工作作风涣散,思想观念不坚定,存在被媒体曝光了就查、不曝光就算、上级抓得紧就查,不抓就不查的现象。还有一些地方监管部门竟然从收费和罚款中抽取"油水",造成了一些政府机构及其工作人员"执法为利",甚至是"养鱼执法"。因此,对于如何判定监管部门是否履职到位,严格执法缺乏明确界定。而当问题发生后,监管部门往往将矛头直指肇事者,而监管部门和监管人员的失职行为却经常被忽视,逃过了行政处分乃至法律的制裁。如在泥头车事件中,只是处理了肇事司机及其相关单位,对于监管部门却没有责任追究、责任到人。因此,必须不断完善和发展责任追究机制,在法律方面设立专门的行政监督法规,以相关法律为准绳,落实有效监督,使监督具有公正性和严肃性。同时对政府职能进行调整,划清职责范围,找准责任定位,完善责任追究途径。

行政执行是复杂的活动,内容广、范围大、环节多,经常性是其特点之一。因此,行政执行活动是紧密相连、环环相扣的过程,如果其中一个环节执行不力或者漏失,最终的行政执行效果也不能达到预想的状态。因此,在治理泥头车的事件中,要做到政策的连贯性,执法的一致性,监管的持续性。

【启 示】

从案例可知"泥头车"问题是困扰社会已久的老难题,并且连续的交通事件使得"泥头车"问题的解决迫在眉睫。可以从以下几方面规范市场、政府的行为:

第一,取消泥头车原先挂靠公司的行为,并按照市场需求编制"野鸡车"。新组建或成立运输公司,泥头车将属于运输公司所有,驾驶员也必须是公司职工。组建运输公司的制度出台后,意味着个体户或小企业将无法以挂靠公司的方式营运泥头车,而变为以合同工的形式或股份制的方式,受聘于公司或参与公司经营。

第二,政府进一步规范正规泥头车的管理,出台并颁布新的举措。首先为已经注册的运输车上安装 GPS 定位系统。在安装定位系统的同时,还要考虑安装超载的警示系统,方便给予超载的运输车及时的提示。这样车辆的运行情况,通过政府的信息平台可以及时追踪掌握,同时对车辆的运输时间、路线、速度、装载重量以及装卸地点可以全程监控,系统会将信息发送到监控平台,就可以随时查到任何一辆安装该系统的车辆的相关情况。

第三,为避免多头管理的弊端,可以一改以往的多头管理为一头管理,建立专门管理的主管部门。改革车辆审验制度,采用与车辆行驶证有效期相对应的车辆审验制度,加大审验次数的频率,严格车辆审验条件,严把泥头车准入关的同时,控制新运输公司的准入,减少公司总量,扩大旧运输公司的规模。

第四,政府相关部门制定新的规章制度,改变以前交通事故赔偿责任主要有泥头车私自承担的管理,改由泥头车公司与司机共同承担交通事故赔偿责任。避免了司机的潜逃行为发生并减轻了泥头车公司的风险,兼顾两方的利益。

案例思考

1. 有人认为:对泥头车的管理问题主要在于"管理规定与执行相脱节"。请运用行政管理的相关知识,说明怎样做才能避免脱节现象的出现。

2. 本案例中,一辆泥头车有 5 个政府部门管,但管理效果却不理想,这说明了行政执行中的什么现象,如何克服这种现象?

3. 行政执行的特征是什么？怎样确保行政执行的连续性？

（撰写者：王玲玲）

案例 11-4 广元市一起学校食堂卫生行政处罚案例

2005年3月21日，广元市朝天区卫生执法监督所接区疾控中心检验报告，广元市某中学第二食堂（以下简称二食堂）餐具监测所检项目不符合 GB14934—94 食（饮）具消毒卫生标准。3月22日，依据此违法事实，执法所立案调查。通过进一步的调查发现，二食堂无消毒柜，无保洁柜，对从业人员作询问得知其消毒方法就是将碗筷清洗后放在水中煮一下，捞起后再用凉水冲洗，然后放在操作台上备用。其行为违反了《中华人民共和国食品卫生法》第八条第一款第五项之规定，依据该法第四十一条的规定，对该食堂作出了以下卫生行政处罚：1. 立即改正违法行为；2. 处罚款人民币 500 元。

本案中区疾控中心的检验报告书是本案的主要证据，通过执法人员的进一步现场检查，发现该食堂无消毒设施，无保洁柜，再通过对从业人员的询问调查（作了询问笔录），查证了当事人未按照《中华人民共和国食品卫生法》的相关要求对餐（饮）具进行彻底的清洗消毒，造成所监测的项目不符合消毒卫生标准。检验报告书、现场检查笔录和询问笔录三者之间相互印证，互为补充，清楚地证实了该食堂的违法事实，故卫生执法所按法定程序作出了行政处罚，该食堂在期限内履行了处罚决定。

但在调查阶段，二食堂的负责人对检测情况提出异议，称疾控中心监测人员在进行抽检时未取得店堂内从业人员的同意，自行提取正在使用的菜刀、饭勺进行检验，故监测结果为不合格。对此情况，执法人员作了相应的调查，疾控人员抽检样品是5件，除了菜刀、饭勺而外，还有碗、筷、水杯，监测结果均不合格。但受检单位的陈述应引起我们的高度重视，根据《四川省卫生监测管理办法》第二十一条的规定："微生物检验结果不复检，检出致病菌时，保留菌种一个月"。疾控人员本次采样监测的餐具就是对细菌总数和大肠菌群的检测，对检测结果无法复检，受检单位如提出异议只有对原始的试纸进行复核，目前尚无其他相关规定。

由此，在抽检时，被采样品是否真实、可靠尤为重要。疾控人员在抽检过程中为了体现抽检程序的合法、公平、公正，应当有卫生执法人员对抽检程序进行全程监督,且《四川省卫生监测管理办法》第七条也有规定:"采集样品应有两名以上卫生监督员参加……"但实际工作中,很多地方的卫生行政主管部门以文件或会议的形式将执法监督部门的职能职责划归疾控中心,从而造成抽检程序脱离监管,使受检单位或个人提出异议,为下一步对违法行为进行查处时带来不必要的麻烦。

(案例来源:枣庄卫生监督网,http//www.zzwsjd.com,引用时有删减调整。)

【解　读】

此案例最终虽然得到了合理的解决,但在行政执行过程中出现了很多波折与漏洞,值得进一步思考与完善。

《四川省卫生监测管理办法》第七条也有规定:"采集样品应有两名以上卫生监督员参加……"但实际工作中,很多地方的卫生行政主管部门以文件或会议的形式将执法监督部门的职能职责划归疾控中心,从而造成抽检程序脱离监管,使受检单位或个人提出异议,为下一步对违法行为进行查处时带来不必要的困难。卫生行政执法监督机构是卫生行政部门的职能机构,卫生行政主管部门因业务繁多,为分担压力可以将一部分职能职责通过一定合法的形式授权给疾控中心,代表卫生行政部门行使行政执法权但不能完全授权,更脱离不了监督的干系。此外,疾控中心有向卫生行政部门汇报的义务,卫生行政主管部门有监督疾控中心的义务。因此,行政执行是法制化的行政管理活动,是行政机关依法对国家事务的直接具体的组织、指挥和控制的过程,即通过执行、适用规范行政管理活动的法律、法规,实现行政决策目标,完成行政管理任务的全部行政活动和过程,在行政执法过程中必须做到"有法可依,有法必依"。否则就会出现案例中的情况,为对违法行为的查处付出不必要的成本浪费。

目前,我国已经形成了《中华人民共和国食品卫生法》《产品质量法》《消费者权益保护法》《标准化法》等综合性法律。这些法律法规及各种规范性文件构建起了我国食品卫生、安全监管的基本法律框架,为保障食品卫生安全发挥了极为重要的作用。虽然我国极为重视法律法规的建设,但还是存在着一些问题。正如像案例中提到的根据《四川省卫生监测管理办法》第21条的规定:"微生物检验结果不复检,检出致病菌时,保留菌种一个月"。疾控人员采样监测的餐具就是对细菌总数和大肠菌群的检测,对检测结果无法复检,受检单位如提出异议只有对原始的试纸进行复核,目前尚无其他相关规定。因此,对于我国法律在某一领域的空白或漏洞要及时填补,避免被不法分子钻法律的空子。

建立法治国家是我国的基本策略,政府法治和行政法治不可忽视,其中建设法治政府是一项全局性和长期性的系统工程。由于卫生行政执法涉及的点多面宽,因此,对卫生行政执法工作提出了更严格的要求,这就要求卫生行政主管部门严格执法要求、规范职能、职责。只有强化法制意识,提高执法人员执法水平,重视证据的采集,准确运用法律法规,才能使我们在卫生执法中立于不败之地。

【启 示】

广元食堂卫生事件虽然已经平息,却给我们深刻的启示:

首先,实现行政执行科学化必须先要实现行政决策的科学化。这是基本根据和首要前提。行政管理的各个项工作都是为了实现决策目标而服务的,各种工作本身也都需要采取行动之前需要出正确、合理的决策。如果没有行政决策,行政管理的各项活动都不可能实现。此外,行政决策的质量,也关系到行政管理活动的成败,这已被很多的实践所证明。因此,决策目标的制定尤为重要,其制定要符合国家政策、法律、法令。决策的内容必须有国家政策、法律、法令做依据。制定决策目标必须符合法定程序,既不越权也不滥用权力。决策的论证、草拟、征询意见、讨论修改、审议、通过等一系列环节都应当严格按照法律程序进行。此外,执行决策的具体计划、方案也应当容易操作、切实可行。

其次,在食品监管方面,我国要仔细研究和不断借鉴西方发达国家的经验,尽快与国际组织制定的相关法律规则接轨,从而制定一个科学合理、可操作性的食品卫生安全监管的法律和法规体系,使食品卫生安全有法可依。加快制定如责任追究制度、检测认证机制、市场准入制度等具体的法律制度。

再次,明确政府监督机构职责,完善责任追究制度。要解决我国多头管理出现的交叉和真空问题,亟须建立一个完整的政府监管机制。第一,通过改革,精简机构,达到高效的监管目标。国务院另设食品安全、卫生委员会,作为高层次的议事机构,协调指导食品安全、卫生的监管工作,降低监管费用。第二,要提升食品安全、卫生委员会的权威性,实现在更高行政层次上对食品安全监管部门的统一监督和协调。第三,部门间的取长补短,明确分工,避免职能的交叉和重复。第四,建立以定期会议为形式的各监管部门之间的协作机制,形成既有分工、又有合作的监管运作机制。另外,按照责权一致的原则,建立食品卫生监管问责制,对监管执法中的执法犯法问题追究责任,层层落实,责任到人,进而增强监管部门约束力,加大对食品卫生事故相关责任人的责任追究力度。同时,将食品卫生纳入考核政府部门及职员业绩评价体系并与绩效管理挂钩,从而增强食品卫生监管工作的执行力度。不断完善食品卫生检验检测体系。其中包括生产经营企业的检验监测机构、执法监督机关的检验检测机构,以及社会中介检验监测机构。这样避免了重复的检验,并使得生产流通的全过程都在检验检测所处范围之内。

最后,建立高素质的行政执行人员队伍,充分调动其主观能动性,做到公正执法。及时对政府工作人员进行系统的培训和考核,提高其监管素质。

案例思考

1. 行政执行的成功实现的条件是什么?
2. 结合我国国情,谈谈对本案例的看法。

(撰写者:王玲玲)

案例 11-5 贵州瓮安"6·28"事件

2008 年 6 月 21 日下午 6 点多钟,瓮安县第三中学初二六班的学生李树芬晚饭后,与同学王娇一起外出。当晚,李树芬的哥哥李树勇接到王娇打来的电话两次:一次是在大约 10 点钟,王说将与李树芬一起居住、过夜;一次是在大约 12 时 30 分左右,王说李树芬在县城西门河大堰桥"被水淹了"。闻讯后,李树芬的哥哥与姨妈等亲友相继迅速赶来。瓮安县公安局接到报警后,立即处警。其间,李树芬叔叔李秀忠等陆续赶到。警方将事发时在现场的王娇及另外两个男青年刘言超和陈光权等三个人带走。

6 月 22 日凌晨 3 时 50 分,李树芬尸体被亲友打捞上岸。当天,李树芬的父亲李秀华等人到瓮安县雍阳镇派出所询问案情。他们得到的结论是:李树芬投水自杀,尸体家属自行处理。李秀华等人不服,提出进行法医鉴定。当日晚 8 时左右,瓮安县公安局法医进行了第一次尸检,结果认定李树芬是溺水死亡。李秀华对此依然怀疑,遂来到黔南州有关部门反映情况。

| 行政管理案例分析 |

6月25日下午,黔南州公安局法医来到瓮安县,进行了第二次尸检。结果再次认定,李树芬确系溺水死亡。李父认为女儿的死另有原因,将女儿的遗体一直停放在事发地点大堰桥边。各种传言开始在小县城里不胫而走,且版本越来越多。李树芬的尸体被捞上岸后,县公安局通知李秀忠到派出所了解情况,双方发生了冲突。事后,李遭到6个不明身份人的暴打,经调查:李秀忠被打确系张明在幕后指使。

6月28日下午4点,300多人用白布写上标语做成横幅后,从停尸地点出发进城游行"喊冤"。不断有人加入,追随、围观的人越聚越多,大多是在政府征地、城市拆迁等行为中利益受损的失地农民和市民等。县公安局大楼门前及周边已聚集群众上万人,游行人群与警察发生对峙、推搡、向警察投掷水瓶及泥块,有人甚至向公安局门口停放的汽车投掷燃烧瓶。最终,警察组成的人墙被人群冲开,一些人冲进办公楼,开始打砸和焚烧办公用品。并且打砸警车,并焚烧停靠在公安局门口的警车。随后,他们又冲进附近的县政府、县财政局、县委办公楼打砸,多名公安干警被打伤。18时许,附近多辆警车被点燃,聚集人群多达2万余人。20时至23时,公安局办公楼、县政府办公楼、财政局办公楼、县委办公楼相继被点燃。

6月28日晚8点,崔亚东赶赴瓮安,靠前指挥处置工作。直到6月30日,县城基本恢复正常秩序。贵州省委书记石宗源赶到瓮安查看现场,三次鞠躬向百姓道歉。7月1日晚,贵州召开新闻发布会,发布会上贵州省公安厅发言人在介绍调查情况时讲了李淑芬自杀的全过程。7月2日,贵州省派法医鉴定专家组,在李家门口对李树芬进行了第三次全面尸检,尸检的结果:李树芬系溺水死亡。

7月4日,贵州省委和黔南州委4日对瓮安县党政主要负责人作出调整决定,县委书记王勤、县长王海平被免职,给予王勤同志撤销黔南州第九届州委委员,瓮安县委书记、常委、委员,瓮安县人民武装部党委第一书记等职务的处分,职级由正县级降为副县级;给予王海平撤销黔南州第九届州委委员,瓮安县委副书记、常委、委员职务处分,职级由正县级降为副县级的处分。

(案例来源:《中国应急管理观察》2009年第10期;《贵州瓮安县"6·28"事件》,http://news.ifeng.com/mainland/special/wengan628/,2008年7月1日;中国新闻网,《瓮安"6·28"打砸抢烧近7小时150余人伤无人死亡》,引用时有删减调整。)

第十一章 行政执行

【解　读】

贵州瓮安事件起因很简单,就是一位少女溺水死亡的鉴定结果得不到家属及社会的认可。但由于警方的处理不当,使谣言越来越多,最终异变,尤其是被少数别有用心的人利用,甚至是黑恶势力直接参与向政府挑衅的群体性事件。可见,在瓮安事件隐藏着深层次的原因。

瓮安事件处置工作领导小组组长、贵州省委副书记王富玉分析,瓮安县党委、政府在长期的工作中,没有正确处理好当地经济发展和社会稳定的关系,没有正确处理好群众正当的利益诉求的问题。另外,有的干部队伍不纯洁,与黑恶势力相互勾结,充当黑恶势力的"通信兵"和"保护伞"。贵州省委书记石宗源认为,在处置一些矛盾纠纷和群体事件过程中,一些干部作风粗暴、工作方法简单,甚至随意动用警力……一些干部工作不作为、不到位,一出事,就把公安机关推上第一线,群众意见很大,不但导致干群关系紧张,而且促使警民关系紧张。

由此看来,瓮安事件表层原因是李树芬的死因不明,深层次的原因是瓮安当地社会矛盾的积聚。正如瓮安当地的水库移民问题、土地补偿问题、矿产资源纠纷与环保补偿问题、黑恶势力猖獗,帮派林立。在这种情况下,瓮安县政府并没有保护公民的合法权益,反而使群众合法权益受到侵犯。因此,群众对政府部门工作的不到位很不满意,致使人民内部矛盾积聚。而在处理人民内部矛盾的过程中,瓮安县的一些干部,正如石宗源讲:"不仅工作不作为、不到位,而且作风粗暴、工作方法简单,一出事,就随意动用警力。"在行政执行过程中,瓮安县政府惯用"惩罚"的消极行为,不但没有解决所产生的问题,还激化原来的矛盾。当社会矛盾积聚到一定程度,社会危机事件将一触即发。瓮安事件之所以酿成激烈的群体性事件,根本原因就在于瓮安县政府行政方式太粗暴、太武断,由于缺乏行政沟通与行政协调,而造成干群矛盾急剧的爆发。

近几年,中国发生的群体性事件,如孟连事件、增城事件、乌坎事件,其发生的主要原因大多都是群众的合法权益得不到有效的保护,缺少有效的利益诉求渠道,情绪得不到合理的疏导而爆发的。最终造成"信任危机",致使政府公信力急剧下降。因此,政府各级机关及其领导必须清醒认识瓮安打砸烧事件的深层次原因,深刻反思自身的行为。地方政府及工作人员不仅要在工作作风、工作方法方面要不断改进,而且在公共权力的行使方式上也要及时更正与提高,以防范类似的群体性暴力事件的再次发生。作为人民群众的代理方政府必须严格规范立法,必须保证正确、合理地行使公共权力,杜绝采用暴力方式,多采用其积极方面,这样既可以搞好干群关系、警民关系,又能促进社会和谐、稳定与发展。为此,中央和地方政府必须尊重和保护公民的合法权利,加强与人民群众的沟通与协调,了解民意,为人民代言。只有这样,公共权力行使才会得到民众认可,民众才会对政府产生信任,政府的公信力才能加强。

【启　示】

瓮安事件起因很简单,但最终酿成大规模的群体性事件。这次事件很多地方值得我们进一步反思。

第一,政府要不断加强政务公开,促使行政信息阳光化、透明化。目前,政府信息公开量过少,对于某一些信息,民众仍然没有合理的渠道,最终造成信息的不对称。因此,笔者认为,一方面要加大上级政府的政务公开力度,对于下级政府应当公布而未公布的,应当顺应民意,及时强力推动信息公开。另一方面,要继续强化政府部门服务民众理念。

第二,政府要加强与民众的沟通与协调。正因为政府与民众沟通与协调贫乏,导致民众对政府的胡乱揣测和不信任。如果没有完善的沟通协调机制,政府与民众的矛盾不但不能得到合理的解决,反而更容易引发社会动乱。正如,瓮安事件中对李树芬的死就杜撰了四个版本,最终因为民众对有人恃强凌弱,草菅人命的极度厌恶与愤懑的心态,最终加剧了矛盾的尖锐。因此,警方介入事件之后,就应该将案情以及相关宜公开的信息进行公开。尽管根据有关法律,在侦查阶段,警方并没有告知受害人家属进展情况并解释相关误解的义务,但从社会稳定和民众权利的角度看,这种及时诚恳的沟通会打消民众的疑虑和担心,消除不安定因素的隐患,也为后续工作的顺利开展铺平道路。

政府要以瓮安事件为教训,积极开展好政府的基层组织建设,规范党员干部的思想作风和工作作风建设。尤其在社会主义市场经济的过渡阶段,要发挥好基层组织和共产党员的模范带头作用,要做立党为公,执政为民。想人民之所想,急人民之所需,真正落实到行动上。因此,解决群体性事件的根本,就是实现政府的亲民、爱民,情为民所系,权为民所用,打造"服务型"政府。另外,在处理社会矛盾的过程中,要严格区分两类不同性质的矛盾,对人民内部矛盾,以批评教育为主;对有关与社会主义理念相悖的行为,要严惩不贷,绝不手软。唯有如此,才能构建一个稳定与和谐的社会。

案例思考

1. 依法行政的具体内容是什么?
2. 瓮安事件中政府执行不力的原因是什么?如何提高政府的公信力和执行力?

(撰写者:王玲玲)

第十二章 行政监督

【学习要求】

通过对本章理论概要的学习,逐步掌握行政监督的内涵、内容和改革等方面的基础知识。通过对本章案例的学习和理解,逐步学会开展对行政监督案例分析的技能训练,从而不断提高分析问题和解决问题的能力。

【导入案例】

2004年5月,江苏江都鑫龙房地产公司董事长谢焕明在淮阴区开发商品房,在政府及官员的极力帮助下,政府与开发商相互配合,野蛮拆迁、征地,政府制定拆迁补偿标准。按照淮阴区文件规定,一是货币拆迁;二是产权调换。

2000年,顾士芳自筹资金40多万创办企业,生产塑料制品,2002年初见成效。而她的企业厂房也在这次拆迁范围内,顾士芳说,我们家原评估楼房价格每平方1020元,经三次评估后每平方只给600元。因为顾士芳拒绝赔偿条件,不愿搬迁而被断水断电以致无法生产。之后,顾士芳儿子饲养的200多条价值10万元的日本名贵金鱼(兰寿)也被政府和开发商残忍的用推土机埋掉了。

2007年3月16日,淮阴区建设局作出6号、7号每平方赔偿600元的违法裁决书,根据国务院305号文件,建设部154号文件规定,淮阴区政府没有权发

第十二章 行政监督

放拆迁许可证及裁决主体资格。

2008年11月11日夜12点,900多平方米房屋、13台注塑机、机器设备很多,13口人房屋生活用品——连一根针都没有拿出,现金、金银首饰400多万家产一夜之间全抢光,地下一片狼藉。

2010年3月22日10时左右,政府又派50多人将顾士芳大儿子杨军打的脑出血,三儿子杨武打成脑震荡,休克5个多小时才抢救过来。

顾世芳说,那些官员为了开发商的利益却不顾我们的死活!他们为虎作伥,强抢豪夺,根本没有把老百姓的生命财产安全放在心上!

(案例来源:中国维权服务网,2010年5月2日,引用时有删减调整。)

阅读提示

1. 政府部门和开发商为何敢如此肆意妄为?
2. 政府官员权力滥用的根本性原因是什么?
3. 我国的行政监督还存在哪些方面的缺陷?解决的突破口在哪里?

理论概要

一、行政监督的内涵

行政监督是指各类监督主体依法对国家行政机关以及国家公务员在执行公务和履行职责时的各种行政行为所实施的监察和督促活动。按照监督主体的不同,行政监督有广义和狭义之分。狭义的行政监督是指以行政机关为主体的监督,即行政机关内部的自身相互监督,包括上级行政机关和行政领导者对下级行政机关及公务员行政行为的监察和督促,还包括行政监察部门对所有行政机关及公务员的监察、审计部门对行政机关财政、财务运行的审计等。广义的行政监督是指以行政机关为客体的监督,即除了行政机关内部监督之外,还包括党政机关、国家权力机关、社会团体、人民群众和新闻舆论等方面通过各种渠道和途径,对国家行政机关及公务员的各种行政行为所进行的监察和督促活动。

行政监督具有以下特征:

(1)行政监督对象的特定性。行政监督对象不是指所有国家机关和工作人员,而是特指从事国家和企事业单位行政管理活动的机构和工作人员。

(2) 行政监督主体的多元性。从行政监督的含义理解,行政监督的主体是具有监督权限的国家行政机关以及国家权力机关、检察机关、审批机关、政党、社会团体和人民群众等,包括行政机关内部监督和外部监督两大类。

(3) 行政监督内容和目的的特定性。行政监督的内容,是国家行政机关的行政行为和国家公务员的职务行为。行政行为是由国家强制力作保障的,能对行政管理相对人产生具体的以权利义务为内容的法律后果,因此必须对这种行为进行监控。行政监督的主要目的是防止国家行政机关的专断和腐败,及时发现并纠正国家行政管理活动中的违法或不当行政行为,保障国家行政管理活动的正常进行。

(4) 行政监督性质的法制性。行政监督是监督主体对行政机关及其行政人员的一种法制监督。这是由于,监督主体享有的监督权是法律赋予的,要严格依法进行,同时监督的重点也放在行政机关及其行政人员行政活动的合法性与合理性方面。国家法律不仅规定了行政监督的对象、主体,而且赋予行政监督主体依法实行监督的权力。

二、行政监督的内容

行政监督的对象是一切行政机关、行政机关的工作人员以及一切行政管理活动,其内容主要有以下四个方面:

(一) 监督行政决策是否科学、合法

在行政管理活动中,决策居于最重要的地位,行政权力的运行,总是从行政决策开始。因此,对行政决策的监督,便成为行政监督最重要的内容。

行政领导的决策必须处于切实有效的监督之下。行政领导最重要的职责就是进行决策。行政决策监督除包括对决策目标、决策依据、决策方案的监督外,还应着重监督决策的程序是否合法、科学、民主。当前对行政决策监督的重点应是:防止主观盲目的决策,尤其要防止一些行政领导为了追求政绩而作出的急功近利的决策,坚决杜绝"三拍现象"和"形象工程",要合理界定政府的决策权限,进一步健全重大事项集体决策、专家咨询、社会公示与听证、决策评估等制度。

（二）监督行政行为是否合法、合理

行政行为可区分为抽象行政行为和具体行政行为，这两种行为都必须受到切实有效的监督。

抽象行政行为是指行政机关制定和发布行政法规、行政规章以及其他具有普遍约束力的决定、命令和规范性文件的行为，此外，还包括相关行政部门为全国人大制定相关法律、为地方人大制定相关地方法规的行为。对抽象行政行为的监督应以防止国家政策部门化为重点。

具体行政行为是指行政主体依照职权作出的、对行政相对人的合法权益产生实际影响的行政行为，如行政许可、行政处罚、行政强制、行政征收、行政奖励、行政救济、行政调解等。为规范这些行政行为，国家制定出相应的法律、法规，如《中华人民共和国行政许可法》等。法律法规有明确规定的，行政行为不得逾矩违规，这是对具体行政行为合法性的监督；法律、法规没有明确规定的，行政主体在作出具体行为时应以民为本，在不损坏国家及公共利益的前提下适当考虑照顾行政相对人的眼前利益，这是对具体行政行为合理性的监督。

（三）监督行政机关及其工作人员是否廉洁勤政、不滥用行政权力

廉政和勤政历来是行政管理的基本要求。任何行政机关及其工作人员不廉或不勤，便失去行使行政权力的资格。

腐败的本质是公共权力的滥用。政府机关及工作人员必须用人民赋予的权力为人民谋利益，绝不能以权谋私。现在一些政府工作人员中存在以权谋私、贪污腐败的问题。这些问题的发生，有个人品质原因，但同制度不够完善和权力缺乏监督约束有直接关系。只有加强行政监督的力度，才能从根本上解决滥用权力的问题，从而实现廉洁行政。

此外，有些政府工作人员在廉洁自律方面做得很不错，但精神状态不佳，两袖清风不干事，遇事推诿扯皮，该作为时不作为，这是失职渎职的表现。我们必须发挥行政监督治懒、治庸的功能，促使他们勤政为民，多做好事。

（四）监督行政自由裁量权是否被违规滥用

行政自由裁量权是指行政机关及行政人员在法律、法规、规章规定的范围内依据立法目的和公正合理原则自行判断行为的条件、自行选择行为的方式和自

由作出相应决定的权力。行政自由裁量权可弥补立法的不足,使行政机关及行政人员充分发挥积极性和主动性,从而卓有成效提高行政效率,更好地管理公共事务。

然而,在关注行政自由裁量权的合理性与必然性的同时,我们千万不能忽视它的负面影响和作用。由于各种主客观条件的影响,行政自由裁量权经常被滥用,以致产生了一系列负面效应。尤须指出,行政自由裁量权有可能成为行政人员腐败的条件。研究发展中国家腐败问题的专家罗伯特·克利特加德(R. Klitgaard)在其著名的"腐败条件"公式中就明确指出这一点:腐败条件 = 垄断权 + 自由裁量权 - 责任制。(这一公式的意思是:当官员享有垄断权和自由裁量权而又无须对权力的行使承担必要的责任或不须对滥用权力负责时,官员便具备了从事腐败行为的条件。)必须加强对行政自由裁量权的监督,特别是对行政执法机关及其工作人员在行政执法活动中行使自由裁量权的监督,坚决杜绝违规滥用行政自由裁量权的行为。

三、我国行政监督体系

我国完整的行政监督体系是由外部监督和内部监督所构成的。

(一) 外部行政监督

外部行政监督是指行政机关以外的主体的监督,为保证行政工作的合法性、合理性以及以社会效益为中心,而对行政机关及其工作人员的管理活动所进行的多渠道、多形式的异体监督。外部监督体系主要包括权力机关的监督、司法机关的监督、政党监督、社会监督等形式。

1. 权力机关监督

权力机关监督指国家立法机关对行政管理机构及其活动实施的监督,具有法律效力的最高层次的异体监督。各级人民代表大会及其常委会通过以下方式对政府进行监督:听取和审议人民政府工作报告(含专项工作报告),审查和批准决算,听取和审议国民经济和社会发展计划、预算的执行情况报告,听取和审议审计工作报告,法律法规实施情况的检查,规范性文件的备案审查,询问和质询,特定问题调查,罢免和撤职。

2. 司法机关监督

司法机关监督指司法机关作为监督主体对机构及其活动实施的强制性监督活动。这种监督形式的重点是监督行政管理主体及其人员具体行为的合法性，其监督主体主要是国家检察机关和国家审判机关即国家法院，这两种机关的监督活动构成了司法机关监督的主要内容。

3. 政党监督

政党是各国政治中最重要的组成部分，它在监督领域占有重要地位，我国实行的是共产党领导的、多党合作的政党制度，相应的，我国的政党监督是以共产党监督为主，各民主党派监督为辅的政党监督形式。

4. 社会监督

社会监督指各社会组织和团体、公民及新闻媒体作为监督主体对行政机关及其活动实施广泛监督活动。虽然这种监督不具任何法律强制力，不能直接改变和撤销行政管理机构的决定和行为，但这种监督的广泛性和灵活性仍然会对行政管理机构的权力形成一定的制约作用。

(二) 内部监督

行政管理内部监督，指上级行政机关对下级行政机关、专门行政监督机关对一般行政管理机构以及行政部门对工作人员进行的监督，它是行政管理系统内部建立的检查、督促等自我约束、制衡等自身监督体系。其中，专门行政监督机关在中国主要是行政监察机关和审计机关。我国行政管理内部监督体系主要有一般、专门、行政复议三种基本形式。

1. 一般监督

一般监督是指非专门的监督机关及人员所进行的监督，它可以区分为纵向监督和横向监督。纵向监督是指有隶属关系或指导与被指导关系的上下级机关及人员所开展的互相监督。它既包括上级机关对下级机关、领导对下属的监督，也包括下级机关对上级机关、部属对领导的监督。横向监督是指平级机关及人员之间的互相监督。这些机关部门、机构及其人员在履行职责时可对其他机关部门或机构进行法定权限范围内的监督，这种监督可以起到制约、平衡的作用，防止权力过分集中或某种权力独大。

2. 专门监督

专门监督指在行政管理主体内部设专门监督机关,即专门监察机关实行的监察活动,主要是指独立行使职权的监察机关和审计机关对国家行政机关及其公务员的监督。在我国行政管理专门监督中,最为核心、常用、有效的专门监督是国家行政监督机关实行的行政监察活动。

(1) 行政监察。行政监察是行政机关内部监督的主要形式,是指国家行政组织内部设立的监察部门对其他行政机关和行政人员实行的监督、纠察和惩戒。

(2) 审计监督。审计监督主要是指国家专门审计机关依法对国务院各部门和地方各级政府的财政收支、财政金融机构和企事业单位的财政收支和经济活动依法进行详细周密的审核和检查。

3. 行政复议

行政复议是指公民、法人或者其他组织(管理相对人),认为行政机关的具体行政行为侵害其合法权益,依法向有复议权的行政机关申请复议,受理申请的复议机关依照法定程序对引起争议的具体行政行为的合法性、适当性进行审查并作出行政复议决定的一种行政监督法律制度。行政复议的目的是为了纠正行政主体作出的违法或者不当的具体行政行为,因此,它是一种行政自我纠错机制。

上述各种监督构成我国完整的行政监督系统,各种不同的监督主体形成严密的社会主义行政监督体系。

[本理论概要参考:安仲文、高丹主编:《行政管理学》,东北财经大学出版社 2009 年版;王锐兰主编:《行政管理学导论》,清华大学出版社、北京交通大学出版社 2009 年版;夏书章主编:《行政管理学》(第四版),高等教育出版社 2008 年版;陈瑞莲等编著:《〈行政管理学〉学习辅导》,中山大学出版社 2010 年版。]

 案例分析

案例 12-1 江西地沟油第一案

2011 年年底,公安部在总结"打四黑除四害"专项行动时,公布了打击"地沟油"制售的十大典型案件,江西南昌环宇生物柴油公司制售"地沟油"案名列榜首。

据参与此案侦破的民警介绍，涉及"地沟油"制售的多个环节的行政监管均未能到位，以致该案"地沟油"制售团伙潜伏3年多竟未被发现，数百吨"地沟油"流入市场。

地下"炼油厂"触目惊心

2011年9月初，遂川县公安局泉江派出所副所长徐庆生获得一条重要线索：有外地人在辖区几家餐馆收购泔水，形迹十分可疑。

泔水，是提取"地沟油"的重要原料之一。凭着职业敏感，泉江派出所所长康诗棕立即调集警力开展秘密调查，并于9月14日将收购人蒋某截获。

遂川县公安局治安大队大队长邓秋平获悉后，发现此案很可能就是典型的甲地收集、乙地初加工、丙地提炼的"地沟油"生产模式，并且可能存在一条巨大的"地沟油"产业链。随后，"9·15遂川地沟油专案组"成立，并在相关部门的协助下，查获了蒋某提炼泔水油的窝点，缴获准备外销的泔水油、"地沟油"半成品152桶约40吨，并将蒋某的丈夫曾某带到公安机关接受调查。

曾某、蒋某夫妻陆续交代了自2005年以来，在十余个县市，以每桶890元的价格大量收购"地沟油"、泔水油，经过过滤或初加工，换桶再打包后，以每吨6000元至6500元的价格销往南昌环宇生物科技有限公司、昌东华升饲料有限公司、安义县精诚科技有限公司、鼎力日化用品公司4家公司，已销售200余吨。

顺藤摸瓜捣毁炼油窝点

2011年9月16日晚，在南昌市公安机关的协助下，专案组对南昌环宇生物科技有限公司生产基地仓库等进行了检查，当场查获缴获扣押成品"地沟油"120余吨、加工原料活性"白土"、生产设施以及生产经营往来账簿等物证。

套假冒商标销往广东一带

警方查明，"南昌环宇"自2011年6月以来，利用从江西各地收购来的"地沟油"，大量生产所谓高质量饲料混合油约1700余吨，其中1600余吨销往广东东莞，并由胜辉制品经营部深加工成食用油后分别销往广州、佛山、深圳等地。专案组在生产窝点查获大量未经注册的食用油商标20余种；包装好的各种未经注册品牌瓶装食用油7000余升、散装油几十吨；20余种各类未经注册商标的印刷品约10万余份。

（案例来源：《法制日报》2012年2月6日，引用时有删减调整。）

【解　读】

地沟油是城市下水道里悄悄流淌着的餐桌垃圾,这些散发着臭味的垃圾经过加工处理后竟摇身变为了清亮的"食用油"。长期摄入这种地沟油会对人体造成明显的伤害,如发育障碍、易患肠炎、肝和肾肿大等病变,而地沟油中的主要危害物之一黄曲霉素是一种强烈的致癌物质,其毒性是砒霜的 100 倍。

冰冻三尺,非一日之寒。江西地沟油案并非罕例,"地沟油"在我国滋生蔓延已久,虽有规定禁止将"地沟油"运用于食用油领域,但一些不法商贩受利益驱动而不顾人民群众生命安全,私自生产加工"地沟油",并作为食用油低价销售给一些贪图便宜的餐馆。随着科技的发展,"地沟油"的提炼、加工程序和方法越来越简易化,加之在经济利益的诱惑下,"地沟油"的销售市场已延伸到正规企业及大中型超市。有不少网友嘲讽道:"中国地沟油很可能成为中石油、中石化、中海油后的中国第四大油品出口商。"地沟油商贩的疯狂,媒体的频频曝光,为什么地沟油问题一直未得到解决呢?多名参与侦办此案的民警反映,在地沟油制销的各个环节上,行政部门的监管都存在许多的漏洞,从收购潲水、粗炼、倒卖到深加工、勾兑、批发、零售等各个环节,均很少看到有关行政执法部门的身影。这种"睁一只眼,闭一只眼"的选择性失明监管使得地沟油形成了一条如此案例中令人震惊的产业链及产业量。我们不禁要问,1700 余吨的产量是由多少酒店和餐馆为了蝇头小利将餐桌垃圾出售给了地沟油制售商贩;又有多少酒店和餐馆真正将顾客安全放在首位,没有购买这些变身的"地沟油"呢?据调查,国人每吃十顿饭就有一顿可能碰到地沟油。这种监管的长期缺失,不仅给地沟油制销商提供了规模庞大的"灰色空间",更给老百姓的安全埋下了一颗"定时炸弹"。因此,食品安全监管问题是现行食品安全所面临的最严肃的话题,只有加强监管,才可以真正预防病从口入,而这要比解决道德滑坡和技术瓶颈更重要、更有效。究其因,食品监管漏洞是"地沟油"能够茁壮成长的关键。

第一,有关治理"地沟油"的法律法规不健全。地沟油在市场上横行已久,至 2010 年 3 月 18 日,国家食品药品监管局办公室才发布了《关于严防"地沟油"流入餐饮服务环节的紧急通知》,所谓"无规矩,不成方圆",我们要想杜绝"地沟油"的生产销售首先就得从制度上入手,制定一套完善的食品油到餐桌的法律法规,保证政府的监管行为在任何环节都不出现安全隐患,保障政府在食品安全监管中的责任落到实处。然而,《紧急通知》及《餐饮服务食品安全监督管理办法》的规定都过于笼统,对"地沟油"制销商的处罚较轻,例如罚款、吊销许可证等,对获取暴利的违法者根本起不到任何作用,这使得他们随时会"卷土重来"。

第二,"地沟油"之所以能形成规模庞大的产业链与食品安全监管机制的不健全是分不开的。我国的食品安全管理领域呈现出政府部门多头管理,缺乏协调一致的监管机制问题赤裸裸的在"地沟油"事件中暴露出来。"地沟油"是活生生的现实问题,早已不是什么新闻,但一直未得到有效解决,这主要是由于监管部门在该领域的缺失,监管权限的模糊与覆盖范围在某种程度上的真空并存,监管难以到位,"九龙治水"的监管缺乏有效的惩罚机制,这也必然导致"地沟油"的猖獗。

第三,责任追究机制不完善。有权必有责,在"地沟油"案件中,由于政府对各个环节的监管缺失,使得人们的生命安全面临着巨大的挑战。一些握有权力的不法官员闭上了监管的眼睛,却将利益之眼擦得贼亮,和不法商贩勾结,对"地沟油"的危害视而不见,忽视法律的权威性,以权谋私,成为"地沟油"制销商贩的保护伞。这根本原因在于我国的责任追究机制未落到实处,对没有认真履行"有法不依,执法不严,违法不究"的政府官员应严格追究其责任并给予威慑性的惩罚,将不法官员的失职、渎职、虚监、弱监等行为杜绝在严厉的责任追究机制之下。

【启　示】

"地沟油"事件只是我国食品安全问题中的冰山一角,一个个知名企业中发生的"毒奶粉""毒火腿"等事件使人们谈食色变。种种食品安全问题已严重威胁着公共安全,面对当前如此严峻的形势,我国虽颁布了一系列政策法规,并采取了多项措施来保障食品安全,但是食品安全问题的有效解决不仅要从制度上保障,更要落实政府责任,发挥政府在食品安全中的监管作用,形成狠抓食品安全的良好氛围。

第一,健全的法律法规是基础。我们要着眼于制度的创新和完善,增强监督的有效性。政府监督的一个重要目的就是要加强企业的自律性,如果我国有一套完善、严厉的食品安全监管条例,那么无论是对政府或企业都能够促进其自觉履行职责,保障食品安全。因此,我国应加快科学全面的立法,不断完善《食品安全法》在实施过程中出现的新问题,加大现有法律法规的惩罚力度,加快建立与市场经济发展相适应的、全局性的、科学的食品安全监管法律法规体系,从制度上保证我国食品安全监管领域做到"有法可依,有法必依",实现对食品从"农田到餐桌,生产到销售"的全程监管。

第二,完善的食品监管体制是核心。我们要着眼于权责的划分,增强监督的效率。发达国家在食品安全监管上实行集中统一的垂直化管理体制,如美国政府成立了总统食品安全管理委员会、欧盟委员会成立了欧盟食品安全管理局(FSA),日本负责食品安全的监管部门主要有国家食品安全委员会、厚生劳动省和农林水产省,各部门职能互不交叉重叠,分工明确,形成了高效有力的食品监管体系。我国应借鉴国外经验,从本国国情出发,改革多头领导的食品安全监管体系,精简部门,建立专业、高效、全国统一的食品安全管理机构。坚持以人为本、以科学为基础的食品安全立法、监控、检测和执行。对食品安全的各个环节进行严格的管理,并展开风险分析、风险评估、风险管理、风险警报和食品安全评估,建立健全食品安全长效监管机制。

第三,政府部门和其他行业的协同监督是关键。我们要着眼于多方面的联动协调,增强监督的震慑力。假冒伪劣现象的复杂性要求各个部门密切配合,才能确保监管的有效性。更何况假冒伪劣产品在生产领域具有隐蔽性,加大了我们从源头查处这种行为的难度,这时就需要发挥企业、消费者、媒体等政府监管的协作力量,举报揭发这种危害社会公共安全的行为。加强行业协会、消费者、媒体等各方与政府监管的契合性和一致性对于食品的安全积极作用。因此,在政府宏观监管方面我们必须建立"社会共治"的联动机制,发挥行政监督、行业监督和社会监督的综合联动协调监督的作用,只有这样,才能大大提高监督对食品安全违法行为的震慑力。

案例思考

1. 为什么食品安全问题在我国屡治屡发,食品监管该如何发挥作用?
2. 结合实际,分析国外食品监督对我国都有哪些借鉴意义?

(撰写者:林方)

案例12-2 离任审计牵出腐败窝案

审计机关一次例行的离任审计,却意外牵出了南京市科协下属单位市科技咨询服务中心的腐败窝案。

2010年7月,南京市科协主要负责人离任。市审计局在例行离任审计及延伸审计中发现,市科协下属单位市科技咨询服务中心和南京协创投资担保有限公司的资金使用存在诸多疑点,特别是以垫资名义违规从事出借资金业务,大量资金往来存在异常。

随后,市纪委监察局掌握了时任市科技咨询服务中心常务副主任、南京协创投资担保有限公司董事长兼总经理许××涉嫌贪污、挪用公款等问题。

铤而走险动贪念,疯狂敛财终败露

2008年1月,许××坐上了被称为"钱袋子"的科技咨询服务中心副主任的位置。该中心的主要职能是提供科技咨询服务,其资金由市科协下拨。许××上任时,咨询中心账面上有2000多万元的闲置资金。内心对金钱的"渴望"和手中管钱的权力,为许××后来走上违法犯罪的道路埋下了伏笔。

2008年3月,许××在银行工作的朋友从××打电话告诉他,说有一个企业急借钱,年收益率达8%。许××经过一番筹划,在向领导汇报时故意把违规高利借贷钱说成是购买了银行推出的理财产品,并骗得了领导的同意。

随后,从××就按2%的月息将第1个月的收益10万元打入了许××个人的银行卡中。初尝甜头的许××为了放手做更多的"大业务",从中多捞好处,就以为中小企业提供投融资及贷款担保服务为由,说服有关领导,由科技咨询服务中心全额出资1000万元,于2009年1月成立了南京协创投资担保有限公司。许××兼任协创公司总经理,并聘从××担任副总经理,两人从此沆瀣一气,准备大干一场。此后,许××、从××向有关单位借出公款10多笔,从中非法攫取巨额利息中饱私囊。

爱慕虚荣掷千金,梦断青春惹人怜

2011年4月,纪检监察机关根据许××等人涉嫌犯罪的事实,将其移送检察机关。2011年12月1日,南京市检察院以许××、从××涉嫌犯贪污罪、挪用公款罪向市中级人民法院提起公诉。

| 行政管理案例分析 |

机关算尽太聪明，晚节不保空余恨

纪检监察机关在查处许××案的过程中，发现了市科协多名已经退休或即将退休，年龄在50岁到70岁之间的干部，违规将所属公司股票转入个人名下，意图获取不法利益的线索，并进行了严肃查处。涉案人员的平均年龄为61.75岁，其中，副局级干部4人、正处级干部2人、副处级干部2人。晚年失节，徒留笑柄，教训深刻。

（案例来源：《中国纪检监察报》2012年3月16日，引用时有删减调整。）

【解　读】

利用职务之便挪用公款、发放高利贷，这是滥用公共权力的一个典型案例。本有着大好前途的青年由于禁不住"糖衣炮弹"的攻击，而将自己的一生毁于一旦，这着实令人感慨。孟德斯鸠曾言："一切有权力的人都容易滥用权力，这是万古不易的经验，有权力的人们使用权力一直遇到有界限的地方才休止。"因此，我们也不得不感叹审计监督的必要性。审计监督隶属于国家机关监督，对其他国家机关和社会监督起着重要作用。一次例行的离任审计牵扯出一起腐败窝案。"莫伸手，伸手必被捉。"许××和从××利用职务之便挪用公款，并将其作为发放高利贷的资本，暗箱操作数年，但最终还是自食恶果，正所谓"天网恢恢，疏而不漏"，此案的结局再一次雄辩地证明了这一点。

为什么一个国家干部的腐化堕落总是离不开一个"贪"字呢？是我们干部的意志太薄弱，还是我们的制度有问题？这些都有可能，不过最主要的还是我们的监督机制不健全。约翰·阿克顿勋爵曾写道："权力导致腐败，绝对的权力导致绝对的腐败。"在整个案例中，许××等人在拥有无监督的权力下才敢如此肆意妄为。许××本身就贪欲熏心，在谋求高职位、高权力时就"心怀鬼胎"，在其坐拥"钱袋子"职位后就放纵私欲，加之上级领导对其并未严格监管，内控制度不全，财务主管部门监管未到位都给其随意划款提供了便利。许××等人的罪行最终因一次离任审计东窗事发，审计监督虽然能够有效地制约权力，查处贪污腐败，但其只是一种事后监督，不能有效地将违法乱纪行为扼杀在萌芽中。像许××这样的案例我们已司空见惯，三十多年的经济发展，贪污腐败之风盛行，究其根源在于监管机制的不完善。缺乏有效的监督管理机制或虽有制度却执行不力，存在着"上级监督太少，同级监督不好，下级监督不了"的尴尬局面，让各种制度形同虚设。本案正是因为权力制约的"真空"使得许××从心理上完成了从"侥幸"到"放心大胆"创收的嬗变。

改革开放以来,党和国家为了解决权力腐败的问题,不断完善依法行使权力的制约机制和监督机制,通过加强党内监督、法律监督、群众监督、舆论监督等来制约权力的滥用,虽然取得了很大的成绩,但是一些根本性的问题并未得到解决。一是监督制约机制不健全,监督意识淡薄。一方面在我国的监督过程中存在着情大于法的传统,往往是重提拔、轻培养;重使用、轻管理;重成效、弱监管。使本来就不够系统的监督在强大的权力体系面前显得软弱无力,领导干部的监督约束往往难以到位。另一方面由于我国传统的官僚制的历史原因,为官者即被监督者的权力过分集中,致使监督者难以对其进行有效的监督,甚至不敢监督,害怕监督,从而我国的监督只能流于形式,难以到位。二是内部监督机构存在相互牵制,重复交叉,职责不清等现象,形成不了强大的内在自我约束机制,这样就为权力腐败的滋生、蔓延提供了"温床"。三是社会约束机制不到位,尤其是群众监督、舆论监督等方面缺乏法律保护。例如,一些上访群众被压制,信访也被中途截留;而在舆论方面,因为政府干预或媒体没有报道权,使一些权力腐败现象无法在大众传播媒体上及时曝光。四是监督制约惩罚的力度不够。现阶段我国的法律对腐败分子只给予没收财产及判处几年有期徒刑,这就使得腐败分子的腐败所得大大高于腐败成本支出,降低了监督约束的效力,不能起到杀一儆百的作用。

【启　示】

在社会生活中,人人都是监督者和被监督者,尤其是掌握着人民赋予其权力的党和领导干部,"只有让人民监督政府,政府才不敢懈怠,只有人人起来负责,才不会人亡政息",党员干部要时时把自己置于组织和群众的监督之下,事实表明,不受监督和约束的权力,必然会导致腐败,一个掌权的人如果没有监督,就容易犯错,就容易滥用权力、以权谋私。而越是职位高、权力大的领导,就越容易被权力腐蚀,因此就越需要监督。长期以来,由于我国的监督机制不健全,一些领导干部立场不稳定,所以铸成了大错,损害了国家和人民的利益。由于对领导干部监督制约不力,导致了各种贪污腐败的不正之风滋生蔓延,并形成一种恶性循环。因此我们应充分地认识到监督的必要性,认真把握好监督的权力和职责,坚决杜绝贪污腐败。

第一,完善监督法规,保障监督有法可依。"无规矩,不成方圆。"制度是行动的依据和保证。我国现阶段虽然也有《行政复议法》、《行政诉讼法》、《国家赔偿法》等有关控告和纠举违法行政行为的法律,但是仍然缺乏可操作的专门监督法规,使得监督主体在监督过程中容易产生盲目性和主观随意性。这就要求有关部门要加强监督立法工作,对监督主体、监督内容、监督手段和过程予以明确具体的规定,实现对行政监督的制度化、法律化,从而加强行政监督的权威性、科学性和有效性。

第二,建立强有力的监督领导体制。我国现行监督体制受到行政、司法的双重领导,致使其缺乏独立性和权威性。当前,我国监管体制存在着"唯上不唯下"的尴尬局面,监督主体因受制于监督客体,难以发挥自己的职能,以致出现了种种"虚监、漏监"的现象。针对这种情况,我国应设置专门的监督机构,建立一种自上而下的垂直领导的行政监督体制,使现有的监察部门从行政机关中独立出来,赋予其一定的职权,让其独立运作,提高其地位。独立出来的监察部门在组织上和经济上都不再依赖于同级行政机关,解除其监管的后顾之忧。

第三,强化全程性监督,突出事前和事中监督。监督可分为事前、事中和事后三种监督状态,而腐败也是从无到有,从不严重到严重的发展过程,鉴于此,事前和事中监督显得尤为重要,如果对权力的滥用在事前或事中就进行了监督控制,不仅能防止该现象的蔓延和泛滥,还能节约监督成本。我国行政监督长期以来偏重于事后的追惩性监督,其功效具有一定的局限性、滞后性。因此,我们应加强对权力进行全过程的监督,把好入关口,防患于未然。首先要对权力的决策进行全方位的了解,这是实现对行政权力有效监督的第一个环节,也是防止权力被滥用的第一道防线;然后要注意突出事中监控,权力在运行阶段是最容易被腐蚀的。因此,事中监督是行政权力有效监督的关键环节;事后监督虽然存在着一定的局限性,但其也能做到"查漏补缺",对权力行使的后果进行监督检查,也是健全我国行政监督体制的必要环节。

第四,政务公开,提高公民监管意识。政务公开是扼制行政机关违法行政行为的关键。列宁指出:没有公开性而谈民主监督是可笑的。我们要严格按照法律程序对非国家机密进行彻底的公开,满足人民群众的知情权,改变人民群众被动监督的状况。因此,有关政策和部门要严格要求行政人员对其行政决策,行政执行的过程、结果及时地公布,使行政机关的政务活动确实在人民群众的监督下进行,并要建立对政务公开信息的反馈制度,让人民群众积极参政议政,对其反馈意见和要求也要认真地分析,及时地处理,并将处理结果公布于众。

第五,进一步发挥舆论监督的作用。舆论监督的最大特点在于其时效性和广泛性,舆论媒体对行政机关及其工作人员可进行持续性的跟踪报道,一将其违法行政活动通过电视报刊等传播给大众,将引起强烈的社会反响。由此看来,舆论监督可以与其他监督主体相结合,对行政机关及其工作人员产生巨大的政治压力和效应。因此,我们要充分发挥舆论监督的作用,为其提供良好的社会环境,制定相关的新闻法规,加强舆论监督的法制化建设,减少对新闻媒体的行政干预,使行政活动在各方面都能得到有效监督。

案例思考

1. 改革开放以来,我国腐败现象层出不穷,你认为在我国产生腐败的原因有哪些?
2. 联系实际,你认为我们应该如何治理腐败?

(撰写者:林方)

案例12-3 郭美美撬动的中国红十字危机

作为中国最具影响力的公益机构,中国红十字会从未像现在这样尴尬:在5天内4次发出声明并召开媒体通报会,就人员和财务问题作出说明,这仅仅源于一个20岁女子。

天上掉下个郭美美

郭美美拥有玛莎拉蒂跑车和放满整个柜子的爱马仕、香奈儿手包,住着大别墅,出行坐头等舱,去上海参加超级跑车嘉年华……从2010年开始用新浪微博后,刚满20岁的郭美美不间断展示着自己非凡的财富和出众的容貌,郭美美微博里发布奢侈的生活和经过新浪认证的"中国红十字会商业总经理"标签,一起被不断转发,她的粉丝人数同时迅速增加。当中国红十字会、奢侈品、20岁美女总经理几个关键词被绑定在一起,公众积累已久的愤怒被激发了——此前因红十字会爆出天价餐费等丑闻而开始的慈善财务黑幕猜想,至此被集中放大。

| 行政管理案例分析 |

2010年6月21日早上,新浪微博上出现了一个名为"郭长江RC-"的未认证微博与"郭美美"互相关注。不少网友认为这就是中国红十字会副会长郭长江的微博,并猜测郭美美和其是父女关系。

6月21日晚23时,郭美美发微博澄清身份,称自己"所在的公司是与红十字会有合作关系简称'红十字商会',我们负责与人身保险或医疗器械等签广告合约,将广告放在红十字会免费为老百姓服务的医疗车上"。之后,其又发表新的解释:"红十字协会和红十字商会根本就是两个不同性质。"但很快这条微博也被删除。后来,她又解释称自己最初的身份认证是"演员","红十字商会总经理"是表妹在自己不知情时修改的。

6月22日,中国红十字会也在网站上作出正式申明,称副会长郭长江从未开过微博。郭长江本人接受媒体采访时笑称自己从无女儿,记者注意到,此时新浪微博上名为"郭长江RC-"的博主已经删除了此前发布的内容并取消了对郭美美的关注。

中国红十字会发布的声明并未赢得公众的信任票,而郭美美的反复变化更加剧了红十字会的危机。网友发誓要找到真相,郭美美和红十字会迎来了也许是国内迄今为止规模最大的人肉搜索。

网友们在人海战术的搜索中发现,中国红十字总会下属单位中,虽然没有红十字商会,但有一家中国商业系统红十字会,这个发现使得人们认为此前红十字会的声明是用偷换概念的方式掩盖真相。于是舆论攻势更加强悍。

红十字会于24日再次发出声明,力图澄清视听。此时,郭美美事件已经成为我国媒体最热门报道,甚至象征我国官方权威态度的《人民日报》和中央电视台也分别对此事进行报道,督促红十字拿出更多证据和透明化来平息公众的质疑,媒体的焦点已经开始转向红十字会。网友们已经从"追踪郭美美"变为"追杀红十字会"。尽管真相并未水落石出,国内诸多名人已经开始在微博上纷纷对此事表态,对红十字会表现得毫不客气。

红十字会的身段

中国红十字会的高姿态自有其理由。民政部慈善司前司长王振耀在接受媒体访问时曾评价中国红十字会拥有非常强的独立性,其地位是其他慈善机构无法比拟的。中国红十字会成为中国唯一一个有专门法律的社会团体,它没有更上一级的主管单位。

微博的力量

郭美美事件不仅被中国媒体连续追踪,也被海外媒体甚至金融机构关注。《金融时报》《华尔街日报》等均刊载这一事件的大致波澜,甚至巴黎银行还就此事件简短分析了中国微博的强大作用,称"消费者增权"理论有了全新的含义:随着网络、数字、社会网络等技术的发展,作为网民,消费者被有效地赋予了强大的工具;不过更大权力带来更大责任,那些提供了"用户生成内容"的网络平台,面临的更大层面的风险才刚刚开始,社区治理带来的挑战令人担忧。

(案例来源:《凤凰周刊》2011年7月8日,引用时有删减调整。)

【解 读】

在这被称为"自媒体"的时代,微博作为新兴的媒介以其显著的特点而呈现"井喷"式的增长,个人微博、官方微博、政务微博等大量涌现。所谓微博是一种由博客演变而来的网络新媒体,它不仅仅是信息传播的宠儿,更是网络监督的利器。在上述案例中,中国红十字会就是因为郭美美的炫富微博而被引发了信任危机。奢侈品、中国红十字会、20岁美女总经理等刺眼关键字一出现在郭美美的微博中,就不断被转发,其粉丝人数同时也在迅速增加。这是因为大多数网民都质疑郭美美的身份和财富,怀疑是否有人利用慈善牟利,为个人获取巨额财富。郭美美事件不仅使自己身陷舆论漩涡,也使公益机构、基金会的透明度和公信力问题再次成为公众关注的焦点。这显示出了微博的强大力量,而微博问政也成为一种新型的舆论监督渠道。

强大的社会反响将中国红十字会置于无比尴尬的境地,使得红十字会不得不一改其高姿态的作风,自觉将财政状况呈交于审计部门。这一典型案例力证了微博"即时、广泛、互动"的传播优势和屡屡产生的力不"微"、势不"薄"的问政力度。在这个"微博客"时代,无论是政府还是公益机构都应该利用这一双向渠道,与公众互动。在此案例中,为什么公众和媒体要和中国红十字会的声明较劲呢,这是因为作为承载着中国慈善事业名誉的社会公益机构主要瞄准受益人的需求,而忽视了捐赠者的知情权、监督权,善款的使用情况却无人知晓,该机构自身的行政支出也不透明。微博问政不仅仅在于公民的参与,政府及有关部门也可以利用微博及时公布信息,借助微博向公民解释、传达信息。

微博问政是一种依托网络作为政治的长效平台,是一种时尚,更是一种新型的监督机制。2010年9月,江西宜黄县凤冈镇发生了一起因拆迁引发的自焚事件,当事人钟如九开设微博向网友求助,该事件迅速在新浪微博形成大规模传播与讨论,随着事件的扩大,有关部门介入调查,而新华社也发表评论"权力滥用成悲剧根源"对事件定性,由此可见,这是一次因微博议事而成功的网络监督。微博问政、微博议事成为网民表达对某一事件的关注和态度,网络所获取的监督权得以扩大。"微博客"时代不仅仅是一种生活方式的转变,更多地体现为民主参与方式的转型。网络是公共事件的"放大器"和社会情绪的"发泄器",而微博将这两大功能无限放大。其实,在日常生活中网络炫富之人并不罕见,但"郭美美"的微博炫富与中国红十字会牵扯上了关系,就不得不引发了网民和公众的愤怒,"人肉搜索"誓死查出真相,汹涌的舆情使红十字会乱了阵脚,不得不多次出面解释,并向审计机关提交其"明细账户"。一场微博事件就此达到了舆论监督的高潮,也使网络监督的功能发挥到了极致。

【启　示】

微博是一种新兴的网络工具,具有即时性、简洁性、互动性等特点,微博具有信息分享、新闻传送、交流互动等功能,成为网络世界的新宠。从日常生活到政治层面,微博凭借传统媒体无法比拟的便捷性和优越性,成为越来越多的人日常生活的一部分,成为当下中国具有网络问政特色的优质平台,在全国迅速发展,并在监督政府的行政管理、惩治腐败、建设廉洁高效的政府等方面发挥着重要作用。

网络环境有利于公众监督权利的实现,但是传统的政府工作模式及网络媒介都难以使该权利得以有效发挥。随着科技的发展,"微博元年"的到来,微博问政成为网络问政的新途径。政府建立官方微博,政务微博及时公布信息,增加公共行政的透明度,公众可以通过官方微博了解政府最新动态,实现对政府更加有效的监督,微博的公开快速透明化监督有利于阳光政府、服务政府的建立,促进官员更加依法执政、为民执政。

微博问政作为一种新兴的问政方式,虽然还处于起步阶段,但它却正在深刻地影响和改变着我们的生活,从"郭美美"事件到曝光高铁事件,无一不是微博先声夺人,微博已成为了一个备受追捧的舆论新阵地,成为官民互动的一种新的网络模式。但是其在如火如荼进行的过程中也面临着很多问题。

（1）微博问政信息来源不全面或信息不真实。近年来虽然微博在我国发展迅速，但是真正在社会上使用微博的人还是一小部门，在我国"触网"人群还是比较集中化、同质化的。网络发展的"数字鸿沟"客观上制约了网络舆情的全面性，由于互联网发展的不平衡性，微博所传达的还只是一小部分人的意见，或许真正需要反映情况的群众根本没有机会使用微博，从而更无从谈论其监督权。一个事物有其好的一面，但也有其不利之处，微博虽然有强大的传播力量，但它可能导致虚假信息的泛滥，一个小事件可能会演变成一场口诛笔伐的网络全民运动，甚至是网络暴力的出现。

（2）官方"空壳微博"问题凸出。微博的全民参与性等于将政府信息暴露在网络阳光下，这使得一些政府机构和官员只在微博上发一些无关痛痒的信息，对网民反映的问题不闻不问，选择沉默对待。有的政府微博甚至关闭了评论功能，掐断了公众参政议政的渠道，阻碍了民众监督权的发挥。试问"空壳微博"的意义何在？这类"空壳微博"、"僵尸微博"的出现说明部门领导干部还没有深刻地认识到微博问政的重要性。

（3）微博问政缺乏必要的运行机制和法律约束。微博问政本身是一种新鲜事物，我国还没有专门制定规范微博问政的法律、法规。制度的缺失对于现阶段在全国范围内呈现蓬勃发展之势的微博问政有着极大的不利影响。没有体制规范的保障，微博问政还能走多远呢？

案例思考

1. 微博问政自兴起以来，对我国行政管理有哪些积极和消极的作用，应该如何完善？
2. 试析如何治理"僵尸微博""空壳微博"。

（撰写者：林方）

案例12-4 从上访者被精神病窥公民监督

"收治"上访者

"如果问题不解决，我出去后还继续上访！"姜和娥说。由于常年上访，这位江苏省丹阳市粮食局职工前后三次被关在镇江市第四人民医院精神病科"收治",累计时间已近十年。

将姜和娥送治入院的是她的单位——丹阳市粮食局,十年来丹阳市粮食局一直承担着每年高达数万元的医疗费。

举　报

姜和娥在粮管所工作5年之后命运遽然转折,由于多次向上级单位——丹阳市粮食局实名举报司徒粮管所时任所长张荣金贪污粮食问题,她成了不受欢迎的人。

丹阳市粮食局提供的资料显示,1993年4月17日,粮食局相应领导向姜家宣布了"举报不实"的调查结论,并催促姜和娥及时回单位上班。由于不认可这一调查结论,在外反复上访的姜和娥始终未返回单位。

1993年5月13日,司徒粮管所对姜和娥作出"予以除名"的决定。理由是自1989年春节后至1993年,姜和娥已连续旷工1231天。

对调查结论和自身被处罚不满,自1993年开始,姜和娥开始常驻在北京上访,"如果不是后来把我抓回去送到精神病院,我一定会讨个说法。"她说。

强行"收治"

1997年8月30日,距中共第十五次全国代表大会召开不足半个月,这一天让姜和娥终生难忘——刚从北京返回的她,次日即被抓走。姜和娥当天被抓走后直接关进了当地的横塘镇精神病院(当地民政系统的收治机构),在姜家人强烈要求下,姜和娥在1997年11月12日被放了出来,此时她已被"药物治疗"了72天。

五年之后,事情却再次发生变化,"当我得知被要求下岗后,我马上又开始上访。"姜说。2002年11月,姜和娥再次来到北京上访,后又被丹阳市粮食局和公安局派人将其带回丹阳。

姜和娥称,她再次被送进镇江市第四人民医院精神病科,家属同样是几天后才被告知。之后,姜和娥因一次重病手术重获了数月的自由。

2005年9月18日,手术愈后的姜和娥,趁着医护人员不注意,逃出病房直奔火车站,又一次进京上访。

2006年3月全国两会前夕,姜和娥再次被丹阳市粮食局和丹阳市公安局派人带回,并直接送入镇江市第四人民医院精神病科"收治"至今。

经姜志勇统计,三次收治时间累计近10年,丹阳市公安局相应负责人称,三次收治公安机关均是配合粮食局作相应工作,也是根据市委市政府的指示行事。

(案例来源:《中国新闻周刊》2012年3月27日,引用时有删减调整。)

【解　读】

信访,是中国公民实现利益表达、民主监督与权利救济的一项特色政治制度设计,主要是指"公民、法人或者其他组织采用书信、走访、电话、传真、电子邮件等形式向各级人民政府、县级以上人民政府工作部门反映情况,提出建议、意见或投诉请求,依法由有关行政机关处理的活动"。

信访是当今中国继诉讼之外的第二大权利救济途径,是群众监督政府的社会窗口,实现了对公共权力行使的规约,进而扩展人民利益表达与政治参与空间,促进公共利益与个体合法利益实现基础上的政治整合。由于信访具有低成本和可越级性,在法治不健全的环境下,公众越来越依赖这种靠上级行政主体介入的救济途径,然而正是这种被当作社会安全阀的制度却给维权者带来了诸多的困扰。此案中的上访者姜和娥就是"被精神病"的典型。近年来由于我国官场利益格局的特殊性及司法体制的不完善,才出现了像姜和娥这样赴京上访的维权者。然而不幸的是,姜和娥利用上访这根最后的救命稻草还是没能换回一片青天,反而给自己带来了十年"被精神病"的痛苦,在这十年的"被精神病"生活中,姜和娥有冤不能伸,备受煎熬,每天都被迫吃药,落下了一身的病痛。显然,在此案例中我国正常的信访制度已遭到了严重破坏。信访本是公民对国家机关及其工作人员违法失职行为的一种监督,目的在于通过信访渠道,加强政府同人民群众的联系,倾听人民群众的意见,改进工作、促进社会的稳定和发展。然而从现阶段的情况来看,官员为了掩盖自己的罪行或追求"零上访",视信访为"闹事",视信访者为"不稳定因素",强行压制,迫害信访者,堵塞了群众正常的利益诉求及监督权行使的渠道。这与信访制度建立的初衷是完全相悖的,这也是近年来为何正常的信访愈演愈烈,甚至演变为了"非正常上访"的深刻原因。上访路上无青天,上访途径难维权,造成这种信访难题恶性循环的当地政府才是始作俑者,若是当地政府能够倾听民意、勇于接受民众监督,谁又会拿"上访"做救命稻草呢?公民的合法上访是允许的且是其享有的行政监督权,严格追究违法行政行为,对失职、渎职等不作为、乱作为甚至违法犯罪的官员严格依法惩处,妥善处理信访案件,让访民维权、政府维稳和信访制度在法治的轨道上正常行驶。

【启　示】

公民监督作为众多监督类型中的一种,有其特殊的优越性,它凭借着监督主体的广泛性、监督地位的基础性、监督形式的多样性,促进着监督体系协调发展,规范着政府依法行政,是建设中国政治文明不可或缺的环节。在我国宪法中也明确规定了公民可以通过各种合法形式和途径对国家机关和工作人员的活动进行监督,但是从上述案例中可以反映出我国公民实现监督权利的道路是曲折和艰险的。原本合法的正常上访,却由于利益链条被层层压制,最终导致了集体上访、越级上访等非正常的信访,甚至因为这种非常态化的上访造成了暴力事件,姜和娥的被精神病就是一个典型的实例。公民在一些官员的打击报复下不敢监督,这无疑影响了公民进行监督的积极性,制约了公民监督权的行使,公民对政府对国家便会失去信心,进一步阻碍国家的发展。所以要使公民监督权利得到有效发挥需要民众和政府的共同努力,根基在民众,动力在政府。

(1) 强化公众与官员的主客体地位意识,增强监督与被监督的思想。目前,在我国虽然官本位和权力至上的思想仍在很大范围内存在,但是民众对自己的主体地位意识还很模糊,对自己监督权利的相关知识缺乏,不愿意监督、不敢去监督。在行政权日益膨胀的今天,公民监督具有积极的作用,不仅可以减少政府行政监督的成本,而且还可以进行全方位的监督。因此,我们要加强培育公民文化,通过教育和媒体宣传等方式转变官本位等落后观念,增强公民的主体意识、法治意识;对于国家机关工作人员要灌输人民公仆意识,把握其权力是由人民赋予的意义,自觉接受人民监督。在全社会形成重民意、法至上、理性积极的参政气氛。

(2) 建立严格的惩处制度,营造良好的监督环境。有制度才有保障,惩处制度是对权力的滥用进行制约的一种重要手段,该制度的缺失必然导致权力滥用的肆无忌惮,受侵害的权利也就无法得到保障。基于公民监督的效力远远低于公共权力的效力,加之公共权力的主动地位,难免监督者受到被监督者的打击报复。在我国的宪法中也没有明确规定对监督者实施报复的政府官员应当承担什么样的法律责任,而从现实生活来看,一般对于涉案官员给予免职处罚。正是由于对这种违法行为付出较小的代价,才使得维权公民惨死、被精神病等现象一再发生,难以根除。因此,我们要完善相关法律,制度严格的惩处条例,不仅仅是降职、免职等毫无震慑力的惩处,情节严重的应让其承受牢狱之罚,这样才能真正起到惩罚的作用,才能使其不敢以身犯险。

(3) 畅通监督渠道,完善监督制度。公民监督权利流于形式主要在于监督渠道不顺畅。公民无处进行申诉、控告、检举或者其所反映的问题不能得到相关部门的回复和处理。公民监督渠道的不畅,严重影响了公民监督的热情,挫伤公民监督的积极性。我们要建立健全专门的公民监督机构,形成群众性监督网络,使公民监督在组织制度上得到保障。公民监督是最基础的监督,也是最弱势的监督,我们必须借助于新闻媒体等其他监督的效力才能产生实际效果。只有监督渠道的通畅,才能真正发挥公民监督的作用。公民监督渠道的通畅,还必须依靠监督的制度化。公民监督是基础和力量源泉,是监督的主体,应该使其在法律上得到保障,推进公民监督法制化建设,对公民监督的内容、方式、标准用法律予以明确规定,增强公民监督的权威性。渠道的畅通还需要建立权力保障机制,增强公民监督的可操作性,监督需要权力,没有权力的监督只是一个空壳,公民制度化、法律化、权力化的监督机制的有效运转,能够积极调动广大人民群众和政府官员监督和被监督的自觉性。

案例思考

1. "上访"事件异化为暴力事件的根源何在?
2. 你认为这一案例对完善我国信访渠道的畅通提供了哪些可借鉴的经验?

(撰写者:林方)

案例 12-5 听证会将变"听涨会"

2011 年 7 月 18 日,广州举行出租车调价听证会。"不是调价方案,而是涨价方案,"政协委员、听证代表黄志宁为此下了定义。

运价与燃料价联动

虽然此次听证会名为"调价",但实际上所有人都清楚这是场"听涨会"。广州物价局为听证会准备了两套方案,方案一,起步价为 9 元/2.3 公里,以后气价

(液化石油气价格)每变动0.83元/升,出租车起步价相应增加或减少1元;晚上10时至次日6时要加收30%的夜间附加费,另外,拥堵营运(时速低于12公里时)收取营运候时费31元/小时。方案二,不加收夜间和拥堵附加费,全天一个价,但起步价定为10元/2.5公里,气价每变动0.83元/升,出租车起步价相应变动1元。两个方案都是涨价方案,都是运价与燃料价格联动。这种机制确立后,不仅出租车价格上涨没有了上限,连带与出租车关系紧密的LPG企业也是有恃无恐,这引发了人们的质疑。

出租车司机吁降"份子钱"

所谓承包费,就是普通民众口中的份子钱。广州出租车的份子钱基本都集中在9000元至1.3万元间。陈致力已经开了十几年的出租车,前些年他的车是自己的,每月只需缴纳几百元的挂靠费。"那时候,只要肯努力工作,每月赚8000元是很平常的事。"陈致力表示。可是,当他上一台车报废后,就不得不承包了一台车,每月得上交一万元的承包费。物价部门公布的广州市区出租车公司承包费基准价显示,根据出租车公司等级不同,一类企业、二类企业、三类企业(及未评定等级类别企业)每车每月的承包费基准价分别为7850元、7650元和7450元。

广州市出租车行业协会负责人表示,在实际操作中,除了上述基准价外,还包括由公司代收代缴的费用,比如社保、公积金等。为了规避新工资法,有些出租车公司还会要求司机先上缴1300元的最低工资,而后再以企业的名义下发给司机。在把这些费用相加后,出租车公司每月收取的"份子钱"理论上可达到1.3万元。

出租车公司的猫腻

出租车公司负责人表示,出租公司每月每台车就只能赚2000元。在举行听证会前,广州物价局公布了一份《2007—2009年广州市出租车月均单车运营成本表》,其中明码标明的13项收费标准中,总计4134元,另外再加上两项共计2016.19元的企业管理费分摊和财务费分摊。按此计算,每月7850元的基准承包费真正形成出租车利润的不过1644.26元。但在陈致力眼中,这里有着很多的猫腻。他认为首先是采取"递减法"征收的承包费就非常不合理。"名义上出租车可以运营8年,但实际操作中,广州80%的车子开4年就已经报废,有些甚至只开3年。"陈致力表示,在这种情况下所谓的"递减法"实际上是变相加价。

据了解,广州最大的出租车公司广骏就规定,出租车3年或者3年半就要报废。中山大学财税系教授杨卫华指出,由于国家对出租车使用年限的规定为8年,因此各出租车公司更换新车后,会打包整批旧车或者单辆再出售。业内人士告诉记者,这些旧车通常可以卖到2万至2.5万元。这又成为出租车公司收入的一个灰色地带。

(案例来源:http://new.qq.zgqt.zj.cn,2011年7月16日,引用时有删减调整。)

【解　读】

近年来,听证会逐渐演变为"听涨会",受到社会极大关注,引起人们的不满。听证制度发端于英国,逐渐从司法程序扩展至行政和立法程序,这是一种带有抗辩性的制度,先由证人进行陈述,一般是支持方和反对方交替进行,他们可以提出对听证主题赞成或反对的意见,也可以提出提案中存在的问题及可能造成的不良后果等。之后,听证会的证言要向社会公开,如果重要不同意见没有被采纳,将会受到公众的监督。因此,参与听证不仅是公民公开表达自己观点和意见的权利,也是监督政府决策的一种重要途径。其实,召开听证会的主要目的就是对有关方案进行分拆、论证并提出质询,看其科学性、合理性的程度有多大,最终形成一个获得各方最大限度满意的折中方案。但是,现阶段我国的听证会往往都偏离这样的主旨,就如上述案例听证会变成了"听涨会"。如今,公众闻听证会便惧,因为中国市场的价格听证会"逢听必涨",中国听证会陷入了信任危机的趋势,甚至有国民激愤地称:"恳请不要再开什么听证会来愚弄我们了。"听证会似乎成了假借民意的幌子。例如,2009年12月在哈尔滨物价局组织的水价调整听证会上,13名消费者中只有一名退休教师坚决反对涨价,但却得不到发言的机会,而其他消费者代表的身份可疑;同年济南物价局召开了水价听证会,听证之前的民意调查显示七成参与调查者不同意上调水价,但听证的结果却是八成同意涨价。在此类听证会中"民意"是否得到了充分的尊重,"民权"是否得到了有效的发挥。就在大家对听证会提出质疑的时候,官方给出了"逢涨必听是民主的进步""听证会不是投票决定调价的决策会"等解释。那么,试问公共政策的民意基础何在呢?若"涨价"基调已定,听证会只是对其进行论证,那么听证会所倡导的广大民众"以主人翁的身份积极表态、发表意见"的民声还能维持多久呢?广大消费者的知情权、表达权、参与权、监督权又一次被"官家"给忽悠了。所谓的听证会只是让某些不明身份的民众往听证席上一坐,就算是完成了"程序的正义",这也就为涨价行为提供了合理合法的"通行证"。"逢涨必听"比起以前政府的强制涨价不能不说是民主进步的体现,但真正意义上的听证会应该是一场由社会各阶层广泛参与的博弈,而消费者代表不只是某些机构的"棋子",听之、任之,丧失了民意的话语权。听证会是公民对公共政策有效监督的途径之一,但是目前的价格听证会,尤其是涉及与公民生活息息相关的能源听证会都预设了一个"涨"的前提,难道公民的监督权只能在"何时涨""涨多少"的听证结果上发挥作用吗?这与听证会所追求的民主、公正、客观及公民参与的宗旨是相驳背的。"形式多样化、人员简单化、涨价必然化",听证会所谓的公民监督、公民参与只是个美丽的"泡泡球",而这也不得不使听证会的信任陷入危机。

【启　示】

价格听证会制度的实施确立了一种崭新的由政府、公用事业经营者和消费者三方共同协商、论证、相互制约的博弈机制,推动了公用事业定价机制的良性发展,对监督政府依法行政等方面起到了积极的推动作用。但是,近年来价格听证会的实践结果却受到了社会各方面的抨击。消费者在价格听证过程中总是处于劣势地位,只能被动地接受价格上调。在此种情况下,价格听证制度亟待完善。

(1) 树立"以人为本"的服务意识。听证会制度要想有质的飞跃,政府官员的服务思想必须先行。听证会本是一个让百姓参与价格决策的良好平台,然而,无论是"逢涨必听"还是"逢听必涨"都让民众经历了太多的无奈,他们抵制听证会,这种结果与政府的不当行政有密切关系,因此,要加强政府及其官员为民服务的思想觉悟,提高其素质和意识,从根本上解决我国听证制度的不完善。

(2) 代表选举的公开化、公平化。目前,价格听证会的代表对价格的上调都一致通过,不得不引起社会公众的质疑。与会人员代表着广大人民群众的根本利益,不能只是走走秀、亮下场,敷衍了事。听证代表是以摇号、抽取等方式在消费者中产生,缺乏必要的监督程序,难免引起公众的不满。在这种情况下,听证代表选举过程定要透明、公开、公正,采用随机抽选且整个过程必须有群众和舆论的监督;或者代表由消费者自己推选,政府只承担一个协助者的角色。与此同时,代表中还要有专家的介入,加之同国家权威部门的调研,多方共同预算,才能制定出科学可行的方案。

(3)完善信息披露制度。当前信息披露的不完全,使得价格听证过程中讨价还价双方信息不对称,消费者处于完全弱势的地位。消费者由于个人素质、职业、时间等限制,很难在短时间内全面把握相关信息,在听证会上难以提出有针对性的问题,很多情况下只能被动地接受。由于价格听证会影响到经营者的收益,所以他们在提交申请听证会信息时会有所隐瞒,因此,相关部门要对公用事业的成本和收益信息进行明细公布,例如,每次价格听证时,政府设立或者指定与企业之间没有任何利益关系的审计机构对企业的成本信息进行审计,确保其真实性,避免公用事业企业将不当费用转嫁给消费者。在此,我们也可以借鉴国外经验,定期公布公用事业单位的财务报表,及时披露企业经营状况,且任何消费者都有权查阅相关信息,此时,企业基于压力必然加强管理,进行改革,提高经营效率,以合理配置整个社会资源。无论是对消费者,还是对企业或是政府来说,这都是最优的结果。

案例思考

1. 结合实际,谈谈我国目前听证会存在的问题?
2. 随着网络科技的发展,微博问政取得了一定的促进作用,试想网上听证的方式是否可行?

(撰写者:林方)

第十三章 行政效益

【学习要求】

通过对本章理论概要的学习,逐步掌握行政效益的内涵、内容和如何提高行政效益等方面的基础知识。通过对本章案例的学习和理解,逐步学会开展对行政效益案例分析的技能训练,从而不断提高分析问题和解决问题的能力。

【导入案例】

广州市工商行政管理局电子政务建设案例

广州工商行政管理局以数据应用为核心,建立、改进、完善市/区县/工商所三级工商行政管理业务处理计算机应用系统,以市场行业为主体,实现各业务单位之间的信息交流及数据共享,实现信息集成。系统要求及时、准确、全面地反映出工商局有关业务活动和企业或个体经营者的完整形象;同时面向各职能部门的最终用户,实现业务处理计算机化,提高工商行政管理信息服务水平,有效地支持各级领导层的信息查询,辅助进行分析、预测和决策;建立工商企业中心数据库,保存和处理行政区划内的工商企业基本信息,为今后工商企业数据的信息发布、决策支持、数据挖掘打下基础。

经过一年多的使用,广州市工商行政管理局的办公开支节约了30%,人员办公效率大大提高,公众满意度达到历年来最好水平。本项目是在全面贯彻省、市电子政务建设总体规划的指导思想的基础上开展的,通过应用泛微协同政务系统 e-nation,有效地达到以信息技术推动机关办公效率提高的目的,更好地促进政府机关工作与企业、群众的内外交流,方便政府办公和节约办公开支。

(案例来源:http://www.cbinews.com/casestudy/news/3360.html,引用时有删减调整。)

阅读提示

1. 政府为达到行政效益而纷纷采取不同的行政手段、方法,那么到底何为行政效益?
2. 提高行政效益的途径又有那些?
3. 行政效益对于政府来说的重要性和必要性是什么?

理论概要

一、行政效益的内涵

企业在生产经营活动中不能只讲降低成本,必须以提高经济效益为中心,同样,政府在行政管理活动中只讲行政成本也是片面的,必须讲究行政效益,以提高行政效益为中心。在行政学研究和行政工作中,行政效率都是普遍关注的问题。但是,关于行政效益则甚少提到,更不用说作深入的研究了。然而,从行政过程来考察,行政效益才是整个过程所要达到的最终目标。因此,行政学的研究,不仅应当引进"行政效益"这个范畴,而且应将其作为一个最重要的范畴来研究。这不仅是理论研究的要求,而且是行政实践的要求。

(一) 行政效益的概念

行政效益是指一定的行政活动中所产生的符合社会需要的社会效果与在此活动过程中的耗费的比率。即政府行政活动所获得的行政收益与所消耗的资源的比较,它的实质就在于以尽量少的劳动消耗与物质消耗,提供更多的符合社会

需要的产品或服务。用数学语言来表述就是：①

行政效益 = 符合社会需要的社会效果/耗费

"行政效益"作为行政学的最高范畴，在思维的行程上，它表现为行政职能、功能、效能、效率的升华。唯其如此，它也是一个最丰富的具体的概念。这个概念，因其具有更高的层次而与其他概念相区别，又因其具有最高的综合性而与其他概念相关联。

从实际角度来讲，行政职能、功能、效能和效率虽不同于行政效益，但又都指向行政效益。行政职能是对行政组织应起的作用的规定，这里的作用也就是行政组织应实现的目标，而离开效益是无所谓目标的。行政功能是行政组织结构的外部表现，而功能的意义是应以其能否产生效益来衡量的。行政效能作为有效的功能，其所考察的已经是行政活动达到的效果问题了。行政效率是达到行政效能的必备条件，效率产生效能，也就带来了效益。这是效益与职能、功能、效能与效率的联系。从另一方面来说，行政效益与职能、功能、效能和效率又有所不同。行政职能侧重于对行政目标的规定；行政功能侧重于对行政组织能力的考察；行政效能侧重于过程与结果的关系；行政效率则主要指行政过程中各个因素和环节的活动状况。只有行政效益，才是指行政目标的实现本身。② 以下重点来谈谈行政效率和行政效能。

行政效率是由效率演化而来的。效率，原是指机械工程方面输出能量和输入能量的比值。用公式表示就是：③

效率 = 输出能量/输入能量 × 100%

它是一个单纯的量的概念。对于行政效率的含义，主要有两种观点：一种观点认为，行政效率是人们在行政管理过程中实现目标的能力，这个能力的大小可以用目标实现的程度和速度的对比来表示；另一种观点认为，行政效率是效果与消耗的比率。我们认为，行政效率是指一定的行政活动在单位时间和空间内所产生的社会效果与在此活动过程中所付出的消耗和比率。很大程度上，行政效率首先体现在速度方面。行政管理的各个环节能否以最短的时间实现自己的工作目标，能否迅速发现和解决出现的各种问题，直接关系到行政效率的高低。其

---

① 罗刚建、彭国甫、李园：《行政管理学教程》，中南工业大学出版社1992年版，第357页。
② 张尚仁：《行政职能、功能、效能、效率、效益辨析》，《广东行政学院学报》2003年第1期。
③ 罗刚建、彭国甫、李园：《行政管理学教程》，中南工业大学出版社1992年版，第357页。

次,行政效率还体现在耗费与社会效果的数量上。同样的方案,耗费不同,社会效果不同,行政效率也就不一样。因此,行政效率是行政活动的速度、耗费和社会效果的统一。

行政效能是指行政目标的正确性及其实现的程度,是行政活动在单位时间和空间内产生的社会效果的有意性。是一个质的概念。主要体现在行政目标的实现状况与社会需要的一致性上。即:一方面,行政目标和行政决策必须科学、正确,符合社会发展和国家前进的客观规律,代表国家意志和广大人民群众的利益,符合社会需要和人民愿望;另一方面,行政管理的各个环节、各个层次都要体现民主原则,广泛吸取人民群众参与管理,接受人民的监督,忠心耿耿为人民服务。

行政效益是行政效率和行政效能的有机统一,主要表现在:①

其中,行政效能是行政效益的质的规定性;行政效率是行政效益的量的规定性。效能统帅、制约效率,效率服从、服务效能。二者紧密相连,相互促进,不可偏废。他们单纯的一方,都有自己的片面性,都不能作为评价行政管理成败的科学标准。只有二者有机统一的行政效益,不仅注重行政运行中的人、财、物、时间的节省,而且注重行政管理的根本方向,注重行政执行与行政目标、决策之间的对应关系,体现了行政目标的正确性和行政管理的高效率的统一,才克服了行政效率和行政效能各自的片面性,才能作为评价行政管理成败的科学标准,才能真正客观、全面、准确地评价行政管理,避免行政管理活动对其结果的片面追求,指导和推动行政管理事业的蓬勃发展。因此,行政管理的每一层次、每一环节都要正确认识和处理好行政效益与行政效率、行政效能的辩证关系。否则,不仅会阻碍行政管理的有效进行,而且还会给社会建设造成不可估量的损失。

(二) 行政效益的内容

行政效益包括经济效益和社会效益两个重要内容,行政效益是经济效益和社会效益的有机统一。主要有以下三个方面:②

1. 经济效益

从经济角度来讲,经济效益是行政效益的一种表现形式,是行政效益的重要

---

① 罗刚建、彭国甫、李园:《行政管理学教程》,中南工业大学出版社1992年版,第360页。
② 同上书,第362—364页。

内容之一。就行政机关对社会公共事务的管理而言,行政管理若能反应经济发展的客观规律,顺应经济发展的客观要求,就能促进经济的发展,获得良好的经济效益;相反,就会阻碍或破坏经济的发展,给经济发展造成巨大的损害,并引起大量的人力、物力、财力的浪费。再就行政机关内部的管理而言,在与各自所达成的正确目标一致的前提下,各行政机关如果努力搞好内部管理,采用科学方法,厉行节约,坚决杜绝人力、物力、财力和时间的浪费,就能以最少的耗费获得一定的行政成果,提高经济效益。当然,行政效益中的经济效益要求厉行节约,但也不是简单的"省吃俭用",而应当立足于"当其用""宏其用",把钱花在刀刃上,扩大钱的使用价值,纠正那种"舍得花钱买棺材,舍不得花钱请医生"的效法。

2. 社会效益

行政效益还内在地包含着社会效益,社会效益是相对于经济效益而言,包括政治效益、生态环境效益和思想文化效益等非经济效益。行政管理的社会效益是指行政机关对其外部环境所作出的非经济性的社会贡献。行政效益不仅体现在经济效益上,更重要的是体现在社会效益上,这是行政管理不同于企业管理的根本特征所在,体现了行政管理的根本目的和方向。企业管理多谋求的效益主要体现为在遵守法制的前提下,节省劳动消耗,提高劳动生产率以获得更大的社会效益。行政管理则不同,它是国家行政机关对社会公共事务的管理,具有政治性、社会性、系统性和非营利性,它不仅要求以最少的人力、物力、财力、时间取得一定的社会效果,并有效地组织社会经济活动,促进经济的飞速发展以取得良好的经济效益,更为重要的是在此基础上,努力提高普遍的社会效果,有效地协调各种社会关系,处理各类社会矛盾。

3. 行政效益是经济效益和社会效益的有机统一

经济效益是中心,社会效益是目的。社会效益是行政管理的出发点和归宿,不讲社会效益,行政管理就会越轨、变质;经济效益是行政管理的基础,是实现社会效益的途径和手段,没有经济效益,社会效益也就无法保证。政府活动与社会经济之间存在密切的关系,政府采取的社会管理政策的同时会影响社会的经济活动,如果政府行为得当,特别是事关全局的行政决策得当,会对社会经济的发展起到巨大的推动作用;如果政府行为错误,特别是决策失误,会对社会经济活动产生巨大的阻碍。反过来,政府采取的经济政策也会直接影响着社会的运行和发展。因此,政府的每一活动,都应考虑它对社会的反作用,政府的活动应当有利于维护社会的稳定,促进社会的协调发展,在进行各项管理工作的过程中都要在考虑经济效益的同时考虑社会效益,二者兼顾,在不与社会效益相抵触的前提下发展经济效益。

二、行政效益的衡量标准

行政效益的内涵说明,在评价行政活动的效益时,实际上已经超出了行政自身的范围,考察的是行政系统与比其更大的系统的关系。首先要考察的是行政系统与政治系统的关系。一项行政活动,不仅要看其对行政系统本身的意义,而且要与社会主义国家的政治方向、与国家民族的根本利益联系起来考察。行政活动只有在体现国家民族的根本要求时,才是具有行政效益的。其次,要进而考察行政系统与整个社会系统的关系。行政效益还要求行政活动给整个社会带来利益,能够促进社会向前发展。行政本来就是处理国家公务的活动,应为社会的其他领域提供有效的服务。特别是我们的社会主义国家,行政活动只有能为广大劳动人民谋利益,能体现人民群众的根本愿望时,才是真正具有行政效益的。

在评估行政活动的效益时,要依一项行政活动产生的特定结果、该项结果与从事该项活动的行政组织的职能的关系、该组织在行政系统中应起的作用、这一活动与国家利益的联系及其给社会和人民带来的实际利益的思路来考察。行政效益与行政活动的全过程相关,因而评估的标准也应能体现整个活动的过程。具体来说,可以概括为三条主要标准:[1]

一是行政决策的正确性。行政效益虽然是对行政过程的结果所作的评估,但行政过程是从行政决策开始的。就一般情况来说,行政过程的结果,也就是行政决策所确定的目标。一项行政活动,只有在开始确定目标时,就包含了国家意志和人民群众的根本利益,这项活动才是真正具有行政效益的。所以,任何一个行政组织特别是行政领导,在作行政决策时都必须有效益眼光,这是产生行政效益的先决条件。行政决策除了目标决策外,还包括行政方案的决策。为了产生行政效益,决策方案除了要求切实可行外,还要求以尽可能少的代价去获取尽可能大的价值。这样,行政效益的取得才更有保证。

---

[1] 张尚仁:《行政职能、功能、效能、效率、效益辨析》,《广东行政学院学报》2003年第1期。

二是执行决策的过程的方向性。行政决策中,目标和方案都充分体现了行政效益,却不等于效益的实现。这是因为,决策目标只有按方案要求去实施才能实现,实施过程也就是执行决策的过程。这个过程是受到很多因素影响的。首先,在行政组织中,决策机关和执行机关是有区别的,如果执行机关另搞一套,决策中包含的效益就无从实现。其次,执行机关按决策要求实施,也可能受到各种各样的随机因素的干扰,从而使过程出现方向性的偏差。这时,为了保证行政效益的实现,就必须采取强有力的控制措施纠正偏离,使过程重新对准目标。最后,行政效益还有一个时效问题,如果延长了过程,失去时效,效益将大受影响。因此,执行过程中的行政效率如何,与行政效益直接相关。

三是结果评价的总体性。效益评价,在其直接性上就是对结果的评估。而在评估结果时,经常会碰到短期利益与长期利益的关系、局部利益与全局利益的关系、经济效益与社会效益的关系等问题。作为行政效益的评价来说,诚然应对这些关系作综合的评估,但又必须看到,整个社会的全局的长期效益,在评价行政效益时应占主要地位,因为这是行政效益中更本质的东西。

三、提高行政效益的途径

随着我国市场经济的纵深发展、政治体制的改革,行政效益受到一系列因素的影响和制约。机构臃肿、人浮于事、效率低下、素质不高、政令不畅、行政费用居高不下等一系列问题的存在严重影响政府的行政效益。这些负面因素的存在,严重影响了社会的发展,损害了公共利益,从本质上讲,严重制约了行政效益的提高。因此,为适应时代的要求我国必须对提高行政效益的途径进行不断改革和创新。

(一)政府及政府官员要树立行政效益的观念

由于理论研究的落后,理论界至今没有提出行政效益的概念,有的虽然偶尔见到行政效益的提法,也没有对其作出科学的解释和界定。怎么能够去讲求并提高行政效益呢?因此,要提高政府的行政效益,首先要加强对行政效益的研究,并在干部的培训教育中补上行政效益这一课,使其明确行政效益的内涵、外延、意义及其基本要求,牢固树立起行政效益的观念,才能在政府的活动中讲求行政效益。①

(二) 改善公务员队伍结构,精简政府机构

行政机关的主要运行成本应当是人力资源开支,目前许多行政机关也存在人员结构不合理的问题。当前我国政府存在机构臃肿,政府机构层级过多,导致了行政机构职能交叉,职责不清,多头管理,互相推诿扯皮时有发生,内部虚耗严重,行政效率低下。我国虽然历经了多次机构精简,但是每次都是陷入精简—膨胀—再精简—再膨胀的恶性循环,改革只涉及与经济管理相关的部门,而没有触及政府主体机构,改革没有从根本上迈出步伐。因此提高行政效益就要优化公务员结构,精简政府机构。首先,必须进行大刀阔斧的改革,要按照小政府,大社会的要求,坚持标本兼治原则,以政企分开,政事分开,管办分开,转换政府职能,理顺关系,精兵简政。其次,大力推行大部制改革,最大限度地减少职能相近的部门,消除职能交叉、职能重叠、职权划分不清的弊病,构建部门间的沟通协调机制。最后,积极开展省直管县试点,减少行政层级,扩权强镇,扩权强县。

(三) 提供合理的公共产品

公共产品是满足社会共同需要的,但并不是政府生产的所有的公共产品都是社会需要的。政府为社会提供公共产品也应该以满足社会需要为生产的目的。形象工程、政绩工程和部门利益,虽然可以满足少数人私利,但并不符合整个社会的需要。此外,提供社会需要的公共产品还应当适度,公共产品也是受边际消费倾向递减规律和边际收益递减规律制约的,公共产品供给过度,会使其收益减少,也会影响行政效益的提高。

(四) 要减少政府公共产品生产的废品,杜绝次品流向社会,控制副产品

废品耗费了成本,却不能获得任何收益。公共产品的次品如果供给社会消费,危害无穷,应该杜绝向社会提供。公共产品生产的副产品,弄不好就会造成"搭车收费",所以应该严格控制。

(撰写者:董美辰)

---

① 刘华富:《论行政效益》,《天府新论》2007年第6期。

 案例分析

案例13-1 广州市百项政府服务网上办理工程

"百项政府服务网上办理工程"（以下简称网办工程）是广州市改善民生十件事之一，以广州市委书记关于电子政务要"减少出门、方便市民"的要求为指导思想，以公众为中心，通过优化政府运作方式，为市民生活、企业经营提供了便捷的服务，取得了良好成效。

总体情况

目前，网办工程共有143项（其中面向企业的93项，面向市民的50项）服务事项实现了全流程网上办理，工程完成率达到了原计划107项的134%，超额完成任务。在已实现的143项网办事项中，31项网办事项无须上门办理，62项网办事项只需一次上门，市民企业就可办完业务；超过70%的网办事项减少市民企业上门办理的次数多于1次，有些服务事项通过网上办理，可以减少3—4次的上门次数，累计减少市民企业的出门次数2151万多次。

网办工程提高了政府部门公开程度，所有网办事项要覆盖办事指南、表格下载、网上咨询、网上申请、结果反馈等五个环节，办事指南要包含办事依据、办理条件、办理程序、所需材料、受理部门、受理地点、联系方式、受理时间、办理期限、收费标准及依据等内容，让市民企业对网办事项办事环节清晰明了。网办工程改变了政府传统的8小时对外服务模式，实现了24小时在线的全天候服务；市民企业不用为办事到处跑窗口、跑部门、跑关系，减少了权力寻租和群众信访，提高了政府行政效能。

公众满意度

经过第三方机构（北京信诚致远）通过网上问卷、电话访问和拦截调查等手段对开展政务网上服务满意度调查结果表明，共收集有效问卷4730份，74.87%的受访公众对广州市政府网上服务表示满意，68.66%的受访公众对百项政府服务网上办理工程表示满意。95.72%的受访公众认为政府网上服务减少了出门办事时间，其中44.08%的受访公众认为政府网上服务每次减少出门办事时间超过4小时。94.71%的受访公众认为政府网上服务减少了办事成本，其中53.83%的受访公众认为政府网上服务每次减少办事成本超过50元。90%以上

的受访公众支持网办工程建设,91%以上的受访公众看好我市政府网上服务的发展。网办工程经济社会效益明显。

(案例来源:《广州市百项政府服务网上办理工程》,http://cio.it168.com/a2012/0327/1330/000001330294.shtml,引用时有删减调整。)

【解　读】

　　这是一个关于现代政府管理的案例,其中涉及了当今信息时代下现代政府治理不可缺少的工具——电子政务,电子政务是政府行政管理模式的一场深刻而必要的革命。此"网上办理工程",通过政府服务网上办理业务,优化了政府的运作方式,减少市民的出门次数、办事时间、办事成本,从而得到了市民的高度认可,提高了政府的行政效益。

　　从前面的理论概要中可知行政效益与所耗费的资源(即行政成本)间的关系。行政成本是指政府在进行行政活动中所要消耗的资源;行政收益是指在消耗一定资源的同时,给社会所带来的利益。由此可见,若是产生了同样的利益,资源消耗少,行政成本低,那么行政效益就大,反之,则小;若消耗了资源,付出了行政成本,但不仅没有给社会带来利益,反而给社会造成了损失,那它所获得的是负的行政效益;若给社会带来的利益小于他所付出的行政成本,也是一种负的行政效益。因此,行政效益的本质要求是,政府应当以尽可能少的行政成本,获得尽可能大的行政收益。

　　案例中,广州的网上办理工程改变了政府运作方式,从政府传统的8小时对外服务模式改变为实行24小时在线的全天候服务,推动了政府管理和服务从传统模式向网络化模式转变,办事环节清晰,全市行政许可事项网上办理率、政府公文网上流转率、政府部门接入电子政务数据中心的信息共享率都达到80%以上,起到提高政府行政效能的作用。同时,这项工程由于旨在通过网上办理业务,在一定程度上缩短了市民、企业等上门办理的时间和减少了上门办理的人数,进而优化办事环节及办事人员数量,有效降低政府成本,带来了较好的效益。

　　电子政府系统的引入使行政成本的控制成为可能,我国的电子政务建设也取得了很大的进展,目前全国73%以上的地方政府拥有门户网站,93%以上的国家部委有部门网站,但其发展存在着一定的不足:在整体上,我国政府门户网站的水平仍处于政府信息发布的阶段,不能满足政府与公众之间的双向互动要求,门户网站的服务意识和服务能力亟须加强,缺乏整体规划、技术标准不统一、法制建设薄弱、安全存在隐患、信息资源开发利用滞后、人才缺乏、先进的电子技术与落后的政府管理模式存在冲突等问题。从以上现象看,广州的网上办理工程一定程度上完善了现阶段我国电子政务的不足,从现行实施情况看,亦在一定程度上降低了行政成本,提高了行政效益。但其政府要时刻注意,网上办理工程的目的是为市民服务、节约行政成本、提高政府效益,但网上所提供的服务是否切实为市民办理业务提供了方便、节约了成本;要避免出现投入了电子政务建设的资金,却没有获得预期的效果,相反增大了行政成本。在构建电子政务下的政府管理体系时,应体现出如下关系:电子政务建设的成本 + 政府的行政成本 < 政府传统的行政成本。

【启　　示】

从案例中可看出行政成本与行政效益间存在着密不可分的联系:行政效益是政府行政活动所获得的行政收益与所耗资源的比较,即是行政收益与行政成本的差额。行政效益的本质要求是,政府应当以尽可能小的资源消耗,尽可能低的行政成本,来获得尽可能大的行政收益。而行政收益包括经济效益和社会效益两个方面。经济效益是指政府活动对社会经济活动所产生的积极影响,讲求的是宏观经济效益。

提高行政效益具有非常重要的意义。提高行政效益能减轻纳税人的负担,不仅能降低纳税人的税收负担,还能减少税收以外的其他费用负担,降低纳税人的纳税成本;要提高行政效益,就要求政府不仅要降低行政成本,还要求具正确的行政决策,提供适度的公共产品,并符合社会的需要,这对整个社会都是有利的。有利于政府自身建设,要提高行政效益,政府必须首先考虑降低行政成本的方法、规范自身行为,进而有利于加强政府的作风建设等。

通过降低行政成本,提高行政效益可有以下几项措施:

(1) 科学理解和界定组织成本。由于行政成本既包括行政管理过程中所耗费的行政资源,也包括行政主体的工资、办公费用和基本设施费用。要想降低行政成本,必须首先界定清楚本组织的成本构成。

(2) 精简政府规模。尽管我国政府已连续进行了五次机构改革,但改革的效果并不理想,始终在精简——膨胀——再精简——再膨胀的模式循环。但在转变政府职能的基础上进行政府规模精简、合理定编定员是降低行政成本的有效途径,必须有效合理推行。

(3) 简约工作流程,推广和完善电子政务。现阶段,我国政府的办公模式,大多仍承袭传统的办公模式,无论是办公设备还是工作流程,工作方式都已明显老化,难以适应信息化、数字化时代的需要。并且,追求民主、舆论自由的需求不断膨胀,网络已成为公民抒发情感、了解信息的首要工具,且便捷高效。因此推行电子政务,有利于提高工作效率、缩小政府规模、建立低成本高效益的政府。

案例思考

1. 联系实际,谈谈应如何完善电子政务?
2. 思考推行电子政务、减少行政成本就必然提高行政效益吗?

(撰写者:李泳谕)

案例13-2 深圳机场正确选址成就较高效益

1987年,深圳机场的候选地址有18个,机场建设小组对各候选地址进行了可行性分析,最后备选地址方案有两种:一是在市北建黄田机场;二是在市区南面填海建白石洲机场。建黄田机场的原因是:客源主要来自内陆地区,不会影响城市的发展,便于飞机安全飞行;而建白石洲机场的原因是:与香港共用,争取更多国际客源。深圳机场建于何方,争论非常激烈,经考虑,深圳市政府决定以"白石洲机场方案"作为首选方案向中央领导汇报,但反对者拒绝在该方案上签字。最后,国务院派出专门的工作组赴实地考察,在多次听取各方面的意见后,否定了"白石洲机场方案",批准了"黄田机场方案"。

开通两年就成国内先进机场

根据历史资料显示,在开通的前两年里,深圳机场就进入国内先进机场的行列。作为内地唯一具备海、陆、空联运功能的航空港、自开航之日起,机场的客货流量便保持年均20%以上的增长速度。1993年5月16日,深圳机场正式升格为国际机场,而在1996年,深圳机场就成为国内第四大航空港。

1998年12月30日,随着深圳机场的年吞吐量飞速增加,深圳先后决定扩建第二航站楼（A楼）和改造第一航站楼（B楼），两座候机楼的扩建和改造目标，是满足1500万人次的旅客吞吐量。新航站楼总建筑面积7.2万平方米，新建20万平方米站坪可同时停靠13架飞机，另有绿地停车泊位650个。工程正常工期为3年，实际仅用一年零九个月。

进行填海造地机场扩建

为满足日益增长的机场业务，2005年深圳再次决定对深圳机场进行扩建。2005年12月20日深圳机场飞行区扩建陆域形成工程正式开工，据介绍，深圳机场飞行区扩建陆域位于宝安国际机场西侧、珠江口伶仃洋东侧。机场有关负责人介绍称，机场飞行区扩建陆域形成及软基处理工程于2007年12月正式开工建设。为配合深圳机场T3航站区扩建工程，进一步提升福永码头的服务功能和效率，2010年4月16日，福永码头迁址到位于宝安大道机场段西侧的码头新港区。

（案例来源：《晶报》2010年12月28日，引用时有删减调整。）

【解　读】

这是一个由于作出了正确的行政决策而得到了较高的行政效益的例子。深圳机场的选址过程是深圳市政府进行行政决策的体现。决策是一种重要的管理行为，是管理过程中的一个重要环节，是管理者以客观规律为基础，为达到预定的管理目标，制定并选择最终管理方案的过程。决策的外延非常广泛，包括经济决策、政治决策、社会决策、文化决策、教育决策、科技决策、行政决策等。行政决策活动是人类决策活动的一个重要组成部分。

案例中深圳机场的候选地址本有18个，机场建设小组对各候选地址进行了可行性分析，最后得出两种备选地址方案，深圳机场建于何方，争论非常激烈，经考虑，深圳市政府决定以"白石洲机场方案"作为首选方案向中央领导汇报，但反对者拒绝在该方案上签字，造成舆论压力，鉴于此情况，国务院派出专门的工作组赴实地考察，在多次听取各方面的意见后，否定了"白石洲机场方案"，批准了"黄田机场方案"，黄田机场这些年来所得到的较高效益中可认为当初的行政决策是正确的。案例中反映了，行政决策的正确与否直接决定了能否收到理想的行政效益。深圳机场的选址体现了行政决策的过程：1. 发现问题，确定目标。发现问题是整个行政过程的起点，只有发现问题才能知道为什么要决策或解决什么问题。在当时我国处于快速发展阶段及深圳作为经济特区，人流持续涌入，亟须在深圳兴建一个能提供便捷交通往来的机场,因此深圳市政府决定兴建深圳机场。2. 收集信息,拟订方案。决策者在发现决策问题并确定决策目标后,为了保证决策的正确性,有必要广泛地收集决策问题和决策目标有关的信息,以作为拟定决策方案的前提条件。在深圳机场的选址问题上,深圳市政府经多方考量,选了18个机场候选地址方案,并作多方考量,所处的正是行政决策的第二个阶段。3. 分析评估,抉择方案。在拟订方案后,必须对决策方案进行可行性分析,在分析对比的基础上抉择最佳方案,从而形成决策。深圳市政府经过多方考察,最终确定选择"白石洲机场方案",可受到反对者的强烈反对,经进一步考察评估,最后推翻"白石洲机场方案",选择"黄田机场方案"。而这些年来,黄田机场所取得的成绩和效益,证明了当时的选择是正确的。

从以上可知,在作出行政决策时,必须谨慎、在掌握充分的信息、多方考量评估后,才能下决定,才能保证将来获得较好的效益,无愧于成本的付出。

【启　示】

深圳机场的正确选址带来了较好的行政效益,体现了正确行政决策在行政效益中所起的作用:

(1) 任何部门、任何层次的行政管理工作都离不开行政决策。一个社会中的工业、农业、商业、科研、文教、卫生、党务、外交、军事等部门都要作决策才能管理下去。不同管理层次都得做行政决策,如中央、省、县各级层次都得做决策,离开了决策也就不可能有各级层次的行政管理。

(2) 行政决策是行政管理活动的前提和基础。行政管理工作有计划、控制、组织、指挥等方面的基本活动,每项基本活动的进行都得以行政决策为前提和基础。在行政管理中确定目标、抉择方案、制订计划是决策,对机构的设计、对干部的配备也是决策,对行政管理过程的组织和控制也是决策。因此,如果没有决策、计划、组织、控制等基本行政管理活动是无法进行的。

(3) 行政决策体现行政领导的重要素质。行政决策水平的高低可以衡量行政领导者的素质。行政领导者适应不断变化的社会需求,果断的制定政策,取得预期的行政效率。行政领导者行政决策的水平对政策的制订有重要的作用。因此,培养行政决策素质,提高行政决策水平,这是每个行政领导者所必需的。

(4) 行政决策的质量是决定行政管理绩效和提高行政管理效率的关键。成功的高质量的行政决策是行政管理活动成功的关键。高效的行政管理来源于正确的行政管理决策,无效率的行政管理来源于错误的行政管理决策,而错误的行政管理决策行为是无法获得理想的行政管理效率的。所谓正确的行政决策是指行政决策的科学性和合理性。具有科学性和合理性的行政决策对提高行政效率有重要作用。非科学的、非合理的行政决策必然造成巨大的人力、物力和财力的浪费和损失。由此可见,行政决策事关重大,真所谓"一着失误满盘皆输"。由此来看,提高行政效率的关键是要有高质量的行政决策。

总而言之,行政决策在行政管理活动中有着举足轻重的地位,它对提高行政效益有着决定性的作用。因此,要达到较高的行政效益,必须有正确、合理的行政决策支撑。

此外,从案例中的选址过程可以看到:

首先,决策方案的分析对比、选择是一项复杂的工作,决策者必须具有扎实的工作作风,以科学的态度认真对待。"白石洲机场方案"与"黄田机场方案"就各有优劣,关键是要从实际出发,合理作出选择。

其次,决策过程中要尊重不同意见,认真对待不同意见,深入分析不同意见。决策方案的选择过程就是不同意见相互影响、相互碰撞、相互补充、取长补短的过程。每一位决策者都应独立思考,坚持原则,追求科学,而不能人云亦云,随波逐流。案例中"白石洲机场方案"反对者精神可嘉,值得发扬光大。同时,每一位决策者都应像别人尊重自己的意见一样去尊重他人的不同意见。

案例思考

1. 联系实际,从行政决策角度,谈谈政府应如何提高行政效益?
2. 以提高行政效益为前提,如何保证行政决策的正确性?

(撰写者:李泳谕)

案例13-3 茅台高管反诘记者:三公消费不喝茅台喝什么?

茅台高管反诘记者"我请问你,三公消费应该喝什么酒?"

3月11日,在贵州茅台酒厂举行的"茅台成龙酒"发布会上,当有记者问及茅台方面对"三公消费禁喝茅台"提案的看法时,茅台高管刘自力反应激烈,他反问记者:三公消费禁止喝茅台?那么我请问你,三公消费应该喝什么酒。

在这场发布会上,当有记者提出关于"三公消费禁喝茅台"提案的问题后,尽管主持人打断了记者的提问,称只能提与发布会相关的问题,但贵州茅台董事长袁仁国还是做了简短回应:"茅台和公款消费无必然联系,茅台是自主知识产权的中国品牌,茅台是中国的骄傲。"不过,去年10月提出辞职、后经董事会批准并暂时代行茅台股份公司总经理职责的刘自力则反问记者:"三公消费禁止喝茅台?那么我请问你,三公消费应该喝什么酒?你回答,你不能只点头,你也得回答啊!""我们省委书记也说过了,如果三公消费不喝茅台,那么你去喝拉菲吗?"

此前有消息称,出厂价每瓶619元、北京零售价最高超过2000元的53度飞天茅台,每瓶平均成本只有40元。当有记者问及茅台的成本时,刘自力又反问道:"我想问你,一瓶拉菲的成本是多少,你们算过这个账吗……为什么只算茅台呢?"对于贵州茅台销售毛利率过高,刘自力表示:"我也不说(毛利率过高)合理不合理,我们为国家上交了多少税啊!"

谈及茅台入选胡润奢侈品牌榜一事,刘自力则称:"茅台不是奢侈品,很简单,茅台本身就是中国广大消费者都消费得起的产品,怎么可能是奢侈品呢?"有意思的是,自称"消费者都消费得起"的贵州茅台为此次推出的"茅台成龙酒"普通版和珍藏版分别定价1680元和16800元。

(案例来源:http://www.bjd.com.cn/10cj/201203/12/t20120312_1479582.html,引用时有删减调整。)

【解　读】

在今年全国两会上,由上海市人大代表史秋琴提出来的"公款消费禁喝茅台"这一建议成了代表、委员们,同时也是普通老百姓茶余饭后的热议的话题。其实不管是喝茅台还是二锅头,这种种讨论的背后指向的目标只有一个问题——公务接待,公款吃喝。

两会过后,茅台确实近期频频陷入三公消费、反腐败等关键词的争论中,由于一些人大代表的建议要求政府明确禁止在三公消费中喝茅台而导致其股票都备受影响。其实,在这种时刻,茅台高管跳出来力求自辩也是可以理解的。如今,茅台能够成为如此备受关注的敏感话题,并非真正在于其巨大盈利,亦并非在于其天价之上仍再涨,而是在于它与三公消费,公款吃喝之间的敏感关系,究其本质是在替公款吃喝受过,与公款吃喝的不解之缘就成了"原罪"。因此,茅台从公款吃喝中分到了一大杯羹,被视为三公消费的"合作伙伴"而遭受非议并不为过,这也是引发对三公消费之公款吃喝深度思考的导火线。

茅台高管刘自力此番言论一出,受到很多公众的大张挞伐。按照他的逻辑,如果三公消费禁止喝茅台的话,那官员们必定会选择其他同等价值甚至更高价值的酒来喝。从这一点上来讲,无论从自身利益来讲还是从现实逻辑来讲,他的判断是有一定的道理。但是更深层次来思考,三公消费凭什么一定要喝酒?喝酒凭什么一定要喝天价酒?三公消费的目的是什么?是为了促进社会更好的发展还是一些官员肚子得到更好的享受?如果不把这个问题讲清楚了,那就会产生对刘高管这种荒唐观点的反驳。如果公款消费禁止喝茅台,那么一个茅台倒下了,就有可能千千万万个"新茅台"会被公款消费建立起来。甚至即使酒水被消灭了,三公款消费还有"巨无霸"的鱼翅、鲍鱼、海参、东星斑等山珍海味,因此这根本性的问题不在于喝什么,而是在于该如何喝,用什么钱去喝。①

"三公消费"是必不可少的行政成本,也并非是中国所特有的现象。然而,在现实的语境下,由于法制不健全、财政分配、信息公开等制度滞后,权力监管机制不完善等一系列问题,"三公消费"无形之中就被异化为一种"符号性消费"。公款吃喝历来是民众深恶痛绝的问题之一,一个正常社会的维持和一个高效政府的运行,一定是低成本、高效率的。但是,"三公消费"在当今政府部门不仅出现的频率高,而且花销大,如今我们大力倡导社会公平、廉洁行政的时代背景下,那么经年累月这种现象就会与百姓内心真正的渴望发生碰撞。因此,由茅台这根"导火线"所引发的这场争论指向这个本质性的公款吃喝、公务接待的严峻问题,解决这场争论的根本不在拿茅台开刀,而是要完善一系列的法律体系、惩治机制和监督制约机制对公款吃喝行为加以管制。

【启　示】

从现实角度的出发,公务支出不可能完全被取消,但却可以通过改革制度、完善法律、加强监督、严厉惩治等一系列手段对政府部门的工作人员因"工作需

---

① 人民网,http://opinion.people.com.cn/GB/159301/17370610.html。

要"而产生的大量公款吃喝费用加以控制。因为这一切的公务支出花的都是人民的钱,政府有责任交给人民一个公开账、明白账、放心账,要让人民知道这些钱都花在了哪里。即使不是今日的公款吃喝因茅台而浮出水面,政府在公款吃喝消费上迟早也是要治理,给民众一个交代,这是严峻而现实的问题。

经济的飞速发展必然带来了财政收入迅速增长,大量的财富资金也会聚集在政府手中,这就在一定程度上为政府公款吃喝提供便利。此外,由于体制的缺陷、法律的滞后、审计制度和监督制度的不完善等因素的存在,就使得公款吃喝费用迅速攀升,长期下去必然会引起公众的质疑和种种社会矛盾。

因此,治理公款吃喝,势在必行。节约行政成本,提高行政效益政府应从以下几个方面着手:

第一,完善我国的财政预算制度。由于我国目前的财政预算制度分为预算内和预算外的方式,而"三公"经费多是有预算外财政提供的,带有随意性,这样就难以对其进行监督,就会为公款吃喝提供便利。所以应把其纳入预算内,没有预算则不能消费,实现参政预算的严谨性。

第二,建立财政预算的公开透明制度。实现"三公经费"的独立公开,细化对每项行政支出的公开,让民众了解这些财政资金都用在了哪里。正如中国人民大学公共管理学院教授毛寿龙所指出,公务接待问题之所以长期得不到有效解决,关键是因为公开程度一直不够。阳光是最好的防腐剂,如果公务接待一直不向公众公开,公务接待背后滥用的公权力就得不到有效制约,公务接待问题也将长久存在下去。

第三,完善监督机制。政府应制定具有强制性的公务接待标准,对公务接待的花费进行严格控制。各级单位应该将公务接待标准与其实际公务接待消费账单公之于众,给予公众更多的知情权和监督权,让公众可以随时查询并举报。同时也要完善舆论监督制度,发挥和调动新闻舆论、对公务消费进行监督的重要作用。

第四,加强对公款吃喝现象的法律制裁。政府要从法律层面上加强对三公消费治理,应出台针对公款吃喝的法律法规,对那些严重违反财经制度、严重违规的公务消费者要依法严惩,同时也对公务人员产生警示作用。

第五,政府部门要建立良好的饮食文化。中国政法大学法治政府研究院副院长王敬波曾指出,公务接待问题之所以已成顽疾,很大程度上是因为公款吃喝在当前已经成为我国行政文化中的一部分。良好的行政饮食文化需要政府自上而下地进行改造,逐渐消除"上级吃下级、一级吃一级"的不良风气。事实上,要改造这样的行政饮食文化,摒弃传统上的不良饮食文化也并非易事,是需要法律、制度和群众监督的配合和长期坚持才可以实现的。

案例思考

1. 如何实现从民众的角度对公务消费进行监督?
2. 从我国国情出发,政府应该制定什么样的公务接待标准?

(撰写者:董美辰)

案例 13-4 龙岩市政府副秘书长超过一个"班"

2011年2月16日,一则题为《难怪福建龙岩会有"最牛公务员"看过这图你就懂了》的帖子在猫扑等网络论坛迅速走红。发帖人称,自己在龙岩市官方网站查阅市政府办公室工作人员时,"差点吓掉门牙",市政府办公室"真是人丁兴旺,难道这是养老院吗"?

该网帖的截图显示,龙岩市政府办公室领导成员一栏共有19人,其中秘书长1人,副秘书长13人,另外还有3名副主任以及两名副调研员。

2月16日,龙岩市政府针对网帖回应称,根据有关规定,龙岩市目前共配备12位副秘书长,其中专职6人、兼职6人,"原市政府副秘书长刘友洪已于去年底免去副秘书长职务(网页未及时更新)"。1月21日,龙岩市根据上级统一部署,已研究新一轮政府机构改革方案,市政府副秘书长的配备将按上级新的规定执行。

龙岩市委宣传部新闻科科长吴福文告诉中国青年报记者,根据工作需要,有关职能部门的一把手兼任市政府副秘书长。"比如市信访局局长卢春平,因为信访工作牵涉面广,为了方便协调,所以兼任副秘书长。"记者登录龙岩市政府网站发现,该市驻京联络处主任卢伟耀、城管办主任钟生根等也都兼任市政府副秘书长。牵涉多部门的工作,为什么不能由市级分管领导协调?吴福文表示,这涉及政府运作的问题,他不太了解情况,不好评论。

事实上,近几年有关官员特别是副职超编的新闻报道可谓屡见不鲜。针对副职超编现象,2009年1月,中组部、中央编办下发《关于规范地方政府助理和副秘书长配备问题的通知》,并出台意见明确规定,省级、副省级、地市级政府副秘书长的职数按不超过同级政府领导班子副职的职数来掌握，同时，兼职的政府副秘书长应占职数。然而，"上有政策，下有对策"，这一规定在一些地方被屡屡突破，以龙岩市为例，目前该市设副市长 7 人，按照上述规定，副秘书长职数不能超过 7 人，但实有 12 人。

（案例来源：http://news.163.com/11/0217/07/6T31IK9J00014AED.html，引用时有删减调整。）

【解　读】

龙岩市政府配备 13 位副秘书长一事迅速成为网上热点，引起舆论一片哗然，同时也引起了公众对政府部门人员庞大的关注与质疑。一个地级市的政府办公室居然有 13 位副秘书长，按照规定，副秘书长不能超过七人，但是龙岩市政府却超出一个"班"的副秘书长，事件出来之后必然会引起群众对其的不满与思考。

对于此事，来自龙岩市宣传部的解释令群众费解，既然 6 位不是真正的副秘书长，那又为何要任命其为"副秘书长"？设立如此多的副职，那副职津贴又由谁开？是因什么规定、什么工作需要要配备如此多的副职？为何副职身兼数职，牵涉多部门的工作？事实上，无论是真市政府副秘书长还是假副秘书长，到了市政府副秘书长这个层次，那就属于进入市政府领导层，虽然级别都是正处级，但在市政府排名位置却变了，除了市长、副市长、秘书长就是副秘书长，没有市长参加的政府会议，副秘书长是可以坐在主席台的，而作为部门负责人一般是不能享受这样的待遇。对外宣传和接待一般位列市政府领导，否则也不会挂在市政府网站上，所以官方的回应也未免过于敷衍了事。这种种疑虑充分暴露了一个根本性问题——政府机构臃肿、人员冗杂、干部人事制度不合理等多种弊端。

自 2008 年以来有关官员特别是副职超编的新闻报道可谓屡见不鲜，如果再加上那些隐性的官员超编现象又会有多少不为人们所知。众所周知，政府机构与人员精简是中国行政体制改革过程中的一个老难题，但是经过多年的改革与治理，为何副职官员超编的现象仍是层出不尽，政府"瘦身"效果一直难如人意。政府"十羊九牧"、叠床架屋的现象，设立过多的副职，等于是增加政府成本。不仅消耗了大量的财政资金和公共资源，而且会造成人均行政效能的低下，严重影响行政效益。

龙岩市政府配备 13 个副秘书长充分突现了我国目前干部人事制度存在的弊端。首先，副职越设越多，是"官本位"观念和现行干部体制的必然产物，"干部终身制"使得长期以来只能上不能下，导致领导职数不断增加。其次，相比之下,副职很难引起注意,在缺乏行政权力监督和制约的情况下,就为"副职扎堆"现象的产生提供了机会,其危害慢慢扩散,逐渐伤害行政体系的公正与有效,并侵蚀公共利益。最后,虽然近年来对行政编制的控制越来越严格,但一些地方政府部门仍是"上有政策,下有对策",突破编制的违规行为仍是层出不尽,个别地方政府寻找模糊地带,增加冗员。同时,这也反映政府内部权力平衡存在的潜规则,在国家行政体制改革的过程中,对部门进行自上而下的改革、整合的同时就会安排很多副职用以解决被取消的原有领导职位的领导,对于那些到了退休年龄就必须退的官员,设立副职就成了他们的过渡措施。

【启　示】

龙岩市政府配备13个副秘书长一事不免让人想到近年来人们对"官民比"的种种争论,虽然"官民比"体现出来的只是一个数字,但其背后隐藏着的真问题:究其实质在于探求现代政府的"规模"究竟应保持多大才算合适?政府要用多少财政资金供养这些副职官员?而他们是否让纳税人切身感受到了花钱供养他们的必要性?众所周知,建立政府的根本目的不是为了养官,而是为了服务民众,而"养多少官才不会让民累"的问题已经违背了建立政府的本意和民众的期望,层出不穷的副职超编的现象很容易让人联想到机构臃肿、人浮于事、效率低下乃至民众肩负的经济重担,更加令民众对政府的廉洁与高效产生质疑。

法国思想家卢梭早在《社会契约论》中说到"政府越大、官员越多,其效率就越低",从实践看,副职过多,容易造成职责交叉重叠多,班子内耗多,会议多,文件多,请示报告多,大大提高了行政成本,不利于政府职能的转变和工作效率的提高。副职超编、官多兵少的危害甚多,严重阻碍我国廉洁政府、高效政府建设发展,必须将机构、职位编制标准科学化、法定化,随着新问题的产生不断地完善干部人事制度,健全相关的法规制度和监督制约措施。

第一,完善法律法规,制定硬性标准。严格机构和职位编制管理,克服职位设置的主观随意性,增强稳定性,机构编制、领导职数应当立法,要根据管辖区域的大小、人口的多少等实际情况设置机构,确定编制和领导职数,做到有法可依,依法办事。

第二,建立副职超编的责任追究制度。如有地方副职超编,则应追究其地方负责人的责任。制定严格的审批制度,下级政府领导职位编制应由上级审核,交由本级人民代表大会最后决定,从源头上控制机构和职位编制的反弹加强编制权威,加大对超编和变相超编的惩罚力度。

第三,制定明确的财政拨款额度,以"增人不增钱"的财政预算约束方式进行干预。

第四,要认真清理过多的副职。应当从上至下对各级部门的副职情况进行认真调查清理,清理的目的、要求、态度要明确。凡是超出编制要求的就坚决撤销;凡是不符合政策和组织程序提拔的就坚决纠正;对那些徒有虚名、有弊无利或弊多利少的副职应予以取消;对那些因人设职、设事的副职,可设可不设的副职,应尽量减少和根本不设。

第五,增强官员职位设置透明度,以法律法规的形式规定每级政府把政府官员名单公之于众,接受公众、媒体的监督,这样对于滥设副职起到监督作用。

案例思考

1. 解决"副职超编"现象在政策制定和政策执行环节该如何完善?
2. 结合案例分析如何完善当前我国的干部人事制度。

(撰写者:董美辰)

案例 13-5 机构精简三成 行政效率更高

阳江市为欠发达地区政府机构改革探路,职能重叠或相近的部门与人民团体机关合署办公

2009 年 3 月 24 日,省委、省政府部署市县政府机构改革工作。阳江一开始并没有入选政府机构改革试点名单。但阳江市政府并没有放弃这个机会,而是针对阳江市的实际情况做了方案。"在做方案时,我们打了无数个电话,咨询兄弟市是怎么做的,以便找准阳江改革的定位和特色。"黄健回忆,2009 年 6 月 15 日,阳江市委常委会通过该方案,并上报省里。功夫不负有心人。阳江的方案获得了省编办的高度评价:"(这么做)有利于整合资源、理顺关系、形成合力、发挥整体效能,是实行大部门体制的一种尝试,值得鼓励和支持。"

机构减少 24 个——按实际情况精简、保留

阳江这次政府机构改革有几个"最"——改革范围自建市以来最广、机构精简比例在阳江历史上最大、改革力度在全省欠发达地区中最大。

| 行政管理案例分析 |

改革前,阳江市直党政群机关及政府线"参公管理"的副处级以上事业单位共79个,改革后仅剩55个,精简了24个,精简比例为30%。其中,政府工作部门由原来的37个减少为25个,精简了12个,精简比例为32%。涉及调整、撤并、整合的政府工作机构26个,调整比例为70%。

"我们以建立职能有机统一的大部门体制为主攻点,对职责重叠或者相近的党委、政府部门和人民团体机关进行统筹设置,最大限度地避免政府职能交叉、政出多门、多头管理。"黄健说。

黄健介绍,阳江这次大部制改革不是对机构的简单拆分,而是紧紧抓住政府职能转变这个核心,充分考虑阳江实际,该保留的就要保留,既从宏观上重点厘清政府、市场、社会的边界,又从微观上改革行政审批制度,大力推进政府职能转变。

推广合署办公——行政成本低,服务能力强

对人民团体机关的调整是阳江大部制改革的另一大亮点。阳江市进行了一系列人民团体机关与职能相近的政府部门合署办公——科协将与科技工业和信息化局合署办公;文联也将与文化广电新闻出版局搬到一起办公……

"机构改革是一项系统工程,能够最大限度地整合好系统中的每一个零部件,减少由于职能重叠带来的内耗,令整部机器和谐运转。"阳江市领导称,经过两年的运作,阳江大部制改革至少取得了三方面的效果:一是政府职能得以部分转变,公共服务能力更强;二是部门内部关系进一步理顺,行政效率得以提升;三是行政资源进一步优化,行政成本降低。

"我们改革力度这么大,但没有一个人上访告状。"笔者在阳江采访时,不少官员对此津津乐道。改革,必然伴随着利益格局的调整。"为了安抚这些干部,林少春书记多次亲自找他们谈话。"黄健说,除了市领导做思想工作,阳江还从机制上确保这些人平稳过渡,如将一些干部提升半级,但不再担任领导职务。

(案例来源:《南方日报》2011年11月2日,引用时有删减调整。)

【解　读】

追求经济效益是企业的发展目的,而提高行政效益是政府建设的核心目标。在本案例中,广东省阳江市政府采取的各项政府改革的措施,提高了行政效率,也带来了行政效益的提高,同时为欠发达地区政府机构改革提供了一个很好的模板。

首先,阳江市政府探索了地区政府机构改革的新路子,强调以政府职能转变为核心进行行政机构与行政管理体制的改革,以政府转型引领经济发展,强化效率效益机制。阳江市政府领导积极抓住政府机构改革的机会,搭上"末班车",体现当地政府为提高行政效益、经济效益与社会效益统一协调发展的决心与信心。阳江市政府在社会主义市场经济体制及全心全意为人民服务的社会主义政治制度的环境下,强化效益与效率机制,创新行政管理体制与机构的改革。

其次,阳江市此次行政管理体制与机构改革强调效率与效益机制。行政机构设置科学合理,权责分明,节省各类行政开支,力求效益最大化。同时,岗位设置与人员编制科学合理,各司其职,可达到行政效率高、行政效益好的局面。案例中阳江市精简机构"改革范围是建市以来最广、比例在阳江历史上最大、改革力度在全省欠发达地区中最大的一次"。在改革中坚持以职能有机统一为主轴,对职责相近或重叠的政府部门、人民团体进行统筹规划设置,最大限度地避免政出多门、多头管理。同时,阳江市政府并不是盲目的精简组织机构,而是根据阳江市的实际情况酌情精简与保留,争取实现行政机构职能的效益最大化。

再次,降低行政成本,提高政府服务能力,提升社会效益,也是阳江市此次改革的亮点。其中最有代表性的就是对人民团体机关推广合署办公,将人民团体机关与职能相近的政府部门合署办公。阳江市大部制改革最大限度地整合了行政系统中每一个组成部件,减少了行政成本的支出,提升了行政服务能力。经过两年的运作,阳江市大部制改革取得了"政府职能部分转变,公共服务能力增强;部门内部关系逐步理顺,行政效率提升;行政资源优化,行政成本降低"等显著成效。阳江市合署办公做法的阶段性成功,不仅实现降低行政成本,取得行政效益的目标,而且为欠发达地区政府机构改革及创新行政管理体制率先做了榜样。

最后,行政人员素质建设对行政工作的展开与行政效益的提高起到关键性的作用。在本案例中,阳江市政府大部制改革,精简了12个政府工作部门,人员调动的幅度很大,利益格局的调整面积也大。但改革在阳江市内部平稳推进,没有出现一个人上访告状,更没有出现群体性事件。

【启　示】

行政效益是行政效率(量的规定性)与行政效能(质的规定性)的有机统一。行政效益的追求是行政管理的本质要求,是政府活动追求的最终目标。行政效率机制的建设,对行政效益的提高具有明显的促进作用。从机构效率、成本效率、素质效率、程序效率等的高低,可以体现行政效益建设的成功与否。如机构效率机制。当前我国处于社会经济转型的特殊时期,建立行为规范、办事高效、服务人民的行政管理体系至关重要。我国行政机构设置应不叠加、不重复,机构之间各自的职能也应界定明确,权责分明,避免出现相互扯皮的现象,避免之前精简机构"臃肿——精简——再臃肿——再精简……"的怪圈,节省与削减行政开支,力求效率与效益最大化。机构臃肿、职责不清的行政环境必然导致行政效率与效益的低下。

成本效率机制。行政部门合理有效地控制行政成本,有助于实现行政效益的最大化。行政成本,是指行政机关在履行职能、开展行政管理活动过程中投入的人力、物力和财力资源,亦指行政管理中占有、使用、消耗和损害的社会经济资源。① 目前,我国政府部门普遍重视投入不重视产出,各部门组织极力争预算、争编制,结果导致行政成本过高,效率低下。

行政人员素质效率机制。行政人员的素质包括政治思想素质、行政管理专业知识素质、管理能力素质等的高低决定了行政工作效率的高低。行政人员必须具有全心全意为人民服务,具有行政管理知识及所从事管理的专门知识和技能,胜任其专业管理工作,具有高度的责任感和服务精神。行政机关领导的综合素质对于行政工作的开展与行政效益的提高起到关键性的作用。

此外,决策效率机制、程序效率机制、科学化民主化的公共政策等,都是有效提高行政效率与效益的体现。行政程序的科学合理,协调运作,能够极大地提高整个行政管理体制的效率。强化决策效率与程序效率,政府和各部门需制定科学有效的行政政策与行政程序,杜绝行政机关内部的各种浪费,降低行政成本,形成科学、合理、高效的各类行政决策,取得行政效益的最大化。

案例思考

1. 当前我国地方政府应如何提高行政效益?
2. 地方政府提高行政效益应坚持哪些原则?

(撰写者:姜小翠)

---

① 江映虹:《合理控制行政成本,努力实现行政效益最大化》,《中国工商管理研究》2007年第7期,第47页。

图书在版编目(CIP)数据

行政管理案例分析/陈潭主编. —北京:北京大学出版社,2015.4
(新编公共行政与公共管理学系列教材)
ISBN 978-7-301-25492-9

Ⅰ.①行… Ⅱ.①陈… Ⅲ.①行政管理—案例—中国—高等学校—教材 Ⅳ.①D63

中国版本图书馆 CIP 数据核字(2015)第 027788 号

书　　　名	行政管理案例分析 (XINGZHENG GUANLI ANLI FENXI)
著作责任者	陈 潭 主编　周凌霄 李小军 副主编
责 任 编 辑	倪宇洁
标 准 书 号	ISBN 978-7-301-25492-9
出 版 发 行	北京大学出版社
地　　　址	北京市海淀区成府路 205 号　100871
网　　　址	http://www.pup.cn　新浪微博:@北京大学出版社
电 子 邮 箱	编辑部 ss@pup.cn　总编室 zpup@pup.cn
电　　　话	邮购部 010-62752015　发行部 010-62750672　编辑部 010-62753121
印 刷 者	河北博文科技印务有限公司
经 销 者	新华书店 730 毫米×980 毫米　16 开本　22 印张　371 千字 2015 年 4 月第 1 版　2025 年 1 月第 15 次印刷
定　　　价	39.00 元

未经许可,不得以任何方式复制或抄袭本书之部分或全部内容。
版权所有,侵权必究
举报电话: 010-62752024　电子邮箱: fd@pup.cn
图书如有印装质量问题,请与出版部联系,电话: 010-62756370